ŒUVRES DE FRANÇOIS VILLON

LE JARGON ET JOBELIN

COMPRENANT

CINQ BALLADES INÉDITES

D'APRÈS LE MANUSCRIT DE LA BIBLIOTHÈQUE ROYALE DE STOCKHOLM

AVEC UN

DICTIONNAIRE ANALYTIQUE
DU JARGON

PAR

AUGUSTE VITU

Ouvrage couronné par l'Académie française

PARIS
PAUL OLLENDORFF, ÉDITEUR
28 *bis*, RUE DE RICHELIEU, 28 *bis*
1889
Tous droits réservés.

LE JARGON ET JOBELIN

AVEC UN

DICTIONNAIRE ANALYTIQUE

DU JARGON

DU MÊME AUTEUR

ŒUVRES COMPLÈTES DE FRANÇOIS VILLON

comprenant des Poésies inédites, Notices et Glossaires

BIBLIOTHÈQUE LITTÉRAIRE DE LA FRANCE
AU XVe SIÈCLE

LES MILLE ET UNE NUITS DU THÉATRE

7 volumes in-18 déjà parus (Séries 1 à 7). — Chaque vol. 3 fr. 50

DISCOURS PRÉLIMINAIRE[1]

I

Il y a toujours eu des gueux et des mendiants, des voleurs et des meurtriers de profession. Cependant on doit reconnaître que la multitude de ces déclassés était moindre dans les sociétés anciennes que dans les États modernes, et que, dans ceux-ci, elle s'est accrue ou restreinte en raison directe des malheurs publics ou de la prospérité du pays. Tant que l'esclavage ou le servage subsistèrent, le prolétariat et la mendicité se maintinrent dans d'étroites limites; l'homme pauvre payait de sa liberté la certitude du pain quotidien. L'obligation pour chaque maître dans l'antiquité, pour chaque seigneur au moyen âge, d'assurer la subsistance de l'esclave ou du serf ne dérivait pas seulement des conditions implicites du pacte social : elle était écrite dans la loi. Nous avons un capitulaire de Charlemagne qui, pour supprimer la mendicité et le vagabondage, ordonne que chacun des fidèles de l'empereur nourrisse son pauvre soit des fruits de son bénéfice, soit de son patrimoine, et ne lui permette pas d'aller mendier

[1]. Le présent travail devait remplir, dans la pensée de l'auteur, le troisième tome d'une édition complète des œuvres de François Villon. Des considérations particulières, qu'il expliquera plus tard, le déterminent à publier, dès à présent, le livre du Jargon, texte et vocabulaire, qui forme un tout complet, une unité tranchée.

ailleurs ; tout homme trouvé en état de mendicité doit être forcé de travailler pour vivre, et il est défendu de lui rien donner [1].

Les affranchissements en masse qui eurent lieu à partir de l'an 1000 et que l'on dut principalement à la politique bienfaisante et libérale de l'Église, loin de créer le paupérisme, comme l'ont cru quelques écrivains systématiques, contribua au développement de la richesse générale, en livrant à la culture d'immenses étendues de territoires. Du XIe au XIVe siècle, on défricha les bois qui couvraient toutes les parties de l'ancienne Gaule, et l'on bâtit d'innombrables quantités de villages, où se fixa, toujours croissante en nombre et en aisance, la population rurale. Au XIVe siècle, la France, au dire des écrivains les mieux instruits, était au moins aussi peuplée que de nos jours [2].

Cette prospérité disparut pendant les cent seize années de guerre exterminatrice que se firent les Français et les Anglais depuis 1336 jusqu'à 1452 ; la culture fut interrompue, les villages pillés et incendiés par les mercenaires en armes ; alors

---

1. *De mendicis discurrentibus.* — CXVIII. De mendicis qui per patrias discurrunt, volumus et unusquisque fidelium nostrorum suum pauperem de beneficio aut de propria familia nutriat, et non permittat aliubi ire mendicando. Et ubi tales inventi fuerint, sibi manibus laborent et nullus eis quicquam tribuere presumat. Cap. Caroli Magni a. 789. ap. Baluz. t. Ier, p. 726.

2. Dureau de la Malle *(Mémoires de l'Académie des inscriptions,* t. XIV, p. 2) établit, d'après un manuscrit de 1358, que les seules terres dépendantes de la couronne et sujettes à l'impôt des aides, lesquelles représentaient environ le tiers de la France actuelle, comprenaient 2,564,837 feux ; ce serait donc 7,694,511 feux, qui, à quatre personnes et demie par feu et par famille, produiraient 34,625,300 individus, et à cinq personnes par feu, 38,472,555 individus ; en ce non compris les ecclésiastiques, les nobles et les vilains possédant moins de dix livres parisis. M. Léopold Delisle, dans ses *Études sur la condition de la classe agricole en Normandie au moyen âge,* accepte comme vraisemblables les évaluations de Dureau de la Malle.

les populations rurales, ruinées par ces brigands, se jetèrent à leur tour dans le brigandage faute de ressources et de protection[1].

Cette vue générale sur la naissance des classes dangereuses en France est vérifiée authentiquement par les documents, malheureusement peu étendus et fort incomplets, qui nous permettent de les étudier dans leur formation. On ne les voit apparaître distinctement que dans le premier tiers du XVᵉ siècle. Ce n'est pas à dire qu'elles ne préexistassent pas à l'état confus, accidentel et local; mais c'est au XVᵉ siècle seulement qu'elles prennent de la consistance, qu'elles ont conscience d'elles-mêmes et qu'elles se donnent une organisation conforme à leurs besoins, calquée, par un parallélisme étrange, sur les institutions régulières du pays. En même temps qu'elles constituent un ordre particulier dans l'ordre général, avec sa hiérarchie, son gouvernement et ses lois, elles créent une langue à leur usage, vérifiant ainsi ce remarquable théorème de Littré qu'à toute évolution historique correspond une évolution du langage, et que les faits d'histoire se traduisent par des faits de langue. Le XVᵉ siècle voit apparaître en même temps les corporations ou royaumes des Gueux, et le Jargon, qui est leur idiome propre.

Procédant selon l'ordre même de ces créations naturelles, et non moins surprenantes, nous allons rechercher d'abord les éléments selon lesquels se formèrent les divers groupes de cette société extraordinaire. Ainsi préparés, nous arriverons à discerner les sources de leur langage, qui est l'objet spécial de nos investigations.

---

1. « Qui faict de ce temps, repliqua quelqu'un, que la France est toute pleine de larrons et brigands ? Ne seroit-ce point à cause de nos guerres civiles ? Érasme dit qu'en Allemagne y a force larrons et volleurs, à cause qu'il n'y a nation qui s'addonne plus à la guerre que les Allemans... Et comme la guerre fait les larrons, ce dit Machiavelli, la paix les mene au gibet ». Bouchet, XVᵉ serée. III, 116.

II

Les bandes organisées en vue de la mendicité, du pillage, du vol et du meurtre, se recrutaient de divers éléments que nous pouvons classer méthodiquement : 1° les criminels de tout ordre échappés à la justice des villes ; 2° les laboureurs ruinés et expropriés ; 3° les ouvriers paresseux ou sans ouvrage ; 4° les soldats maraudeurs ou déserteurs ; 5° les marchands ruinés ou fripons ; 6° les gens de métiers aventureux, tels que charlatans, diseurs de bonne aventure, crieurs d'indulgences, ménétriers, baladins, histrions, jongleurs et faiseurs de tours ; 7° les déclassés, c'est-à-dire les fils de famille prodigues ou déshérités, les écoliers et les clercs rejetés de l'Université et de l'Église [1], etc.

Cette nomenclature s'applique à l'origine sociale de cette tourbe qu'on appelait communément « les Gueux ». Mais à leur fonction et à leur mode d'existence hors de la société régulière correspond une autre nomenclature qui les divise en tribus de la manière suivante :

1° Les soldats (beroards, gaudins, feuillards, narquins ou narquois, francs taupins, etc.) ; 2° les merciers, mercerots, mercelots, comporteurs ou marchands ambulants ; 3° les mendiants (gens du grand Coesre, du royaume de Thunes, gueux de l'hostière, argotiers, etc.) ; 4° les Bohémiens ou Égyptiens ; 5° les voleurs proprement dits.

---

1. Rabelais dédie à Mercure, dans sa Pantagrueline Prognostication, « pipeurs, trompeurs, affineurs, thriacleurs, larrons, meusniers, bateurs de pavé, *maistres es ars*, decretistes, crocheteurs, harpailleurs, *rimasseurs*, basteleurs, joueurs de passe passe, enchanteurs, vielleurs, oblieurs, *poetes*, escorcheurs de latin, faiseurs de rebus, papetiers, cartiers, baguatins, escumeurs de mer ».

Lorsque ces diverses catégories de coquins et de misérables se furent accrues au point de constituer une force redoutable dans notre malheureux pays, elles songèrent à se donner un gouvernement, c'est-à-dire un chef, une hiérarchie, des lois et une organisation financière. Ce gouvernement, elles l'empruntèrent aux formes qu'elles avaient sous les yeux. Parmi les corporations jurées et privilégiées qui couvraient toutes les provinces et tout le royaume de France, il en était une dont le fonctionnement particulier avait donné naissance à un organisme particulier aussi, c'était celle des merciers ou comporteurs. Parcourant le pays de foire en foire pour y détailler les produits fabriqués des industries productrices, les merciers étaient régis par un ensemble d'institutions qui les suivaient partout où ils portaient leurs pas errants, et qui leur assuraient en tout lieu aide et protection, sous la tutelle d'un chef suprême, aidé d'assistants provinciaux. Il semble que le royaume de mercerie eût été construit pour s'adapter aux besoins de la Gueuserie cosmopolite. Cette initiation paraît s'être accomplie vers le premier tiers du XVe siècle.

Le peu qu'on en sait est contenu dans un petit livre fort connu et fort souvent réimprimé qui s'intitule *le Jargon ou le langage de l'argot réformé comme il est à présent en usage parmi les bons pauvres,* et dont les informations s'accordent avec celles d'un autre petit livre un peu plus ancien, *la Vie genereuse des Mercelots.*

Voici le passage du *Jargon* auquel se sont réduites, jusqu'à présent, les données historiques sur les origines et l'organisation de la Gueuserie au moyen âge :

« L'antiquité nous apprend et les docteurs de l'Argot nous enseignent que un roy de France ayant établi les foires à Niort, Fontenay et autres villes de Poitou, plusieurs personnes se voulurent mêler de la mercerie, pour à quoy remedier, les vieux merciers s'assemblerent et ordonnerent que ceux qui voudroient à l'avenir être merciers se feroient recevoir par les anciens, nommants et appelants les petits mercelots *pechons,* et les autres *bleches.* Puis ordonnerent un certain langage entre eux... Il arriva que plusieurs merciers mangerent leurs bales, neanmoins ne laisserent pas d'aller aux susdites foires où ils trouverent grande quantité de pauvres gueux, desquels ils s'accosterent, et leur aprinrent leur langage et cérémonie. Les gueux reciproquement leur enseignerent charitablement à mendier. »

Il m'a semblé que ces indications, si vagues qu'elles fussent, se prêtaient à certaines vérifications propres à en déterminer le caractère historique. Ces vérifications m'ont conduit à des résultats d'une intéressante nouveauté que je vais exposer ici.

Résumons d'abord, en les éclaircissant, les allégations contenues dans le texte qui précède. Les vieux merciers, pour défendre leur industrie contre l'intrusion de gens sans aveu dans les transactions foraines, ont établi des garanties de réception et un certain langage qui ne s'entendait qu'entre confrères. Plus tard, des merciers ruinés se sont associés avec les mendiants et leur ont enseigné simultanément la hiérarchie et le jargon de la mercerie.

C'est ainsi que la grande corporation des merciers, dont nous définirons tout à l'heure le caractère et les privilèges, engendra, dans ses pérégrinations incessantes, une masse flottante de traînards, de maraudeurs et de filous, qui constituèrent, à côté d'elle et en dehors d'elle, une confrérie picaresque dite des *mercelots.*

Celle-ci est entrée en relation, puis en communauté avec les mendiants, et leur a communiqué les traits principaux de l'organisation ainsi que du langage de la grande mercerie.

Les mercelots et les mendiants formèrent donc au XVe siècle deux royaumes jumeaux, mais distincts, dans lesquels s'encadrèrent plus ou moins solidement les autres catégories de malfaiteurs civils ou militaires. Cette organisation subsista presque intacte jusqu'au règne de Louis XIV.

La marche de cette étude s'indique donc assez clairement. Nous allons examiner d'abord l'organisation de la grande mercerie, qui engendra les mercelots, puis celle de la Gueuserie, en y adjoignant, comme appendices complémentaires, quelques détails particuliers sur les Égyptiens, sur les voleurs et sur la canaille soldatesque qui se montra toujours aussi rebelle aux lois de la Gueuserie qu'à la discipline de l'armée.

III

En acceptant pour exactes les traditions recueillies par le pseudonyme Pechon de Ruby et par son continuateur Ollivier Chereau, la critique s'impose la tâche de les accorder, si faire se peut, avec des événements historiques et des dates précises.

« L'antiquité nous apprend et les docteurs de l'Argot nous enseignent, dit Ollivier Chereau, qu'un roy de France ayant établi les foires à Niort, Fontenay et autres villes du Poitou, plusieurs personnes se voulurent mêler de la mercerie.... pour à quoy remedier les vieux merciers s'assemblerent et ordonnerent que ceux qui voudroient à l'avenir estre merciers se feroient recevoir par les anciens.... puis ordonnerent un certain langage entre eux. »

Le moyen d'assigner une date à l'organisation de la francmaçonnerie mercière et à son jargon, c'est donc de déterminer l'époque de la création des foires dans le Poitou.

Cette détermination ne présente pas de difficulté sérieuse pour la ville de Niort.

Niort est une ville relativement moderne, sortie pour ainsi dire des eaux, lorsque, avant le VIe siècle, la mer se retira, laissant à découvert les marais du bas Poitou, qui se transformèrent en une rivière jusqu'alors inconnue, la Sèvre. Elle existait donc à peine lorsque le Poitou fut porté en dot aux Anglais par Éléonore de Guyenne, épouse répudiée de Louis le Jeune. On s'explique aisément qu'elle n'ait pas possédé de foires publiques dès les plus anciennes années du haut moyen âge. Ce fut seulement au mois de mars 1373 que la couronne de France recouvra définitivement la place de Niort; Charles V donna le Poitou en titre d'apanage à son frère Jean duc de Berry. C'est à ce prince, ami des lettres, qu'on attribue l'établissement des halles de Niort, « les plus grandes et les plus commodes du royaume », et qui furent démolies en 1793. Par la suite, on accorda des franchises aux marchands étrangers pour les engager à fréquenter les foires et marchés de Niort (Briquet, *Hist. de Niort,* t. Ier, p. 82 et suiv.) Le duc de Berry accorda en 1412 aux maire et échevins de Niort le droit d'aide et de coutume sur tous les ports de la Sèvre et de la Vendée, y compris la portion de ces droits dont avait joui jusqu'à ce temps la ville de Fontenay-le-Comte, qui en fut dépouillée.

Enfin, en 1445, Charles VII dota Niort de trois foires royales, franches et exemptes de tout impôt pour les marchands étrangers, lesquelles furent fixées au 5 février, 6 mai et 30 novembre de chaque année. Les titres manquent; l'ordonnance de Charles VII ne figure pas dans le Recueil des ordonnances des rois; mais le fait est attesté par les historiens de Niort; Christophe Augier, qui publia en 1675 le *Trésor des titres de la ville de Niort,* appuie la franchise des marchands sur des sentences judiciaires rendues en 1456 et années suivantes, qui elles-mêmes visaient sans doute le titre original de 1445.

Cette dernière date peut paraître relativement récente; cependant, loin d'être infirmée par ce que nous savons de l'histoire des merciers et surtout de l'histoire du Jargon, elle présente au contraire une concordance parfaite, puisque nous ne découvrons nulle trace évidente de Jargon antérieure à la première moitié du xvᵉ siècle. On peut même tenir pour certain que parler Jargon ou parler poitevin étaient deux locutions en quelque sorte synonymes :

> Si je parle un peu poictevin,
> Ice deux dames m'ont appris,

dit François Villon, qui prenait le titre de mercier de la province de Rennes. On remarque, en effet, des fragments en langue poitevine dans les livres de Pechon de Ruby et d'Ollivier Chereau, et j'en signale quelques formes dans mon vocabulaire du Jargon de Villon.

Je n'ai pas de données précises sur la fondation des foires du Poitou autres que celles de Niort; ce que je sais, c'est qu'il en existait d'assez anciennes. Louis XI, par une ordonnance des Montils-lès-Tours, décembre 1477 (Rec. des Ord. XVIII, 323), accorde à l'évêque de Maillezais (ce fut depuis l'évêché de la Rochelle) le droit d'établir des marchés et des foires au bourg de Lermenault en Poitou; mais le texte de l'ordonnance implique que ces foires, interrompues par la ruine du bâtiment des halles, avaient précédemment existé. Une autre ordonnance du même roi, donnée à Amboise en février 1468/9 (Rec. des Ord. XVII, 190), et qui permet au comte du Maine d'établir des foires et marchés à Saint-Maixent, constate que « l'abbé dudit lieu en y a aucunes qu'il y fait tenir par octroi de nos predecesseurs ».

C'est tout ce que j'ai pu recueillir sur la création des foires en Poitou. Elles jouissaient, d'ailleurs, d'une immense célébrité. On peut juger, par celles qui subsistent dans nos provinces et surtout par celles des pays étrangers, par exemple Leipzig et Nijni-Novgorod, du caractère de ces innombrables réunions d'hommes qui consacraient le jour aux affaires et la nuit aux plaisirs. Marché commercial et kermesse, tel était le double aspect des foires, qui attiraient autant de maraudeurs que d'acheteurs. « Cependent au tour de luy abayent les chiens, ullent les loups, etc., c'est à dire plus estoyt troublé que s'il feust à la foyre de Fontenay ou Niort », dit Rabelais au chapitre XIII du livre III de *Pantagruel*. « Il y avoit alors une gaillarde academie de larrons en Poictou, n'en déplaise à la Gascogne ni à la Bretagne », écrivait d'Aubigné un siècle plus tard (*le Baron de Fœneste*, éd. P. Mérimée, p. 137).

IV

Examinons maintenant une autre proposition énoncée par les petits livres déjà cités, à savoir que la corporation des Gueux et mercelots s'était modelée sur la grande corporation des merciers dont elle avait emprunté le langage. Ceci implique une comparaison dont le premier terme est l'organisation même de la confrérie des Gueux.

D'après le livre de Pechon de Ruby (1596), elle comportait une hiérarchie rigoureusement observée, dont voici les échelons successifs :

1° *Pechon*, ou apprenti ;

2° *Blesche ;* c'est le premier degré de l'initiation, correspondant au petit mercier ou *mercelot*, qui ne pouvait vendre que des marchandises de détail sur un petit éventaire suspendu à son col ;

3° *Coesme, coesmelotier* ou *coesmelotier huré ;* c'est le mercier en titre, jouissant de la plénitude de l'initiation, c'est-à-dire du droit de porter balle sur ses épaules et de vendre des marchandises à la grosse.

Ces trois degrés, apprenti, petit mercier, gros mercier, sont évidemment communs à l'ordre des Gueux et à la corporation de la véritable mercerie.

Viennent ensuite trois ordres supérieurs dont les fonctions et le titre appartiennent en propre aux Gueux :

1° Les *cagous*, chefs de province ou *pasquelin*, chargés de la police des Gueux en chaque province du royaume et de l'instruction des novices. Cette instruction consistait à mendier selon les règles de l'art, à simuler des plaies et des maladies, à endormir la vigilance des chiens de garde au moyen de certaines drogues, enfin à exécuter mille tours industrieux pour s'approprier le bien d'autrui. Les cagous exerçaient leur autorité de chefs de province comme lieutenants du grand Coesre, chef suprême de la confrérie des Gueux ;

2° Les *archi-suppôts*, dénués de puissance exécutive, mais marchant à l'égal des cagous et ne relevant que du grand Coesre, composaient le collège des prêtres et des savants de la confrérie. C'étaient, pour la plupart, des écoliers débauchés et des clercs dissolus ou interdits, chargés d'enseigner le Jargon, de le retrancher et réformer à leur guise. Ils jouissaient, comme les cagous, du privilège de travailler où et comme ils voulaient, sans rien payer au grand Coesre ;

3° *Le grand Coesre*, chef suprême investi de pouvoirs absolus, était élu chaque année par les États généraux de la corporation et indéfiniment rééligible. « Le grand Coesre, dit Sauval, prend quelquefois le nom de roi de Thunes, à cause d'un scélérat appelé de la sorte, qui fut roi trois ans de suite, et qui se faisait traîner par deux grands chiens dans une petite charrette, et mourut à Bordeaux sur une roue. » (*Antiq. de Paris*, I, p. 514.) Montaigne connaissait cette organisation des Gueux, qui de son temps avaient, dit-il, « leurs dignitez et ordres politiques ». (*Essais*, liv. XIII, ch. XIII.)

Nul ne pouvait être élu grand Coesre qu'il n'eût été cagou ou archi-suppôt. Tout membre de la confrérie devait un tribut annuel au grand Coesre, outre certains droits et redevances en nature. Les hardes et l'argent des Gueux qui refusaient de reconnaître son autorité étaient confisqués à son profit, et les États généraux punissaient les récalcitrants de peines corporelles.

Ces États se tinrent longtemps près de Fontenay-le-Comte en Poitou, puis furent transportés en Languedoc pour profiter des libéralités du connétable Anne de Montmorency, qui avait donné une grande somme d'argent pour être employée tous les ans, la semaine sainte, à l'avantage des Gueux qui se confesseraient et communieraient le jeudi saint, et qui prieraient Dieu pour lui. Telle est du moins l'assertion d'Ollivier Chereau (*le Langage de l'argot réformé*, etc.). Anne de Montmorency, mort le 12 novembre 1567, fut gouverneur du Languedoc pour la première fois en 1525, et quitta son gouvernement à la mort de Henri II, c'est-à-dire après le 15 juillet 1559. Le changement de lieu des États généraux de la gueuserie se serait donc accompli dans le courant du XVI⁰ siècle.

Bien que les noms sous lesquels on désignait les six classes de Gueux ne se rencontrent pas dans les textes dont l'interprétation forme l'objet spécial du présent travail, ils me paraissent d'une égale ancienneté, car ils s'expliquent, comme le Jargon même, par des dérivations régulières de la vieille langue.

Le nom de *pechoun* ou *pechon*, l'apprenti, est le mot provençal *pechoun*, qui signifie petit enfant, et correspond à l'espagnol *pequeño* et à l'italien *piccolo*, qui dérivent de *pico*, dans le sens de pointe, objet délié et fin ; on sait que, d'après certains étymologistes, *petit* aurait lui-même une origine analogue, venant d'un radical *pit*, qui désigne une pointe ou tout objet aigu. *Pic* et *pit* sont bien voisins et peuvent être considérés comme foncièrement identiques.

Qu'est-ce que le *bleche* ou *blesche?* Le mot vaut qu'on s'y arrête, car il a donné son nom au Jargon du XVI⁰ siècle, que les contemporains appelaient le langage *blesquin*. Oudin se se borne à traduire *blesche* par *furbo, furbesco ;* La Curne de Sainte-Palaye donne pour synonyme à *blescherie* « jargon, gueuserie, sophistication ». Ce mot s'employait encore à la fin du xviie siècle : « Et puis, monsieur, je ne sais pas ce que c'est que de faire le *bleche.* » (*la Coquette,* 1691, dans le théâtre de Gherardi, t. II, 122.) Huet (*Dict. étymol.*, I, 203, c. 2) rechercha l'origine du mot, et crut l'avoir trouvée dans *blas, blac, blacque* et *blachois,* qui signifient les Valaques dans Villehardouin et Henri de Valenciennes. Le poème d'*Arthur et Merlin* parle de

The king of Hungri and of *Blaske.*

La Valachie fournissait-elle beaucoup de colporteurs? C'est possible et je ne contredis pas absolument à l'opinion de Huet, acceptée par M. Francisque Michel. Mais je remarque que le mot subsiste sous la forme *blèche,* en normand *blèque,* qui vient incontestablement du grec βλάχ, ἐλαχύς, par le bas latin *blax, stultus* c'est-à-dire mou, faible, sot[1]. Ménage préférait, et j'adopte son avis, cette étymologie à celle de Huet. La gradation des titres serait donc : l'enfant, le faible ou novice, etc. M. Grandgaignage propose l'allemand *bleich,* qui signifie blanc et pâle. C'est une nuance qui n'est pas à dédaigner. Le *blanc* ou le *pâle,* en Jargon comme en argot, c'est celui qui n'a pas d'argent. Si le *blesche* est le *blanc,* nous aurions, pour ce second grade d'initiation, la double signification de *candidus* et de *pauper,* qui conviennent l'une et l'autre

---

1. Voici d'autres exemples :

Maruc n'en est ne fax ne *blois.*

PARTON. DE BLOIS.

« Il arriva un gentil-homme d'assez bonne façon, lequel achepta de ce *blesche* pour quatre ou cinq sols de sa marchandise. » Bouchet, XVe serée, III, 106. *Blesche,* dans cet exemple, signifie à la fois mercier et fripon. L'éditeur de La Curne remarque que *blesche,* d'ailleurs presque inusité, signifie aujourd'hui faible de caractère. *Blescherie* est employé pour fourberie dans le roman d'*Alector,* f° 35.

au *blesche* qui attend son tour de passer *cœsme* ou *cœsmelotier*. Mais en comparant *candidus*, au sens de candide qu'il a pris en français, avec *blax* et *stultus*, on apercevra que peut-être le grec et le bas latin *blax* ne font-ils avec l'allemand *bleich* (qui se prononce *blaïche*) qu'un seul et même mot.

Coesme et *coesmelotier* sont plus difficiles à expliquer. Le *coesmelotier* existe encore de fait et de nom ; nos rues, nos boulevards sont pleins de *camelotiers* ou *camelots*, qui vendent diverses marchandises, lesquelles sont toujours de la *camelote*. Ces trois derniers mots figurent dans nos dictionnaires modernes, qui les tirent du latin *camelus*, chameau. Cette étymologie ne me satisfait pas, et je vais motiver mon doute.

Littré définit le *camelot* une étoffe de poil ou de laine, mêlée quelquefois de soie en chaîne ; puis, à l'étymologie, il adopte une autre explication et dit que cette étoffe « était faite de poil de chameau ». A l'appui de quoi, l'illustre philologue allègue six exemples, dont trois ne s'appliquent pas à la matière, puisqu'ils parlent de *camelin* et non de *camelot*. Or le *camelin*, qu'on dérive sans contestation de *camelinus*, est une étoffe qui peut être riche, exemple : « Et estes vestu de plus riche *camelin* que le roy n'est » (Joinville, éd. Mich. et Pouj., p. 179), tandis que le *camelot* est une étoffe toujours inférieure et sans consistance : « Il venoit au jardin de Paris, une cote de *chamelot* vestue, un seurcot de tyretéinne sanz manches. » Le même Joinville, p. 184. Ol. de Serres explique (p. 228) que le Levant et la Barbarie font des *camelots* avec du poil de chèvre, qui a peu de valeur ; et le médecin Paré ordonne en certains cas de mettre sous les malades des étoffes « qui ne retiennent que bien peu la chaleur », telle que de maroquin, de bougran ou de *camelot* (XXI, 2). Or, de toutes les étoffes, le tissu de poil de chameau est une des plus chaudes qu'on connaisse. Le *camelot* n'est donc pas la même étoffe que le *camelin* et n'est pas fait de poil de chameau.

Ajoutons que le proverbe dit : « il est comme le *camelot*, il a pris son pli » ; remarque qui s'ajuste à des étoffes légères et sans consistance ; d'où *cameloter* pour se plisser, comme dans ce passage de Bouchet (XXIIIᵉ serée, IV, 2) : « le ventre (de la femme après l'accouchement) se *camelote* et ride ». Cette circonstance est inapplicable aux tissus de poil de chameau qui gardent à peine l'empreinte du pli le plus fortement marqué.

Donc, le propre du *camelot*, c'est d'être une étoffe légère, facile à froisser et de peu de prix, telles que pouvaient la fournir les laines ou les bourres les plus légères, avant l'invention des cotonnades ; à défaut d'une étymologie précise, c'est à Littré lui-même que j'emprunterai la suggestion suivante : « Les langues romanes ont eu un radical *cam*, d'où la forme *camis*, qui a donné *camisia*. » (Littré, vº *chemise*.)

La forme *coesme* du langage blesquin, qui se prononçait *caîme*, se rapporterait difficilement à *camelus ;* elle supposerait plutôt une forme barbare *codesimus* ou *cotesimus*. Quant à *coesmelotier*, il paraît formé de *coesmelot*, comme *dorelotier* de *dorelot*.

A noter que *cameloter* est traduit par Oudin (*Recherches italiennes et françaises*, IIᵉ partie) : « mot de narquois, *baroneggiare* », c'est-à-dire *gueuser*, au dire de Nath. Duez. Or *coesme*, prononcé *caîme*, nous met sur la trace de *caimand*, mendiant.

L'étymologie de ce dernier mot n'étant pas connue, on pourrait songer à *quæsŭmŭs*, nous prions, qui donne exactement *coesme* ou *caîme*. Le *coesme* serait donc simplement le mendiant, comme le *coesre* était le *quêteur*, ainsi qu'on le verra ci-après.

Le *coesmelotier huré* s'explique par un de ces jeux de mots familiers aux idiomes jargonnesques ; le dictionnaire blesquin traduit *huré* par grossier, au sens primitif de hérissé, rébarbatif ; or grossier signifie proprement vendeur à la grosse : « Ne peut estre *grossiers* que il n'achepte le mestier du roy. » (*Liv. des mestiers*, 44). Dans la *Moralité des Enfans de maintenant*, le mauvais fils est mis en apprentissage chez un *grossier*, c'est-à-dire chez un marchand en gros. Le *coesmelotier huré*, c'est-à-dire grossier ou *porteballe*, est donc le mercier qui vend à la grosse; tandis que les simples *blesches*, *mercelots* et *merciers* ne vendent que de menus objets à l'unité ou à la douzaine. C'est ainsi qu'ils travaillent encore sur le pavé de Paris.

Le nom des *cagous*, ou chefs de province, lieutenants du grand Coesre, est un mot de l'ancienne langue. Je renvoie là-dessus à Du Cange, qui explique *cagou, cacous, cacosus*, etc., sous *cagoti*.

Le titre du grand Coesre, en dépit de son apparence jargonnesque ou argotique, est un mot qui me paraît se déduire régulièrement de la formation romane, et qui, par cette raison, doit être tenu pour très ancien.

Le mot *quêteur*, que nos pères écrivaient *questeur*, latin, *questor*, donnerait certainement en langue d'oil *questeres* au nominatif et se contracterait sans peine en *coesre*, c'est-à-dire *cœsre*, dont la prononciation ancienne serait *quesre* ou plutôt *querre*. La signification du mot ne fait pas doute : « Questores, dit Du Cange, nostri *questeurs*, qui in ecclesiis inter officiorum divinorum solemnia, *pro se* vel per aliis elemosynas deposcunt »; et il ajoute comme traduction française : *caymant*, mendicus; ce qu'il appuie sur la Constitution du synode de Bayeux, 1300, chap. XLI; sur un acte du concile de Narbonne de 1227, chap. XIX, etc. Un *questeur*, un *mendiant*, un *coesre*, c'est tout un; le grand *Coesre*, c'est donc le grand mendiant.

Quaesitor, chercheur, demandeur, collecteur d'aumônes, est également cité par Du Cange, qui le traduit par *quereux*, forme très voisine de *coesre* ou *cœsre*, laquelle signifie collecteur de dîmes dans le Cartulaire de Saint-Martin de Pontoise (1330, apud La Curne).

Quæstiarius a le même sens, de même que *quæsitarius*, sc. mendicus, rogator; *quæsitaria*, mendicæ, a quæsendo, dicta. (Laurentius in Amalthea ex Petronio.)

Il est évident que *quæsitarius*, décomposé selon les règles de la phonétique, donnerait aussi *questaire* et fournirait une contraction analogue à *questeres*, soit *quesre* ou *cœsre*. A conférer avec *quæstus,* gain, profit, et *quæstuarius,* qui travaille pour le gain, mercenaire ou mendiant. L'infinitif *querre* signifie lever un impôt, faire une *queste* (charte de 1378 dans Du Cange sous *quæsta*.) Tout cela se tient dans un même ordre d'idées.

V

Maintenant que nous connaissons l'organisation des Gueux, nous allons aborder celle de la véritable mercerie, dont la première avait, dit-on, emprunté les statuts.

La communauté des merciers, étaliers et colporteurs (*comporteurs,* disent les textes) avait droit, aux termes des ordonnances du xvᵉ siècle (Charles VI, mars 1407/8 et janvier 1412/3; Charles VII, août 1448), de vendre :

1° Des étoffes, à savoir :

Boucassins (c'est-à-dire toiles gommées, calandrées et teintes de diverses couleurs); futaines, bougrans, draps de borde; futaines d'Allemagne, toiles teintes d'Allemagne, serges d'Arras, d'Angleterre, d'Irlande ou d'ailleurs; étamines d'Auvergne et de Reims; étoffes de soie, de Lucques, Venise, etc.; soie, cendal, etc. (Peut-être vendaient-ils du camelot, mais cette dernière étoffe n'est pas expressément nommée avant l'ordonnance de Henri IV de juillet 1601);

2° Divers objets de toilette et d'ornement, tels que or et argent filé à Gênes, qu'on appelait or et argent de Chypre; gants, bourses, aumusses; peignes de bois de Limoux et de Limoges, gaines, aiguilles, épingles, éperons, mors à cheval, courroies, ceintures;

3° Objets en métal, tels que coutellerie de tout pays, rasoirs, ciseaux, lancettes, œuvre de forge du pays de Toulouse et de Réthel;

4° Objets qui s'exposaient attachés à des cordages pendants, tels que : manches d'alêne, peignes, cire, chandelles faites ou en coton, soit de cire ou de suif, gaines, couteaux, fils de toute couleur, aiguillettes, fers d'alêne de fer et d'acier, poids et balances, papier, images peintes, toutes épiceries, couvre-chefs et toiles de toutes couleurs [1].

1. Conférer avec la définition du métier de mercerie dans le *Mystère de la Passion de Notre-Seigneur* (Jubinal, II, p. 271-2).
Nycodemus et Joseph vont acheter un suaire pour ensevelir Jésus-Christ. Voici le boniment du mercier :

> Jà pourrez acheter bonne euvre.
> J'en ay de magnieres diverses.
> J'ay soye rouge, Indes et Perses,
> J'ay soye noire, soie fines,
> Plus blanche que n'est fleur d'espines ;
> J'ay beaulx poilles seur argentez
> A feilles d'or par my plantez ;
> Draps vers de soye à or bendez
> Et sy ay de plusieurs sendels,
> Soye vermeille et puis morée,
> Et ay soye qui est dorée ;
> J'ay bougueren et estamines,
> J'ay bources faites de euvres fines,
> J'ay saintures et gibecieres,
> Courroyes de maintes manieres,
> Pourpres samis tressiers et guindes,
> Voilles noirs et rouges et Indes,
> Coeffes à or bonnes et riches,
> Queuvrechiez, crepez et afiches,
> Espingles d'argent sororées,
> Grosses couroyes d'argent dorées,
> Chapiaux apellez et couronnes
> Et pierres precieuses et bonnes,
> Noires et vers et rouges sarges,
> Couvertoers de sendal bien larges ;
> J'ai paille de divers ouvrages,
> Pourtrait sont à bestes sauvages.
> Qui semblent lion et liepart ;
> Et en ay encor d'aultre part,
> De riches, fais nouvellement, |
> Qui sont pourtraits mesmement,
> De blanches et de rouges roses
> Qui sont parmi le drap encloses ;
> Poilles roïez, couroyes à perles,
> Draps à papegauls et à merles...

Les merciers *grossiers* (vendeurs à la grosse) étaient tenus de ne vendre les étoffes que par balles ou pièces entières; de même les objets de coutellerie à la douzaine; cette obligation paraît n'avoir eu qu'un but fiscal pour assurer le payement des taxes, qui se levaient par pièce, par balle ou par douzaine; les ordonnances exceptent formellement les petits merciers détaillants, dont nous examinerons tout à l'heure la condition.

Les merciers étaient répartis par province, mais la province de mercerie comprenait plusieurs circonscriptions géographiques; ainsi les pays de Touraine, d'Anjou et du Maine ne formaient qu'une seule province de mercerie[1]. Celle-ci avait un roi des merciers, qui administrait et gérait selon les règlements royaux, dans toute l'étendue de sa province, même au préjudice de ce qu'auraient édicté les autres rois de mercerie, chaque roi étant souverain dans sa juridiction.

Il pouvait instituer un lieutenant en chaque bonne ville de sa province.

Il était assisté, lorsqu'il se rendait aux foires, de compagnons ou maîtres merciers, jusqu'au nombre de vingt-cinq, qui formaient autour de lui comme un conseil d'échevinage ou de jurats. Il faisait promulguer et exécuter ses règlements par un sergent. Les seigneurs lui payaient diverses redevances à chaque foire nouvelle.

Les merciers ou mercières régulièrement institués en titre de maîtrise devaient être reçus en place publique et s'intitulaient chevaliers ou chevalières du métier de mercerie.

---

1. Ord. de Charles VII, août 1448. — Les rois des merciers de Berry et d'Auvergne reçurent des privilèges de Jean duc de Berry (mort le 25 juin 1416). Voy. l'ord. précédente. Le chef des merciers de Bordeaux s'appelait « comte et boursier de la confrérie des merciers ». Ord. de Charles VIII, mai 1490. — Le roi des merciers d'Anjou subsistait encore en 1585. Le roi des merciers du diocèse d'Uzès exerçait ses fonctions en avril 1360, et nous avons de lui une lettre de réception d'un chevalier de la mercerie.

Le roi des merciers du lieu où se tenaient les foires avait droit de contrôle sur les chevaliers, et levait une amende de cinq sous sur ceux qui ne pouvaient prouver leur réception en place publique, ou qui auraient été institués irrégulièrement par un roi qui n'avait pas le droit de les nommer [1].

Chaque réception était corroborée par une prestation de serment et célébrée dans un dîner que payait le récipiendaire et qui coûtait environ un marc d'argent (54 fr. 38 de notre monnaie) [2].

Quant aux petits merciers détailleurs portant tablettes où étalant leur marchandise par terre, ou la portant sur l'épaule à bâtons pendants, ils n'étaient pas astreints à la maîtrise et pouvaient vendre leur marchandise en foire, à des heures déterminées, en payant une certaine redevance au roi des merciers [3].

Ainsi s'explique l'existence tolérée des *mercelots* à l'ombre de l'opulente confrérie des maîtres merciers. C'est un point sur lequel nous allons revenir.

Mais, si l'on compare cette organisation de la mercerie à celle des Gueux, on reconnaît que le roi des provinces de mercerie correspond seulement aux *cagous* ou lieutenants provinciaux du grand Coesre, chef suprême de la monarchie truande (les archi-suppôts se confondant avec les cagous dans

---

1. Plus tard, il fut établi que les lettres de maîtrise ne s'accorderaient qu'aux fils de maîtres et aux apprentis qui auraient servi trois ans avec un maître mercier bourgeois de Paris. (Ord. de Ch. IX, 1567.)

2. Charles VII abolit cet usage par l'ord. d'août 1448, art. 35, et décida que le prix du repas serait versé dans la caisse commune de la confrérie pour dire des messes, et autres emplois.

3. « Comme on feroit d'un petit mattois de mercier qui affronta un gentilhomme : et voicy comment. Ce porte-balle ayant desployé sur une tombe de cimetiere, où se tenoit la foire, des espingles, des peignes, des fiajollets, des Almanachs, et des las, il arriva un gentilhomme d'assez bonne façon, lequel achepta de ce blesche pour quatre ou cinq sols de sa marchandise. » Bouchet, XVe serée, III, 106.

cette hiérarchie). On n'y aperçoit pas de personnage analogue au grand Coesre lui-même. La mercerie a cependant possédé ce chef suprême, bien qu'il ait échappé jusqu'à ce jour aux investigations des savants, même à celles de M. Leber, qui a remis au jour d'intéressants documents sur les merciers de Paris et sur le roi des merciers de Touraine, Anjou et Maine [1]. Ceci est un fait entièrement nouveau, et l'on va voir comment il put échapper aux plus sagaces de mes prédécesseurs.

Nos dépôts publics possèdent de nombreux recueils des statuts des merciers de Paris, Rouen et autres grandes villes, publiés au XVIIe et au XVIIIe siècle [2]. Ces recueils assez volumineux, contenant un certain nombre d'ordonnances anciennes à partir du règne de Charles VI, les savants qui les ont consultés ont pu croire qu'ils embrassaient l'universalité des documents concernant la matière. Mais il n'en est rien. On chercherait vainement, dans les recueils publiés par la corporation des merciers de chaque grande ville, un seul texte qui fît allusion à l'existence du roi des merciers. Les corporations avaient, pour agir de la sorte, deux raisons excellentes : la première, c'est qu'en 1601, date du plus ancien de ces recueils, le *roi des merciers de France* n'existait plus ; les rois de province eux-mêmes avaient disparu ; la seconde raison, c'est que la mercerie locale, je veux dire chaque corporation de ville ou de province, semble avoir longtemps lutté contre les privilèges onéreux du roi des merciers, et que, satisfaite de sa victoire, elle ne voulait même pas évoquer l'ombre de son ancien tyran.

Pour retrouver ce personnage sans analogue, dont la mémoire s'est pour ainsi dire perdue, étouffée sous le poids d'un oubli volontaire, il m'a cependant suffi de consulter un

---

1. *Coll. des meilleures dissertations*, etc., t. XIX, p. 473 à 497.
2. Notamment les recueils de 1601, 1617, le recueil sans date cité par Leber, mais qui est postérieur à 1645, ceux de 1727, 1767, etc.

ouvrage rarissime que possède la Bibliothèque nationale (F. 4520 *Mer*. Petit in-4º de 47 pages, sans lieu ni nom de libraire ou d'imprimeur) dont le titre est à lui seul une révélation. Je le transcris en son entier :

Recueil des privilleges prerogatives statutz reiglemens lettres patantes et arrestz concernant l'estat de grand maistre, visiteur, garde et general reformateur des marchandises de mercerie, grosserie et joaillerie en ce royaume de France, que autrement l'on souloit appeller roy des merciers.

Ce précieux bouquin est daté de M D LXXXV.

Le titre que je viens de transcrire était fait pour éveiller la curiosité. Mais une circonstance particulière a sans doute empêché que nul érudit prît jamais la peine de l'ouvrir : c'est qu'il porte, sur l'ancien catalogue de la Bibliothèque royale (le nouveau n'ayant pas encore paru pour cette section de livres), la funeste mention *incomplet*. On aura pensé que les recueils subséquents, plus volumineux et complets en apparence, rendaient inutile celui de 1585, et voilà, j'imagine, pourquoi l'on ne s'y est pas arrêté.

De fait, le *Recueil* de 1585 est incomplet en ce qu'il y manque les quatre pages intérieures de la première feuille, c'est-à-dire les pages 3, 4, 5 et 6. Celles qui suivent en font cruellement regretter la perte[1], mais n'en gardent pas moins un très vif intérêt.

Le plan de ce recueil, car il n'a pas été composé sans but, comme on le va voir, est d'exposer et de remettre en lumière les antiques prérogatives du roi des merciers ; cet exposé sert de préface à certaines ordonnances, lettres patentes et pièces de procédure, qui, à mon sentiment, lui donnent le caractère d'un mémoire à consulter. Le consultant, si j'ai vu

---

1. J'ai vainement cherché dans les bibliothèques de Paris un second exemplaire du recueil de 1585. Peut-être se dérobe-t-il dans quelque volume factice, auquel on l'aura réuni à cause de son peu d'épaisseur.

juste, ne serait autre qu'un certain Jean Pioche, valet de chambre du roi Henri III, investi par lettres patentes de ce monarque, données à Olinville le 23 septembre 1583, de « l'estat et office de maistre visiteur des marchandises de mercerie, grosserie et joaillerie *des villes et lieux auxquelz aucun n'a esté par nous pourveu de semblable estat* », lequel office appartenait à Estienne Parent, qui le résigna en faveur dudit Jean Pioche (p. 29 du *Recueil*).

Le texte des lettres patentes qui font de Jean Pioche le maître visiteur de la mercerie (nom nouveau du roi des merciers) pour tous les pays où le roi n'en a pas institué d'autre, est précisé par une procuration en date du 2 juin 1585 (p. 41 du *Recueil*), où Jean Pioche prend les qualités de « valet de chambre du roy, maistre visiteur et general reformateur des marchandises de mercerie, grosserie et joaillerie *de France,* demeurant à Paris, rue des Fossez Saint Germain l'Auxerrois ». Cette procuration est donnée à Denis Nicolle, sergent royal en Poitou, et André Gauffrete, praticien à Doué en Anjou « pour lever ses droits sur les merciers de Poitou, Berry, Anjou, Touraine, Maine, Loudunois, Aulnis, Rochelois, Xaintonge, Angoumois, Marche, et toutes les isles de la mer du parlement de Paris ».

La prétention de Jean Pioche s'accuse ici nettement; il se prétend maître visiteur et général réformateur, autrement dit roi des merciers de *France;* et il donne procuration pour exercer ses droits en certains pays tels que l'Anjou, le Maine, la Touraine et le Berry, où il existait précisément, de toute ancienneté, des rois des merciers, ainsi que le prouve l'ordonnance de Charles VII d'août 1448.

Aussi la rébellion ne se fait-elle pas attendre : un particulier prenant le titre de roi des merciers s'oppose, par-devant le sénéchal d'Anjou, à l'exercice des droits de Jean Pioche ; à quoi il est répliqué par des lettres de Henri III, du 8 août 1585 (p. 44 du *Recueil*), qui commettent le premier huissier pour ajourner les opposants par-devant le Grand Conseil.

Le recueil finit là. On comprend maintenant quelle en est l'économie. Jean Pioche, rencontrant des résistances à l'exercice de sa charge, qui n'est autre que celle du roi des merciers, remet en lumière les documents qui établissent *ab antiquo* les prérogatives de celui-ci. Ces prérogatives consistaient en droits de justice et en droits pécuniaires.

Le roi des merciers prenait serment de fidélité de tous compagnons portant mercerie, et il connaissait judiciairement des cas comportant violation des statuts et privilèges du métier, ainsi que de tous différends entre les compagnons.

Il pouvait se donner des lieutenants, commis et députés, qui le représentaient en tous lieux et en toutes causes.

Si un compagnon méconnaissait l'autorité du roi des merciers, celui-ci pouvait confisquer la marchandise du rebelle, moitié pour soi-même, l'autre moitié pour le roi de France.

Il était dû au roi des merciers un demi-marc d'argent par chaque chevalier qui lui prêtait le serment de fidélité; plus 6 sols parisis une fois payés, à son avènement; plus 1 sol parisis chaque fois qu'il travaillait pour les intérêts de la communauté; enfin il avait le privilège de la vérification des poids et mesures et de la marchandise de mercerie, et chaque visite lui valait 2 sols parisis.

L'origine du roi des merciers paraît ancienne; le premier personnage investi de cet office fut un certain Alexandre. A quelle époque vivait-il? Par qui fut-il institué? Voilà le double renseignement que contenaient les quatre pages perdues du Recueil de 1585. L'ordonnance de François Ier de juin 1544 allègue, à cet égard, sans les spécifier autrement, d'anciennes ordonnances « de saint Louis, de Charles le Grand et Philippes son fils, nos predecesseurs roys ». Ce passage, évidemment altéré, appelle une rectification. D'une part, l'histoire de France ne connaît pas d'autre Charles le

Grand que l'empereur Charlemagne, et, d'autre part, aucun roi du nom de Charles n'a eu de fils appelé Philippe. Une seule transposition remettrait les choses à leur place, si l'on voulait lire : « de Charles le Grand, de saint Louis et Philippes son fils ».

Cette correction s'accorderait, en partie, avec le passage d'un document du xve siècle, cité par le P. Anselme (*Hist. des Chambriers de France*), qui attribue les plus anciens privilèges des merciers à « plusieurs empereurs », ce qui confirme mon hypothèse, et au « roy Philippes, l'an 1204 ». Cette dernière date est précise ; si l'on doit la tenir pour exacte, le roi Philippe qui donna des privilèges aux merciers serait Philippe II, dit Philippe-Auguste, grand-père de Louis IX, et non Philippe III le Hardi, fils du saint roi.

Le *Recueil* de 1585 se tait quant aux transformations subies par le roi des merciers de France ; mais il nous met sur la trace en rapportant textuellement deux ordonnances royales, la première, donnée à Paris par François Ier en juin 1544, précitée, dans le but de restituer en son premier lustre l'office de la grande chambrerie confié à son fils puîné, Charles duc d'Orléans ; la seconde donnée à Folambray en octobre 1545 par le même roi, pour supprimer la grande chambrerie devenue vacante à la mort du duc, survenue le 9 septembre précédent.

Rapprochant ces deux ordonnances des documents que le P. Anselme nous a conservés relativement à l'office du chambrier de France, l'histoire du roi des merciers va nous apparaître assez clairement.

La chambrerie de France fut, dès l'origine de la monarchie, l'une des cinq grandes charges de la couronne [1] ; elle avait

---

1. Elle fut possédée, sous la troisième race, par un grand nombre de princes de la maison de Bourbon : Charles duc d'Orléans, frère cadet d'Henri II, en fut le dernier titulaire. A noter, comme curiosité, que Henri V d'Angleterre, lorsqu'il gouvernait à Paris (1434) donna la

juridiction sur plusieurs corps de métier qui dépendaient absolument d'elle, savoir : les cordonniers, les basaniers, les ceinturiers, les selliers, les lormiers, les bourreliers, les gantiers, les pelletiers et les merciers.

Cette juridiction, qui s'exerçait à Paris par un maire et ailleurs par divers officiers, selon la condition personnelle du chambrier, consistait principalement en ceci, que nul ne pouvait exercer l'une des professions susindiquées sans avoir acheté métier du roi, c'est-à-dire du grand chambrier. De plus, le chambrier avait droit de lever, à l'avènement d'un nouveau roi de France, cinq sous sur chaque mercier, marchand ou autre, vendant à poids ou à mesure ; expressions si élastiques, que nuls ne s'en pouvaient exempter à moins d'être nobles ou gens d'Église. Voici, en effet, d'après des lettres de Pons de Lorme, lieutenant du bailli de Velay, répondant à une requête du procureur général du duc de Bourbon, seigneur de Beaujeu, chambrier de France, quelle était en 1462, c'est-à-dire au temps même de François Villon, la nomenclature du métier de mercerie :

« Premierement, faisans et vendans souliers qui sont yndes de couleur vermeille ou blanche, et houzeaux ou souliers qui sont fourrez de toute autre chose fors que de noir, en table ou en place, ou en bastons qui soient pendans, ou quelque condition que ce soit fait, autant homme comme femme. Tous aussi parcheminiers, tixiers, bouchers, vendans ou acheptans grosses peaux d'aigneaux ou de chevreaulx, pelletiers, pigniers, lanterniers, faisans et vendans soufflez, et tous ceulx qui depployent en foire mercerie, et tableteurs, qui portent denrées pendans, tous tenans, portans ou vendans cordages en pendant ou non, et toutes denrées qui peuvent estre à ouvrer dudit mestier de mercerie, soit en ouvroir ou non, ou

charge de chambrier de France à Raoul seigneur de Cromwell, grand trésorier d'Angleterre.

place deployees, ciseaux, manches d'alenes et pignes, cire, chandelles, soient faites de coton ou de filet, et tous vendans denrées qui se vendent en balance, gaines, cousteaux et tous filletz de quelque couleur que ce soit, espincles, aiguilles, fers, lames, draps, poids et balances, soyes, papier et sainctures, et toute espicerie, boutiques ouvroirs, tous vendans les choses dessusdictes, et toutes autres denrées qui pourroient estre dudit mestier de mercerie, comme couvrechefs, toilles de toutes couleurs, soient blanches ou noires, et toutes autres denrées que le roy des merciers et ses compagnons du mestier, en leur bonne foy et conscience, tiennent ou tiendront, et qui diront que peuvent estre dudit mestier... »

Il est permis de conjecturer que l'office du roi des merciers a subi les vicissitudes de la grande chambrerie d'où il émanait : respecté lorsqu'elle était florissante, amoindri, contesté et même supprimé lorsqu'elle-même subissait une éclipse, et finalement succombant sous l'effort et la résistance des corporations provinciales, lorsqu'on essaya de le rétablir quarante ans après que la grande chambrerie eut définitivement disparu en vertu de l'édit de 1545.

Ce qui reste acquis à mes conclusions, c'est que la mercerie avait eu son chef suprême sous le nom de roi des merciers, comme la mendicité eut le sien sous le titre de grand Coesre. Sur ce point encore, les traditions de la confrérie des Gueux s'accordent avec la réalité des faits.

Ajoutons que les chevaliers de mercerie se devaient l'un à l'autre assistance dans les circonstances habituelles de leur vie ambulante. Par exemple, un compagnon doit garder la marchandise de l'autre et travailler pour lui comme pour soi-même ; nul chevalier mercier ne doit attirer ni détourner le chaland de son compagnon ; il doit lui garder sa femme et prêter à celle-ci jusqu'à douze deniers ; le soigner en maladie, et faire les avances nécessaires, qui seront remboursées par les autres compagnons ; il doit lui prêter en route jusqu'à douze deniers, s'il en est requis ; enfin porter la marchandise de celui qui tombe malade en route, et la vendre comme la sienne propre en ne se réservant que le tiers du gain[1].

VI

Je vais maintenant poursuivre l'histoire générale des Gueux, en tant que corps organisé au milieu de la société française, qui en toléra trop longtemps l'existence.

La foule des mendiants et malfaiteurs confondus sous le sceptre du grand Coesre se classait, d'après les traditions de Pechon de Ruby et d'Ollivier Chereau, en *orphelins, marcandiers, ruffez ou rifodez, millards, malingreux, piètres, sabouleux, callots, coquillards, hubins, polissons, franc-mitoux, courtauds de boutanche, convertis, drilles ou narquois,* selon la spécialité de leurs tromperies, et qui payaient annuellement au grand Coesre une redevance variant de cinq sols par tête à deux écus.

Pour que cette énonciation soit complète, il faut ajouter les *capons,* qualifiés de maîtres de la tricherie, ou d'échevins, parce qu'ils ne sortaient guère des villes ; c'étaient, pour la plupart, des coupeurs de bourse et des voleurs ; ils ne payaient rien au grand Coesre, parce qu'ils ne mendiaient pas.

Sans m'arrêter à ces catégories plus ou moins artificielles, il me paraît plus conforme à la réalité historique de considérer la masse des Gueux d'après leur origine et leur condition première, telle que je l'ai déjà définie plus haut :

1° *Mercelots.* — Le mercelot était un véritable colporteur, portant sa balle sur le dos ou la tablette au col, exerçant libre-

---

[1]. Recueil de 1585, p. 8.

ment son industrie, soit qu'il n'eût pris sa maîtrise que de soi-même, soit qu'il eût été chassé de la confrérie authentique des grands et riches merciers, mêlant sa vie errante d'expéditions aventureuses sur le bien d'autrui. La vie du mercelot était fort dure; tantôt couchant dans les bois, tantôt sur les prés, maraudant les volailles, poulets et chapons, dérobant le linge et les hardes, et allant aux foires, où l'on rencontrait des gains de toutes façons.

J'en ai dit assez sur leur division par classe de *pechouns, bleches* et *camelotiers*. Le *pechoun*, après sa première balle et son premier voyage, était candidat au premier grade de la Gueuserie. Après la foire, il payait un festin à ses supérieurs, et sur la fin du repas, qui se donnait le plus souvent la nuit, le plus ancien des supérieurs faisait une harangue concernant les droits et devoirs de la confrérie. Le *pechoun*, tête nue, lève la main et jure qu'il ne déclarera point les secrets aux petits mercelots non initiés. On lui présente un bâton à deux bouts et une balle, pour montrer qu'il sait charger la balle sur son dos d'une main, tandis que de l'autre il se défend contre les chiens; on lui apprend l'escrime du bâton; et le voilà passé *bleche*.

Villon dit positivement qu'il exerça comme *mercelot,* dans le cours de sa vie hasardeuse :

Moi, povre mercerot de Rennes.
Grant testament.

2º *Soldats.* — L'élément principal de l'armée des Gueux, le plus ancien, le plus nombreux et le plus redoutable, c'est le soldat mercenaire. Le mercenariat remonte fort loin chez nous : on le trouve contemporain des origines de la féodalité. Guillaume de Jumièges parle de troupes soldées en l'année 1047; dès le commencement du XIIe siècle, les historiens signalent des bandes d'aventuriers, à la fois soldats et brigands, qui, en paix comme en guerre, désolaient les campagnes. On les appelait *cotereaux* dès 1128[1]. Vers 1183, les peuples se liguèrent par associations jurées pour l'extermination de ces brigands ; les Confrères de la Paix leur livrèrent une véritable bataille près de Châteaudun : « En cette année furent occis, en la contrée de Bourges en Berry, sept mille hommes et plus, appelés cotereaux, brigands, gens de compaignie, pillards, robleurs, larrons, c'est tout un ; et sont gens infames et dissolus et excommuniés. Ils ardoient les monasteres et les eglises où le peuple se retraioit, et tourmentoient les prestres et les religieux, les appeloient *cantatours* par derision, et leur disoient, quand ils les battoient, *cantatours, cantez*[2] ».

On ferait un gros volume des ordonnances rendues contre les routiers, depuis l'ordonnance de saint Louis, datée de Paris avril 1228, pour qu'ils soient chassés du Languedoc, jusqu'à l'établissement de l'armée régulière, qui ne fut pleinement réalisé que deux cent vingt ans plus tard.

Les guerres continuelles, les conquêtes, les ruines de toutes sortes qu'engendra la lutte acharnée des couronnes de France et d'Angleterre, augmentaient de jour en jour le nombre des nobles sans patrimoine, parmi lesquels se recrutaient les chevaliers d'aventure. Du Guesclin ne fut que le plus vaillant et le plus patriote des routiers, jusqu'au jour où le roi de France lui confia l'épée de connétable.

Le mal alla croissant pendant le cours du XIVe siècle. Les mesures édictées par les États de Chartres en 1367 demeurèrent impuissantes. Sous le règne de Charles VI, le fléau des compagnies armées redouble d'intensité et prend décidément le caractère de pur brigandage. Par exemple, Froissart nous apprend qu'en 1400 une troupe de ces Gallois qui, amenés en France par Édouard III d'Angleterre, s'étaient répandus

---

1. Du Cange. V° *Coterelli*.
2. Chronique citée par Du Cange, *ibid*.

sur le pays pour y vivre en compagnies franches, mettait en coupe réglée la région comprise entre Loire et Seine, depuis la marche de Bourgogne jusqu'à celle de Normandie. Le capitaine de ces Gallois, auxquels s'étaient mêlés des aventuriers de toutes les nations, s'appelait Riewan ou Rufin; il tenait son quartier général tantôt près d'Orléans, tantôt près de Chartres; il rançonnait les villes et les châteaux, et il avait su inspirer tant de terreur que ses gens s'éparpillaient par escouades de vingt à quarante hommes, sans qu'on osât les attaquer.

L'ordonnance du 25 mai 1413, rendue en conséquence de l'assemblée des États généraux du mois de janvier précédent, relate que depuis longtemps les sujets du roi sont pillés et volés par les gens d'armes, « subjects d'autres seigneurs subjects du roi », et avec eux par des étrangers de diverses nations, des arbalétriers génois et autres, « larrons, robbeurs, bannis, gens vacabonds et autres qui ont volonté de mal faire » et commettent « murdres, efforcement de femmes et autres, mesmement durant les trieves ».

Bientôt la guerre étrangère et l'invasion achevèrent la subversion totale du royaume. Les bourgeois se renfermaient dans les villes closes; les paysans restèrent seuls sur le plat pays, en butte aux violences et aux pillages. L'agriculture disparut, l'herbe poussa sur les chemins.

On n'était pas au bout; la paix d'Arras, conclue en 1435 entre le roi Charles VII et le duc de Bourgogne, et qui excitait à juste titre une joie universelle, fut le signal d'un nouveau déchaînement de calamités. Les *écorcheurs* apparurent. Tel fut le nom populaire donné aux compagnies franches qui se formèrent des garnisons de la Champagne, licenciées par suite du traité d'Arras, et qui, dit Jean Chartier, « endommagerent grandement le païs : et n'y avoit hommes, femmes et enfans qu'ils ne depouillassent jusques à la chemise, mais qu'ils les pussent rencontrer à leur advantage; et quant ils avoient tout pillié, ils raençonnoient les villaiges, et estoient leurs cappitaines ung nommé Chabannes et deux bastards de Bourbon ». L'histoire a conservé le nom des principaux chefs d'écorcheurs ; ils n'étaient autres que les meilleurs capitaines de l'armée française : Antoine de Chabannes comte de Dammartin ; les deux bâtards de Bourbon ; Henri Bourges, Bouson de Failles, Bouays Glavy, Brusac, Geoffrin de Saint-Belin, Lestrac, le bâtard d'Armagnac, Rodrigues de Villandras, Pierre Regnaut, Alain Giron, Pierre d'Augi, Geoffroy Morillon, La Hire et Potron de Xaintrailles, les compagnons d'armes de la Pucelle. En 1438, un chevalier du royaume d'Aragon, nommé messire François de Surienne, s'empara de la ville de Montargis, et la revendit au roi, moyennant dix mille saluts d'or pour lui et quatre ou cinq mille pour les gages de ses compagnons.

Lorsque le désordre est arrivé à ces proportions démesurées, on ne le guérit pas en quelques semaines. Les ordonnances de 1448, qui achevèrent l'organisation de l'armée permanente, rendirent le calme au pays et lui assurèrent une sécurité relative ; mais longtemps encore les routes furent menacées par des troupes de brigands armés, qui se cachaient dans les bois. C'étaient les *gaudins* ou *godins* (voyez ce mot au vocabulaire du Jargon), dont il est déjà fait mention dans diverses lettres de rémission de 1337, 1358, 1381, etc., et qui sont nommés dans les ballades de notre Jargon ; ou bien les *feuillards*, autrement dits *galants de la feuillée*, composés de gens d'armes pillards auxquels se joignaient des laboureurs réduits à la misère (voyez sous le mot *feuille* au vocabulaire du Jargon). Le caractère particulier qui semble avoir distingué les *feuillards* de leurs congénères en brigandage, c'est qu'ils feignaient d'être des gens d'armes d'ordonnance, quoiqu'ils se réservassent de combattre pour ou contre le roi selon leurs convenances du moment. Il est parlé d'eux dans des lettres de rémission comprises entre 1471 et 1479, et beaucoup plus tard jusque dans le courant du XVIᵉ siècle ; Marot les nomme dans ses vers, et nous les voyons traduits à la scène dans *l'Apocalypse de saint Jean* comme dans *la Vie de saint Cristofle*.

Ce dernier ouvrage (par maistre Chevalet, Grenoble, 28 janvier 1530) peint au naturel la vie des aventuriers, tantôt brigands, tantôt soldats, parmi lesquels on recrutait les bandes en cas de guerre. Le Picard Barraquin et le Gascon Brandimas s'attaquent au coin d'un bois et se demandent réciproquement la bourse ou la vie ; bientôt ils se reconnaissent, et se racontent leurs mésaventures avec la justice humaine ; l'un et l'autre se sont échappés du cachot où ils attendaient le gibet ; Arquin, leur ami commun, a été moins heureux : il fait la moue à la lune, *scilicet* il a été pendu. Survient un troisième *tyrant*, Freminaud, qui parle le langage de la Suisse allemande ; puis un quatrième, nommé Alibraquin, Italien celui-là. Nos quatre coquins se gourment, puis se reconnaissent encore, et résolvent de dévaliser des marchands qui vont passer par là. Mais la guerre est déclarée, et voilà que nos détrousseurs de grands chemins reprennent le glaive des batailles :

>Hé ! gueux, gueux, bonnes novelles !
>Laissez la feullade grant erre,
>Et vous en venez à la guerre
>Que l'empereur a fait crier
>A son de trompe et publier,
>Dont mon cueur de joie tressaulte.

>LE CONNECTABLE.
>Or sus, gallans, devant ! devant !
>Allons nous rendre à l'empereur.
>Il n'y faut point de procureur,
>Allons y en propre personne.

>L'ADMIRAL.
>Venez vous en donc avec moy ;
>Et vous aurez, sçavez vous quoy ?
>Force d'aubert en la follouse.

C'est ainsi que, par un anachronisme fort goûté de son public, maistre Chevalet donnait à la légende de saint Christophe un ragoût d'actualité, en retraçant, d'après nature, les scènes les plus habituelles de la vie militaire au moyen âge.

Les soldats débandés ou maraudeurs formaient une classe de la monarchie du grand Coesre sous le nom de *drilles* ou *narquois*.

« Les Drilles ou Narquois, dit le *Livre du Jargon*, sont les soldats qui mendient l'épée sous le bras et dévalisent les églises et les villes. Ils logent dans les auberges, mangent et boivent si bien que tout en tremble. Ils ont fait banqueroute au grand Coesre et ne veulent plus être ses sujets ni le reconnoître, ce qui est une grande perte et a beaucoup ébranlé l'état et la monarchie argotique. »

3° *Voleurs*. — L'antique monarchie du grand Coesre ne reconnaissait pour loyaux sujets que les vrais mendiants dont les subtilités, déguisements et finesses ne devaient servir qu'à exciter et surprendre la charité des bonnes âmes. La mendicité ainsi pratiquée comporte une infinité d'escroqueries ; mais l'escroquerie est une sorte de contrat frauduleux entre un trompeur et une dupe ; celle-ci, séduite par une imposture grossière ou subtile, remet volontairement la somme à laquelle elle se laisse taxer par sa propre sensibilité. Cette remise volontaire est proprement le caractère de l'escroquerie, par différence du vol ou larcin, dans lequel le butin est appréhendé directement par le maraudeur, sans la volonté de la victime et à son insu.

Les sujets du grand Coesre connaissaient cette distinction et se vantaient de la respecter. Nous avons de bonnes raisons de ne pas nous fier à leurs protestations. La plupart d'entre eux mêlaient évidemment tous les genres et bravaient là-dessus les défenses aristotéliques de leurs législateurs. Il paraît certain toutefois que la corporation résista longtemps à s'affilier les voleurs authentiques, les voleurs de grand chemin par exemple, qui l'auraient trop vite et trop universellement compromise ; mais enfin les anciennes coutumes fléchirent ; on sait, par le *Livre de l'Argot*, qu'au commencement du XVIIe siècle, il avait fallu admettre les voleurs : « Une autre chose, dit-il, qui a fort gasté et presque ruiné la monarchie, c'est que tous ceux du doublage, les sabrieux et autres doubleurs du serment de la petite flambe, ne pouvant vivre de leur estat, et, d'autre part, mouchaillant que les argotiers avoient toujours de quoi morfier, voulurent lier le doublage avec l'argot ; mais les archisuppôts et les cagous s'y opposèrent, ne voulant pas permettre un si estrange malheur ; mais enfin, ils ont été contraints d'y admettre les susdits doubleux en la monarchie, excepté les sabrieux, qu'on n'a pas voulu recevoir. Si bien que, pour être parfait argotier, il faut savoir le jargon des blesches ou merciers, la truche des gueux et la finesse des coupeurs de bourse. »

On appelait *sabrieux* les voleurs des bois, c'est-à-dire des brigands de grand chemin, tandis que ceux du *doublage* ne sont guère que de petits filous.

Les voleurs ne paraissent pas avoir connu d'organisation particulière avant leur entrée dans le royaume de l'Argot.

La bande de brigands dont les chefs furent exécutés à Paris en 1450 avait un roi et une reine, mais je pense qu'elle était composée de Bohémiens ou Égyptiens.

4° Les *Égyptiens*. — On désignait ainsi, au XVe siècle, et les Anglais appellent encore *Gypsies*, les bandes errantes, venues de l'Orient, que nous connaissons aujourd'hui sous le nom de Bohémiens et de Zingari. Une de ces bandes est venue camper, en 1870, à Paris même, sur l'avenue de la Grande-Armée, près de la porte Maillot.

Les travaux de M. Paul Bataillard, en France, et du docteur Frank Miklosich, en Allemagne, ont éclairci l'histoire singulière de ce peuple mystérieux. Je la résume en quelques mots, dégagée de toute controverse.

La race indienne des Jâts, dont les groupes principaux sont les Karachis ou noirs, les Kaoulis et les Lûrys, habitait, dès une haute antiquité, le nord-ouest de l'Inde ; elle forme encore aujourd'hui le gros de la population sikhe du Pendjab. Elle est renommée par sa grossièreté et ses mauvais instincts, non moins que par son adresse, par son goût pour le chant, la danse et les tours de jonglerie. Le nom de Jât est, sur les bords de l'Indus, synonyme de voleur et de canaille.

La première émigration des Jâts est expliquée de la manière suivante par Firdousi dans le *Shah-Nameh* ou Livre des Rois : « Vers l'an 420 de notre ère, Behrâm-Goûr, prince sage et bienfaisant, de la dynastie sassanienne, s'aperçut que ses sujets pauvres dépérissaient faute d'amusements. Il chercha un moyen de récréer leurs esprits et de les distraire des soucis d'une vie laborieuse. Dans ce but, il envoya une ambassade à Shankal, roi du Cambodge et maharadja de l'Inde ; il le priait de choisir parmi ses sujets et de lui expédier en Perse des personnes capables par leurs talents d'alléger le fardeau de l'existence et de répandre un charme sur la monotonie du travail. Behrâm-Goûr reçut bientôt douze mille jongleurs ou ménestrels, hommes et femmes, leur assigna des terres, les approvisionna de blé et de bestiaux, pour qu'ils eussent de quoi vivre dans certaines terres qu'il leur assigna, et pussent amuser son peuple gratis. Au bout de la première année, ces gens avaient négligé l'agriculture, consommé le blé des semailles et se trouvaient sans ressources. Behrâm, irrité, leur commanda de prendre leurs ânes et leurs instruments de musique, de courir le pays et de gagner leur vie en chantant. En conséquence, les Lûrys courent maintenant le monde pour trouver qui les emploie, traînent avec eux des chiens et des loups, volant nuit et jour sur leur route. »

Telle est l'origine des tribus nomades de la Perse actuelle, où le nom de Lury est devenu synonyme de chanteur des rues. Cette tradition est rapportée, après Firdousi, par cinq auteurs persans ou arabes dont le plus ancien, et par conséquent le plus autorisé, est Hamza, historien arabe né à Ispahan, qui écrivait en 940 : elle a été confirmée de nos jours par un illustre voyageur, sir Henri Pottinger : « Les Loories, dit-il, sont une classe de vagabonds qui n'ont point d'habitations fixes et qui, sous ce rapport et bien d'autres, offrent une affinité frappante avec les gypsies d'Europe. Ils parlent un dialecte qui leur est propre, ont un roi pour chaque bande, une réputation de voleurs et de pillards. Leurs passe-temps favoris sont la boisson, la danse, la musique. Outre leurs instruments, ils traînent dans chaque troupe une demi-douzaine d'ours et de singes dressés à mille tours grotesques. Il y a dans chaque bande deux ou trois individus qui font profession de deviner l'avenir par divers moyens, entre autres par la science abstraite de Ruml et de Qoorua[1]. »

Il ne paraît pas que les Lûrys, transplantés du Scinde en Beloutchistan au ve siècle, se soient alors répandus hors de l'Asie. Mais, cinq cents ans plus tard, les Jâts du Pendjab ayant eu l'imprudence d'attaquer et de piller les convois de l'armée du sultan Mahmoud, l'un des successeurs d'Aaroun-al-Raschid, en furent cruellement châtiés par ce prince victorieux, en 1025. C'est à cette date qu'on s'accorde à fixer l'émigration d'une partie de cette peuplade. Le flot des émigrants poussa sans doute devant lui les Lûrys du Beloutchistan, qui, des côtes de l'Asie Mineure, passèrent en Grèce par le Péloponèse. Ils avaient séjourné quelque temps parmi les Grecs de Phrygie et de Lycaonie, sans se mêler à eux autrement que pour leur emprunter un nom nou-

---

1. *Travels in Belochistan and Sinde*, p. 153. Voir pour les détails de cette curieuse histoire l'article de l'*Edinburgh Review* traduit dans la *Revue britannique* de septembre 1878.

veau, celui d'Ἀθίγγανοι; ainsi s'appelait une secte qui prétendait descendre de Simon le Mage, et qui évitait, de crainte de souillure, tout contact avec les profanes. Cette dénomination se trouva bientôt transformée en Athingani et Acingani, aujourd'hui Tsiganes et Zingari ou Zincali.

On les trouve établis dès 1322 dans l'île de Candie, au témoignage de Simeon Simeonis; entre 1346 et 1370 à Corfou, où ils obtinrent la concession d'un territoire ou fief nommé *feudum Acingannorum* ; de 1369 à 1387 en Valachie; en 1398 à Nauplie. On ignore la suite de leur dispersion pendant une trentaine d'années. Mais, dans les derniers mois de l'année 1417, ils apparaissent tout à coup sur la Baltique et aux embouchures de l'Elbe, et se montrent aux bourgeois de Lunebourg, de Hambourg, de Lübeck, de Wismar, de Rostock et de Stralsund, munis d'un sauf-conduit à eux délivré par l'empereur Sigismond, et daté de Lindau, janvier 1427. Le rescrit impérial constatait que les ducs Michel et André, de la Petite Égypte, étaient engagés avec leurs sujets dans un pèlerinage de sept années que leurs évêques leur avaient infligé en expiation du crime de leurs pères, coupables d'avoir renié la foi chrétienne.

En tête d'une horde déguenillée sous ses manteaux bariolés de couleurs voyantes, cavalcadaient fièrement les ducs Michel et André, et les comtes Jon et Panuel, accompagnés de chiens tenus en laisse, privilège de la noblesse féodale. Ils se donnaient le nom de Sicanés (Acingani), que la prononciation allemande transforma en Zigeuner. Le sauf-conduit de l'empereur Sigismond ne protégea pas longtemps ces maraudeurs et ces pillards contre le mécontentement des populations. Ils se rabattirent vers l'Allemagne du centre, et se trouvaient à Zurich le 1er août 1418.

A ce moment ils se séparèrent. Un détachement, traversant le Botzberg, parvint jusqu'en Provence et jeta l'effroi parmi les habitants de Sisteron, qui les prenaient pour des « Sarrasins ». Le gros de la bande visita Strasbourg, puis la Bavière, et de Nüremberg se dirigea vers l'Italie, sous la conduite du duc André, qui parvint jusqu'à Rome, où on le perd de vue.

Enfin, un détachement isolé, dont l'itinéraire n'a pas encore été retrouvé, se montra, dans l'été de 1427, sous les murs de Paris, où régnait un roi d'Angleterre. Le récit de cet événement est consigné dans le *Journal d'un bourgeois de Paris* sous Charles VII (coll. Michaud et Poujoulat, t. III, p. 248-9) :

« Le dimanche d'après la my aoust, qui fut le dix-septiesme jour d'aoust ou dit an 1427, vindrent à Paris douze penanciers comme ils disoient; c'est assavoir ung duc et ung comte, et dix hommes tous à cheval, et lesquels se disoient très bons chrestiens, et estoient de la Basse Égypte, et encore disoient qu'ils avoient esté chrestiens autrefois, et n'avoit pas grand temps que les chrestiens les avoient subjuguez et tout leur pays, et tous faiz christianer ou mourir ceulx qui ne vouloient estre; ceux qui furent battisez furent seigneurs du pays comme devant, et promisrent d'estre bons et loyaux, et de garder la foy de Jesus Christ jusques à la mort, et avoient roy et royne en leur pays, qui demouroient en leur signorie, parce qu'ils furent christiennez.

« *Item*, vray est, comme ils disoient que après aucuns temps que ils avoient prins la foy chrestienne, les Sarrasins les vinrent assaillir; quant ils se virent comme pou fermes en nostre foy, a très peu d'achoison, sans endurer gueres la guerre, et sans faire leur devoir de leur pays deffendre, qui très pou se rendirent à leurs ennemys, et devindrent Sarrasins comme devant, et renierent Nostre Signeur...... Puis se departirent et furent avant cinq ans par le monde qu'ils venissent à Paris, et vindrent le dix-septiesme jour d'aoust l'an 1427, les doze devant diz, et le jour Saint Jehan Decolace vint le commun, lequel on ne laissa point entrer dedans Paris; mais par justice furent logez à la Chapelle Saint-Denis; et n'estoient point plus en tout d'hommes, de femmes et d'enffens de cent ou six vingt ou environ... *Item*, les hommes estoient très noirs, les cheveux crespez, les plus laides femmes que on pust voir, et les plus noires... Brief, c'estoient plus pouvres creatures que on vit oncques venir en France de aage d'homme; et, neamoins leur pouvreté en la compaignie avoit sorcieres qui regardoient es mains des gens, et disoient ce que advenu leur estoit ou advenir... tant que la nouvelle en vint à l'evesque de Paris, lequel y alla et mena avecques lui ung frere mineur nommé Le Petit, jacobin, lequel, par le commandement de l'evesque, fist là une belle predication en excommuniant tous ceulx et celles qui ce faisoient, et avoient cru et monstré leurs mains, et convinssent qu'ils s'en allassent, et se partirent le jour Nostre Dame en septembre, et s'en allerent vers Pontoise. »

Les ducs de la Petite Égypte ne se gênaient pas pour mentir et ne se mettaient guère en peine d'accorder entre elles les fables qu'ils débitaient, tantôt aux bourgeois de Hambourg, tantôt aux bourgeois de Paris. Il paraît certain, toutefois, que le sauf-conduit impérial était parfaitement authentique. Après la mort de l'empereur Sigismond en 1437, diverses causes, parmi lesquelles on cite les conquêtes des Mahométans sur le bas Danube, où les prétendus Égyptiens s'étaient établis en grand nombre, déterminèrent une nouvelle émigration vers l'Occident. Cette fois, ce n'était plus par groupes d'une centaine d'individus qu'ils se présentèrent en Allemagne, en France, en Italie, en Espagne, mais par milliers. Ils obéissaient alors à un roi appelé Zindl, nom qui rappelait leur berceau indien.

Le lecteur remarquera que cette date de 1438 coïncide d'une manière surprenante avec l'époque approximative de l'organisation des Gueux. On ne saurait douter, d'ailleurs, qu'il n'ait existé entre ceux-ci et les Acinganni, devenus décidément les Bohémiens à la suite de leur nouvel exode, sinon une affiliation en règle, du moins des rapports habituels, nés de l'identité des situations et des intérêts.

La *Vie genereuse des mercelots* consacre plusieurs chapitres aux mœurs et aux ruses des Bohémiens du XVIe siècle, qui ne diffèrent point de celles d'aujourd'hui. Ils marchaient par bandes isolées, commandées chacune par un capitaine. Les merciers et les Gueux s'accostaient volontiers de Bohémiens pour faire campagne avec eux, lorsque s'offrait une occasion de butin. L'aventure contée par Pechon de Ruby, sous le titre : *Un trait du capitaine Charles à Moulins en Bourbonnois,* débute par un petit tableau tout à fait semblable à celui que renferme la onzième Ballade (inédite) de notre Jargon. C'est pourquoi nous le reproduisons ici :

« Un jour de feste, à un petit village près de Moulins, y avoit des nopces d'un paysan fort riche. Aucuns se mettent à jouer avec de noz compagnons, et perdent quelque argent. Comme les uns jouent, leurs femmes desrobent ; et, de vray, y avoit butin de cinq cens escus, tant aux conviez qu'à plusieurs autres. Nous fusmes descouverts pour quatre francs qu'un jeune marchand perdit qui dançoit aux nopces, lequel avoit fermé sa maison et ses coffres. Cela empescha que feit ouverture. Les paysans se jettent sur noz malles, et nous sur leurs vallizes et sur leurs testes, et eux sur nostre dos, à coups d'espée et de poictrinal, et noz dames à coups de cousteau : de façon que nous les estrillasmes bien. »

La langue des Bohémiens, le *romany,* présentait et présente encore avec le sanscrit des analogies telles, que M. J.-C. Beames (*A comparative grammar of Indian languages.* London, 1872) lui assigne le huitième rang parmi les dialectes aryens parlés au sud de l'Himalaya. Il serait invraisemblable qu'elle n'eût laissé nulle empreinte dans le Jargon des Gueux français ; il en subsiste, en effet, de très légères, mais suffisantes pour maintenir, devant la science philologique, la trace de l'ancien contact.

Les Bohémiens ne tardèrent pas à se signaler en France comme les plus redoutables et les plus cruels des malfaiteurs. On lit dans le *Journal d'un bourgeois de Paris,* sous la date de 1448 (1449, nouveau style) :

« Item en ce temps furent prins caymans, larrons et meurdriers, lesquels par jehaine ou autrement confesserent avoir emblez enffens, à l'ung avoir crevé les yeux, et à autres avoir coppé les jambes, aux autres les piés et aux autres maulx assez et trop ; et estoient femmes avec les meurdriers pour mieulx decevoir les peres et les meres et les enffens, et demouroient comme logez es hostels trois ou quatre jours, et quant ils veoient leur point en plaine marche, pays ou ailleurs, ils embloient ainsi les enffans et les martyroient comme devant est dit. En ce temps en la fin de mars 1448 (9) furent aucuns prins qui encuserent tous les autres, et de ces caymans furent pendus ung homme et une femme le mercredy ving- troisiesme jour d'avril empres le Moulin au Vent, ou chemin de Saint Denis en France 1449. Aucuns desdits caymans qui estoient de la compaignie d'iceulx devant diz furent mis en prinson ; car on disoit qu'ils avoient fait ung roy et une royne par leur derision, et prouvé contre eux qu'ils avoient à petiz enffens qu'ils avoient emblez es villaiges ou ailleurs, coppé les jambes, crevez les yeux et assez et trop de tels meurdres fais où ils repoiroient et estoient tres grans compaignies de telz larrons à Paris et ailleurs. » *Loc. cit.*, p. 299.

Le Bourgeois de Paris ne distingue plus entre les Bohémiens et les brigands aborigènes ; mais un autre récit plus circonstancié, et fort intéressant pour le sujet que je traite, me permet d'établir la nationalité des scélérats qui furent suppliciés à la porte Saint-Jacques en 1449, c'est-à-dire dans l'année même où François Villon conquérait son premier grade universitaire. C'est l'historiographe Jean Chartier, qui parle (*apud* Godefroid, *Histor. de Charles VII*, p. 137 et 138) :

« L'an mille quatre cent neuf, le samedi dix huictiesme
jour d'avril, furent jugez et condamnez par la cour de Parlement deux coquins ou mendians, et une coquine, a estre pendus et estranglez, et pour ce furent levees des potences de
bois, pour plus manifester leur cas, qui estoit mauvais et
damnable,....... comme aussi d'estre larrons, et attaints de
plusieurs autres malefices par eux averez et recognus ; l'une
desquelles potences fut dressée hors de la Porte Saint Ja-
ques, en laquelle fut pendu l'un de ces deux hommes ; et
l'autre potence fut mise hors de la Porte Sainct-Denys, entre
la Chapelle et le Moulin à Vent, à laquelle fut pendu l'autre
homme, qui estoit joüeur de vielle, et avec luy ladite femme,
dont il abusoit, quoy qu'ils fussent d'ailleurs tous deux mariez. Tous ces trois furent livrez au bourreau es prisons de
la Conciergerie du Palais ; là estoient à cheval pour les conduire la plus grande partie des huissiers de Parlement, pour
ce que la sentence avoit esté donnée contre ces malfaicteurs
par ladite Cour ; grande quantité de peuple s'y estoit rendue
de toutes parts, spécialement des femmes et filles, pour
la grande nouveauté que c'estoit de voir pendre dans la
France une femme ; car oncques cela ne fut veu dedans ce
royaume ; ladite femme fut penduë toute deschevelée, reves-
tuë d'une longue robe ceinte d'une corde sur les deux jambes
jointes par ensemble au dessous des genoux ; aucuns disoient
qu'elle avoit requis d'estre ainsi executée, la coustume de
son pays estant telle en semblable cas ; les autres disoient que
la sentence le portoit ainsi, afin qu'il en restast plus longuement memoire aux autres femmes... Il y en avoit desjà eu divers
de pendus ; et il en restoit encor plusieurs autres qui depuis
furent aussi pendus, tous coquins qui estoient encor en
prison dans le Chastelet, lesquels on gardoit pour certaines
causes, et par especial jusques à ce qu'on eust peu prendre
certains autres coquins qui estoient de leur bande et ligue :
qui suivoient les Pardons en plusieurs et divers lieux de ce

royaume, comme à la Dedicace de Sainct Denys, à la Sainct Maur, à la Sainct Fiacre, à la Sainct Mathurin, et ailleurs ; et si guettoient les grands chemins dans les bois, où ils faisoient plusieurs maux et meurtres, soubs ombre de demander l'aumosne pour l'honneur de Dieu ; aucuns desquels furent pris par les gens et officiers du roy peu d'espace de temps après. »

Jean Chartier ne parle ni du roi ni de la reine des voleurs, mais il nous apprend que ces bandits fréquentaient les pardons et demandaient l'aumône au nom de Dieu sur les grands chemins. Ceci donne la preuve, à quelques égards superflue, de la communauté de procédés qui a toujours uni les voleurs et les mendiants, quelles que fussent à cet égard les protestations plus ou moins hypocritement formulées par les officiers et les sujets du grand Coesre.

Le renseignement le plus curieux contenu dans ce récit, c'est que jamais on n'avait pendu une femme en France. Rien de plus vrai. La coutume pénale du moyen âge voulait que, pour tous les crimes qui entraînaient la potence pour les hommes, les femmes fussent enterrées vives ; c'était, paraît-il, une considération de décence qui leur valait cette aggravation de peine. L'enfouissement continua d'être appliqué aux femmes bien au delà de la date de 1449 ; témoin la sentence prononcée par le prévôt de Paris et confirmée par arrêt du Parlement du 22 novembre 1460 (Arch. nat., X, 2ª, 31) contre Guillemette Mauger, larronnesse et receleuse (*Chron. scand.* an 1460). D'après Jean Chartier, la femme qui fut pendue en avril 1449 avait elle-même requis ce genre de supplice, « la coutume de son pays estant telle en semblable cas ». Ce pays ne pouvait être la France, où la coutume était précisément contraire ; cette femme était donc étrangère, et comme la bande à laquelle elle appartenait obéissait à un roi et à une reine, on doit conclure de ces faits géminés que ses compagnons étaient des Bohémiens. L'auteur de *Notre-Dame de Paris* n'a donc pas péché contre l'exactitude historique en faisant périr son Esméralda de la même manière que la Bohémienne ou tout au moins l'étrangère de 1449.

J'aurais voulu vérifier la nationalité des condamnés de 1449 de manière à rendre inutile cette digression ; mais l'arrêt du 18 avril cité par Jean Chartier n'existe pas dans la collection des arrêts criminels du Parlement (Arch. nat., X, 2^A, 25 et 26).

Les Bohémiens, de plus en plus redoutés des populations, s'attirèrent au xvie siècle des mesures de plus en plus rigoureuses. Le Parlement de Paris rendit contre eux un arrêt d'expulsion le 4 août 1539 ; les États généraux réunis à Orléans en 1560 enjoignirent « à tous imposteurs, connus sous le nom de Bohémiens ou Égyptiens, de vuider le royaume à peine des galères » ; enfin, un autre arrêt du Parlement, en date du 28 février 1612, prononça leur expulsion de la France en deux mois et de Paris en deux heures.

VII

Cependant, dès 1447, Charles VII avait édicté des mesures spéciales pour réprimer le brigandage auquel le nombre et la diversité des juridictions féodales assuraient trop souvent l'impunité. Par lettres datées de Bourges le 6 octobre 1447, le roi institua le prévôt de Paris, Robert d'Estouteville, comme juge et commissaire spécial et général réformateur en tout le royaume « pour saisir les malfaiteurs en quelque lieu et juridiction que ce puisse être, et pour les traduire au Châtelet ou ailleurs, selon qu'il sera expédient » ; attendu que « en plusieurs bailliages et autres juridictions estans hors des fins et mettes desdictes prevosté et vicomté de Paris, soient, repairent, voisent, viengnent et amassent plusieurs de nos ennemis et adversaires qui contre nous ont commis crime de lèze-majesté, plusieurs larrons, mendians, espieux de chemins, ravisseurs de femmes, violeurs d'églises, tireurs à l'oye, joueux de faulx dez, trompeurs, faulx monnoyeurs, malfaicteurs et autres associez, recepteurs et complices.... lesquels se transportent malicieusement de jour en jour, de lieu en autre, en plusieurs et diverses juridictions. »

Ces lettres, qui faisaient de Robert d'Estouteville un grand-prévôt armé du droit de justice criminelle sur tout le territoire, signées par Charles VII et contresignées Delaloere, furent publiées au Châtelet de Paris le jeudi 23 novembre 1447, ainsi que l'atteste la signature du greffier Doulxsire (Ord. des rois de France, t. XIII, Charles VII, p. 509). Robert d'Estouteville était un vaillant homme de guerre et un preux chevalier, en l'honneur duquel François Villon a écrit la ballade :

Au poinct du jour que l'esprevier se bat...

Parallèlement ou contrairement à la justice du roi, que l'ordonnance de 1447 substituait aux justices impuissantes des grands vassaux et des seigneurs, les voleurs avaient aussi leur cour prévôtale. La réunion authentique des larrons et des mendiants exerçant en la ville de Paris n'était pas encore complète au temps même où le *Livre de l'Argot* la signale comme accomplie. Tandis que le grand Coesre siégeait avec une majesté paisible à la Cour des Miracles, les voleurs tenaient leurs assises en une place du Port-au-Foin, où se rendait leur justice particulière. Ils élisaient à cet effet des officiers, qui prononçaient contre les délinquants de la confrérie l'amende, le fouet et même la mort; dans ce dernier cas, on poignardait le condamné et on le jetait ensuite à la rivière, qui coulait devant le prétoire. Le jeudi 3 septembre 1609, dernière année du règne de Henri IV, l'un de ces officiers, ayant été découvert et arrêté par le prévôt Defunctis, fut pendu et étranglé en cette même place du Port-au-Foin où il avait coutume de rendre ses arrêts. Le Port-au-Foin confinait à la Grève et se confond aujourd'hui avec le sol du quai de l'Hôtel-de-Ville[1].

Voici le texte du journal de L'Estoile :

« Le jeudi 3 septembre 1609, un des principaux officiers de la justice de messieurs les voleurs et couppebourses de Paris, qu'ils avoient establie et exerçoient vers le Port-au-Foin, condamna les uns à l'amende, les autres au fouet, et les autres à la mort (qui estoit de les poignarder, puis jetter à la rivière), aiant esté descouvert et attrapé par le prévost Defunctis (les uns disent que c'estoit leur président, autres leur procureur général), feut pendu et estranglé en ladite place du Port-au-Foin, avec approbation et solennelle exclamation de tout le peuple, auquel ceste justice estoit nouvelle, mais qui eust bien désiré d'en voir une autre (bien que légitimement établie) tenir compagnie à celle-ci, au moins pour tant de mauvais juges et corrompus qui la leur rendoient si meschante tous les jours, qu'ils méritoient bien, à faute de cordes, d'estre estranglés de leurs propres cornettes. Ce que les femmes et crocheteurs crioient tous haut. »

1. Plusieurs historiens modernes de la ville de Paris placent le Port-au-Foin au bas de la place des Trois-Maries, sur la portion de berge où aboutit aujourd'hui l'extrémité nord du pont Neuf; mais Guillebert de Metz place le marché au foin en la rue Saint-Jean-de-Grève (*Paris et ses historiens*, p. 218), et c'est auprès de la place de la Grève que Hurtaut et Magny, en 1779, placent encore le Port-au-Foin. Entre ces deux dates extrêmes, nous avons le plan de Truchet, qui place le Port-au-Foin parallèlement à la rue de la Mortellerie, entre la rue de Longpont (plus tard rue du Monceau-Saint-Gervais, aujourd'hui rue Jacques La Brosse) et la rue des Barrés. La rue Jacques La Brosse se nommait au XIIIe siècle la « rue entre Saint-Gervais et Saint-Jean ». Il suit de là que, du XIIIe au XVIIIe siècle, le Port-au-Foin ne changea pas de lieu. D'ailleurs, en 1609, époque de l'anecdote rapportée par L'Estoile, le pont Neuf était bâti, et par conséquent l'emplacement attribué au Port-au-Foin n'existait plus.

En 1630, le Port-au-Foin était encore le rendez-vous central de la corporation des voleurs parisiens [1].

Quant aux mendiants, ils subsistèrent, avec leur organisation primitive, jusqu'au milieu du XVIIe siècle. Il était réservé à Louis XIV de briser le sceptre du grand Coesre, comme il avait réduit à l'obéissance les princes et les grands seigneurs, et d'atteindre les souvenirs féodaux jusque dans le royaume des Gueux.

Il y avait longtemps (voyez notamment l'ordonnance de Henri II, Paris, 25 juillet 1547) qu'on étudiait les moyens de débarrasser la ville de Paris des innombrables mendiants qui l'affligeaient et l'infestaient. En 1632, le 16 juillet, une assemblée générale de toutes les compagnies judiciaires, dans la salle Saint-Louis, avait décidé en principe la création d'un hôpital général en faveur des mendiants honnêtes, les autres devant être poursuivis et punis au criminel. Mais cette mesure indispensable ne se réalisa que vingt-quatre ans plus tard. Fondé par Louis XIV le 27 avril 1656, l'Hôpital général s'ouvrit le 7 mai 1657, dans les anciens bâtiments de la Salpêtrière, auxquels le roi adjoignit le château de Bicêtre, la maison de la Pitié, l'hôtel de Scipion Sardini et d'autres annexes du côté de la rue Copeau. Le premier président Pomponne de Bellièvre se mit à la tête de l'entreprise, à laquelle il contribua pour plus de vingt mille écus ; le cardinal Mazarin donna cent mille livres, plus un legs testamentaire de soixante mille livres ; les personnes les plus considérables et les plus riches du royaume imitèrent cet exemple. Le roi rendit un édit qui défendait à tous mendiants de demander l'aumône dans la ville, sous peine d'être renfermés. L'exécution suivit de près l'ordonnance : dès le 14 mai 1657, cinq mille mendiants furent conduits et renfermés au château de Bicêtre.

1. « Pour venir en cette fameuse vergne de Paris, au lieu qu'on appelle le Port-au-Foin. » *Responce et complaincte du grand Coesre sur le jargon de l'argot réformé*. Paris, Jean Martin, 1630 (*Recueil des joyeusetés*, p. 18).

Ces sages mesures portèrent un coup terrible aux prérogatives du grand Coesre, qui avait, pour ainsi parler, son Louvre, ses Tuileries et son Palais-Royal dans les diverses Cours des miracles de la ville de Paris. La masse de ses sujets, sur laquelle il levait de lourdes impositions, peupla la Salpêtrière, Bicêtre, la Pitié, Sainte-Pélagie, etc., cessa de mendier, ou bien émigra vers les provinces. Cependant Sauval, qui écrivait ses *Antiquités de Paris* entre 1650 et 1670, affirme que, de son temps, le grand Coesre tenait encore ses États généraux à la Sainte-Anne, à la Pentecôte et aux autres fêtes solennelles, dans un grand pré, nommé le pré des Gueux, près Sainte-Anne-d'Auray. Ce pré était couvert de cabanes, faites de branches et de terre, pour servir d'asile aux argotiers. « S'il est vrai, ajoute Sauval, que ces moines (les Carmes réformés), tout informés qu'ils sont des déportements de ces fripons, les souffrent près d'un lieu sanctifié par tant de miracles, afin qu'ils remplissent tous les coins de la France, où ils vont voler et couper des bourses, à l'abry de la sainteté de la chapelle Sainte-Anne, j'ai eu raison d'avancer que le royaume argotique subsiste toujours, et je puis ajouter que de mauvais pauvres contribuent à l'entretien de plusieurs religieux ou bons pauvres ; et que voilà un des mauvais moyens dont on dit que Dieu se sert quelquefois pour opérer de bonnes œuvres. » Sauval, *Antiq. de Paris*, I, 515.

On sait que la dévotion particulière à Sainte-Anne-d'Auray ne remonte pas plus haut que l'année 1625. Tous les lieux consacrés attirent, en même temps que les fidèles pieux et sincères, nombre de malandrins, de mendiants, de malingreux, qui cherchent à surprendre la bonne foi des pèlerins et à exploiter leur charité. Que les Gueux aient afflué vers Sainte-Anne-d'Auray dès que la mendicité leur fut interdite dans Paris, et aient tenu leurs assises sur les grands prés qui s'étendent auprès de la chapelle, rien de plus vraisemblable.

En cherchant bien, on rencontrerait peut-être dans les traditions locales la trace de leur séjour.

Aujourd'hui encore, cette partie de la Bretagne offre à l'observateur des types curieux en ce genre. En parcourant l'intéressant ouvrage de M. Henry Blackburn sur la Bretagne, merveilleusement illustré par le crayon de M. R. Caldecott, j'ai été vivement frappé par le passage suivant, que je traduis littéralement de l'anglais :

« Nous avons vu dans le Faouet quelques-uns des plus beaux types de Bretons, hommes et femmes. Il nous souvient d'une figure qui ne s'effacera jamais de notre mémoire. Passant au bas d'une rue qui conduit à la principale place, nous rencontrâmes, gravissant la colline, tête nue en plein soleil, dans la poussière et la chaleur, l'étrange et sauvage figure de notre esquisse; ses vêtements sont rapiécés, son poil est blanc, sa face rouge; avec deux béquilles et une seule jambe, mais avec l'aide d'un chien et d'un ou deux enfants charitables, il traîne sa maison avec lui vers la ville. C'est un étrange véhicule, fait de bâtons et de fougères desséchées; mais c'est une maison. Les voyageurs voient d'étranges choses; mais sûrement ils n'ont jamais rien vu de plus grotesque que l'homme aux béquilles du Faouet, dont nous donnons ici le portrait d'après nature. » (*Breton Folk,* by Henry Blackburn, with one hundred and seventy illustrations by Randolph Caldecott, London. In-8°, 1880.)

Le portrait dessiné par M. Caldecott est saisissant; mais en un point il ne répond pas aux impressions de M. Henry Blackburn; l'écrivain trouve cette figure grotesque, et le dessinateur nous la montre effrayante. Ce mendiant à la cuisse coupée, aux cheveux hérissés et menaçant le ciel, au masque tragique, traînant par une bricole une carriole de branchages à laquelle est attelé un chien minuscule, mais trapu, rappelle les sinistres figures de la confédération argotique; elle fait songer surtout à ce roi de Thunes qui périt sur la roue, et qui, pareil à l'homme du Faouet, se faisait traîner par des chiens dans une carriole. Le grand Coesre existerait-il encore, et ne serait-ce pas lui que MM. Blackburn et Caldecott rencontrèrent, il y a trois ans, au nord de Sainte-Anne-d'Auray, se dirigeant vers le pèlerinage de Sainte-Barbe?

Le *Livre du Jargon* dit que le royaume avait été fort compromis par l'admission des voleurs ; mais Sauval affirme positivement que, de son temps, ceux-ci s'en étaient retirés (I, p. 514), et que, à la différence des voleurs et des coupeurs de bourses, tous gens sans loi et sans discipline, « les Argotiers, au contraire, ont un roi, des lois et un royaume composé d'un nombre presque infini de sujets disciplinés, si on peut appeler de la sorte de mauvais pauvres ». (*Ibid.*, p. 513.)

Avant de passer sous l'autorité exclusive du lieutenant de police, les sujets du grand Coesre eurent l'honneur, le 23 février 1653, de servir de passe-temps au roi Louis XIV, et d'entrée au Ballet royal de la Nuit, divisé en quatre parties, et dansé sur le théâtre du Petit-Bourbon[1]. « Jamais, dit Sauval, les subites métamorphoses de ces imposteurs n'ont été plus heureusement représentées. Benserade nous y prepara par des vers assés galans ; les meilleurs danseurs du royaume figurèrent le concierge et les locataires de la Cour des miracles, par une serenade, et par des postures si plaisantes, que tous les spectateurs avouerent que dans le balet il n'y avoit point de plus facétieuse entrée. » (*Ibid.*, I, p. 512.)

---

[1]. La Cour des miracles forme la XIVe entrée de la première partie du « *Ballet royal de la Nuict*, divisé en quatre parties ou quatre veilles, et dansé par Sa Majesté le 23 février 1653 ». Robert Ballard. in-4º. Le rôle du chef de la Cour des miracles était rempli par M. Hesselin, maître de la chambre aux deniers, l'un des petits-fils de sire Denys Hesselin, élu de Paris, nommé dans le *Grant Testament* de Villon. (Voir ma notice sur la *Chronique scandaleuse*, Paris, Jouaust, 1873, in-8º.) Parmi les autres exécutants, je trouve les noms du musicien Mollier et de Baptiste (Lulli).

Les Argotiers purent dire ce jour-là : *Ave, Cæsar, morituri te salutant!* Au moins ils disparurent gaiement, reconduits par les vers galants de Benserade et par les violons du roi.

VIII

Maintenant que nous connaissons, dans ses lignes essentielles, l'histoire des Gueux, mendiants, voleurs et Bohémiens, le moment est venu d'esquisser l'histoire de leur langage, qui fut d'abord le *Jargon*, du XVe au XVIe siècle ; puis le langage *blesquien* et le langage *narquois*, du XVIe au XVIIe siècle ; enfin le langage de l'*argot,* dont l'apparition date de 1617 à 1626, et qui se continue jusqu'à nos jours.

1° Le *Jargon* proprement dit. C'est l'objet spécial de la présente étude ; j'y reviendrai plus loin, avec les développements nécessaires.

2° *Le langage blesquien.* C'est le langage des *blesches* ou merciers (voy. plus haut, p. 12) ; le livre de Pechon de Ruby (1596) contient un répertoire assez étendu de cet idiome, qui n'est déjà plus le Jargon du XVe siècle. C'est le premier vocabulaire de ce genre qui ait paru en langue française.

Pechon de Ruby constate la parfaite identité du langage des merciers avec celui des Gueux, bien que les deux ordres subsistassent très distinctement ; car le grand Coesre dit en propres termes au jeune mercier qui se présente comme candidat parmi les Gueux : « Ne pensez que nostre vacation ne soit meilleure que celle des merciers.... Vostre langue est semblable à la nostre. »

3° *Le langage narquois.* Dans la hiérarchie et classification des Gueux, on appelait *narquois* les soldats congédiés ou maraudeurs qui battaient les chemins et se faisaient nourrir aux

dépens des aubergistes. Mais il paraît qu'antérieurement à
1596, ils avaient rompu avec le grand Coesre et recouvré
leur indépendance. Ils parlaient, selon toute vraisemblance,
le langage ordinaire des Gueux. Marc de Papillon, seigneur
de Lasphrise a composé un « sonnet en authentique langage
soudardant » (*Premières œuvres poét.*, p. 459, éd. de 1597), qui
comprend un certain nombre de termes que ne donne pas le
Dictionnaire blesquien de Pechon de Ruby.

Mais, dès les premières années du XVIIe siècle, on désigna
plus habituellement le Jargon sous le nom de *langage narquois;* pour comprendre ces mots, il faut remarquer que
narquois n'avait pas, dans la langue courante, le sens restreint
et spécial d'une catégorie de la Gueuserie; il désignait
d'une manière générale les gens d'industrie, de cabale et de
subtilité, que le XVe siècle qualifiait de pipeurs et joncheurs.
Le seigneur des Accords écrivait en 1582 : « Ce bonhomme
fut aperceu par un grand desgousté *narquois*. » (*Escraignes
dijonnoises*, p. 27-132 de l'éd. 1662), et le *narquois* de cette
historiette est un revendeur ambulant, portant de vieux souliers dans une besace. On lit dans une facétie intitulée : *Lettre
de la ville de Tours à celle de Paris*, datée de 1620 (in-8°, p. 39) :
« — Quoy, ma bonne dame, quand non seulement tous vos
charlatans, coupe-bourses, *narquois*, matois, brelandiers, etc.,
seroient pour telle cause réduits à l'aumosne... » Oudin
(*Cur. françoises*) traduit *narquois* par « fin gueux, mendiant
frippon, rusé ». C'est également en ce sens que le titre de
La picara Justina a été traduit de l'italien en français (Paris,
1636, in-8°) par *La narquoise Justine*.

Le *langage narquois* désigne donc le langage des Gueux en
général. Monet, dans son *Abrégé du parallèle des langues françoise et latine* (5me éd. in-4°, Paris, 1655) explique ainsi
le mot *narquois :* « Langage composé de mots communs,
mais tous pris allégoriquement, énigmatiquement. Parler *narquois.* » C'est la définition la plus concise et la plus précise

qu'on puisse donner du *Jargon,* tel que le parlait et l'écrivait Villon au XVe siècle ; mais elle s'applique moins exactement au *narquois* des siècles suivants, qui contient beaucoup de mots forgés et barbares. « — Un jour qu'on disoit à feu Armentiere que M. d'Angoulesme sçavoit je ne sçay combien de langues : « Ma foy, dit-il, je croyois qu'il ne sçavoit que le *narquois.* » (Tallemant, *Histor.*, I, p. 241). — « Dans un autre lieu... est un noble edifice qui sert de bibliotheque aux coquets ; elle est... fournie de plusieurs manuscrits, tant en la langue vulgaire que *narcoise.* » (*Nouvelle histoire du temps,* par l'abbé d'Aubignac, Paris, 1655. In-12, p. 48.) — « En *narquois* de bigot, on appelle ce que je viens de vous dire en vers... » (Scarron, *Œuvres,* t. Ier, p. 239.)

> Je lui donnai deux arcs turquois,
> Un vocabulaire *narquois.*
>
> SCARRON, *Virgile travesti,* livre VII.

Ces deux passages de Scarron établissent la synonymie de *narquois* avec Jargon et argot. C'est ce que La Monnoye confirme encore, à la date de 1700, dans la note suivante de son glossaire sur les *Noëls bourguignons :* « *Narquois.* On entend par ce mot un trompeur, un filou ; c'est aussi la signification qu'on lui donne en françois ; et comme ces *narquois* se sont fait un langage particulier, ce langage a été dit le *narquois.* Plusieurs l'appellent l'argot, le jargon des gueux et simplement le jargon. »

Étant établi que le langage *narquois* est le langage des *narquois,* comme le langage *blesquien* était le langage des *blesches,* quelle est l'étymologie de *narquois ?* M. Littré pense qu'elle est identique à l'étymologie de *narguer :* « Bas latin, *naricus,* qui fronce le nez ; ce qui fait supposer un verbe *naricare;* froncer le nez, se moquer ; de *naris,* narine ; ... bas latin, *nario,* moqueur ; *narire,* se moquer. » Le fait est que le vieux français nous fournit avant 1300 le verbe *nariner*, voler, prendre sous le nez (La Curne), *nariller*, se moquer (Du Cange sous *narire*), et *nares* pour moquerie, dérision. (Lettre de rém. de 1420, Du C.)

Le mot *narquois* apparaît pour la première fois en 1582, dans les *Escraignes dijonnoises* de Taboureau, et l'on ne cite pas d'exemple de *nargue* avant les *Mémoires de Sully* (t. Ier, p. 128); encore y est-il écrit *nergue*. Jean Nicot, dans son *Thrésor*, qui date de 1606, ne donne ni *nargue* ni *nergue*.

4° L'argot. — Il est peu de mots sur l'origine desquels l'on ait entassé plus d'hypothèses hasardées jusqu'à la témérité. Grandval hésite entre la ville d'Argos et le navire qui transporta les Argonautes allant ravir la Toison d'or. Roquefort le tire du nom de Ragot, fameux belître du xvie siècle. Le Duchat propose deux étymologies, la première du verbe *ragoter*, la seconde du jargon des enfants de Metz, qui allongent les mots avec des *r* et des *g*, d'où aRGot. Vergy l'explique par le grec ἀργός, fainéant, qui séduit également Charles Nodier, sans toutefois le convaincre; car l'illustre écrivain arrive à penser qu'*argot* pourrait venir de *jargon* par *zergo*, qui serait lui-même la contraction de *zingaro*. Enfin, Génin, qui reprit *zergo* pour son compte, le tire de ἱερός. Je m'expliquerai sur ces dernières étymologies, au paragraphe du Jargon ci-après, et j'en démontrerai l'inexactitude.

Mais enfin, il faut conclure. Qu'est-ce que l'*argot*?

Un rapprochement très simple, mais très logique, va nous ouvrir la voie. Nous savons que le langage *blesquien* est le langage de la tribu des *blesches*; que le langage *narquois* est le langage des *narquois*; ne tombe-t-il pas sous le sens que l'*argot* soit le langage du métier des *argotiers*?

L'idée de ce premier éclaircissement ne m'appartient pas en propre : Vergy, soutenant l'étymologie d'ἀργός, *otiosus*, ne l'applique pas directement au langage des fainéants, mais à ceux qui le parlent : « Pour moi, dit-il, je suis convaincu que le mot *argot* vient du grec, et qu'il a été fait d'ἀργός, qui signifie un fainéant, qui mène une vie oisive, qui n'a ni travail ni métier; que de ce mot grec, qui convient si bien à cette sorte de gens, on a appelé *argot* le jargon qu'ils parlent entre eux, de même que nous disons l'esclavon, l'espagnol, pour exprimer la langue que les Esclavons et les Espagnols parlent. » (*Dict. étym. de la langue française* de Ménage, t. I*er*, p. 83, c. 1.) On ne saurait mieux dire, et, sauf l'étymologie, qui reste à discuter, je reprends pour mon compte le théorème de Vergy ; seulement je me propose de le justifier par des preuves, que ce savant s'était dispensé de rechercher ou de donner.

Ces preuves, je n'ai guère eu de peine à me les procurer; car elles sont, depuis plus de deux siècles, à la disposition des lexicographes, qui ne les ont pas aperçues, bien qu'elles leur aient à tous passé par les mains.

Quel est, en effet, le titre du premier dictionnaire où le Jargon ait été qualifié *d'argot?* Le voici textuel : *Le Jargon ou langage de* l'Argot *reformé comme il est à present en usage parmi les bons pauvres*. Ainsi c'est toujours le Jargon, devenu le langage de l'*argot,* au lieu qu'il était, avant sa réforme, le langage des *blesches*. Première preuve de la synonymie du métier des blesches avec le métier de l'argot.

Le livre commence par une pièce de vers à la louange de l'*argot,* donnant, en acrostiche, le nom de l'auteur, Ollivier Chereau :

A LA LOUANGE DE L'ARGOT

O Argot incomparable,
L 'appuy de tous les souffreteux,
L e confort des miserables,
I ndigens et necessiteux !
V ive l'Argot et tous les Gueux.
I e veux que le travail soit bon ;
E ncore est-il un peu fascheux.
R enfermé dans une maison,

C ela n'est-il pas ennuyeux ?
H a ! vive l'Argot et les Gueux.
E stre soldat est honorable,
R elevé jusques dans les cieux,
E t l'Argotier est delectable :
A ussi la cuisine vaut mieux.
V ive l'Argot et tous les Gueux.

Cet *argot,* qui est un appui et un confort, apparaît comme un métier, et non comme une langue ; ce que démontreront avec toute évidence les passages suivants :

« La nécessité, qui est l'inventrice des arts et sciences, a fait inventer un moyen et invention à ces bons pauvres, propre pour avoir de quoi frire, lequel métier s'appelle *trucher* ou *argoter,* le plus franc, le plus aizé à apprandre, et qui mieux nourrist son maistre que l'on ne sçauroit desirer, qui ne paye ni taille ny tribut au roy, qui vivent dès le premier jour de l'estat, et ont encore de l'argent de reste, qui ne font point de pain bénit en leur paroisse, et ne logent point de gens d'armes chez eux ; en un mot, l'*Argot* rend ses escoliers si admirables, si sçavans et si vertueux, que c'est comme un compendion ou abbrégé de toutes les autres sciences et vertus ».

« O Argot admirable ! puisque tu es l'azille et refuge de tous ceux qui ne sçavent plus de quel bois faire flesche, les emulateurs et envieux de l'Argot disent qu'il y a un arrest par lequel les Argotiers sont obligés d'endurer beaucoup de froid durant l'Hyver ; mais ils en ont appelé aux grands jours ».

Ne serait-ce pas assez ? Voici une nouvelle démonstration de la valeur propre du mot *argot,* comme désignant le royaume, domaine ou profession des *argotiers :* « Les archi-suppots sont... les plus savants, les plus habiles de toutime l'argot... », c'est-à-dire de toute la confrérie, car la phrase ne s'entendrait pas, si l'*argot* était simplement un langage.

Enfin, et pour dissiper toute obscurité, voici la définition explicite de l'*argot* par Ollivier Chereau, l'historien de la monarchie argotique : « Apres que les Estats sont finis, chacun se depart, et les Cagoux bient en la province qui leur a esté ordonnée, et emmenent avec sezailles (avec soi) leurs apprentifs pour les apprendre et exercer en l'*argot*.

« Premierement... » Nous allons donc savoir en quoi consiste l'*argot*.

« Premierement, ils leur enseignent à aquiger (faire) de l'amadou de plusieurs sortes, l'une avec de l'herbe qu'on nomme *esclaire*, pour servir aux Francs-Mitoux, l'autre avec du culan (savon), du sang et un peu de grenue (avoine), pour servir aux Malingreux et aux Piètres.

« Après, leur enseignent à aquiger de certaine graisse pour empêcher que les hutins (les chiens) ne leur grondent et ne menent du bruit quand ils passent par les villages....

« Et après, leur apprennent à faire dix mille tours, comme le rapporte le docteur Fourette », etc.

Tel est, dans son intégralité, ce programme de l'enseignement de l'*argot*, qui se trouve réduit à un *codex* de recettes pour l'usage des Gueux, et à des tours de filouterie ou d'escroquerie. L'*argot*, en soi, est donc une industrie, un métier, et non pas une langue ; et Vergy voyait juste lorsqu'il affirmait que l'*argot* était la langue des gens de l'*argot*, comme l'espagnol est la langue des gens d'Espagne : assimilation fort exacte, l'*argot* étant une monarchie ou, si l'on veut, une nation ayant son gouvernement et ses lois.

Du reste, les philologues du xviie siècle ne s'y trompaient pas : Oudin traduit : 1° *argot* par la « Gueuserie », en italien *la calca*, littéralement la foule au sens de la canaille ; et 2° *argotier* par compagnon de l'*argot*, Gueux, *compagno di calca*.

Cette spécification de la valeur propre de l'*argot* ne nous découvre rien de décisif sur l'étymologie du mot, mais elle change et restreint la direction des recherches. Par exemple, l'*argot,* au sens primitif, n'étant pas une langue, l'hypothèse de Génin sur la *langue sacrée* s'évanouit sans retour.

J'écarterai, sans nulle hésitation, les étymologies grecques, je ne parle pas seulement de fables romanesques imaginées par Grandval à propos d'Argos ou des Argonautes, ou de l'indication jetée en passant par M. Francisque Michel sur Argus, le berger aux cent yeux ; je repousse même ἀργός, fainéant, par cette raison, dont les philologues apprécieront la portée, que, si ce mot grec s'était naturalisé chez nous avec son sens originaire, il aurait laissé sa trace dans la langue ancienne, avant d'apparaître brusquement avec une signification spéciale et jargonnesque. Or le mot *argot,* au sens qui nous occupe, a été imprimé pour la première fois entre 1617 et 1626, et l'on n'en connaît aucun exemple antérieur.

Je dis, au sens spécial ; car il existait, au contraire, très anciennement dans la langue pour désigner un éperon. Au XIe et au XIIe siècle, la forme *argot,* qui dérive sans doute du latin $\bar{a}rg\bar{u}t\breve{u}s$, au sens de pointu [1], était en concurrence avec les vocables tirés du haut allemand *sporo,* en anglais *spur,* qui le détrôna, comme cela est arrivé pour un certain nombre de mots désignant les armes et les attributs de la guerre (heaume, ronsin, haubert, etc.). L'*argot* fut bientôt réduit à ne nommer que l'ongle ou éperon du coq. Ainsi, des exemples qui suivent, le premier seul s'applique aux éperons des chevaliers :

> En fu (des morts) si junchée la place
> Qu'en sanc i sunt desqu'as *argots.*
> Benoît, II, v. 9539.

Puis quand ils sont huchez sur leurs *argotz.*
Guill. Cretin.

« — Les coqs bataillent du bec et des *argots.* »
Paré, *Animaux,* 16.

---

1. Argutumque caput, brevis alvus.
Virg , *Géorg.*, III.

Le moyen âge avait le verbe *hargoter*, signifiant se combattre avec les *argots* : « Icellui se leva de la table et print ledit Gilet par la poitrine ; et ledit Gilet lui semblablement, et tenoient et *hargotoient* l'un l'autre forment. » xive siècle. Du Cange, v[o] *Argutio*.

Oudin, au xviie siècle, enregistre l'adjectif *argoté* et le traduit par *speronato*, éperonné.

La forme *argot* subsiste de nos jours en rouchi, en berrichon, en rémois, en genevois, et même en français, où elle désigne, pour les jardiniers, la partie du bois qui est au-dessus de l'œil ; *argoter*, c'est couper l'*argot* ou la partie morte d'une branche.

Quel rapport pourrions-nous découvrir entre la profession des Gueux et l'*argot* ou éperon du coq ? J'en aperçois un tout naturel, c'est que les Gueux vivent sur la richesse sociale comme le coq qui, sur son fumier, en extrait sa nourriture en grattant avec ses ergots ; cette comparaison, par forme d'image, n'est pas dénuée de toute valeur positive ; car Clément Marot appelait les Gueux de son temps « les successeurs de Villon en l'art de la pince et du croc » : du croc à l'ergot la distance n'est pas grande.

Cependant je ne prends pas une hypothèse, très soutenable, pour une étymologie démontrée.

Sans abandonner l'*argot* du vieux français ni le latin $\bar{a}rg\bar{u}t\bar{u}s$, j'en tire une seconde donnée, non moins plausible, et d'une application immédiate. Ici encore j'ai été devancé, plutôt dans l'intention que dans la démonstration rigoureuse, par un esprit éminent, qu'on n'attendait guère à pareille rencontre. Victor Cousin *(Madame de Sablé)* pensait qu'*argot* devait avoir le même sens qu'*argutie ;* il est très vrai, c'est ce qui frappa sans doute l'illustre philosophe, que le xviie siècle écrivait *argoter* et *argoteur* pour *ergoter* et *ergoteur ;* les deux formes, identiques quant aux sens, ne sauraient se confondre cependant, *argoter* pouvant reproduire le latin *arguere* ou *argutor*, tandis que *ergoter* s'appliquerait aux discussions scolastiques où l'on abuse de l'*ergo*. Ce n'est pas tout à fait d'*argutie* qu'il s'agit dans le métier des Gueux; toutefois, l'aperçu de Victor Cousin manque de précision plutôt que de fondement. Serrons les origines de plus près. Si le latin *argutus* a la signification d'aigu (*acutus*), il possède aussi un autre sens, très voisin du premier, plus généralement employé, et qui va tout droit au but de notre recherche. D'aigu à délié, de délié à subtil, rusé, ingénieux, les transitions sont insensibles, et ces nuances sont employées par les meilleurs auteurs : *argutum caput,* dit Virgile, pour peindre une tête menue; une fille rusée, c'est pour Horace une *arguta meretrix;* et le même poète applique la même épithète à la sagacité d'un jugement fin :

Judiciis *argutum* quæ non formidat acumen.

L'idée de subtilité domine donc philologiquement dans la valeur générale du latin *argutus,* comme elle domine historiquement dans la définition du métier de l'argot donnée par Ollivier Chereau. C'est pourquoi je serais tenté de me tenir à *argutus,* tout en avouant que le passage d'*argutus,* qui en français donne *argut* et *argueux*[1], à *argot* n'est pas appuyé par des exemples. *Argu* et *argut* ont cependant existé dans la vieille langue à l'état de substantif, signifiant *argument,* chose *arguée.*

1. « Il est par Dieu sophiste, *argut,* ergoté et naïf. » Rabelais, I, 474. — « Auquel Boulet Pierre Dubos adressa paroles *argueuses.* » Lettres de rémission, 1477. — « On le tenoit pour un grand *argueux* et pour un homme non pareil à subtilement interroger et cautement respondre. » Amyot, *Gracques,* 21.

Il y avait aussi, aux mêmes sens, les verbes *arguer, argouirer* et *argoter.* — « Ledit Solennin faisoit mal de encores les *arguer* et menacier. » Lettres de rémission, 1404. — *Argoter* se trouve dans une autre lettre de rémission de 1380. — *Argouiner,* railler, se moquer. Gloss. fr. de Du Cange, qui renvoie à *argutio* du glossaire bas-latin. Enfin il avait

Cependant le rouchi, dialecte encore vivant, nous donne l'adjectif *argoté*, pour fin, rusé, malin, ce qui reproduit très bien *argutus*. Il est certain qu'un membre de la famille de l'*argot* est un gueux *argoté* et qui ne manque jamais d'*arguz*[1].

Si l'on me demande, pour conclure, de choisir entre *argutus* pointu, et *argutus* subtil, entre l'ongle de la main du coupe-bourse ou la subtilité de son engin bien aiguisé, je répondrai que je les accepte tous deux ; loin de les séparer, je les réunis, conformant ainsi mon jugement à la nature même des langages jargonnesques, qui vivent de double sens, ainsi qu'on s'en convaincra en parcourant mon vocabulaire.

Le langage de l'argot paraît être sorti d'une révolution préméditée dans le langage fourbesque. Cette révolution est expliquée de la manière suivante, par Ollivier Chereau, dans *le langage de l'argot reformé*, dont la première édition date de 1617 au plus tôt et de 1626 au plus tard :

« Il arriva que plusieurs merciers mangerent leurs bales, néanmoins ne laisserent pas d'aller aux susdites foires (du Poitou) où ils trouverent grande quantité de pauvres gueux, desquels ils s'accosterent, et leur apprirent leur langage et ceremonie, les gueux, reciproquement, leur enseignerent charitablement à mendier. » C'est l'histoire de Pechon de Ruby. Mais cette grande divulgation du langage blesquien fut jugée dangereuse. Les archisuppôts, c'est-à-dire les prêtres et les écoliers, qui étaient comme les pontifes et les philosophes de

existé au xive siècle une compagnie commerciale dite des *Argoisilli*, que je ne sais comment traduire, peut-être par *argousiers*, mot très voisin d'*argousin* et d'*alguazil*. Voici ce qu'en dit Du Cange : « *Argoisilli*. Mercatorum societas, cujus mentio fit in aresto anni 1339, 26 août, t. III. Parlam. Paris. : « Cum societas *argoisillorum* adjornari fecisset ad nostri cameram Parlamenti presentis per bailliuvium Vitriaci Odoardum de Cernon. »

1. Et pour m'induyre à ce maintz *arguz* j'ai.
           BOUCHET, *Épître à Rabelais*.

la monarchie argotique, décidèrent que, pour dérouter « les marpaux qui entervoient », c'est-à-dire les profanes qui comprenaient la langue mystérieuse, on y introduirait de nombreux changements. Les mots dont Ollivier Chereau signale le retranchement figuraient en effet dans le dictionnaire blesquien et ne se retrouvent pas dans celui de l'argot, par exemple : *calle*, tête ; *plan*, chapeau ; *trottins*, pieds ; *vollant*, manteau ; *jaffe*, potage ; *limogere*, chambrière ; *pellé*, chemin ; *briffer* et *gousser*, manger ; *crolle*, écuelle ; *ditre*, fressure ; *monnant*, moi ; *tonnan*, toi ; qui furent remplacés par *tronche*, *comble*, *paturons*, *tabar* ou *tabarin* ; *menestre* ; *cambrouse* ; *trimard* ; *morfier* ; *saliverne* ; *encensouër* ; *meziere* ou *meziguand* ; *teziere* ou *tezingand*.

La réforme très réelle que signale Ollivier Chereau se serait donc accomplie entre 1596 et 1617 ou 1626. J'ai quelque raison de croire qu'elle est un peu plus ancienne ; cela se pressent. Les divulgations de ce genre ne peuvent se produire que tardivement, alors que le nouveau langage est lui-même assez accrédité et assez répandu pour arriver jusqu'aux profanes. Je ne puis alléguer qu'une preuve directe, mais elle est assez forte : c'est que *le grand trimard* pour « le grand chemin » se trouve déjà dans *le Moyen de parvenir*, qui fut certainement écrit avant 1610.

On entrevoit même que les livres de Pechon de Ruby et d'Ollivier Chereau ont été, l'un comme l'autre, imprimés longtemps après leur composition, ou plutôt composés sur des mémoires déjà vieillis. Par exemple, le premier dit (en 1596) que le grand Coesre tient ses États généraux à Fontenay-le-Comte ; tandis qu'Ollivier Chereau recule de beaucoup l'époque de cet usage et du même coup la date de son propre travail, en s'exprimant ainsi (je traduis en langue vulgaire) : « Les États généraux étoient anciennement tenus près de Fontenay-le-Comte, et sont maintenant transportés en Languedoc, parce que ce bon gouverneur du Languedoc,

Anne de Montmorency a donné une grande somme d'argent pour être employée tous les ans, la semaine sainte, pour être distribuée aux mendiants qui se confesseront et communieront le jeudi saint, et prieront le bon Dieu pour lui. »

Or Anne de Montmorency, qui perdit et recouvra trois fois le gouvernement du Languedoc, entre 1525 et 1559, était mort le 12 novembre 1567, c'est-à-dire vingt-neuf ans avant la publication de Pechon de Ruby, et plus de cinquante ans avant celle d'Ollivier Chereau.

Le vocabulaire d'Ollivier Chereau est le premier en date des dictionnaires d'*argot,* qui, depuis deux cent cinquante ans, se sont singulièrement multipliés. L'*argot* lui-même, devenu la langue spéciale des voleurs, a subi des transformations nombreuses par additions et créations successives. Le dictionnaire donné par Grandval, en 1725, à la suite de son poème de Cartouche, s'éloigne notablement de l'*argot* d'Ollivier Chereau, et les mots argotiques antérieurs au XIXe siècle ne tiennent plus qu'une place restreinte dans le vocabulaire publié par Vidocq en 1829. Pour l'état présent de la langue argotique, on peut consulter avec fruit les *Études de philologie comparée sur l'argot* de M. Francisque Michel, et surtout le *Dictionnaire d'argot* de M. Lorédan Larchey, travail beaucoup plus récent et plus complet (8e édition, Paris, in-8°, 1880).

IX

LE JARGON

S'il est vrai que l'organisation de la Gueuserie ne remonte pas plus haut que le XVe siècle, le Jargon, qui lui servait de langage secret, ne doit pas être plus ancien. Ce sont deux théorèmes qui se commandent et se vérifient l'un par l'autre.

Et, de fait, on ne connaît pas un seul exemple de Jargon proprement dit qui soit positivement antérieur au xv⁰ siècle. La langue des Gueux est donc née des besoins de l'institution nouvelle.

La première notion historique et authentique de l'existence du Jargon corrobore avec une précision surprenante les vues que je viens d'exposer ; elle date de 1426. La voici :

« Lequel Nobis dist au suppliant qu'il allast avecques lui en l'ostel ou pend l'enseigne des petits Soliers près de l'ostel archiepiscopal de Rouen, et que il avoit trouvé son homme ou la *duppe,* qui est leur maniere de parler, et que ils nomment *jargon,* quand ilz trouvent aucun fol ou innocent qu'ilz veullent decepvoir par jeu ou jeux et avoir son argent. »

Ce précieux renseignement, qui assure la base solide de nos recherches, se rencontre dans une lettre de rémission de 1426, contenue au Trésor des Chartes, registre 173, charte 456. Il nous donne même un mot du Jargon que parlaient en 1426 les pipeurs et filous de Rouen, et que nous retrouverons souvent dans le Jargon de Villon : c'est le mot *duppe,* qui appartient aujourd'hui, avec son acception jargonnesque, à la langue générale.

Quoiqu'il soit généralement admis que le mot *duppe* est le nom d'un oiseau qui passe pour le plus niais de tous, étymologie controuvée que je discuterai au mot *duppe* de mon vocabulaire, je dois remarquer ici, pour les besoins de mon sujet, que Du Cange l'enregistre sous la rubrique *duplicitas,* accolée du synonyme *dubietas* et *ambiguitas.* Ces trois mots semblent faits pour caractériser le Jargon, langue double, douteuse et ambiguë. On ne le saurait mieux définir.

Cette date précise de 1426 pour le plus ancien monument de Jargon n'est pas infirmée par l'existence de quelques vers réputés inintelligibles dans le *Jus de Saint Nicholai,* composé par Jehan Bodel au milieu du xiii⁰ siècle. M. Monmerqué, qui le publia en 1839 *(Théâtre français du moyen âge),* écrivait alors : « Notre collaborateur (M. Francisque Michel) a fait tous ses efforts pour éclaircir les passages les plus obscurs ; mais souvent il a dû y renoncer, bien que ses études sur les langues secrètes et sur les Bohémiens et Égyptiens de l'Europe pendant le moyen âge lui donnassent l'espoir de comprendre les mots d'argot qui se trouvent en assez grand nombre dans le Jeu de Saint-Nicolas. »

J'en ai dit assez pour permettre au lecteur de s'assurer par lui-même que la langue des Égyptiens et Bohémiens n'a rien à voir dans une pièce du XIIIe siècle, antérieure de près de deux siècles à leur apparition dans l'Europe occidentale. Quant aux passages soupçonnés de renfermer des mots d'argot (il eût été plus exact d'employer le mot Jargon), que M. Monmerqué croyait avoir remarqués en assez grand nombre dans le *Jus de Saint Nicholai*, M. Francisque Michel, y revenant, en 1856, dans ses *Études de philologie comparée sur l'argot* (p. viij), les a de lui-même réduits à un seul ; encore ajoute-t-il :

« Nous n'osons nous risquer à signaler comme étant de l'argot quatre vers du *Jus de Saint Nicholai* que Jean Bodel a mis dans la bouche de deux larrons et que nous n'avons pu parvenir à comprendre. »

Voici ces quatre vers :

CLIKÈS.

Santissiés pour le marc dou cois
Et pour sen geugon qui la seme.

PINCEDÉS.

Voire, et qui maint bignon li teme
Quant il trait le bai sans le marc.

Th. fr. du moyen âge, p. 182.

Pas plus que M. Francisque Michel, je ne vois de Jargon

là dedans. J'estime seulement qu'il faut restituer les quatre vers ainsi :

> Santissiez pour le marc dou cois
> Et pour son gougon [1] qui le sume.
> Voire, et que maint bignon lui tume
> Quant il trait le brai sans le marc.

Ce qui se traduirait : « Célébrez le vin de la maison et de son garçon qui le conserve ou qui le sème », car la forme *sumer* pour *semer* est normale dans les dialectes du nord et de l'est. « Et qu'il se fasse une bosse en tombant quand il tire la lie sans le vin. »

On ne comprendrait pas, d'ailleurs, que le Jargon, s'il eût été parlé en 1250, n'eût laissé aucune trace écrite jusqu'en 1426.

La date certaine de 1426, donnée par la lettre de rémission que je viens de citer, étant acquise, il n'en faut pas conclure que le Jargon ait été créé cette année même, mais, au contraire, qu'il était parlé depuis quelque temps déjà. C'est ce que corroborent les précieux vestiges de cette langue que nous devons à Raoul Tainguy, copiste, poète et bohème, à qui M. Siméon Luce a consacré une curieuse notice au tome II des œuvres complètes d'Eustache Deschamps, publiées par M. le marquis de Queux de Saint-Hilaire, dans la collection de la Société des anciens textes français.

On connaît de cet artiste six manuscrits (et non pas quatre seulement, comme l'a cru M. Luce); cinq de ces manuscrits appartiennent à la Bibliothèque nationale; le sixième se trouve dans la Bibliothèque de l'Université de Leyde.

En voici la liste d'après un ordre chronologique hypothétique, mais vraisemblable :

1º *Le Livre des Eschecs moralisés,* de Jacques de Cessoles, tra-

---

1. Variante : *et par saint Gengon* ; ce saint Gigon, Gengon ou Gengoult est invoqué par le drapier Guillaume dans *Pathelin*.

duit par Jean de Vignay pour le roi Jean, père de Charles V, (ms. fr. 2148, ancien Colbert, 4502) [1].

2° *Valère Maxime,* traduction de Simon de Hesdin, 2 volumes mss du XVe siècle, aux armes de Colbert (fr. 45 et 46, ancien 6726 [3.3] Colbert); ce manuscrit a été exécuté pour Jean duc de Berry.

3° *Histoire rommaine de Titus Livius,* traduction de frère Pierre Berceure, prieur de Saint-Eloy à Paris, XVe siècle (fr. 264-6, ancien Colbert 6901, [5.5.]).

4° *Chroniques de Froissart,* provenant de la bibliothèque Rohan-Soubise; le catalogue des manuscrits lui assigne la date du XIVe siècle; mais M. Siméon Luce pense qu'il n'est pas antérieur à l'année 1413 (fr. 6474-5, ancien supp. fr. 2366).

5° *Premier livre des Chroniques de Froissart* (bibliothèque de l'Université de Leyde, fonds Vossius, n° 9).

6° *Poésies d'Eustache Deschamps;* recueil copié entre 1410 et 1425, d'après MM. Siméon Luce et le marquis de Queux de Saint-Hilaire (fr. 840, ancien 7219).

Le premier manuscrit est signé en rouge, à la fin, Rtainguy, avec un paraphe dont le dernier trait ressemble à un *m*.

Le deuxième manuscrit est signé en rouge, après la table du premier volume, *Rtainguy,* avec le même paraphe.

Le troisième manuscrit se termine par la singulière poésie que je transcris ici d'après l'original :

> Ci finent les trois decades
> De Titus qui sont moult sades
> Escriptes par Raoul Taingui,
> Qui n'est pas forment amaigri,
> A Champlot ou il a esté
> Et a pacé tout cest esté
> Aux despens de mon seigneur.

---

1. C'est ainsi qu'il faut rétablir la cote : fr. 1999, ancien 2148 Colbert, donnée par M. Siméon Luce.

> Toudis *piant* du meilleur,
> Sanz faire noise ne riot,
> Dont me rapport à Petiot,
> Fors aux *pians* et aux *crupaux*,
> Comme frères et *catervaux*.
> Si prie Dieu, le roi Jhesus,
> Qui a fait Thetis et Bacchus,
> *Et qui est creator omnium rerum*
> Qu'il doint à mon seigneur *regnum cœlorum*.
> Amen.
> *Catervaument*,
> Non *tuffaument*.
>
> A.-R. Tainguy.

Ces dix-neuf lignes renferment six mots d'apparence jargonnesque : *piant* (part. pr.), *pians* (subst.), *crupaux, catervaux, catervaument, tuffaument*. Elles sont bien faciles à traduire : Raoul Tainguy, copiste employé par un riche seigneur, constate qu'il n'a pas du tout maigri pendant l'été qu'il vient de passer à Champlot, aux frais de « monseigneur », buvant tous les jours du meilleur, sans quereller qui que ce soit, excepté les gobelets et les pots, en leur qualité de frères et amis.

Quel était ce seigneur? Considérant que Champlot, c'est-à-dire Champlost, est un village situé à trois lieues d'Avallon, M. Paulin Pâris a pensé qu'il pourrait s'agir du duc de Bourgogne Jean le Bon ; mais on ne connaît aucun prince de ce nom ; les ducs de Bourgogne capétiens commencent à Philippe II le Hardi, duc en 1383, qui eut pour descendance directe Jean sans Peur, Philippe III le Bon, et Charles le Téméraire, en qui s'arrêta la postérité masculine. Il n'y a pas lieu, au surplus, de discuter l'hypothèse, qui repose sur une erreur ; Champlost, village que dominait autrefois un château fort, sur la voie romaine d'Alise-Sainte-Reine à Sens, arrondissement de Joigny, canton de Brienon, département de l'Yonne, n'a jamais été situé en Bourgogne, non plus qu'un autre Champlost, commune du canton de Toucy, même département; il dépendait, aux xiv⁰ et xv⁰ siècles, de la vicomté et châtellenie de Saint-Florentin en Champagne (Arch. Nat. P. 12, f⁰ˢ 102 et suiv.) En 1789, par suite de certains remaniements dans les circonscriptions provinciales, Champlost appartenait à la province de l'Ile-de-France. Je n'ai pu découvrir la qualité des anciens seigneurs de Champlost relevant du vicomte de Saint-Florentin; au xviii⁰ siècle, le fief avait passé à la famille Quentin, issue de Jean Quentin, valet de garde-robe du roi Louis XIV, et de sa femme Claude-Angélique Le Tessier de Montarsy, fille du célèbre orfèvre, joaillier ordinaire du roi en 1684.

Le quatrième manuscrit, provenant du vicomte de Rohan maréchal de Gié, et « échappé (sans doute à l'incendie) du château du Verger », dit une note inscrite au revers de la couverture en velours violet, « fut envoyé par M. Marchand, de la part de M. le prince de Rohan pour la bibliothèque de M. le duc de Soubise, le 2 avril 1779 ». Raoul Tainguy l'a encore illustré de sa verve bachique :

>   Raoul Tainguy, qui point n'est yvre,
>   A Jaingny accomplit ce livre
>   Le mardy iiij jour de juillet,
>   Puis alla boire chiez Tabouret,
>   Avec Pylon et autres *catervaux,*
>   Qui ayment ongnons, trippes et les aulx,
>   *Catervaument.*
>   R. TAINGUY.

M. Siméon Luce, identifiant Jaingny avec Jagny, village de Seine-et-Oise, près Luzarche, arrondissement de Pontoise, dont la seigneurie appartenait au chancelier Arnaud de Corbie, pense que ce magistrat, après sa disgrâce, survenue le 31 août 1412, et retiré dans sa terre, y aurait fait venir R. Tainguy, copiste renommé, et dévoué comme lui-même au parti d'Armagnac, pour y copier sous ses yeux les chroniques de Froissart; la date du mardi 4 juillet indiquée sur le manuscrit correspondrait au mardi 4 juillet 1413.

Sans repousser la suggestion du savant académicien, je ne puis cependant m'empêcher de faire quelques réserves. Les dates du 31 août 1412 et du 24 mars 1413, données par le P. Anselme pour la démission et la mort du chancelier Arnaud de Corbie, sont inexactes. Il ne prit sa retraite plus ou moins volontaire, motivée publiquement sur son grand âge (il avait quatre-vingt-huit ans), qu'après l'assassinat de La Rivière et de Petitmeni, perpétré le 10 juin 1413. Le Journal du bourgeois de Paris est d'accord sur ce point avec Juvénal des Ursins; celui-ci prend même la peine d'expliquer qu'au commencement de 1413, c'est-à-dire après le 23 avril « on voulut desappointer le chancelier; mais le roy le soustint tellement, que pour lors il demeura, combien que depuis il fut desmis ».

De même, la date de sa mort, fixée par le P. Anselme au samedi 24 mars 1413, doit se lire samedi 24 mars 1414, nouveau style (Pâques 1414 tombant le 7 avril), par cette raison péremptoire que le 24 mars 1413 était un vendredi, et que le 24 mars ne fut un samedi que l'année suivante 1414.

Par conséquent, Arnaud de Corbie, n'ayant quitté l'office de chancelier qu'après le 10 juin 1413, l'hypothèse de sa retraite à Jagny en 1412 et de l'achèvement du manuscrit de Froissart par Raoul Tainguy à la date du 4 juillet 1413 s'évanouit. Du reste, l'ancien chancelier, accablé de vieillesse, ne quitta pas Paris; il y mourut le 24 mars 1414 et fut enterré à Saint-Jean-en-Grève, ainsi que l'explique Blanchard [1].

Mais ce qui paraît peu probable avec le vieux chancelier deviendrait très possible avec son fils naturel légitimé Philippes de Corbie, maître des requêtes, qui, dès le 12 août 1414, héritait, avec l'hôtel du chancelier à Paris,

---

1. « Gist en l'eglise Saint-Jean-en-Greve joignant la closture du chœur, où se voyoit naguère sa sépulture. » *Hist. des presidents au mortier*, p. 101, in-f°, 1647.

de ses terres de Mareuil et de Jaigny[1]. Peut-être faudrait-il alors reporter l'achèvement du manuscrit de Froissart par Tainguy au mardi 4 juillet 1419, ou même au mardi 4 juillet 1425, Philippe de Corbie ayant été massacré par les Bourguignons le 18 août 1418.

Le cinquième manuscrit n'est pas signé; mais l'examen qu'en a fait M. Siméon Luce ne lui a pas permis de douter qu'il ne fût de la main de Raoul Tainguy.

Le sixième manuscrit auquel ait travaillé Raoul Tainguy (avec la collaboration d'un autre copiste qui signe Gohier) est le plus important de tous; c'est l'exemplaire unique des œuvres complètes d'Eustache Morel dit Des Champs. Ce manuscrit, dont la publication a été courageusement entreprise par M. le marquis de Queux de Saint-Hilaire, ne contient pas moins de trois cents feuillets de vélin, formant six cents pages, près de douze cents colonnes, et comprenant environ quatre-vingt-deux mille vers. M. Siméon Luce nous a révélé que Raoul Tainguy ne se bornait pas au rôle de copiste; il se mêlait de compléter ses auteurs par des interpolations audacieuses, se considérant en quelque sorte comme l'éditeur et le commentateur des œuvres qu'on le chargeait de reproduire.

Il a signé cette fois *R. Tainguy* sans aucune glose; mais, au verso du folio 314, il a écrit, à l'encre rouge, sur la marge inférieure: *catervaument,* et, au bas du feuillet 570, de la même encre : *tuffaument,* adverbe que M. Crapelet prit autrefois pour le nom même du copiste [2].

MM. de Saint-Hilaire et Siméon Luce fixent à l'année 1410 au plus tôt, et à l'année 1425 au plus tard, l'achèvement de ce manuscrit. Ces dates paraissent judicieusement

---

[1]. Il fut condamné, en cette qualité, le 13 mai 1415, à continuer une rente foncière due par son père. La seigneurie de Jaigny resta dans la famille de Corbie jusqu'à son extinction en 1636.

[2]. Crapelet. *Poésies morales et historiques d'Eustache Deschamps*, Paris, 1832, p. LXIII.

choisies. Je saisis l'occasion de fournir, au sujet d'Eustache
Deschamps, dont la vie est si peu connue, deux dates authentiques, qui ne seront pas inutiles pour sa biographie ; je les ai
rencontrées par hasard ; elles n'en sont pas moins intéressantes.
Eustache Morel, dit Deschamps, fut nommé bailli de Senlis le
5 février 1388 et prêta serment le 9 du même mois ; il y
remplaçait probablement Pierre de Précy, écuyer ; car celui-
ci fut « rétabli » dans l'office de bailli de Senlis le 29 août 1412
par la faction de Bourgogne[1]. On croit qu'Eustache Deschamps mourut vers 1422. L'unique manuscrit de ses œuvres,
dû à Raoul Tainguy, les présente dans un ordre de matières
résultant d'un classement méthodique, auquel il n'a pu être
procédé qu'après sa mort et par un éditeur qui les possédât
toutes. D'où cette vraisemblance que le manuscrit aurait été
établi entre 1422 et 1425, date extrême fixée par ses éditeurs.

Somme toute, le recensement des manuscrits copiés, in-
terpolés et augmentés par Raoul Tainguy, ne nous fournit
que six mots d'apparence jargonnesque :

Catervaument.   Piant.
Catervaux.   Pians.
Crupaux.   Tuffaument.

Deux de ces vocables, *piant* et *crupaux*, ont été accueillis
ou conservés dans le Jargon des ballades villonesques ; on les
trouvera définis dans mon vocabulaire. C'en est assez pour
classer Raoul Tainguy parmi les ancêtres du Jargon, dans
la mesure que je vais m'efforcer d'indiquer.

Tout d'abord, une remarque. Le dictionnaire de La Curne
enregistre, comme appartenant à Eustache Deschamps, deux
mots de la même famille : *catervale* et *tufales*, auxquels il

---

1. « Eustachius Morelli institutus baillivus Silvanectensis. 5 février 1388. — Petrus de Preciaco armiger restitutus ad officium bail-
livi Silvanectensis. » 29 août 1412. Bibl. nat. ms fr. 20684.

faut joindre *caterve,* que j'ai relevé moi-même sur le manuscrit. Est-ce bien à Deschamps qu'ils appartiennent ? La raison de douter, c'est qu'ils se trouvent contenus uniquement dans les rubriques; savoir : *Autre lettre sur le fait de boire et de la* caterve (f° 421.) — *Lettres envoyées à Paris par Eustaces avecques plusieurs voirres et lampes* catervales *et non* tuffales (f° 430). Mais si les rubriques ont été rédigées par R. Tainguy, ce qui paraît certain, c'est au copiste seul que nous devrions ce supplément de trois mots d'apparence jargonnesque : total neuf.

Expliquons-nous sur les sept qui n'ont pas été conservés dans le Jargon de Villon et de ses successeurs.

Caterve, subst. fém., qui donne l'adjectif singulier féminin *catervale,* l'adjectif pluriel *catervaux* et l'adverbe *catervaument,* est un mot emprunté directement au latin *caterva,* qui signifie troupe, bande, parti, confrérie. Il appartient au langage ordinaire. G. Cretin (*Œuvres,* p. 36 et 215) parle de la *caterve* céleste, et on lit dans Rabelais (I, 135) : « Raconta l'estat ouquel il avoit trouvé les ennemys et du stratagème qu'il avoit fait, luy seul contre toute leur *caterve.* » Le mot est recueilli sous sa forme normale dans les dictionnaires d'Oudin, de Nicot, etc., et par N. Duez, ital. *caterva.*

La *caterve* est une association de buveurs ; les *catervaux* sont les confrères, latin *catervarius;* l'adverbe *catervalement* contracté en *catervaument,* reproduit également le latin *catervatim.* Cette famille de mots, purement latine, ne saurait se classer dans le Jargon. Les *voirres* et les lampes *catervales,* remarque très bien l'éditeur de La Curne, sont des verres et des bouteilles.

Pians, substantif pluriel, employé pour gobelet ou verre à boire, et *piant,* participe présent du verbe *pier,* boire, bien que tombés en désuétude, se rattachent à la famille gréco-slave de πιεῖν, boire, *piwo,* boisson, etc., décrite dans mon vocabulaire. Il faut remarquer toutefois que la langue ordinaire les a presque tous retenus.

Reste *tufale*, adjectif féminin, qui donne l'adverbe *tufalement* ou *tuffalement*, contracté en *tuffaument*.

Ceux-ci sont vraiment singuliers et méritent qu'on les examine. Nous savons, grâce à M. Siméon Luce, que Tainguy, dans le manuscrit de Leyde, qualifie Jacques d'Arteveld de *tuffe* et de *guielier*. *Guielier* va de soi ; nous avons en vieux français *guilleor* et *guillier* pour trompeur. Et encore : « lesdits *tuffes* de Louvain furent tous honteux ». Dans ce passage Tainguy a substitué *tuffes* à *bourgeois* qui était dans le texte. Ailleurs, toujours dans le même sens, « plusieurs villains, *tuffes* et guieliers des villes champestres ». Mais comme il s'agit ici, et dans un autre passage absolument identique, des Jacques insurgés, cela ne peut plus se prendre pour l'équivalent de bourgeois que dans l'acception de stupide, qui en est comme une variante.

Au fond, c'est bien l'épithète de « bourgeois » que Raoul Tainguy oppose à celle de bon compagnon et d'artiste, comme les rapins d'Henry Monnier : « *catervaument*, non *tuffaument* ».

D'où vient le mot ? Je ne crois pas qu'il faille chercher bien loin. *Tuffe*, forme primitive de touffe (voyez Du Cange sous *tufa*), le panache, l'orgueil un peu sot, se retrouvent dans cette locution populaire encore subsistante « faire sa *tuffe* », pour se donner de grands airs, faire de l'embarras. Destouches connaissait cette étymologie lorsqu'il baptisa son *Glorieux* le comte de *Tuffières*.

On voit que le vocabulaire-jargonnesque de Raoul Tainguy se réduit à peu de chose ; il semble destiné plutôt à une petite compagnie de poètes et de buveurs qu'aux classes dangereuses de la société ; il s'y prête cependant, puisque celles-ci en ont usé.

On comprend maintenant qu'il était utile d'étudier la chronologie des travaux exécutés par Raoul Tainguy dans les premières années du XVe siècle antérieures à 1425, et qui par conséquent rejoignent très exactement la date certaine de 1426, sous laquelle l'existence du Jargon est officiellement constatée pour la première fois. Cette discussion et cette comparaison permettent d'affirmer, en toute vraisemblance, que le premier quart du xv⁰ siècle vit naître et se développer le Jargon, ce qui confirme mes prémisses.

Après la charte de 1426 et les vers quelque peu antérieurs signés par Raoul Tainguy, nous rencontrons enfin des textes d'une certaine étendue, savoir :

1° *Le Jargon et Jobelin de maistre François Villon,* imprimé avec ses œuvres, dont l'édition la plus ancienne avec date est celle de 1489; mais la composition des six ballades de ce Jargon est beaucoup plus ancienne; elles sont antérieures à 1460 et peuvent être comprises entre cette dernière année et les années 1455-1456, où commença la vie errante du poète;

2° Cinq ballades inédites du même, que j'ai découvertes dans le manuscrit de la Bibliothèque royale de Stockholm;

3° Plusieurs passages de deux mystères du xv⁰ siècle, à savoir : 1° le *Mistere de la Passion de N. S. Jésus Christ;* 2° le *Mistere du Viel Testament par personnages,* imprimé par Pierre Le Dru pour Geoffroy de Marnef, in f°, s. d.;

4° Autres passages de deux mystères du xvi⁰ siècle, à savoir : 1° *la Vie de saint Christophle,* par Chevalet, Grenoble, 28 janvier 1530; 2° *les Actes des apôtres,* 1541.

Somme toute, l'ancien Jargon ne comprend que les six ballades déjà connues de François Villon, plus les cinq ballades inédites que me fournit le manuscrit de la Bibliothèque royale de Stockholm, et quelques scènes des quatre mystères dont j'ai transcrit plus haut les titres. Le langage des malandrins, mis à la scène dans les deux derniers venus de ces quatre mystères, s'appelait encore le Jargon au xvi⁰ siècle :

   Brayhault brouera sur son endosse,
   Entendez vous bien, mon gougeon?
   — Qu'est ce cy ? Vous parlez *jargon ?*
     III⁰ livre des *Actes des Apôtres.*

Aucune explication raisonnée de ces textes, que leur peu d'étendue rend d'autant plus obscurs, n'a été tentée jusqu'ici.

« Touchant le jargon, je le laisse à corriger et exposer aux successeurs de Villon en l'art de la pinse et du croq. » Ainsi s'exprime Clément Marot en sa préface de l'édition de 1533.

Cette dédaigneuse remarque de Clément Marot ne signifie pas qu'il n'entendît point le Jargon, mais seulement qu'il jugeait au-dessous de sa dignité de poète de cour et de valet de chambre du roi d'expliquer le langage des Gueux et des voleurs. Il est à regretter que Marot ait abrité sa paresse sous le manteau de son orgueil. Il lui eût été si aisé de traduire ce langage devenu si difficile pour nous! Le Jargon du xve siècle se parlait encore au temps de Marot, non pas absolument tel qu'on le trouve dans les ballades de Villon, mais si peu altéré que j'ai puisé de grands secours dans les fragments du Jargon du xvie siècle parvenus jusqu'à nous.

En parlant de ces fragments, M. Francisque Michel dit (p. VIII) que « avec un peu d'étude on peut venir à bout de rendre en français cet argot; on n'en saurait dire autant, ajoute-t-il, des ballades argotiques de Villon ».

Clément Marot n'a daigné; M. Francisque Michel n'a pas essayé. Nul autre effort ne paraît avoir été tenté pour deviner l'énigme. J'aborde donc un champ que nul n'a défriché avant moi. Si j'y laisse quelque chose à faire ou à reprendre, on m'accordera, je l'espère, l'indulgence due au premier pionnier.

Je ne m'en suis pas tenu à l'interprétation plus ou moins satisfaisante, plus au moins définitive, de textes dont le sens général transparaît sous l'obscurité des mots et se laisse saisir par quiconque lit couramment les poètes du xve siècle. Mon plan est plus vaste et d'un intérêt plus général que la traduction de quelques chansons de bandits. J'ai pris chaque mot du Jargon un à un; j'en ai recherché les origines, rapproché les analogies, discuté les titres, établi l'identité; et je me flatte que cette laborieuse étude, si incomplète qu'on la juge, ne sera pas infructueuse pour la science philologique.

X

Le mot *Jargon* est très ancien dans la langue française; le XIIIe siècle nous en fournit un premier exemple :

> Lors tuit diseient en lor *jargun*
> Que cil oisax qui si cantoit...
> MARIE DE FRANCE, fable XXII.

Comme il n'a jamais varié dans la forme ni dans le sens jusqu'à l'heure présente, je me dispense d'en alléguer ici des exemples multipliés, qu'on trouvera d'ailleurs réunis, en quantité suffisante, sous l'article *Jargonner* du vocabulaire.

La signification propre et originaire de *Jargon* est tout simplement « langage inintelligible »; les sons plus ou moins articulés que l'oreille perçoit sans les comprendre constituent un *Jargon*; un oiseau qui gazouille semble murmurer des paroles mystérieuses; ainsi de tous les autres animaux :

> Il n'y a ne beste n'oyseau
> Qu'en son *jargon* ne chante et crie...
> CH. D'ORLÉANS, rondeau.

Il est infiniment probable que le *Jargon* se rattache originairement au radical gréco-latin *garg*, qui donne *gargata, gargaridio, gargarizo*, etc., exprimant diverses fonctions de la gorge comme instrument de phonation. Mais le sens s'en est spécialisé par une ressemblance accidentelle entre deux radicaux différents.

Parmi les oiseaux domestiques, il en est un dont le ramage guttural, et fortement articulé dans les tons graves de la voix humaine, donne positivement l'idée de quelque langue bruyante et gutturale, comme celle de l'Arabe du désert : c'est le langage de l'oie mâle ou *jars*, et c'est là proprement le *Jargon*. « Ils *jargonnent* comme les *jars*, dit Ambroise Paré, ils roucoulent comme colombes. » *Animaux*. 25. — « Quand les oyes, dit-il encore, canes et canars s'espluchent et ensemble *jargonnent*, c'est signe de pluye. » *Ibid.*, 2.

Le *jars* (en allemand, *gans* et *ganser*, qui est le même mot que le latin *anser*, en poitevin *gerc* et *jarc*) a fourni également : *jaser*, pour babiller ; *jaspiner*, bavarder ; *jargauder*, parler à tort et à travers. *Jargouiller*, qui a le même sens, vient d'ailleurs.

C'est par une assimilation aisée que le langage impénétrable employé pour certains affiliés a été qualifié de *Jargon*. Et comme pour lever le dernier doute sur l'identité du *Jargon* avec le langage du *jars*[1], il se trouve que la langue a gardé ce proverbe « Il entend le *jars*, il a mené les oies » (Oudin, *Curiosités françaises*, v° *Jars*), qui donne cette équation : entendre le langage des oies, c'est comprendre le *Jargon*. L'argot moderne dit : *dévider le jars*, pour « parler argot ».

Nous venons de voir que *jars* se dit également *gerc*; on ne s'étonnera donc pas de rencontrer dans l'ancien français les formes *gergon* et *gergonner* pour *jargon* et *jargonner*. Le picard moderne conserve *gergon*; l'italien dit *gergo*, *zergo*, *gergone*, *gergare*, *gergonare*, sc. *parlar furbesco*, que Duez traduit par *jargonner*, parler *jargon* ou narquois ; l'espagnol a *girigonza* ou *gerigonza*, et *xerigonça*. Ces divers vocables traduisent purement et simplement le mot français *Jargon*, qui ne saurait avoir ses origines en italien ni en espagnol, ni l'une ni l'autre de ces langues ne possédant de mot propre pour désigner le *jars*, qu'elles appellent le mâle de l'oie ou la grosse oie (*il maschio dell'oca, ansaron* et *el mergansar*, où se trouvent réunis le *gans* allemand et l'*anser* latin).

---

1. *Psaumes des Courtisans, dédiés aux braves esprits qui entendent le* jars *de la cour*. Petit in-12. 1628.

Cependant Charles Nodier, remarquant une certaine ressemblance entre le *gergo* ou *zergo* italien et le nom du peuple *zingaro*, regarde le premier comme une contraction du second (*Examen critique du dictionnaire de la langue française*, 1829, p. 47). Je suis dispensé de discuter cette hypothèse, philologiquement inadmissible, en rapprochant ce double fait, que les Zingari ou Bohémiens n'ont été connus de l'Europe occidentale qu'au commencement du XVᵉ siècle, alors que depuis trois cents ans la langue française possédait déjà le mot *Jargon*.

Cette objection demeure également valable contre l'opinion de Génin. Tout habitué qu'il fût à critiquer amèrement les travaux linguistiques de Charles Nodier, Génin s'appropria, involontairement sans doute, l'étymologie par *gergo*. Je dis involontairement, car le meilleur moyen de faire renoncer Génin à son hypothèse, c'eût été de lui montrer qu'elle avait été proposée par Charles Nodier. Donc Génin veut que *Jargon* vienne de l'italien *gergo*, dont il allègue un exemple emprunté à Varchi, qui écrivait au XVIᵉ siècle, c'est-à-dire quatre cents ans après Marie de France, qui nous a fourni le plus ancien exemple du mot français *Jargon*. Génin, d'ailleurs, était trop expert en philologie, pour accepter la contraction de *zingaro* en *zergo*. Aussi cherche-t-il autre chose ; et, cette autre chose, il l'emprunte à un second Italien, Salvini, commentateur du *Malmantile*, qui dérive *gergo* et son féminin *erga* du grec ἱερός, ἱερά, sacré, sacrée. *Lingua hiera, lingua gerga ;* le Jargon serait la langue sacrée et secrète, comprise des seuls initiés.

C'est fort ingénieux ; mais ni Salvini ni Génin n'apportent l'ombre d'une preuve à l'appui de leur proposition ; ni un texte, ni un exemple. A la rigueur, *hiera* se changerait bien en *gera*, non en *gerga* ; mais il manque à l'italien *hiera* quelque chose d'essentiel, c'est d'avoir existé, soit sous cette forme, soit sous celle de *gera* qu'indiquent les analogies. Les Italiens ne connaissent et n'ont connu d'autres mots que *santo* ou que *sacro* pour rendre les deux sens de ἱερός ; et, s'ils possèdent *gerarchia* comme nous avons eu *gérarchie*, aujourd'hui *hiérarchie*, c'est, chez eux comme chez nous, par une translation directe du grec, sans que le radical se soit implanté ni développé dans la formation romane. Je vais plus loin, et j'ose dire que *gerga, lingua gerga* n'ont pas plus d'existence que *hiera* et *lingua hiera*, le mot *gerga* ne se trouvant dans aucun dictionnaire italien depuis le moyen âge jusqu'à nos jours.

Le dictionnaire de la Crusca (1re éd., 1606) donne sous *gergo* une curieuse et exacte définition, qui se termine ainsi : « E parlar furbesco, è una spezie di *gergo*, usata e intesa de' furbi, che sono vagabondi, e barattiere, e vanno pel mondo. » De *gerga*, ni de *lingua gerga* ou *hiera*, il n'en est pas question.

Enfin, et cette dernière preuve est, je crois, décisive, N. Duez, dans son Dictionnaire italien-français (éd. de 1660), enregistre, à côté de *gergo*, et avec la même signification, la forme *gerso*, qui est bien le *jars* français.

Au surplus, la *lingua gerga* fût-elle la langue sacrée ailleurs que dans une rêverie de Salvini et de Génin, elle ne nous eût servi de rien, à nous autres Français, qui usions du mot *Jargon* de toute ancienneté, alors que l'existence de la langue italienne était à peine soupçonnée ; et il resterait à prouver que nos poètes, depuis le XIIIe siècle, qualifiaient de sacrés le cri des animaux, le chant des oiseaux et la langue des oies[1].

---

[1]. Je cite, pour être complet, mais en le mettant hors de cause, le mot *jargon* signifiant pierre de couleur tirant sur le rouge, autrement dite ʒircon, en Italie *giargone*, espagnol *aʒarcon*, portugais *aʒarcão*, arabe *ʒarqoûn*. La gemme ainsi désignée est originaire de Ceylan, de l'Inde et du Pégu ; mais M. Marcel Devic, à qui j'emprunte cette filiation orientale, reconnaît que le mot était connu en Orient et en Occident avant que les Arabes pussent avoir aucune action sur les langues du monde civilisé. (*Dict. étymologique des mots français d'origine orientale*, 1876.) Je garde la même réserve sur le scandinave *jagg*, allégué par MM. Duménil sans aucun texte à l'appui.

XI

Un point de critique littéraire, à vider tout d'abord.

François Villon est-il l'auteur des six ballades en Jargon qu'on lui attribue depuis l'édition de 1489, et que je réimprime aujourd'hui?

François Villon est-il l'auteur des cinq ballades inédites que je publie d'après le manuscrit de la Bibliothèque royale de Stockholm, dont je dois la communication, à Paris même, à la noble libéralité du gouvernement suédois?

Voici la réponse à cette double question :

Je rappelle d'abord que l'état civil du poète, tel que je l'ai reconstitué d'après les documents authentiques conservés aux Archives nationales[1], lui donne pour véritables noms François de Montcorbier, autrement dit des Loges, autrement dit de Villon[2].

Les six premières ballades figurent, dans toutes les éditions des œuvres de Villon, sans exception, depuis la plus ancienne jusqu'aux temps actuels, sous le titre de *Jargon et Jobelin dudit Villon*. Il y a donc possession d'état. La vie du poète, ses aventures patibulaires, sa familiarité manifeste avec les mauvais métiers exercés par ses « compaings de galle », sa connaissance avouée du Jargon des Gueux,

> Je congnois quant pipeur jargonne,

---

[1]. *Notice sur François Villon d'après des documents nouveaux et inédits tirés des dépôts publics*, par Auguste Vitu. Paris, in-8°, librairie des Bibliophiles, 8-24 mai 1873.

[2]. Lettres de rémission de janvier 1455 (1456, nouveau style). Archives nationales. Trésor des Chartes, JJ. 183 et 187.

tout se réunit pour maintenir à son avoir les six ballades que lui attribuent les anciens éditeurs.

Et cependant j'ai eu des doutes, fondés sur l'extrême médiocrité de ces petits poèmes.

Mes incertitudes n'ont disparu que lorsque, guidé par le catalogue Stephens, j'ai pu étudier le manuscrit de la Bibliothèque royale de Stockholm[1], et y recueillir les cinq ballades inédites que je donne à la suite des six premières. Ces cinq nouvelles ballades sont aussi spirituelles, aussi mouvementées, aussi imagées, que les six autres sont plates et incolores. Comment les attribuer au même auteur? Ce n'est pas un jugement littéraire que j'en porte, c'est un fait matériel que je constate, et dont on va juger.

D'abord, la première des ballades inédites est manifestement une leçon développée et améliorée de la première des ballades connues; on ne saurait donc éviter de rattacher l'un à l'autre ces deux groupes, à quelques égards, si différents. Ensuite, la dixième ballade (quatrième des inédites) est signée en acrostiche par les six vers de l'envoi VILLONI. De plus, chacun de ces six vers contient des anagrammes inattendus, parmi lesquels

>   François Villon, loing de eulx, despers.
>   D. François Villon des Loges, U. P. S., en exil.
>   Escoute li ouvre du bon poete François.

Ces indices décisifs ne laissent pas de doute sur l'auteur des cinq ballades inédites, ni par conséquent sur celui des six ballades connues, attribuées séculairement à Villon.

---

1. Petit in-4° papier; fin du xve siècle ou premières années du xvie; étiqueté « 4111. *Ballades et poèmes diverses (sic).* » Ancienne étiquette « 26-13. *Livre de plusieurs choses.* » Il a appartenu au président Fauchet.

XII

L'interprétation du Jargon de Villon présente une difficulté préjudicielle, qui m'a longtemps arrêté. C'était comme une barrière infranchissable, qui défendait l'accès de la voie où je voulais entrer. Le texte des onze ballades, aussi bien des imprimées que des manuscrites, est manifestement corrompu, ainsi que l'attestent 1° : les vers trop longs ou trop courts ; 2° les fausses rimes. Accepter tels quels des vers estropiés et des mots défigurés, en faire la base d'un examen philologique, c'est risquer de discuter sur une chimère.

Les corriger? Il le faut bien; mais comment? La première condition pour entreprendre la restitution d'un texte, c'est de savoir la langue dans laquelle il est écrit. Or, ici, j'avais affaire à une langue inconnue, réputée inintelligible depuis plus de trois siècles. Il était également délicat d'interpréter le texte sans le rectifier, et de le rectifier sans le comprendre. Comment sortir de ce cercle vicieux?

J'y suis parvenu, après de longs tâtonnements, que j'aurais mauvaise grâce à présenter aujourd'hui comme une méthode suivie, née d'un concept préalable et tout d'une pièce. Longtemps j'ai travaillé sur des mots isolés, dont j'espérais me rendre le maître. Quelques succès dans cette direction m'ont permis d'entrevoir la vérité, c'est-à-dire de m'assurer que la plupart des vocables considérés de prime abord sous un aspect jargonnesque appartiennent aux couches les plus anciennes de la langue. Rares par eux-mêmes et pris dans un sens métaphorique et détourné, ils se présentaient comme autant d'énigmes; il a suffi de leur arracher leur masque, pour faire disparaître leur mystérieux prestige.

Muni de ce commencement d'information, qu'il ne s'agissait plus que de poursuivre le plus loin possible, j'ai pu, sans trop de présomption, aborder la restitution ou plutôt la restauration de ces vieux vers, absolument frustes et mutilés. J'étais guidé par cet axiome, fruit d'une longue expérience pratiquée sur l'œuvre générale de François Villon, que la plupart des fautes qui déparent les vers du moyen âge, manuscrits ou imprimés, proviennent non pas d'une erreur de copie, mais d'une erreur d'audition. Les copistes transcrivaient les vers tels qu'ils les avaient appris par cœur ou tels qu'on les leur dictait. De là, d'innombrables confusions dans la manière de saisir une même consonance, et de la traduire sur le vélin ou le papier par des signes orthographiques. La cause de l'erreur une fois connue, c'est à sa source même qu'il faut remonter pour la corriger. Tel vers, incompréhensible dans sa leçon manuscrite et imprimée, apparaît tout à coup dans sa clarté première, lorsqu'on le récite à haute voix. Je prends, par exemple, l'envoi de la ballade VI, ainsi donné par l'édition de Pierre Levet, 1489 :

> Prince, ... qui n'a bauderie
> Pour ... eschever de la soe,
> Danger de grup en arderie
> Fait aux sires faire la moe.

On bouche sans difficulté les deux trous que j'indique par des points suspensifs, et les deux premiers vers prennent cette figure :

> Prince, [cil] qui n'a bauderie
> Pour [soi] eschever de la soe.

Mais où trouver la suite de la phrase ? Si l'on accepte *la soe* comme un substantif féminin précédé de l'article, ce qui ne serait pas inacceptable d'ailleurs (voir le vocabulaire, v° *Soe*), les deux distiques ne s'enchaînent pas, et rien ne peut suppléer cette absence de liaison. C'est alors qu'il convient de se demander si le copiste, tout en copiant le *son*, ne s'est pas mépris sur le *sens* ; en un mot, s'il n'a pas été dupe d'une homophonie. Et l'on ne tarde pas à découvrir qu'il suffit de détacher l'*s* initiale de *soe* et de la réunir au mot précédent, pour obtenir une phrase liée, intelligible et complète. Nous lisons alors :

> Prince, [cil] qui n'a bauderie
> Pour [soi] eschever de las oe :
> Danger de grup en arderie
> Fait aux sires faire la moe.

C'est-à-dire : « Prince, celui qui n'a pas la finesse, — pour échapper aux filets (ou à la corde), écoute ceci : danger d'être accroché à la hart — fait aux condamnés faire la moue. » Quant à la justification de *las*, substantif pluriel, et de *oe,* troisième personne singulière du subjonctif présent de *ouïr,* on la trouvera au vocabulaire.

Les mots placés entre crochets pour compléter deux vers trop courts ne font pas difficulté, car, en aucun cas de ce genre, ils ne peuvent dénaturer le sens du vers. En d'autres endroits, le vers retrouve sa quantité sans aucune autre addition que celle d'une aspiration omise par le copiste. Par exemple :

> Pour le / evaige et bien hault mis au vent.
> Ballade I.

> Puis ça, puis là, pour l/urtis.
> Ballade VI.

Intercalant un *h,* qui nous donne *hevaige* et *hurtis,* on retrouve à la fois le nombre et le sens.

Les corrections par la rime, qu'on croirait plus aisées, deviendraient au contraire fort dangereuses si l'on n'y prenait garde ; car elles amèneraient à remplacer un mot inconnu par un mot connu, procédé qui susciterait des objections légitimes. Or je tiens avant tout à m'éloigner aussi peu que possible du texte primitif, alors même qu'il me paraît suspect. Cependant il m'était impossible d'accepter un morceau positivement altéré et corrompu, tel que le deuxième couplet de la ballade IV (édition de 1489) :

>   Si gruppez estes desgruppez
>   De ses angels si graveliffez
>   Incontinant mantheaulx et chappes.
>   Pour lemboue ferez eclipses.
>   De vos farges serez besifles
>   Tout de bout et non pas assis ;
>   Pour ce, gardes... d'estes griffez
>   En ... ces gros coffres massis.

Outre les incorrections de toute sorte qu'il est superflu de signaler ici, l'altération des rimes se décèle, moins par leur insuffisance, qu'on pourrait attribuer à la négligence de l'auteur, que par leur mauvaise disposition, contraire non seulement aux règles, mais aussi aux habitudes des versificateurs du moyen âge. La ballade est, d'ailleurs, irrégulière, puisque les trois couplets ne roulent pas sur les mêmes rimes. Mais le troisième se rapproche du deuxième par les deux rimes « attrappez » et « happez », placées au premier et au troisième vers. Or la troisième rime du couplet que je discute est doublement fausse, puisqu'elle n'a pas de consonance et qu'elle oppose une syllabe muette à une syllabe accentuée : *chappes* à *desgruppez*. Ici la correction vient d'elle-même ; en accentuant *chappes*, on a *chappez*. La rime avec *desgruppez* est revenue. Le septième vers demande une rectification en sens inverse : *griffez* ne rime pas, même par assonance, avec *besifles ;* retirons l'accent, et nous avons *griffes,* qui pourrait, mais c'est ce qu'il faudra voir, marcher par assonance avec *besifles* et *graveliffes.*

Cela fait, le croisement régulier des huit vers est rétabli; les vers 3 et 7 ont retrouvé leur rime. Seulement, ils ont perdu leur quantité. Le vers 3 est devenu trop long, et le vers 7 trop court. On y obvie en supprimant *et* dans le vers 3 et en suppléant *vous* dans le vers 7.

Pratiquons tout de suite quelques corrections indispensables, telles que le remplacement de *si* par *se* au premier vers, de *ses* par *ces* au second, et de *en* par *dedens* pour avoir la mesure complète du huitième; substituez quelques *z*, indicateurs de l'impératif, à des *s* qui font équivoque, et le couplet aura pris la figure suivante :

> Se gruppez estes desgruppez
> De ces angelz si graveliffes
> Incontinant mantheaulx chappez
> Pour lemboue ferez eclipses.
> De vos farges serez besifles
> Tout de bout et non pas assis.
> Pour ce gardez vous d'estre griffes
> Dedens ces gros coffres massis.

Voilà le couplet mis sur ses pieds, sans l'ombre d'un changement qu'on puisse taxer d'arbitraire, ni qui soit susceptible d'altérer le sens, encore inconnu, de ces huit vers.

Avant d'aborder l'interprétation, attachons-nous aux rimes. Les masculines, devenues exactes, n'ont plus besoin de nos soins. Les quatre féminines sont *graveliffes* (ou *gravelisses,* il y a du doute dans la vieille édition; on ne sait si l'on doit lire deux *s* longs ou deux *f* mal barrés); et, avec *graveliffes, eclipses, besifles* et *griffes*. Une seule de ces quatre rimes assonantes peut être tenue pour incommutable. *Griffes* doit être réservée, puisqu'elle résulte d'une correction; *graveliffes* et *besifles,* étant deux mots inconnus et par conséquent sujets à discussion, seront également laissés à l'écart. Reste *eclipses,* qui ne présente pas d'incertitude. Le *p* d'*eclipses* étant muet, selon l'orthophonie du moyen âge, le mot sonne *eclisses*, ce qui nous fournit à la fois une donnée effective pour les rimes féminines du couplet et une conjecture sur l'individualité du mot. Dès à présent, nous avons le droit de préférer *gravelisses* à *graveliffes*, sans trop insister pourtant, de peur d'exiger de ces rimes hasardeuses plus de perfection qu'on n'en trouve dans quelques autres ballades du Jargon.

Persistons cependant. La rime et le sens s'éclairent l'un l'autre dans la poursuite de ces problèmes linguistiques.

Qu'est-ce que *besifles*? Un inconnu. On ne le rencontre qu'une seule fois, et à cette seule place, dans le Jargon; et, hors du Jargon, il n'en existe nul exemple. Je ne rapporte pas ici des investigations approximatives dont on trouvera le détail au mot *besifles* du vocabulaire. Il me suffit de dire qu'après avoir examiné et pesé des vocables qui présentaient avec *besifles* une certaine ressemblance externe, tels que *besies*, *besfler* (participe passé *besflé* ou *besfle*), *besivre*, *basiferez*, etc., j'ai dû m'arrêter à celui qui, précisément, s'en éloignait le plus, je veux dire le mot *besistre*, qui lui-même n'est connu que par un exemple unique.

J'explique le motif de mon choix.

Besistre est ainsi défini dans le *Glossarium gallicum* tiré du grand glossaire de Du Cange : « Faire *besistre*, fune, quæ nautis *issas* vel *drissa* dicitur, uti, apud Guill. Guiart, ad annum 1304 :

> Cil des galies font *besistre*
> Qui es haus mas pas ne messiéent. »

Ainsi, « faire *besistre* », c'est employer la corde nommée *issas* ou *drissa*, qui sert à élever ou hisser au mât un pavillon, une flamme, une vergue ou tout autre objet (Littré, v° *Drisse*). D'abord, puisque nous expliquons du Jargon et qu'il s'agit de corde, nous pouvons dire que nous en tenons. C'est la matière même de cette poésie patibulaire. Ensuite, l'étymologie du mot, qui est *issas*, indique que *besistre* peut légitimement se changer en *besisser*, participe passé *besissé*, d'où *besisse*, adjectif verbal formé comme *délivre* de *délivré* (voir tous les écrits du moyen âge, prose ou vers), et, dans la langue actuelle des méridionaux, Gascons ou Poitevins, *gonfle* pour *gonflé*, *trempe* pour *trempé*, etc. Je corrigerai donc hardiment le *besifles* du vieux texte en *besisses,* qui me donne la rime d'*eclisses,* et j'aurai retrouvé trois rimes exactes sur quatre. Ceci fait, la quatrième vient toute seule : il faut lire *grisses,* c'est-à-dire *grilles,* forme que j'explique au vocabulaire.

Deux autres corrections de détail porteront sur le mot *ferez* dans le vers 4, et sur *serez* dans le vers 5, commandés l'une et l'autre par l'interprétation du texte.

Mais, pour expliquer ceci et ne pas allonger indéfiniment mon exposé, je place maintenant sous les yeux du lecteur les huit vers tels que j'en propose la restitution, ponctuation comprise :

>Si gruppez estes desgruppez
>De ces angels si gravelisses,
>Incontinant mantheaulx chappez
>Pour l'emboue feront eclisses.
>De vos farges ferez besisses
>Tout de bout et non pas assis.
>Pour ce gardez vous d'estre grisses
>Dedens ces gros coffres massis.

Ce que je traduis : « Si vous êtes pris détachés (isolés), par ces archers si rudes (*gravelisses* me paraît un synonyme de graveleux, au propre chargé de sable, rude au toucher), incontinent vos manteaux à chapes deviendront la proie du bourreau ; le poids de vos fers vous fera hisser au haut de la potence, tout debout et non pas assis. Pour ce, gardez-vous de vous laisser mettre sous grille, dans ces cachots aux murs épais. »

J'ai choisi l'exemple qui précède parmi les passages les plus maltraités par les anciens imprimeurs. Je me suis efforcé de réduire autant que possible la part de l'hypothèse, sans l'exclure absolument. De plus habiles me corrigeront peut-être à mon tour, mais qui sait si cette partie de mon travail, fût-elle jugée téméraire, n'aura pas été profitable à ceux qui feront mieux que moi?

XIII

La valeur philologique de la présente étude n'est pas, je le répète, dans l'éclaircissement plus ou moins précis de la littérature des Gueux, mais dans la production d'un supplément, peut-être inattendu, aux glossaires de la vieille langue. Pour prouver à quel point celle-ci y est intéressée, il fallait de toute nécessité procéder à un dépouillement attentif des mots employés par le Jargon, en vue de constater leur provenance et leur nationalité.

En l'état actuel, mon vocabulaire comprend environ trois cent soixante mots dont l'explication m'a paru indispensable pour l'intelligence du texte de Villon. Il s'en faut que tous ces mots soient purement jargonnesques. La plupart appartiennent au vieux fond de la langue; mais j'ai dû les admettre dans mon vocabulaire, soit parce qu'ils sont rares ailleurs que dans le Jargon, soit parce que l'auteur leur donne une signification particulière et détournée, soit enfin parce que, de naissance légitime, ils ont engendré des bâtards méconnus jusqu'ici.

La catégorie la plus curieuse et la plus digne d'étude se compose de quatre-vingt-quinze mots d'exemple unique, c'est-à-dire qu'on ne rencontre nulle part ailleurs que dans les onze ballades de Jargon attribuées à François Villon[1] ; ce sont :

1. Abrouart.
2. Abrouer.
3. Adoubter.
4. Adraguer.
5. Agarcis.
6. Allegrucs.
7. Antonner.
8. Archquant.
9. Arderie.
10. Arerie.
11. Arlonyns.
12. Arpes.
13. Arvans.
14. Arvés.
15. Audinas.
16. Baudrouse.
17. Berard ou berart.
18. Besisses.
19. Bisans.
20. Broueulx.
21. Carieux.
22. Coinsse.
23. Cygault.
24. Descarieux.
25. Desgaudie.
26. Embrayeurs.
27. Empavé.
28. Enastez.
29. Enterveux ou entreveux.
30. Espelicans.
31. Esterie.
32. Fardis.
33. Fars.
34. Floars.
35. Flogie.
36. Floterie.
37. Fressoue.
38. Froart.
39. Gaillieurs.
40. Gauldouse.
41. Gier.
42. Gierement ou gitrement.
43. Giffault.
44. Giffle (masculin).
45. Gourgourans.
46. Gravelisses.
47. Gremes.
48. Gruppelins.
49. Guoble.
50. Hirenalle.
51. Histz.
52. Hornangier.
53. Hurcque.
54. Hurme.
55. Hurterie.
56. Jarte.
57. Loirrir.
58. Luans.
59. Lubie (participe fém.).
60. Lurie ou Luzie.
61. Macquin.
62. Mareux.
63. Martins.
64. Mauve (verbe).

1. Je dis nulle part, c'est-à-dire qu'ils n'ont été signalés jusqu'à présent dans aucun autre texte ; peut-être en découvrira-t-on de nouveaux exemplaires à mesure que s'avanceront les travaux de lecture et la publication de l'immense fonds, en partie inexploré, des manuscrits français.

65. Memoradis.
66. Messement.
67. Mouargie.
68. Ninars.
69. Niner.
70. Ostac.
71. Parouart.
72. Piarde.
73. Pimpres.
74. Pirenalle.
75. Pisans.
76. Plumbis.
77. Polliceur.
78. Poluer.
79. Pougois.
80. Pourluer.

81. Ramboureux.
82. Retraller.
83. Riflerie.
84. Rubieux.
85. Ruffle.
86. Rumatin.
87. Rurie.
88. Sauve (substantif).
89. Sorniller.
90. Staricles.
91. Terrant.
92. Touloire.
93. Vernas.
94. Walcquerins.
95. Ys.

Ce premier classement montre que la proportion des mots nouveaux employés dans le Jargon de Villon est assez faible, car elle ne dépasse guère le quart des mots que j'ai cru nécessaire d'expliquer. Elle se réduit encore par un nouvel examen.

Des quatre-vingt-quinze mots inconnus dont je viens de dresser la liste, il en est vingt et un qui se déduisent immédiatement de mots connus compris dans mon vocabulaire; ce sont :

1. Abrouart,
2. Abrouer,   } de *brouer*.
3. Broueulx,
4. Carieux,   } de *caire*.
5. Descarieux,
6. Desgaudie, de *gaudie*.
7. Enterveux, de *enterver*.
8. Froart, de *frouer*.
9. Giffault, de *giffe*.
10. Gourgourans, de *gourer*.
11. Gruppelins, de *crupault*.
12. Hurterie, de *hurter* et *hurtis*.
13. Loirrir, de *loirre* (*latro*).

14. Luans, } de *luer.*
15. Pourluer,
16. Piarde, de *pie* et *pier.*
17. Polliceur, de *pollir.*
18. Remboureux, de *embourer.*
19. Riflerie, de *rifler.*
20. Rurie, de *ruer.*
21. Sorniller, de *sorne.*

Or *brouer, caire, enterver, frouer, gaudie, giffe, gourer, hurter* et *hurtis, loirre, pie* et *pier, pollir, rifler, ruer* et *sorne* appartiennent, je ne dis pas à la langue courante, mais certainement à la langue générale, puisqu'on les trouve employés par des auteurs qui n'écrivaient pas en Jargon.

Des soixante-quatorze autres mots d'exemple unique, j'en élimine vingt qui sont d'ancienne forme française ou qui reproduisent des formes latines et bas latines ; savoir :

1. Adoubter, de *addubitare.*
2. Adraguer, de *adaquare.*
3. Arerie, de *arer.*
4. Baudrose, de *baudroye.*
5. Besisses, *aliàs besistre,* de *issas.*
6. Bisans, de *biser.*
7. Coinsse, de *coinsser.*
8. Embrayeurs, d'*embrayer.*
9. Enaster, de *inastare.*
10. Esterie, de *ester.*
11. Fars, de *farsus.*
12. Floterie, de *flot.*
13. Macquin, de *macquereau.*
14. Martin, forme primitive, d'où le diminutif *martinet.*
15. Memoradis, de *memorati.*
16. Pimpre, de *piper.*
17. Plumbis, de *plomb.*
18. Retraller, de *retragulare.*
19. Vernas, de *verna.*
20. Walcquerin, de *walkrer.*

Puis encore sept mots que je tiens pour altérés soit par le copiste, soit par l'auteur pour la rime ou pour les convenances particulières de la langue jargonnesque ; tels que :

    1. Allegrucs, pour *allegris*.
    2. Antonner, pour *entonner*.
    3. Arderie, pour *harderie*.
    4. Arpes, pour *harpes*.
    5. Audinas, pour *audinos*.
    6. Mauve, pour *move*.
    7. Sauve, pour *sève*.

Sur quatre-vingt-quinze mots d'exemple unique, en voilà donc quarante-huit, c'est-à-dire un peu plus de la moitié, qui ne peuvent plus faire de difficulté sérieuse. Restent quarante-sept mots, qui exigent une discussion plus ou moins approfondie. C'est encore beaucoup pour le chercheur, mais c'est trop peu pour donner un caractère spécial au Jargon. Il faut donc reconnaître que la principale difficulté qu'il présente gît dans l'explication d'environ trois cents autres mots qui appartenaient au fonds commun de la langue française au xve siècle ou dans les siècles antérieurs. Ainsi le Jargon, vu d'ensemble, est plutôt une langue énigmatique qu'une langue à part, contrairement à l'argot qui lui a succédé et qui forge chaque jour des mots à son usage, moins pour répondre à un besoin nouveau que pour créer des équivalents aux mots de la langue courante, ou pour satisfaire à cet amour du changement qui tourmente les classes dangereuses de la société plus ardemment encore que la masse populaire.

Tout compte fait, voici la liste des mots employés par Villon, soit qu'ils lui appartiennent en propre, soit qu'ils se retrouvent dans les autres textes du même langage, auxquels j'attribue, provisoirement, un caractère jargonnesque :

    1. Abrouart.   3. Ance.
    2. Abrouer.   4. Andosse.

5. Ange.
6. Antonner.
7. Arlonyns.
8. Arpes.
9. Arton.
10. Arvans.
11. Arves.
12. Babigner.
13. Babillangier.
14. Baudrouse.
15. Benards.
16. Berard ou Berart.
17. Bis.
18. Bisans.
19. Bizac.
20. Bizouart.
21. Blanc.
22. Brocquans.
23. Broueulx.
24. Can.
25. Carieux.
26. Coffres massis.
27. Contre.
28. Coqueur.
29. Couloire ou touloire.
30. Coys.
31. Crupault.
32. Cygault.
33. Dance.
34. David et Davyot.
35. Desbouser.
36. Descarieux.
37. Desmaquiller.
38. Droguerie.
39. Droue.
40. Duc.
41. Dure (la).
42. Emboureux (l').
43. Empavé.
44. Enbrouer.
45. Enterver.

46. Enterveux.
47. Eschequer.
48. Espelicans.
49. Espincer.
50. Esterie.
51. Fardis.
52. Feuille.
53. Floars.
54. Flogie.
55. Florye.
56. Floterie.
57. Fournir.
58. Froart.
59. Frouer.
60. Gaillieurs.
61. Gaing.
62. Gaudin.
63. Gauldouse.
64. Gaultier.
65. Georget.
66. Gier.
67. Gierement ou gitrement.
68. Giffault.
69. Giffle (s. masc.).
70. Gourgourans.
71. Grain.
72. Gravelisse.
73. Gremes.
74. Gris.
75. Grume.
76. Grup.
77. Gruppelin.
78. Grupper.
79. Guoble.
80. Halle.
81. Hallegrup.
82. Havre.
83. Hirenalle.
84. Histz.
85. Hornangier.
86. Hurme.

87. Hye.
88. Hyer.
89. Juc.
90. Lardon.
91. Luans.
92. Lubie (participe fém.).
93. Luer.
94. Lurie ou luzie.
95. Macquiller.
96. Mareux.
97. Mariage.
98. Marieux.
99. Marque.
100. Mate.
101. Messement.
102. Mignons.
103. Montjoye.
104. Mouargie.
105. Mynsse.
106. Ninars.
107. Niner.
108. Ostac.
109. Parouart.
110. Passans.
111. Paulmer.
112. Pellé.
113. Piarde.
114. Picons.
115. Pirenalle.
116. Pisans.
117. Placquer.
118. Plant.
119. Planter.
120. Planteur.
121. Plommeur.
122. Plongis.

123. Pluc.
124. Poix (s. masc.).
125. Polliceur.
126. Pollir.
127. Poluer.
128. Pougois.
129. Pourluer.
130. Proye.
131. Ravault.
132. Rebigner.
133. Riffault.
134. Roastre.
135. Ront.
136. Roupieux.
137. Rubieux.
138. Ruffle.
139. Saupicquets.
140. Seyme.
141. Sieurs.
142. Sires.
143. Sorne.
144. Sorniller.
145. Soue.
146. Staricles.
147. Suerie.
148. Temple.
149. Terrant.
150. Troys.
151. Turquie.
152. Turterie.
153. Vendenge.
154. Vendenger.
155. Vendengeur.
156. Vergne.
157. Volant.
158. Ys.

A peine est-il besoin de faire remarquer qu'un certain nombre de ces mots n'ont de jargonnesque que le sens détourné dans lequel on les emploie ; par exemple : *ance* pour *anse*, *ange*, *antonner* pour *entonner, bis, blanc, danse, David, droguerie, duc, embourevx, eschequer, espincer, florye, fournir, gaing, gaultier, grain, gris, grume, halle* pour *hâle, hâvre, lardon, mariage, mignons, montjoye, mynsse* pour *mince, passans, paulmer, pellé* pour *pelé, plant, planter, planteur, poix, polir, proye; ront, roupieux, sieurs, sires, suerie, temple, vendenge, vendenger, vendengeur, volant.*

Ainsi le gros œuvre du Jargon appartient au vieux français très proche des origines, et souvent reforgé directement sur le modèle latin. Les langues romanes y participent pour quelques formes espagnoles et plusieurs mots décalqués de l'italien ; deux ou trois mots peuvent être considérés comme d'origine bretonne, et deux ou trois mots hybrides paraissent fabriqués avec le concours de la langue anglaise. Un pareil nombre de mots issus des langues slaves fut sans doute introduit par les Égyptiens ou Bohémiens dans le Jargon français, sur lequel ils ont laissé çà et là des traces de leur langue, le *romany*, sous la forme de vocables sanscrits, indiens ou persans.

Il n'est pas sans intérêt de remarquer que les emprunts faits par l'ancien Jargon aux idiomes étrangers portent aussi bien sur la langue usuelle que sur les autres Jargons ; les analogies sont cependant nombreuses entre le Jargon français, le *zergo* italien et la *xerigonza* espagnole. Au contraire, le *cant* anglais [1], aujourd'hui remplacé par le *slang,* n'a pas introduit un seul terme dans le jargon du XVe siècle, d'où l'on peut conclure que le petit nombre de mots anglais que j'y crois reconnaître est un souvenir de l'invasion : conjecture qui paraît vraisemblable, si l'on considère que Paris subissait encore l'occupation étrangère lorsque François Villon y naquit en 1430 ou 1431. J'ajoute, pour confirmer mon observation,

---

1. M. Francisque Michel a donné la bibliographie très curieuse et très complète du *cant* (*Études de philologie*, etc., p. 455 et suiv.).

que le curieux dictionnaire du *slang*, récemment publié à New-York[1], n'ajoute pas un seul mot d'origine anglo-saxonne à mon vocabulaire du Jargon, mais atteste au contraire la présence actuelle dans le *slang* d'un grand nombre de termes dérivant des Jargons français et européens. J'en citerai deux, qui ne trouvent pas leur place dans mon vocabulaire. Les *thieves* anglo-américains appellent un porte-manteau *porte Saint-Martin*, par allusion évidente au manteau légendaire du charitable évêque de Tours ; et New-York s'appelle, dans le même langage, Rome-Ville, preuve de la participation des Zingaris ou Romamichels, qui parlaient le *romany*, à la confection du *slang*.

XIV

Il me reste à faire connaître le plan du vocabulaire qui suit les onze ballades de François Villon, et qui forme la substance même de mon travail.

Je m'y suis attaché moins encore à expliquer le Jargon du xve siècle qu'à fournir aux lettrés les éléments d'une interprétation définitive. C'est pourquoi mon vocabulaire embrasse un grand nombre de mots qui, sans appartenir spécialement au Jargon, reflètent, au voisinage de celui-ci, des nuances jargonnesques, comme d'honnêtes gens qui se sont plus ou moins gâtés en mauvaise compagnie. J'ai donc étendu plutôt que restreint le champ de mes investigations.

Certains mots font double emploi l'un avec l'autre. Dans

---

1. *The slang dictionary of New-York, London and Paris, complete and unabridged, published by Richard K. Fox, proprietor of National Police Gazette, collected and arranged by a well-known detective.* In-8° de 54 pages. New-York, 1881.

les cas, que je me suis efforcé de rendre rares, où j'ai cru devoir remplacer ou corriger un mot du texte de 1489, je donne à la fois le mot remplacé et son substitut; par cette méthode, je fais le lecteur juge de mes motifs et lui fournis volontairement les moyens de m'approuver ou de me contredire en connaissance de cause.

En thèse générale, je place immédiatement après le mot de Jargon le sens que je considère comme le plus exact pour le cas présent; mais, à la suite de cette première impression, appuyée sur des exemples les plus nombreux possibles, j'inscris les interprétations très diverses et parfois contradictoires que le mot peut suggérer. Je ne crains pas qu'en cette aride et difficile matière on me reproche d'exagérer l'abondance des renseignements.

L'objection que je prévois, c'est qu'en présentant plusieurs explications d'un même passage, je les annule l'une par l'autre et qu'ainsi je ne conclus pas. Cela n'est vrai que dans une certaine mesure, et en quelques endroits trop embarrassants pour que j'ose prendre un parti. Mais le plus souvent je fais connaître une version double et triple parce qu'elle existe réellement, et que cette multiplicité de sens énigmatiques, superposés comme des enveloppes cachetées, est le signe caractéristique du langage jargonnesque, témoin le mot *bigorne*, synonyme de Jargon et d'argot. Le Jargon est un langage *bigorne*, c'est-à-dire à deux cornes, autrement dit encore à double sens.

Choisissons un exemple entre dix : je le trouve dans ce vers de la ballade Iʳᵉ : « Prenez garde », dit le poète,

Que le grand Can ne vous face essorer.

Il faut savoir d'abord que, dans les ballades du Jargon, presque toutes consacrées à des images ou à des souvenirs de peines et de supplices, le Pendu, personnage principal et dominant, est volontiers comparé à l'oiseau de nuit, au duc ou à la chouette, perchés sur les hautes branches des arbres :

> Que le mignon ne soit au gaing
> Farciz d'un lourd plumbis à coing
> Qui serre et griffe au gart le *duc*.
>
> Ballade II.

> Le vendengeur, beffleur comme une *choue,*
> Loin de son plain...
>
> Ballade X.

Le grand *can*, c'est sans conteste le grand-prévôt, Tristan l'Hermite, prévôt des maréchaux, ayant juridiction sur les lieux où séjourne la cour, ou bien Robert d'Estouteville, prévôt de Paris, ayant juridiction générale sur tous les malandrins du royaume (v. ci-dessus, p. 45-6). Donc le vers signifie : « Que le grand-prévôt ne vous fasse prendre votre essor », à savoir en vous faisant accrocher haut et court au plus grand arbre du voisinage.

Mais, dans les langues orientales, d'où les Gueux ont tiré ce mot, *can* (plus exactement *khan*) ne désigne pas seulement un chef ou seigneur; il offre encore deux ou trois autres acceptions, parmi lesquelles celle de soleil ; et, par une coïncidence qui n'est pas l'effet du hasard, *essorer,* qui vient de *ex-aurare*, prendre le vent (Littré), ne veut pas dire uniquement « prendre l'essor » ; il signifie, au même titre, « sécher ». D'où cette autre interprétation du vers qui nous occupe : « Que le soleil ne vous fasse sécher ». Et la seconde traduction n'est pas moins légitime que la première, car elle reproduit une idée fréquemment exprimée dans le Jargon, et qui se retrouve même dans le *Grant Testament* de François Villon :

> Gardez-vous bien de ce mau halle (pour hâle)
> Qui noircit les gens quand sont mors.

L'intérêt littéraire du Jargon, en dehors et au-dessous des questions philologiques très nouvelles qu'il soulève, réside tout entier dans ces finesses à faire sentir, dans ces sous-entendus à expliquer, dans ces énigmes à résoudre.

L'exemple que je viens de prendre dans la ballade Ire suffirait sans doute à mettre le lecteur sur la voie. Je tiens cependant à préciser davantage les procédés du Jargon, langue savante, correcte, profondément étudiée et diligemment conservée par les clercs qui formaient le collège des archisuppôts, et, à ce titre, absolument distincte de l'argot moderne, incessamment troublé par les caprices d'une tourbe pittoresque dans son expression, mais illettrée.

Le verbe *polir* et le substantif *polisseur* (écrits *pollir* et *polliceur*) signifient dans le Jargon de Villon voler et voleur. Les deux *ll* rappellent ici le latin *pollex*; par conséquent, *pollir* s'interpréterait « jouer du pouce »; mais *polir*, au sens général, signifie rendre brillant et net, *nettoyer*.

Prenons maintenant le verbe jargonnesque *sorniller*, employé au même sens que *pollir*, c'est-à-dire voler. *Sorniller* vient de *sorne*, un mot de la langue générale, qui veut dire le soir, le commencement de la nuit, la *brune;* venant de *saur, sor, sour, sorn* et *sorna*, c'est-à-dire *brun*. De *brun* on a fait *brunir*, qui signifie polir, rendre brillant et net, *nettoyer*.

Faisons enfin comparaître le mot *fourbir*, bien qu'on ne le rencontre pas dans notre Jargon. Fourbir, d'après Diez, a le même radical que *fourbe*, venant l'un et l'autre du haut-allemand *furban*, d'où il aurait passé dans la langue franque de la Méditerranée au sens de voler. Or *furban* signifiait originairement rendre net, *nettoyer*.

Ainsi *pollir, brunir, fourbir*, ont une double signification : *voler* et *nettoyer*. Cette dernière subsiste dans la langue courante, et de plus elle a obtenu droit de cité dans la langue littéraire, puisque le plus délicat des poètes français, La Fontaine, n'a pas craint d'écrire :

> . . . Et c'est un passe-temps
> De leur voir *nettoyer* un monceau de pistoles.
>
> Fable vii, livre VIII.

Telle est la logique de l'ancien Jargon ; si l'on s'en pénètre, on arrive à démêler une suite de problèmes obscurs, qui, au premier abord, paraissaient insolubles. Je ne me flatte pas de les avoir tous résolus, mais j'ai la confiance que mon travail sera jugé comme un pas considérable dans cette voie qui n'était pas frayée, et où la philologie s'était abstenue de s'engager jusqu'ici.

LE
JARGON ET JOBELIN

DUDIT VILLON[1]

BALLADE I[2]

A Parouart, la grant mathe gaudie,
Où accollez sont [duppes] et noirciz,
Et par anges, suivans la paillardie,
    Sont greffiz et prins cinq ou six :
5 Là sont bleffleurs au plus hault bout assis
Pour le [havage], et bien hault mis au vent.

PASSAGES CORRIGÉS. — 2. *Duppez*. — 3. *Et par les anges*. — 6. *Pour le evaige*.

ESSAI DE TRADUCTION LITTÉRALE. — I. A Parouart (le gibet de Paris), la grande réunion joyeuse — Où les condamnés sont pendus et noircis, — Et par les sergens qui poursuivent le crime — Sont accrochés et pris cinq ou six : — Là sont les voleurs au plus haut bout assis — Pour le droit du bourreau, et bien haut mis au vent. —

1. Les six premières ballades sont données ici d'après l'édition gothique de Pierre Levet, in-4°, Paris, 1489, sauf les passages corrigés, dont le texte primitif est transcrit au bas de chaque page.

2. La ballade I n'a de ballade que le nom ; les règles de ce genre de

[Eschequez] moy tost ces coffres massis,
Car vendengeurs des ances circuncis
[S'en brouent] du tout a néant.
10   Eschec, eschec pour le fardis.

Brouez moy sur [ces] gours passans,
Advisez moy bien tost le blanc,
Et pietonnez au large sur les champs.

7. *Escheques*. — 9. *Sen brou et*. — 11. *Broues*. — 12. *Advises*.
— 13. *Pietonnes*.

Fuyez vite ces cachots épais, — Car les pendus à oreilles coupées — S'en vont de tout à rien. — Garde à vous, garde au fardeau qui pèse au bout de la corde (c'est-à-dire à vous-mêmes).
II. Accourez à moi sur de bons souliers (ou bien : tombez-moi sur ces riches passants); — emparez-vous vite de l'argent, — et enfuyez-vous au large sur les champs, —

poésie n'y sont pas observées. Les trois couplets ne riment pas entre eux, et l'envoi est monorime.

Le premier couplet se compose de neuf vers de dix pieds suivis d'un dixième vers octosyllabique formant refrain. Le second couplet présente le croisement irrégulier de huit vers de huit syllabes avec deux vers de dix, le troisième contient neuf vers octosyllabiques coupés par un vers décasyllabique. Quant à l'envoi, sur cinq vers, on en compte quatre de dix syllabes et un de huit.

J'avais présumé que cette pièce était faite de morceaux rapportés et que les couplets deux et trois, malgré la parité du refrain, ne continuaient pas le sens du premier couplet. Ma conjecture a pris un nouveau degré de vraisemblance depuis que j'ai découvert dans le manuscrit Stockholm cinq ballades inédites, dont la première peut être considérée comme donnant la version primitive ou bien corrigée de la ballade I qui nous occupe ici. (Voir la ballade VII, première des cinq inédites.)

Iʳᵉ BALLADE DE VILLON.

    Qu'au mariage soiez sur le banc
15   Plus qu'un sac n'est de plastre blanc.
    [Se] gruppez estes [descarieux],
    Rebignez tost ces enterveux,
    Et leur monstrez des trois le bris.
    Qu'[encloz] ne soiez deux et deux.
20   Eschec, eschec pour le fardis.

    [Plantez] aux hurmes voz picons
    De paour des bisans si très durs,
    Et aussi d'estre sur les joncs
    [Emmalés] en coffre en gros murs.
25   Escharicez, ne soiez durs,
  Que le grant Can ne vous face [essorer],

14. *Ne soiez. Ne* est de trop pour la mesure et contrarie le sens. — 16. *Si gruppes.* — *Des carieux.* — 17. *Rebignez moy tost.* — 19. *Qu'enclavez.* Le vers est trop long; on verra au mot *encloz* du vocabulaire la raison de ma correction. — 21. *Plantes.* — 24. *En mahes en coffres.* — 25. *Ne soies point.* — 26. *Essorez.*

qu'au jugement vous soyiez sur le banc — plus blancs que n'est un sac de plâtre (c'est-à-dire innocents, et, par un triple jeu de mots, blancs comme plâtre, et dépourvus d'argent). — Si vous êtes pris sans butin, — débarrassez-vous de ces entendeurs (les sergents) — et leur montrez bientôt vos liens brisés. (Ou bien : faites-leur voir promptement le tour.) — Ne soyez pas prisonniers deux à deux ! — Garde à vous ! garde à vous !

III. Abandonnez vos crochets aux formes (logettes) du gibet, — de peur des vents du nord (ou des dures gorgerettes de fer, — Et aussi d'être sur la paille — enfermés en d'épais cachots. — Dispersez-vous, ne résistez pas. — Que le grand Can (le grand prévôt ou le soleil, double sens) ne vous fasse sécher à la potence. —

Songears ne soiez pour [dorer],
Et babignez toujours aux ys
Des sires, pour les desbouser.
30   Eschec, eschec pour le fardis.

Prince froart, dis [des] arques petis,
L'un des sires si ne soie endormis.
[Luez] au bec que ne soyez greffiz,
Et que vos emps n'en aient du pis.
35   Eschec, eschec pour le fardis.

27. *Dorez*. — 33. *Leves*. Les exemples cités au vocabulaire v° *Luer* justifient ma correction.

Ne soyez pas endormis pour tromper — et dites toujours vos patenôtres aux portes — des seigneurs, pour les dépouiller. — Garde à vous ! gare au fardeau (de la corde).

Envoi. — Prince floueur, je parle des cassettes, — 'l'un de nos chefs, ne soyez endormi ; — faites bonne garde de peur de vous laisser prendre, — et que vos jours n'en soient mis en danger. — Garde à vous ! gare au fardeau (de la corde).

BALLADE II[1]

Coquillars [arvans] à Ruel,
Men ys vous chante que [gardez],
Que n'y laissez et corps et pel,
[Comme fist Collin l'escollier].
40   Devant la roe [à] babiller
Il babigna pour son salut.

PASSAGES CORRIGÉS. — 36. *Enarvans.* — 37. *Gardes.* — 39. *Qu'on fist de Colin lescailler.* L'éd. Trepperel de 1497 imprime *lescallier ;* il ne s'en fallait plus que d'une lettre pour arriver à la véritable leçon. Colin de Cayeulx, dont il s'agit ici, était en effet un écolier clerc, qui mérita la corde par de grands crimes, et fut pendu en septembre ou octobre 1460.

ESSAI DE TRADUCTION LITTÉRALE. — I. Coquillars qui vous ébattez à Ruel, — je vous chante d'éviter ma porte (ou ma corde) — de peur d'y laisser corps et peau — comme fit Colin l'écolier. — Devant la roue de torture, — il supplia pour son salut. —

1. Celle-ci est encore irrégulière, mais ne présente pas les monstrueuses incohérences de la première. Les couplets, à la vérité, sont dissemblables, mais le dernier quatrain de chacun d'eux se raccorde par la persistance d'une double rime en *u* : Salut, suc — grup, suc — duc, suc ; — à l'envoi, pluc et suc. Prononcez: *salu, gru, du, plu* et *su.*

110 LE JARGON DU XVᵉ SIÈCLE.

  Pas ne sçavoit oingnons peller, —
  Dont [l'emboureux] lui rompt le suc

  Changez [vos] andosses souvent,
45 Et [tirez] tout [de raiz] au temple;
  Et [eschequez] tost, en brouant,
  Qu'en la jarte ne soiez emple;
  Montigny y fut, par exemple,
  Bien ataché au hallegrup;
50 Et y jargonnast il le tremple, —
  Dont [l'emboureux] lui rompt le suc.

  [Gaillieurs] faitz en piperie
  Pour ruer les ninars au [foing],

43. *Lamboureux.* — 45. *Et tires tout droit au temple.* Ce vers, trop court et inintelligible, se restitue à peu de frais en substituant à *droit,* qui se prononçait *dreit,* les deux mots homophones : *de raiz.* (V. *reiz* et *temple* au vocabulaire.) — 46. *Escheques.* — 48. Regnier de Montigny, jeune homme de grande naissance, fut pendu pour divers crimes, malgré les lettres de grâce qu'il avait obtenues de Charles VII. J'ai publié les principales pièces de son procès devant le parlement de Paris. — 51. *Lamboureux.* — 52. *Gailleurs.* — 53. *Au loing.* La correction se justifie par une locution proverbiale (vº *Foing* du vocabulaire) et par l'emploi du mot *loing* en rime au septième vers de ce même couplet.

Il ne savait pas peler les ognons — dont le bourreau lui rompt le suc.

 II. Changez souvent de pourpoints, — et métamorphosez-vous des pieds à la tête — et gardez-vous tout en courant — d'être trop larges du garrot. — Montigny y fut, par exemple, — bien attaché au gibet — et y jargonna en tremblant — dont le bourreau lui rompt le suc.

 III. Trompeurs consommés en piperie — pour dépister les niais, —

A [l'assault]! tost, sans suerie.
55 Que [le] mignon ne [soit] au gaing
Farciz d'un [lourd] plumbis à coing
Qui [serre et] griffe au gart le duc,
Et de la dure si tres loing, —
Dont [l'emboureux] luy rompt le suc.

60 [Princes,] arrière [de] Ruel!
Et n'eussiez vous denier ne pluc,
Qu'au giffle ne laissez [la pel]
Pour [l'emboureux] qui rompt le suc.

54. *A la sault.* — 55. *Les mignons ne soient.* — 56 et 57. — Les mots entre crochets sont hypothétiquement suppléés pour compléter la mesure et avec la certitude de ne pas altérer le sens. — 59. *Lamboureux.* — 60. *Prince errière du.* — 62. *Lappel.* — 63. *Lamboureux.*

à l'assaut, vite sans effroi — De peur que le compagnon ne soit, à l'automne, (ou bien : n'ait pour tout gain de se trouver...) — farci d'une longue chaîne plombée — qui serre et fixe au jardin l'oiseau de nuit (le pendu) — et l'enlève loin de la terre, — dont le bourreau lui rompt le suc.

Envoi. — Prince, retirez-vous de Ruel, — n'eussiez-vous argent ni pitance, — ne laissez pas au gibet votre peau — pour le bourreau qui rompt le suc.

BALLADE III[1]

[Espelicans]
65 Qui en tous temps
Avancez dedans le pogoiz
Gourde piarde,
Et sur la tarde
Desboursez les pouvres nyois;
70 Et pour soustenir voz pois,
Les duppes sont privez de caire,
Sans faire haire,

PASSAGES CORRIGÉS. — 64. *Spelicans*.

ESSAI DE TRADUCTION LITTÉRALE. — Ecornifleurs, — qui en tous temps — buvez dedans les cabarets — bonne boisson — et la nuit venue, — dépouillez les pauvres niais; — et pour soutenir vos exactions, — les dupes sont privées d'argent — sans se plaindre —

1. Cette pièce n'a rien de la ballade ; c'est visiblement une chanson, une sorte de rondeau, avec reprise et *coda*; le premier vers de chaque couplet est alternativement masculin et féminin; quant aux cinq derniers vers qui tiennent la place de l'envoi, ils forment un demi-couplet d'une coupe particulière. Les deux premiers vers réunis doivent compléter un vers de huit pieds. Cette chanson est obscure quant à l'enchaînement des idées; elle ne se comprend même qu'à la condition de considérer le troisième couplet et l'envoi comme une sorte de réplique aux deux premiers, ceux-ci s'adressant à la maréchaussée, et le reste aux voleurs.

IIIᵉ BALLADE DE VILLON.

   Ne hault braire,
 Mais plantez ilz sont comme joncz
75 Par les sires qui sont si longs.

   Souvent aux arques
   A leurs marques
 Se laissent tousjours desbouser
   Pour ruer
80   Et enterver
 Pour leur contre, que lors faisons
 La fée aux arques [respons;]
 Et [ruez] deux coups ou trois
   Aux gallois ;
85   Deux ou trois
 [Les mineront] trestout au frontz
 Pour les sires qui sont si longs.

   Et pour ce, benardz,
   Coquillars,

82. *La fée les arques vous respons;* et, dans l'édit. Trepperel, *la fée aux arques.* — 83. *Et rue;* et, dans l'édit. Trepperel, *que ruez.* — 86. *Nineront.* — 88. *Bernardz,* édit. Trepperel.

et sans crier — mais elles sont plantées droit comme joncs — pour les bourreaux (ou les piliers de la potence).

II. Souvent aux coffres — à leurs enseignes (ou à leurs femmes), — ils (les voleurs ou dupes) se laissent tous dépouiller — pour combattre — et intervenir — pour leur compagnon, alors que nous faisons — l'embuscade aux coffres cachés. — Et vous, ruez deux ou trois coups — aux gentils compagnons. — Deux ou trois — les atteindront tous au front — pour la main si longue du bourreau.

III. Et pour ce, benêts — et coquillards, —

90   Rebecquez vous de la montjoye,
        Qui desvoye
        Vostre proye,
     Et vous fera du tout brouer,
     Par joncher et enterver,
95   Qui est aux pigeons bien chair,
        Pour rifler
        Et placquer
     Les angelz de mal tous rons,
     Pour les sires qui sont si longs,

100   De paour des hurmes
        Et des grumes,
     Rasurez vous en droguerie
        Et faierie,
     Et ne soyez plus sur les joncs
105 Pour les sires qui sont si longs.

94. D'après l'édit. Trepperel. L'édition anonyme a séparé à tort ce vers en deux parties, ce qui donnait treize vers au couplet au lieu de douze.

détournez-vous de la montjoye (le gibet de Montfaucon), — qui vous donne la colique (voy. au glossaire le sens littéral) — et qui fera réduire à rien — à force de tromper et de ruser — ce qu'il y a de plus précieux pour les pigeons. — Ce faisant, — vous raflerez — et aplatirez — les sergents remplis de malice — pour les bourreaux aux longues mains.

Envoi. — De peur des formes ou logettes du gibet, — et des potences, — renforcez-vous en tours d'adresse — et subtilités, — et ne soyez plus sur la paille des cachots — en réserve pour les bourreaux.

BALLADE IV[1]

  Saupicquez frouans des gours arques
  Pour desbouser beaussires dieux,
  Allez ailleurs planter vos marques.
  Benards, vous estes rouges gueux.
110 Berart s'en va chez les joncheurs
  Et babigne qu'il a plongis.
  Mes freres, soyez embrayeux,
  Et gardez les coffres massis.

PASSAGES CORRIGÉS. — 110. Prononcez *joncheux*.

ESSAI DE TRADUCTION LITTÉRALE. — I. Compagnons subtils, qui fracturez de riches cassettes — pour y dérober de écus (ou des vases sacrés), — allez ailleurs planter vos enseignes (ou caresser vos femmes). — Benards, vous êtes de malins gueux. — Berard s'en va chez les filous — Et raconte qu'il a fait le plongeon. — Mes frères, soyez défiants — Et gardez-vous bien des cachots.

1. Tout à fait irrégulière. Les rimes des trois couplets sont dissemblables et ne raccordent que par les rimes en *is* du 6e et du 8e vers un refrain, qui lui-même est variable, contre la règle.

[Se] gruppez estes desgrappez
115 De [ces] angels si gravelisses,
Incontinant mantheaulx [chappez]
Pour [l'emboureux feront eclisses].
De vos farges [ferez besisses]
Tout debout et non pas assis ;
120 Pour ce, gardez [vous] d'estre [grisses]
[Dedans] ces gros coffres massis.

Niaiz qui seront attrappez,
Bien tost s'en[broueront] au halle.
Plus n'y vault que tost ne happez
125 La baudrouse de [quatte] talle.
[Destirer] fait la hirenalle
Quant le gosier est assegis,
Et si hurcque la pirenalle
Au saillir des coffres massis.

114. *Si.* — 115. *Ses.* — 116. *Mantheaulx et chappes.* — 117. *Pour l'emboue ferez eclipses.* — 118. *Serez besifles.* — 120. *Griffez.* — 121. *En ces gros.* — 123. *Brouent.* — 125. *Quatre.* — 126. *Des tires.*

II. Si vous êtes pris désarmés — par ces sergents si rudes et si rapaces — incontinent vos manteaux volés — deviendront la proie du bourreau. — Vous serez hissés au bout de la corde qui vous attache — tout debout et non pas assis. — C'est pourquoi gardez-vous d'être sous grille — Dans ces cachots épais.

III. Niais qui seront attrapés — bientôt seront envoyés au hâle (du gibet). — C'est fait de vous et vous allez happer — la corde en guise de ceinture (ou le fouet à queue de chat). — La terreur vous fait détirer — quand le gosier est assiégé, — et ainsi la justice vous cloue à la fourche patibulaire — au sortir des cachots épais.

130 Prince des gayeulx, [en les harpes]
     Vos [contres] ne soient greffiz.
     Pour doubte de frouer aux arques,
     Gardez vous des coffres massis.

>   130. *Prince des gayeulx les sarpes.* L'édition Trepperel imprime *serpens*. Cette bourde m'a mis sur la voie de ma correction ; il m'a suffi de faire rentrer *en* dans l'intérieur du vers pour restituer la mesure et le sens. — 131. *Que voz contrez.*

Envoi. — Prince des trompeurs, aux crocs (de fer de la potence) — que vos compagnons ne soient pris — et par crainte de crocheter des cassettes (ou de siffler au gibet), — gardez-vous des cachots épais. (Le poète joue ici sur les coffres à argent et sur les coffres épais, les cachots, *arca* ayant en latin et en Jargon cette signification double.)

BALLADE V[1]

      Joncheurs jonchans en joncherie,
135 Rebignez bien où joncherez ;
      Qu'ostac n'embroue vostre arerie
      Où accollez sont vos ainsnez.
      Poussez de la quille et brouez,
      Car tost [vous] seriez rouppieux.

PASSAGES CORRIGÉS. — 136. C'est sous le nom de *Costa* ou *Costac* que les anciennes éditions désignent, dans le *Grant Testament,* un capitaine d'archers qui, d'après de meilleures leçons, s'appelait *de Tusca.* Il y a équivoque avec les différents sens d'*ost* qu'on trouvera au vocabulaire. Le vers paraît long d'une syllabe ; peut-être l'*e* de *embroue* doit-il s'élider devant l'*u* consonne qui commence le mot *vostre* ; j'en doute beaucoup, cependant il y a là un problème délicat de prosodie que je n'ose pas trancher.

ESSAI DE TRADUCTION LITTÉRALE. — I. Trompeurs, trompant en tromperie, — regardez bien où vous tromperez. — Que la corde du gibet (doubles sens : le vent d'ouest ou le capitaine des archers) ne vous fixe à votre tour — au lieu où vos aînés sont pendus ; — poussez de la jambe et sauvez-vous, — car vous seriez vite roupieux. —

1. Celle-ci est régulière ou à peu près ; il s'en faut seulement de ceci, que les rimes en *ez* du premier et du deuxième couplet sont remplacées au troisième par des rimes en *er*, et que les rimes de l'envoi sont prises dans deux quatrains différents, contre la règle.

140　　　Eschec qu'acollez ne soiez
　　　　Par la poe du marieux.

　　　　Bendez vous contre la faerie
　　　　[Quanques] vous [aurez] desbousez,
　　　　[Mestant] à [jus] la rifflerie
145　　　Des angelz et leurs assosez.
　　　　Berard, [se] vous puist, renversez.
　　　　Se greffir laissez [vous] carrieux,
　　　　La dure bien tost [nen verrez]
　　　　Par la poe du marieux.

150　　　Entervez à la floterie
　　　　Chanter leur trois sans point songer;
　　　　[Qu'enastez ne seye en sûrie]
　　　　Blanchir vos cuirs et essurger.

　143. *Quant vous auront.* — 144. *Nestant à juc.* — 146. *Si.* — 147. *Voz.* — 148. *Renversez.* — 152. *Quen astes ne soies en suerie.* L'édition Trepperel donne *quen astez ne soies en furie.*

Prenez garde d'être pris au col — par la patte du bourreau.
　II. Mettez-vous en garde contre les embûches, — toute les fois que vous aurez fait un coup, — déjouant ainsi la pillerie — des sergents et de leurs suppôts. — Renversez Berard, si vous pouvez. — Mais si vous vous laissez prendre chargés de butin, — bientôt vous ne verrez plus la terre.— enlevés par la patte du bourreau.
　III. Sachez, confondus dans la foule — vous moquer d'eux avec présence d'esprit, — que branchés (ou en été, c'est un jeu de mots) et en suerie, il ne convienne — que vous soyez mis au plus haut pour tanner et ressuyer votre peau. —

Bignez la mathe sans targer.
155 Voz ans nen soient rouppieux !
Plantes ailleurs, contre, assegier
Pour la poe du marieux.

Prince, benardz en esterie
Querez, couplans pour [l'emboureux] ;
160 Et autour de vos ys [lurie]
Pour la poe du marieux.

155. *Que voz ans.* — 156. *Contre sieges assegier.* L'édition Trepperel donne *vostre siege assieger.* — 158. Édit. Trepperel. *Berardz,* édit. 1489. — 159. *Ramboureux.* — 160. *Luezie.*

Gagnez le gite sans tarder. — Que vous ne soyiez roupieux. — Vas ailleurs, compagnon, porter ton siège, — pour la patte du bourreau.

Envoi. — Prince, plaignez les niais qui sont sous la main de justice — et qu'on attache par couples pour les livrer au bourreau ; — et autour de vos demeures, bonne garde — pour la patte du bourreau.

BALLADE VI[1]

      Contres de la gaudisserie,
      Entervez tousjours blanc pour bis,
      Et frappez en la hurterie
165 Sur les beaulx sires bas assis.
      Ruez des fueilles cinq ou six,
      Et vous gardez bien de la roe
      Qui aux sires plante du gris,
      En leur faisant faire la moe.

170 La giffle gardez de rurie,
      Que voz corps n'en aient du pis,

Essai de traduction littérale. — I. Compagnons de la réjouissance, — comprenez toujours blanc pour bis — et mettez la main, dans le pillage, — sur les beaux écus profondément cachés. — Saisissez cinq ou six bourses — et vous gardez bien de la roue — qui donne aux patients le froid de la mort — en leur faisant faire la moue.

II. Gardez votre visage de toute violence — que vos corps n'en aient de tourment —

1. La ballade VI est régulière quant à l'entre-croisement et à la répétition des rimes de couplet à couplet. Sauf le troisième couplet, que je ne traduis que par conjecture, elle s'explique couramment.

Et que point à la turterie
En la hurme [soyez] assis.
[Prenez] du blanc, [laissez] du bis.
175 Ruez par les fondes la poe,
Car le bizac avoir ad vis
Fait au beroars faire la moe.

Plantez [tost] de la mouargie,
Puis ça, puis là, pour [le hurtis],
180 Et [n'espargnez] point la flogie
[De ces] doulx dieux sur les patîs.
Voz ens soient assez hardis
[Que de] leur avancer la droe;
Mais [si] soient memoradis
185 Qu'on vous face faire la moe.

PASSAGES CORRIGÉS. — 173. *Ne soies assis.* — 174. *Prends du blanc, laisse du bis.* — 176. *Avoir advis.* — 179. *Lurtis.* — 180. *N'espargne.* — 181. *Des doulx.* — 183. *Pour leur.* — 185. *Qu'on ne vous.*

Et que point à la fourche patibulaire — ne soyez assis en la forme (les cases, formes ou hurmes du gibet de Montfaucon.) — Prenez du blanc, laissez du bis, — jouez des jambes par les chemins creux — car la bise dans la figure — fait faire la moue aux beroars.

III. Semez de la monnaie de singe — çà et là pour le moment du larcin, — et n'épargnez point la toison — de ces doux dieux (les moutons?) sur les pâturages. — Que votre cœur soit assez hardi — pour leur présenter la drogue meurtrière[1] — Mais ayez bien en mémoire — qu'on vous fera faire la moue.

1. C'est une pratique des Zincali. (Voy. au glossaire v° *Droue*.)

Prince, [cil] qui n'a bauderie
Pour [soi] eschever de [las oe] :
Danger de grup en arderie
Fait aux sires faire la moe.

187. *De la soe*. (Voy. au glossaire v° *Soe* la raison de ma correction.)

Envoi. — Prince, que celui qui n'a finesse — pour se retirer des filets écoute ceci : — danger de pendaison dans la hart — fait aux condamnés faire la moue.

CINQ BALLADES INÉDITES

BALLADE VII[1]

190 En Parouart, la grant masse gaudie,
    Où acollez sont caulx et agarcis,
    Nopces ce sont; c'est belle melodie.
    Là sont beffleurs au plus hault bout assis,
    Et vendengeurs des ances circoncis,
195 Comme servis sur ce jour gracieux,

Essai de traduction littérale. — I. Au gibet, la grande masse joyeuse, — où les voleurs sont accrochés et refroidis (ou hagards), — il y a noces et belle mélodie. — Là sont les trompeurs au plus haut bout assis — et les filous, aux oreilles coupées, — se trouvent servis en ce jour gracieux —

1. Celle-ci, qui ouvre la série des cinq ballades inédites du manuscrit Stockholm, est régulièrement construite et richement rimée, c'est-à-dire en rimes léonines. Elle devrait avoir onze vers au couplet, puisque le vers du refrain compte onze syllabes; mais c'est une règle que Villon a souvent enfreinte dans ses ouvrages. En marge du manuscrit Stockholm, Fauchet a écrit : « Ceci est imprimé avec les œuvres de Villon l'an 1532 par Galiot de Pré. » L'exact Fauchet n'avait lu que le premier vers. En comparant le reste avec la première ballade du Jargon ci-dessus, on voit à quel point les deux pièces diffèrent entre elles.

Dance plaisante et mets delicieux.
Car coquillart n'y remaint grant espace,
Que vueille ou non ne soit fait des sieurs.
Mais le pis est mariage : m'en passe.

200 Rebourcez tous quoy que l'on vous en dye,
Car on aura beaucop de vous mercys.
Ronde n'y vault nen plus que en Lombardie.
Eschec, eschec pour ces coffres massis !
De gros barreaulx de fer sont les chassis.
205 Puisque à Gaultier [si] serez ung peu mieulx,
Plantez picquons sur ces beaulx sires dieulx.
Luez au bec, que roastre ne passe,
Et n'abatez de ces grains neufz et vieulx.
Mais le pis est mariage : m'en passe.

PASSAGES CORRIGÉS. — 201. Cf. le quatrième vers de la Ballade des pendus dans les œuvres de François Villon. — 205. *Se*.

danse plaisante et mets délicieux, — car le coquillart ne jouit pas long temps de cette fête; — que veuille ou non, il sera fait seigneur. — Mais le pis est pendaison : je m'en passe.

II. Rebroussez chemin, quoi que l'on vous en dise — car on aura beaucoup pitié de vous. — La danse ici ne vous servirait pas plus qu'en Lombardie (c'est-à-dire pas plus qu'à emprunter de l'argent). — Gardez-vous bien de ces cachots épais. — De gros barreaux de fer sont les châssis. — Puisqu'il vaut encore mieux être gueux que pendu, — ne portez pas la main sur ces beaux écus — Éclairez au bec, que le prévôt ne passe — Et ménagez ces écus neufs ou vieux. — Mais le pis est pendaison : je m'en passe.

210 Que faictes vous ? toute menestrandie.
Antonnez poix et marques six à six,
Et les plantez au bien en paillardie.
Sur la sorne que sires sont rassis,
Sornillez moy ces georgetz si farciz,
215 Puis eschequez sur gours passans tous neufz.
Se seyme oyez, soiez beaucoup broueulx;
Plantez vos histz jusques elles rappasse,
Car qui est grup, il est tout roupieulx.
Mais le pis est mariage : m'en passe.

220 Prince planteur, dire verté vous veulx :
Maint coquillart, pour les dessusdis veulx,
Avant ses jours piteusement trespasse
Et à la fin en tire ses cheveulx :
Mais le pis est mariage : m'en passe.

III. Que faites-vous ? Rien que de la musique (métier de ménestrel, synonyme de gueuserie). — Mariez (à l'église) voleurs et filles six à six — et les caressez en paillardie légitime. — A la nuit, lorsque les archers se reposent, — dépouillez-moi ces pourpoints si bien garnis; — puis sauvez-vous sur bons souliers tout neufs. — Si vous entendez venir la ronde du guet, — cachez-vous avec soin. — Tenez-vous cois jusqu'à ce qu'elle ait repassé; — car qui est pris, il est tout penaud. — Mais le pis est pendaison : je m'en passe.

Envoi. — Prince trompeur, je veux vous parler franc : — maint coquillart, pour avoir souhaité ce genre de vie, — trépasse piteusement avant d'avoir rempli ses jours — et à la fin s'en tire les cheveux; — mais le pis est pendaison : je m'en passe.

BALLADE VIII[1]

225 Vous qui tenez vos terres et vos fiefz
Du gentil roy Davyot appellé,
Brouez au large et vous esquarrissez
Et gourdement aiguisez le pellé
. . . .
230 Pour les esclas qui en peuvent issir.
[Regardz] ce jour où l'on fait maint souppir,
Ajuiez, taillez, et chaussez vos besicles.

PASSAGES CORRIGÉS. — 229. Le vers manque dans le manuscrit Stockholm. — 231. Le vers commence dans le manuscrit par une abréviation incertaine qui peut donner *regardz* ou *regardez;* mais la mesure du vers et le sens appellent seulement *regardz*.

ESSAI DE TRADUCTION LITTÉRALE. — I. Vous qui tenez vos terres et vos fiefs — du gentil roi nommé David, — enfuyez-vous, dispersez-vous — et arpentez vivement le grand chemin . . . . — De peur des éclats qui en peuvent sortir. — Par crainte du jour où l'on fait tant de soupirs, — ajustez, taillez et chaussez vos besicles —

1. Cette seconde ballade inédite, qui devrait comporter onze vers au couplet, et qui n'en a que dix, offre dans les cinq premiers vers de chaque couplet un mélange irrégulier de rimes simplement assonantes en *é* et en *ez*. Au troisième couplet, on ne trouve même plus que des rimes en *ez*.

Car en aguect sont pour vous engloutir
Anges bossus, rouastres et staricles.

235 Croqueurs de pain et plommeurs affectez,
Gaigneurs aussi, vendengeurs de costé,
Belistriens perpetuels des prez,
Qui sur la roue avez lardons clamez
En jobelin, où vous avez esté
240 Par le terrant, pour le franc ront querir,
Et [qui] aussi, pour la marque fournir,
Avez tendu au pain et aux menicles :
Pour tant se font adoubter et cremir
Angles bossus, rouastres et staricles.

245 Rouges goujons, [fargez], embabillez,
Quant Abrouart sur la sorne a brouez,
Gueulx gourgourans par qui gueulx sont gourez,

245. *Farges.* — 246 et 247. J'ai transposé ces deux vers conformément au sens probable.

car en aguet se tiennent pour vous engloutir — sergens pestiférés, bourreaux et geôliers.

II. Mangeurs d'hosties et adorateurs rusés d'images de plomb — filous aussi, et coupeurs de bourses — mendiants perpétuels des campagnes — qui avez senti les lardons de la roue et vous êtes plaints — en ce langage du jobelin où vous avez été — par le pays, pour mendier de l'argent — et qui aussi, pour entretenir la fille, — vous êtes fait mettre au pain sec et aux fers — c'est par vous tous que se font redouter et craindre — sergents pestiférés, bourreaux et geôliers.

III. Malins garçons, rusés, à la langue bien pendue, — quand le brouillard a dispersé dans la nuit — les gueux architrompeurs par qui les gueux sont trompés (les sergents). —

[Luez] les sous et si tastez [les coÿs]
[Qu'ange n'y ait des claves empoué]
250 En [ceste] vergne où vostre an veult loirrir.
Car des sieurs pourriez bien devenir
Si vous estiez happez en tels bouticles.
Pour tant se font ataster et cremir
Anges bossus, roastres et staricles.

255 Prince planteur et bailleur de saffirs,
Qui sur les dois fais la perle blandir,
Belistriens, porteurs de veronicles,
Sur toutes riens doivent telz gens cremir
Anges bossus, roastres et staricles.

248. *Levez. Lesquelz.* Le son de ce mot, prononcé *les cays*, m'a fourni la correction. — 249. *Qui n'y ait anges desclaves empavé.* — 250. *En la vergne.*

Surveillez les repaires et explorez les cabarets, — qu'il n'y ait nul sergent muni de poucettes — en cette région où votre engin veut exercer son industrie subtile, — Car des pendus pourriez bien devenir — si vous étiez happés en telles officines. — C'est pourquoi se font sentir et craindre — sergents pestiférés, bourreaux et geôliers.

Envoi. — Prince trompeur et donneur de saphirs, — qui fais jouer la perle sur les doigts (probablement, vendeurs de pierres fausses) — mendiants, porteurs de véroniques (portraits du Christ) — sur toutes choses gens tels que vous doivent craindre — sergents pestiférés, bourreaux et geôliers (ou juges).

BALLADE IX[1]

260 Ung gier coys de la vergne cygault
　　[Luay] l'autryer en brouant à la loirre,
　　Ou gitrement on macquilloit riffault.
　　Et tout à cop veis jouer de l'escoirre
　　Ung macquereau à tous deux gruppelins,
265 Brouant au bay à tous deux walcquerins,
　　Pour avancer au polliceur de pye.

PASSAGES CORRIGÉS. — 260. Le rédacteur du catalogue des manuscrits français de la Bibliothèque royale de Stockholm, citant le premier vers de cette ballade, l'avait lu ainsi : *Ogier roy de la vergne rygault*. Je puis certifier que ma lecture est la bonne. — 261. *Lue*.

ESSAI DE TRADUCTION LITTÉRALE. — I. J'avisai l'autre hier, en allant à la maraude, un joli cabaret de la vergne cygault — où l'on mangeait à belles dents le rôti — et tout à coup je vis jouer du compas de ses jambes — un maquereau chargé de deux brocs — filant sous le nez à deux poursuivants — qui voulaient attraper le voleur de boisson. —

1. Cette troisième ballade inédite du manuscrit Stockholm est parfaitement régulière ; c'est la seule où le poète ait observé la règle posée par Eustache Deschamps, qui veut que chaque couplet compte autant de vers que le refrain contient de syllabes. Le refrain de celle-ci contient onze syllabes et le couplet renferme onze vers.

Gaultier lua la gauldouse gaudye;
Et le macquin, qui se polyt et coinsse,
[Babille en gier], en pyant à la fye,
270 Pour les duppes faire brouer au mynsse.

Après moller, [luay] ung gueulx qui vault
Pour mieulx hyer desriver la [couloire];
C'est pour livrer aux [marques] ung assault
[Et massement] maquiller à l'esquerre.
275 Puis, dist ung gueulx, j'ai paulmé deux florins.
L'autre pollist martins et dollequins.
Et la marque, suivant le gaing [choisie],
Adrague en gier, puis dist : « Le mieulx [fournie]!
« Picquons au veau! Saint-Jacques, je m'espince.
280 « Eschecquer fault quant la pye est juchie,
« Pour les duppes faire brouer au mynsse. »

269. *Babillangier.* — 271. *Lué.* — 272. Ou *touloire.* — 273. *Arques,* — 274. *De messement.* — 277. *Souvent. Choisit.* — 278. *A dragangier. Fourny.*

Gaultier aperçut la bonne maison joyeuse — Et le maquereau, qui se bichonne et qui s'applaudit, — babille en jargon, tout en buvant, — pour dépouiller les dupes.

II. Après le repas, je vis un gueux très vaillant — pour mieux cogner détacher la couloire; — c'est pour livrer aux filles un assaut — Et rudement travailler à l'équerre (au jeu des jambes écartées). — Puis, dit un gueux, j'ai volé deux florins. — L'autre fourbit (ou vole) marteaux et poignards. — Et la fille, selon le gain choisie, — boit à longs traits, puis dit : « Que le plus beau me caresse! allons nous coucher. Par Saint Jacques, je m'esbigne. — Il faut se retirer quand on a bu son saoul. — Pour dépouiller les dupes. »

Puis, dist un gueulx qui pourluoit en hault,
« J'ai jà paulmé tout le gaing de machoirre;
« Et m'a joué la marque du giffault;
285 « J'en suis mieulx prins que vollant à la foyre;
« Elle est brouée entre ses arlonyns;
« C'est tout son fait d'engaudrer les gaudins
« A hornangier, ains qu'elle soit lubie;
« De la hanter ma fueille est desgaudie
290 « Quant de gaing n'ay plus vaillant une saince;
« Mais tousjours est gourdement entrongnie
« Pour les duppes faire brouer au mynsse. »

Prince [planteur], quant vous sauldrez la hye,
Luez la gruis s'elle est desmaquillie,
295 Et retrallez se le bizouart saince,
Ou qu'elle soit de l'assault de turquie,
Pour les duppes faire brouer au mynsse.

III. Puis, dit un gueux, qui faisait le guet en haut, — j'ai déjà volé tout le gain de ma bouche; — et ma maîtresse m'a joué du joufflu; — j'en suis mieux pris qu'un manteau à la foire. — Elle est partie entre deux compagnons (il y a un autre sens obscène, v. au mot *Brouer*) — C'est tout son fait d'entortiller les gueux — à faire l'amour sans qu'elle soit rassasiée; — De la hanter mon escarcelle est attristée — quand je n'ai plus vaillant une guenille, — mais elle est toujours en fonds de ruses — pour dépouiller les dupes.

Envoi. — Prince trompeur [voyez au vocabulaire l'autre sens du mot, corroboré par la suite de cette phrase obscène], quand vous sortirez la hie (l'instrument de puissance), — regardez la fille si elle a le visage défait — et retirez-vous (voir au vocabulaire) — ou qu'elle soit occupée à récolter des piastres — pour dépouiller les dupes.

BALLADE X[1]

    Brouez, benards, eschequez à la saulve,
    Car escornez vous estes à la roue.
300 Fourbe, joncheur, chacun de vous se saulve.
    Eschec, eschec coquille se s'enbroue !
    Cornette court nul planteur ne se joue.
    Qui est en plant en ce coffre joyeulx,
    Pour ces raisons, il a, ains qu'il s'escroue,
305 Jour verdoiant, havre du marieux,

Essai de traduction littérale. — I. Fuyez, benards, fuyez dans la forêt ; — Car vous seriez écornés à la roue. — Fourbe, trompeur, que chacun de vous se sauve. — Garde à vous, garde à vous, si votre coquille (ou votre barque) s'échoue. — Que nul trompeur ne se joue à la cornette courte (des archers). — Celui qui est en plant en cette joyeuse prison, — il a pour toute destinée, à moins qu'il ne s'échappe — le jour qui fait verdir (celui de la pendaison) et pour refuge l'embrassement du bourreau.

1. Cette quatrième ballade inédite serait entièrement régulière si elle avait dix vers au couplet au lieu de huit. On verra que l'envoi contient la signature de Villon, outre plusieurs autres singularités.

Maint coquillart, escorné de sa sauve,
Et desbousé de son cuer ou [sa] poue,
Beau de bourdes, blandy de langue fauve,
Quidant au ront faire aux gremes la moue,
310 Pourquarre bien, affin que on ne le noe.
Couplez vous trois à [ces] beaulx sires dieux,
Ou vous aurez, [o] le ruffle en la joue,
Jour verdoiant, havre du marieux.

Que stat plain en gaudie ne se mauve.
315 Luez au becq que l'on ne vous encloue.
C'est mon advis, tout autre conseil sauve,
Car quoy! aulcun de la faulx ne se loue.
La fin en est telle qu'elle deloue.
Car qui est grup, il a, mais s'est au mieulx,
320 Par la vergne, tout au long de la broue,
Jour verdoiant, havre du marieux.

PASSAGES CORRIGÉS. — 310. *Pour quarre.* — 311. *Ses.*

II. Maint coquillart, écorné de sa sève, — et dépouillé de son cœur et de sa main — beau de mensonges, caressé par la langue des fauves, — craignant de faire la moue au gibet dans la ronde des pendus — se défend de son mieux, de peur qu'on ne l'étrangle. — Luttez trois contre un contre les archers — ou vous aurez, avec l'aquilon sur le joue, — le jour qui fait verdir et l'embrassement du bourreau.

III. Que celui qui est sur terre et en joie se tienne tranquille, — Éclairez au bec que l'on ne vous emprisonne, — C'est mon avis, tout autre conseil mis à part. — Car quoi! aucun ne se loue de la faux. La fin en est telle qu'elle déconseille (de s'y exposer) — Car qui est pris, il a, s'il est au mieux — par la ville, tout au long de la nuée, — le jour qui fait verdir et l'embrassement du bourreau.

Xᵉ BALLADE DE VILLON.

              « Vive David, saint archquant la baboue,
              Iehan mon amy, — qui les fueilles desnoue.
              Le vendengeur, beffleur comme une choue,
325   LOing de son plain, de ses flos curieulx,
              Noue beaucoup, dont il reçoit fressoue,
              Jour verdoiant, havre du marieux.

Envoi. — Vive David, le saint homme de l'arche, qui accroche au gibet, — Jehan, mon ami, — le babouin, dénoueur de bourses. — Le vendangeur, voleur comme une corneille, — Loin de la plaine, et de la foule curieuse — Nage beaucoup, dont il reçoit frisson — Jour verdoyant, embrassement du bourreau.

Outre l'acrostiche donné par l'envoi, et qui forme *Villoni* ou *Villon,* en négligeant, comme de nombreux exemples permettent de le faire, le dernier vers du refrain, ces six vers renferment une certaine quantité d'anagrammes fort curieux. Je ne citerai que les plus parfaits.

Le premier vers, *Vive David,* contenant trente et une lettres, donne, lettre pour lettre :

    1° Unde qui habet auriculas audiat bona.

« Donc, que celui qui a des oreilles écoute de bons avis. »

    2° Au bachelier avoquad suivant bandit.

Le deuxième, contenant trente-deux lettres, donne, lettre pour lettre :

    Deles huy, fille que aimons ne nous aime.

Le troisième, contenant trente-trois lettres, donne, lettre pour lettre :

    F. de Moncorbeulh, fere vengence me vueul.

Le quatrième, qui contient trente-deux lettres, donne, lettre pour lettre :

    1° *François Villon, loing de eulx* despess.

Ce qui, par un changement qui se peut tolérer, de l'avant-dernier *s* en *r,* donnerait :

François Villon, loin de eulx, despers, c'est-à-dire désespéré.

2° D. *François Villon des Loges, U. P. S., en exil.*

c'est-à-dire :

D(ominus) François Villon des Loges, U(niversitatis (Parisiensis) S(cholaris), en exil.

On conviendra que celui-ci est à la fois des plus corrects et des plus intéressants.

Le cinquième, qui contient trente-deux lettres, donne, lettre pour lettre :

Escoute li ouvre du bon poete François.

Le sixième, qui est le refrain, et qui contient vingt-sept lettres, donne, lettre pour lettre :

Heureux aima, or devint à dur jour.

BALLADE XI[1]

[Ce] devers [coys], par un temps du vernas,
Veiz abrouer à la vergne cygault
330 Marques de plant, dames et audinas,
Et puis marchans tous telz que au mestier fault.
. . . .
Gueulx affinez, allegrucs et floars,
Mareux, arvés, pimpres, dorlotz et fars,

PASSAGES CORRIGÉS. — 328. *Se. Quay.*

ESSAI DE TRADUCTION LITTÉRALE. — I. En ce joli cabaret, par un temps du printemps, — je vis arriver à la vergne cygault — Filles d'affaires, dames et grands seigneurs, — et puis marchands tous tels qu'il en faut pour notre métier . . . . — Gueux malins, allègres et floueurs, — trompeurs, badins, pimpants, élégants et facétieux, —

1. La cinquième et dernière des ballades inédites du manuscrit Stockholm. C'est la plus fruste de toutes. Elle est en dix vers au lieu de onze au couplet. Les rimes se correspondent régulièrement ; à remarquer que les rimes en *as* se confondent avec les rimes en *ars*, l'*r* de *ars* étant muet. L'envoi de la Ballade manque. J'ai déjà remarqué dans le *Discours préliminaire*, p. 41, que la scène d'ivrognerie, de jeu et de danse, suivis de vol, que retrace cette ballade, facile à comprendre malgré de nombreuses lacunes, est identiquement celle dont on trouve le récit en prose dans le livre de Pechon de Ruby, sous le titre d'une aventure du capitaine Charles, à Moulins en Bourbonnais.

335 Qui, par usaige, à la vergne jolye
Abrouerent au flot de toutes pars,
Pour maintenir la joyeuse folie.

Pour mieux abbatre et oster le [broullas,]
Adraguerent de guoble maint crupault,
340 De rumatin, et puis mol sucre gras,
Truye maris, sans avancer ravault.
. . . .
Babillangier sur tous fais et sur ars,
Tant qu'il n'y eust de l'arton sur les [cars], —
345 Brocquans, dorlotz, grand guain, aubeflorye ! —
Que tout ne fust desployé [et] en pars,
Pour maintenir la joyeuse folie.

Pour mieulx polir et desbouser musars
On polua des luans bas et hault

338. *Broullart.* — 344. *Cas.* — 352. *Ses.*

qui, selon l'usage, à la vergne jolie, — arrivèrent au flot de toutes parts — pour maintenir la joyeuse folie.
II. Pour mieux abattre et ôter le brouillart — Ils burent mainte rasade de vin, — de liqueurs, et puis « mol sucre gras » (quelque chose comme des confitures), de la truie de mer, qu'on prit sans appât. . . . . . . Bavarder en jargon sur tous faits et sur arts — jusques il n'y eut plus de pain sur les charrettes — (bijoux, rubans, grand gain, matinée fleurie (ou linge blanc!). — que tout ne fût déployé et partagé — pour maintenir la joyeuse folie.
III. Pour mieux voler et dépouiller les imbéciles, — on remua les dés (ou les cartes), —

XIᵉ BALLADE DE VILLON.

350 Tant qu'il n'y eust de vivres en caras.
　　Puis feist on faire asault avecq ung sault.
　　Après, doubtant de [ces] anges l'assault,
　　On verroulla et serra les busars
　　Pour mieulx blanchir et desbouser coquars.
355 Là ot ung gueulx son endosse polye
　　Qui puis alla empruncter aux lombars,
　　Pour maintenir la joyeuse folie.

353. Je crois bien lire *basars* dans le texte ; mais je n'ose pas l'affirmer, quoique le sens ne soit pas altéré par cette lecture.

jusqu'à ce qu'il n'y eût plus de vivres sur les charrettes ; — ensuite l'on dansa ; — puis, redoutant d'être attaqué par les sergents, — on verrouilla et serra les sacs de butin, — pour mieux voler et dépouiller les dupes. — Là fut volé le pourpoint d'un gueux, — qui depuis alla emprunter aux usuriers. — pour maintenir la joyeuse folie.

VOCABULAIRE ANALYTIQUE

DU

JARGON DU XVᴇ SIÈCLE

* L'astérisque indique les mots d'exemple uniques, c'est-à-dire dont je ne connais pas d'exemple en dehors du texte des onze ballades de Jargon.

*ABROUART, n. pr. Le brouillard, voyez *Broue* et *Brouer*.

Quant *Abrouart* sur la sorne a brouez.
Ballade VIII.

Mot d'exemple unique. Personnification du brouillard, tirée du verbe *Abrouer* ci-après.

La langue ancienne, ordinaire ou jargonnesque, possède une série de formes exprimant le *brouillard*, parallèles aux formes modernes : *brouer* à côté de *brouiller* ; *abrouer* à côté d'*abrouller* qui serait aujourd'hui *abrouiller* s'il subsistait dans la langue, etc.

Tant est Titan de *broullas abroullé*.
Molinet, p 136.

Abrouller donnerait *Abrouillart* ; d'*abrouer* dérive naturellement *Abrouart*.

Ce genre de personnification par allitération était de mode chez nos anciens poètes; c'est ainsi qu'Eustache Deschamps a tiré d'*entroingnier* ci-après : *Entroingniart* :

> Et Entroingniart a entroingnié.

Abrouart est celui qui *abroue* comme *Entroingniart* celui qui *entroingne* ; *Roüart* celui qui roue ; *Riflart* celui qui rifle, etc.

§ *Abro* et *bro,* bord, région, dans les langues celtiques, conservés dans le dialecte romano-castrais, suggèrent un double sens qui sera discuté sous le mot *Broue.*

ABROUER, v. n. Arriver, par extension de *brouer* ci-après.

> Veiz *abrouer* à la vergne cygault...
> *Abrouerent* au flot de toutes parts.
>   Ball. XI.

Cf. avec la forme *abrouller,* qui signifiait proprement *brouiller* :

> Tant est Titan de broullas *abroullé.*
>   Molinet, p. 136.

Abro et *bro,* bord, région, dans les langues celtiques et dans le dialecte romano-castrais. *Abrouer* signifierait directement aborder, arriver, et latéralement *abrouiller,* c'est-à-dire entrer dans le brouillard.

§ *Rabrouer* est le contraire d'arriver; c'est rebrousser (chemin) ou repousser (quelqu'un) ; cela est si simple que cela saute aux yeux. Quant à l'étymologie forgée par Diez de *re* et de *brave,* j'avoue que je ne la comprends pas.

ACOLLEZ, part. pl. Pris au col, sc. pendu, qui a subi l'accolade du bourreau.

> Où *acolez* sont duppes et noirciz.
>
> Ball. I.

> Où *acollez* sont vos ainsnez...
> Eschec qu'*acollez* ne soiez
> Par la poe du marieux.
>
> Ball. V.

> Où *acollez* sont caulx et agarcis.
>
> Ball. VII.

Le sens primitif de la langue est prendre au col ou embrasser. *Accol* ou *accolade*, terme de chevalerie. — *Accollement*, Saintré, 511. — *Accollerye*, dans Roger de Collerye, p. 181. — *Accolées* dans Villon et dans Martial d'Auvergne.

Le sens spécialisé du Jargon se dégage des deux exemples suivants : « Paludament... *accolant* à un large fermail d'or », c'est-à-dire un manteau saisissant le col par un large fermail d'or. *Alector*, f° 18 v°. — « Ils furent *acolés* d'un baudrier militaire. » Godefroy, *annot. sur Charles VI*, p. 565. Du baudrier qui *accolle* à la cravate de chanvre, la liaison est visible ; Villon l'indique dans son *Grant Testament* lorsqu'il souhaite à maistre Francoys de la Vacquerie

> ... Un hault gorgerin d'escossoys
> Toutesfois sans orfaverie. ..

Voyez aussi le mot *Baudrouse* ci-après.

* **ADOUBTER**, v. a. Redouter.

> Pour tant se font *adoubter* et cremir
> Angles bossus, rouastres et staricles.
>
> Ball. VIII.

Mot d'exemple unique. C'est cependant un pur latinisme : *addubitare*, qui est de la langue de Tite-Live, de Cicéron et d'Horace. *Douter* en vieux français signifiait craindre ; le Jargon de Villon employe *adoubter* au même sens. Pareillement, en latin, *dubitare* et *addubitare* n'avaient qu'un même sens auquel le français moderne est revenu, celui d'être incertain, incrédule, défiant.

* ADRAGUER, v. a. Abreuver, boire.

> *Adraguerent* de guoble maint crupault.
>
> Ball. X.

Mot d'exemple unique. — Voilà un mot d'apparence purement jargonnesque, et qui cependant dérive des plus hautes sources de la langue. Je n'en connais pas, il est vrai, d'autre exemple français que celui que je viens de citer ; mais le glossaire de Du Cange nous donne, en basse latinité, *adragare*, sc. *adaquare*, aller à l'eau, abreuver. « Et si locus unus *adragandi* in stagno ipso impleretur luto vel aliâ causâ, ipsi homines ipsius civitatis Arelati possent in alio loco dicti stagni *adragare* seu abrevare. » Charte de 1321.

L'étymologie indiquée par Du Cange est incontestable ; la pure latinité emploie *adaquare* pour abreuver, arroser, faire provision d'eau : *adaquandi causâ*, dit César en ses Commentaires ; *adaquatus* est un abreuvoir. *Adaquare* devait donner *adaiguer* ou *adaguer* ; l'*r* intercalaire ne s'explique pas phonétiquement ; peut-être cependant par confusion avec *adrayar*, acheminer (La Curne et Borel) ; mais il faut accepter le fait, bien établi par des textes inattaquables. Je vais plus loin, et je me demande si ce n'est pas d'*adraguer* qu'il faut tirer l'étymologie de *drague* et de *draguer*, assez mal établie sur le *drag* anglais, qui lui-même peut venir des langues romanes. La charte de 1321 prévoit le cas où la partie de l'abreuvoir réservée pour *adraguer* viendrait à se remplir de limon; n'est-il pas possible que la signification d'*adraguer* ait passé de la prise d'eau au travail de curage qui la rendait possible? Ce qui est certain, c'est que la drague s'est appelée d'abord *haudrague*, b. latin *haudraguia;* on avait le verbe *holdragier*, qui est bien près d'*adraguer* et qui se traduit en français moderne par *draguer :* « Nous pooins et devions faire *holdragier* et retraire le bray de l'iaue de Somme. » Du Cange sous *Braïum.* Tab. Viced. Pinconicus, 1268.

« *Adagar*, adaquare. » *Grammaire provençale*, ms. Bibl. nat. 7534 latin.

« Teneantur adducere aquam Jarroni versus Massiliam ad ortos et blancarias *adaquandas.* » *Stat. de Marseille,* ap. Du Cange, v° *Blancarius.*

Le verbe *adraguer*, combiné avec le *gier* jargonnesque (voyez *Gier*), se retrouve comme suit :

> Et la marque, suivant le gaing choisie,
> *Adrague* en gier, puis dist. . .
>
> Ball. IX.

AFFECTEZ, part. passé pl. de *affecter,* forme moderne de *afaiter.* Instruit, exercé, dissimulé, rusé, frauduleux.

> Croqueurs de pain et plommeurs *affectez*
>
> Ball. VIII.

« L'aprentis demande comment on doit *loirrer* un faucon nouvel *affaitié.* » *Modus,* f° 81. — « Denrées et marchandises faulses ou *affectiez*, vins *affectiez* » (frelatés). Ordonn. t. VIII, p. 676. — « Le cauteleux Sinon, *affaité* de par les

Grecs... ouvrit le ventre du grand cheval, dont il saillit Pyrrhus. » J. Le Maire, *Illustr. des Gaules,* liv. II, p. 254. — « Et pour les rendre plus fins et *affettez* par le moyen de la compagnie, pour ce que les jeunes gens semblent comme s'entraguiser l'esprit. » *Apol. pour Hérodote,* p. 90. — « Le jeune fils estoit bien *affetté* et faisoit toujours quelque singerie. » Bon. Desperiers, I, 77. — « Vous estes une *affetée;* vous faites quelque mechanceterie avec cet homme de là-haut. » *Moyen de parvenir,* p. 53.

> . . . Le plus saige,
> Le plus preux et plus *affecté*
> Y a esté prins et guetté.
>
> *Rom. de la Rose,* v. 1589-91.

« *Affaicté.* Effrontément rusé. » Monet.

Coquillart a écrit au même sens *yeux affectez* pour yeux trompeurs, expression qui se retrouve dans le grand Corneille :

> Et sous l'indigne appas d'un coup d'œil *affeté,*
> J'irois jusqu'en leurs cœurs chercher ma seureté !
>
> *Rodogune,* act. III, sc. III.

Voir, pour les variantes d'*afaité* à *affecté,* La Curne de Sainte-Palaye, v° *Afaité.*

> Mais il survint un *affecté* marrouffle...
>
> RAB., I, p. 12.

« Les *affetteries* des primpreneaux. » *Les Jeux de l'Inconnu,* p. 358.

AFFINÉ, part. m. Fini, achevé, et par extension subtil, trompeur.

> Gueulx *affinez,* allegrucs et floars.
>
> Ball. XI.

L'expression est restée dans la langue avec *fini* au lieu d'*affiné;* un gueux *fini*. « Ce sont quelques *fines* gens, je dy *fins* à dorer, *fins* comme une dague de plomb, *fins* non *affinez,* mais *affinans,* passez par estamine *fine*. » Rabelais, III, 105. — « Il prend à gentillesse quand il le veoid *affiner* son compaignon par quelque malicieuse desloyauté et tromperie. » Montaigne, I, 107. — « Il ne faut jamais tromper ni *affiner;* mais bien se fault-il garder de l'estre. » Charron, *Sagesse,* p. 252. — « Pour m'engarder d'estre *affiné...* des mattois qui mattent, je voudrois entendre leur jargon. » Bouchet, III, 129. — « Un bon Panadou de mattois ayant esté condamné à avoir les deux oreilles coupées... Vous avois-je pas bien dit qu'il y en auroit d'*affinez,* et qu'on ne verroit rien, et qu'on perdroit ses peines? » Bouchet, III, 46. — « Pitheus luy persuada, ou bien par quelque ruse l'*affina*. » Amyot, *Thésée,* 4. — « Les Lacédémoniens, dissimulant le malcontentement qu'ils avoient de se veoir ainsi *affinez* par luy, le renvoyèrent sain et sauf. » Amyot, *Themist.* 37. « Tu n'es pas *fyn* assez de l'*affiner*. » Palsgrave, 446.

   . . . Maître Mitis
Pour la seconde fois les trompe et les *affine*.
La Font., fab. III, 18.

Vous voulez m'*afinér*, mais c'est peine perdue.
P. Corneille, *Mélite,* act. IV, sc. II.

Pour *fin* que vous soyez, monsieur, on vous *afine*.
Th. Corneille, *l'Amour à la mode,* act. III, sc. II.

* AGARCIS, part. pl.

Où accolez sont caulx et *agarcis*.
Ball. VII.

La phrase se construit ainsi : où les caulx (les fripons) sont pendus et *agarcis*.

Mot d'exemple unique. La prononciation ancienne *agassiz*, laquelle se conserve sous forme de nom propre (l'illustre naturaliste Agassiz), offre quatre sens qui conviennent également au sujet :

1º Semblables à la pie (*agasse, agace, agache, agacie,* ital. *gazza*) juchée dans les hautes cimes;

2º Devenus hagards par la pendaison;

3º Glacés, refroidis; de l'italien *ghiaccia;*

4º Jugés, condamnés.

1º et 2º Dans les deux premières acceptions, le pendu est comparé à un oiseau (v. ci-après *Duc, Gart* et *Juc,* c'est-à-dire hibou, jardin et perchoir), puisque l'épithète *hagard* s'applique étymologiquement et techniquement aux oiseaux de proie qui ont mué dans la haie (*haga*) et non en domesticité. Littré, v° *Hagard*.

Au fait de la pendaison se rapporte l'espagnol *agarrar,* « empoigner, gripper, accrocher, de *garras,* griffes ou « ongles, serres d'oiseaux de proie » (Oudin), qui nous ramènent à *hagards*. Ce dernier sens est consacré par le *slang,* qui conserve *agaze,* avec la double signification de *astonished* et de *open-eyed,* c'est-à-dire étonné et yeux ouverts.

3º Le sens de refroidi s'appuierait sur l'italien *agghiacciare,* geler, engourdir, dont le participe passé *agghiaciati* donnerait facilement en français *agassis* ou *agassés*. En argot moderne, *refroidi* veut dire mort, et *refroidir,* tuer.

4º Il reste à considérer une quatrième hypothèse; *agard* et *agarder* ont signifié jugement et juger : — « Encore tel *agard* appela; et par le plée del appel fuit tiel

agarde repellé et assenty. » Britt., *Lois d'Angl.*, f° 252 r°.
— « Si la justice lui *agarde* plus que le pleyntyfe, etc. » *Ib.*, f° 137 r°.

Peut-être *agarcis* serait-il simplement le participe passé, irrégulièrement construit, d'*agarder*; l'irrégularité semblerait moins inacceptable si l'on considère que *agarder* est le même mot que *eswarder*, qui faisait *j'eswarz* à la première personne de l'indicatif présent; on peut donc supposer, au même temps, la forme *j'agars*, d'où aurait été tiré, sans trop de peine, le participe passé *agarsi*, c'est-à-dire jugé.

J'enregistre, à titre de curiosité, le passage suivant de Rabelais : « *Panta* en grec vault autant à dire comme tout, et *Gruel* en langue *Hagarene* vault autant comme alteré. » Rabelais, I, 228. On peut croire, par le rapprochement de *hagarene* et de *gruel*, qui paraît tiré de *gru*, fruit vert de la forêt quel qu'il soit (La Curne), qu'il faut entendre ici la langue de ceux qui vivent sauvages et isolés dans les bois, comme les oiseaux dits *hagars*. Il est vrai que plusieurs auteurs appellent *agarène* la langue des Sarrasins, du nom d'Agar, mère d'Ismaël, de qui l'on fait descendre ces peuples; Rabelais lui-même écrit (t. II, p. 359) : « Inscriptions... en langue arabicque, *agarene*, sclavonique et aultres. »

AJUIER, v. a. Aider, et ici au sens d'ajuster :

Ajuiez, taillez et chaussez vos besicles.
Ball. VIII.

Au sens d'aider :

De sun seigneur merci crier
Qu'ils ajuent à delivrer.
Ch. des ducs de Norm., I, 180, v. 2823.

Si li truvez ki tres bien li *aïut.*

Chanson de Roland, v. 781.

« Affustés voz bezicles. » Rabel., *Progn. pantagr.*, III, 233. — « Chaussez vos lunettes » se trouve dans la *Comédie des proverbes*, p. 20.

§ La confusion entre les verbes *ajuier* et *ajuster* peut s'expliquer par la prononciation ancienne de ce dernier, qui était *ajuter ;* or *ajuter* est une des formes d'aider par l'italien *ajutare*, le provençal *ajudar* et le berrichon *agider*.

* ALLEGRUCS, allègres. C'est une mauvaise transcription de *alegris*, participe passé du verbe *alegrer* ou *alaigrir*, rendre joyeux.

Gueulx affinez, *allegrucs* et floars.
Ball. XI.

J'enregistre le mot parce qu'il se lit ainsi au manuscrit Stockholm ; on voit cependant que le vers pourrait être sans aucun changement de mesure ni de sens :

Gueulx affinez, *allegris* et floars.

Somme toute, *allegruc* n'est qu'une faute du copiste très incorrect à qui l'on doit le manuscrit Stockholm.

« Fist à maint rei lor anui, et *alegroit* Jacob en ses œuvres. » *Livre des Machabées*, dans La Curne. — « Leurs corps evidentement *alaigriz*. » Rabelais, II, 502.

§ Voyez plus loin sous le mot *Hallegrup*.

ANCE ou ANSE, subst. fém. L'oreille.

> Car vendengeurs, des *ances* circoncis.
> S'en brouent du tout à néant.
>
> Ball. I.

> Et vendengeurs, des *ances* circoncis,
>
> Ball. VII.

> Comment eschappas-tu? — Ce fut
> Pour une *ance*...
> Et de paour d'estre circoncis
> Des *ances*, saultay la fenestre.
>
> *Vie de sainct Christophe.*

En latin et en anglais comme en français, les oreilles sont visuellement comparées aux anses d'un pot qui est la tête, et réciproquement l'on dit « les oreilles d'un pot ». Le latin *ansa* signifie oreille (d'un soulier) dans Valerius Flaccus ; *ansa auriculæ*, c'est le bout de l'oreille. « *Anse*, dit Cotgrave, the handle or eare of a pot. » — « A pot without an *ear*. » Swift, apud Johnson, v° *Ear*. Cette double signification est consacrée dans la langue littéraire par les exemples suivants : « Bien accomparoit telles manières de gens à des vases à deux *anses*, qui se transportent aisément par les aureilles là où l'on veult. » Amyot, *Mauvaise honte*, 24. — « Que toutes choses ont deux *anses* et deux visages, qu'il y a raison partout. » Charron, *Sagesse*, II, 2. — « Ainsi voyons-nous de præsent les præcepteurs et pædagogues esbransler les testes de leurs disciples (comme on faict un pot par les *anses*) par vellication et erection des aureilles. » Rabel., I, 213. Et si l'on vous dit que *anse* vient du germain *asa*, n'en croyez rien.

L'usage de couper les oreilles aux malfaiteurs était en

pleine vigueur au temps de Villon. « Barthelemy Haultbert, du pays de Poulaine, et Nicolas Prine, teinturier du pays de la haute Allemagne, puis naguères *essorillés* et bannis de ce royaume. » Comptes de la prévôté de Paris pour 1460. Sauval, III, p. 362. — « En France seulement on execute les condamnez à mort après disner, et on fouëtte et essoreille les autres criminels le matin. Les autres nations font le contraire. » Bouchet, III, 37. — Brantôme raconte l'histoire d'un Espagnol condamné à l'essorillement. Le bourreau lui releva les cheveux et ne trouva point d'oreilles. — « Cuerpo de tal ! » s'écria le condamné, « estoy obligado à dar orejos coda martes ? Suis-je obligé de fournir des oreilles tous les mardis ? » *Rodom. esp.*, 32. — « Nous trouvons que les anciens, quand ils vouloient saluer, prenoient les oreilles de ceux à qui ils avoient envie de faire la reverence, et puis les baisoient ; ceste maniere de baiser estant appellée *olla,* en prenant la teste pour le pot, et les oreilles pour les *anses,* comme nous trouvons en Clement Alexandrin. » Bouchet, III, 50.

Anse garde encore la signification d'oreille au vocabulaire des Mercelots.

ANDOSSE ou **ENDOSSE**, subst. fém. Le vêtement qu'on endosse, veste, pourpoint ou armure.

> Changez vos *andosses* souvent.
>
> Ball. II.

> Là ot ung gueulx son *endosse* polye.
>
> Ball. XI.

> Il n'a tirandes ne *endosse*...
> Au moins en aurons nous l'*endosse*.
>
> Mist. de la Passion.

> Or taillé avons quelque *endosse*.
>> *Mist. du Vieux Test.*

> Brayhault broue sur son *endosse*.
>> *Act. des Apôtres.*

> Je suis en ce bois tout transy
> Dont j'ai faict *endosse* de vert...
> J'auray le jorget et l'*endosse*.
>> *Vie de sainct Christophe.*

Dans le livre du *Jargon,* c'est le dos lui-même ou l'échine; Coquillart l'emploie dans cette acception (*Mon. du gendarme cassé*), I, 151, ainsi que Bouchet, III, 130.

La transition du verbe au substantif est facile à saisir par les exemples suivants :

> Là veïssiez tant haubert *endoser*.
>> *Ronc.*, p. 85.

> Les vestements de toile qu'Englois y aporterent,
> Dessus les armeüres moult bel les *endosserent*.
>> Guesc., 22486.

§ Le mot *endosse* se trouve dans le Dictionnaire de l'Académie française, au sens que lui ont donné Mme de Sévigné (lettre 422) et Marivaux dans *l'Épreuve,* (sc. XVIII), celui de peine et de responsabilité.

ANGE, ANGEL, ANGLE, subst. masc. Ces diverses formes sont celles du mot *ange* en français. Sergent ou archer, tout agent de la force publique.

> Et par *anges* suivans la paillardie.
>> Ball. I.

> Les *angelz* de mal tous rons.
>> Ball. III.

De ces *angels* si gravelisses.
Ball. IV.

Mestant à jus la rifflerie
Des *angelz* et leurs assosez.
Ball. V.

Anges bossus, rouastres et staricles...
Qu'*anges* n'y ait des claves empoué.
Ball. VIII.

Après, doubtant de ces *anges* l'assault...
Ball. XI.

... Si le rouastre et ses *anges*
Nous trouvoient à la gourde pie...
Prends-toi bien garde du rouastre
Et des *anges*...
Vie de sainct Christophe.

Anges bossus de la ballade VIII doit se traduire par sergents de malheur, sergents pestiférés, la *boce* étant le bubon symptôme de la peste. « *Bossa,* tumor, tuber, gallicè *bosse,* propriè de ulcere pestifero quod Itali *bozzam* vocant. » Du Cange.

Les *anges bossus* de la ballade VIII sont un synonyme exact des *angels de mal tous rons* de la ballade III.

« *Ange,* dans quelques provinces, signifie sergent. » Dictionnaire de Trévoux. — « *Ange de grève,* sergent de police à Strasbourg. » La Curne. — « Crocheteur à Paris, *facchino.* » Oudin, *Curios. fr.,* p. 13, et Cotgrave, v° *Grève.* — *Ange de grève,* signification injurieuse comme gibier de potence dans Bonaventure des Perriers, t. II, p. 67.

C'est positivement un sergent dans Rabelais, au passage suivant qui paraît n'avoir pas été saisi par les commentateurs, à propos d'un des chicanoux si maltraités par le seigneur de Basché : « Je apperçoy clerement qu'il m'a cité en *ange* et daubbé en diable. » Rabelais, II, 325.

Cotgrave donne au pendu lui-même le nom d'*ange de grève :* « One that hangs in cheynes, or an a gibbet, a good while after he is dead. »

L'étymologie d'*ange*, qui signifie au propre envoyé, ambassadeur, du grec ἄγγελος, explique la qualification donnée aux sergents de police et en général aux envoyés de la justice. Le titre d'*ange* a été porté par les papes, par les archevêques, les évêques et même de simples abbés : « Leone, Christi famulus, religioso presbitero et monacho, et per divinâ clementiâ *coangelico* abbate ejusdem monasterii (de Subiaco). » Charte de 956, citée par Muratori, dans Du Cange, v° *Angelus*.

Les ambassadeurs impériaux ont été qualifiés *angelus imperii*. Ekkekardus junior de casib. S. Galli, cap. ult. *Ibid*.

« En comparant l'office de nos sergens ou de nos huissiers à celui des Intelligences spirituelles qui, dans l'Écriture, annoncent à la terre les ordres du ciel, on a désigné et l'on désigne encore dans quelques provinces un sergent, un huissier, par le mot *ange*. » (La Curne.) Calvin envoie hardiment les impies « au feu éternel, lequel est préparé au diable et à ses *anges* ». *Inst.*, p. 112.

Le mot ne serait pas digne du Jargon s'il ne renfermait, en double sens, une allusion à la potence. Le grec ἄγχειν, étrangler, a fourni le latin *angere*, d'où le français tire *angéer, angier* et *anger,* dans le même sens ; plus *angine, angoisse* et *angon,* qui signifie crochet. De même dans les langues germaniques, *to hang,* angl., pendre, et *angel,* all., crochet. Ces divers vocables justifient largement le nom d'*angels, angles* et *anges* donné aux messagers de la justice humaine qui conduisent les gens au crochet ou *angon* qui les *angue*.

ANS, subst. pl. C'est le mot de la langue ordinaire; *vos ans*, pour votre vie, vous-même. Il est écrit *emps* ou *ens* dans plusieurs des exemples qui suivent; cette forme s'explique par l'homophonie, mais le sens n'est pas douteux.

>Et que vos *emps* n'en aient pas du pis.
>
>Ball. I.

>Voz *ans* n'en soient rouppieux.
>
>Ball. V.

>Voz *ens* soient assez hardis.
>
>Ball. VI.

>En ceste vergne où vostre *an* veult loirrir.
>
>Ball. VIII.

« *An*, zincalo, subst. pl. Things, matters, cosas. En grec moderne ὄν (being, existence). » Borrow. Cette explication conviendrait aux passages allégués ci-dessus; mais ce n'est qu'une concordance curieuse.

Le mot *ans* a été employé dans le même sens qu'au Jargon par nos plus anciens poëtes :

>Jeu li dirai : « Senhor, merce, non sia
>Qu'el mal segle turmentiei totz mes *ans*.
>
>Pierre Vidal.

On disait de même : *ton corps, ses corps*, pour toi-même, lui-même, etc. Voyez *Aiol*, v. 3373, 5613, etc.

On trouve aussi dans le *Roman de Rou* :

>Le fist à son *ens* se mal non,
>Et en toute religion.

Mais il ne faut voir ici dans *ens* qu'une contraction arbitraire de *esme*, estime, avis, opinion.

ANTONNER, v. a. Marier à l'église (ou autrement).

Antonnez poix et marques six à six.
Ball. VII.

Entonne est traduit par église dans le Jargon : « Les unes pour ficher aux ratichons (prêtres) dans leurs *entonnes*. » Il y a lieu de croire que l'église est ainsi désignée parce qu'on y chante la messe, *entonner* étant le double synonyme de chanter et de boire, parce que les chantres sont réputés bons buveurs :

Bon chanteur et bon *entonneur*.
Ovide travesti, fabl. VII.

« Ce grand musicien estoit excellent par-dessus tous les autres en l'art d'*entonner*. » *Les Av. d'Italie* de M. d'Assoucy, chap. 1er. — « Il eust esté bon chantre, il *entonne* bien. » Oudin, *Curios. fr.* — « Dumesnil chantre, *antonneur* de vin. » *Calendrier du père Duchesne*, 1791.

En jargon blesquien et en argot moderne, l'*anticle*, l'*entiffe* ou l'*entiffle* (la vieille) est pris tantôt pour la messe, tantôt pour l'église. *Ambie anticle*, en blesquien, signifie excommunié, qui fuit la messe. *Antif* et *anticle* sont deux vieilles formes d'*antique*. Or le livre de l'argot donne *entiche* pour *entife*, comme synonyme d'*entonne*, église. Enfin, comme pour mieux assurer notre explication d'*antonner*, Vidocq enregistre *antiffler* pour marier :

Ah ! si j'en défouraille,
Ma largue j'*entifferai*.
Chanson d'argot.

Ainsi le parallélisme est complet : *antiffle*, église, *antiffler*, marier ; *antonne*, église, *antonner*, marier.

Le *slang* confirme le sens des deux mots légèrement altérés ; car, dans le langage des voleurs anglo-américains, *autum* signifie une église et *autumed* marié.

*ARCHQUANT. Ce mot singulier, qui devait se prononcer *arquant* ou *archant*, ne s'explique que comme la qualification du roi David, qui dansait devant l'arche. (Voyez *David* et *Davyot*.)

> Vive David, saint *archquant* la baboue.
> Ball. X.

Cependant, si nous lui cherchons une signification double et faisant équivoque, comme il convient aux mots de la poésie jargonnesque, nous trouvons d'abord le latin *arrigere*, dresser, lever tout droit, *arrigens* au participe présent ; d'où *arrectaria*, jambage ou montant d'une machine, degré d'une échelle ; et *arrectarius*. *Arrectarius asser*. Varr. Pied droit, jambage, montant. Puis l'italien *arrizzare*, dresser, bander, tendre tout droit. N. Duez. En espagnol, *arrechar* a la même signification, et *harser, arrechado*, dressé, harsé, etc. Ces différents vocables aboutissent à une idée de gibet. David, patron des Gueux, serait donc ici considéré comme celui qui les mène à la potence, et *archquant* signifierait pendant, accrochant au gibet ; ce que confirment « *arroquer*, v. a. (patois normand des environs de Bayeux), accrocher. » Duméril, *Dict. du pat. normand*; et « *aroker*, accrocher ». Gloss. picard de Corblet. Un sens dérivé d'*arroquer* est presser, accabler :

> Se demeslant ainsi d'une presse guerrière
> Qu'un sanglier *arroqué* dans une fondrière.
> R. Belleau, *Bergeries*.

*ARDERIE, subst. fém. pour HARDERIE. Attachement, ligature.

> Dangier de grup en *arderie*
> Fait aux sires faire la moue.
>
> Ball. VI.

Mot d'exemple unique. — Est resté, sous la forme *harderie*, dans la technologie (c'est le sulfate de fer des émailleurs). La *hart* est le lien d'osier qui attache les fagots, et par extension la corde dont on attache et étrangle les criminels. *Harder*, en terme de chasse, c'est attacher les chiens quatre à quatre ou six à six; et par extension les pendus.

> Vous nous voyez cy attachez cinq, six,

a dit Villon dans sa ballade des Pendus.

Si la forme *harderie* ne subsistait pas, on aurait pu, dans le doute, considérer *arderie* comme un substantif formé du verbe *arder*, brûler, dont la langue moderne ne conserve que le participe *ardent*. Le vers ci-dessus se fût alors traduit par *danger d'être étranglé sur un bûcher;* mais on rencontre partout au moyen âge *ardéeur, ardeor, ardour, ardure, ardeure* et *ardeur;* d'où l'on peut conclure que *arderie* n'existait pas en ce sens, puisqu'on n'en connaît pas d'exemple.

*ARERIE, subst. fém. Littéralement labourage; par extension, navigation et voyage.

> Qu'ostac n'embroue vostre *arerie*
> Où accolez sont vos ainsnez.
>
> Ball. V.

Mot d'exemple unique. — Du verbe *arer*, labourer,

calqué sur le latin *arare*. — « Cestuy jour et les deux subsequents ne leurs apparut terre ne chose aultre nouvelle. Car aultres foys avoient *aré* ceste routte. » Rabelais, II, 273. — « *Arer*, terme de marine, chasser sur ses ancres. » Trévoux. — « *Arer*, labourer, ainsi employé dans tous les poètes du moyen âge. Se prend au figuré pour un labourage qui se fait en terre vivante et animée. » Gloss. du *Roman de la Rose*.

> Et vont comme folz maleureux
> *Arer* en la terre deserte
> Où leur semence va à perte.
>
> *Rom. de la Rose*, v. 20,452-4.

> *Arez*, pour Dieu ! barons, *arez*,
> Et voz lignages reparez :
> Se ne pensés ferme d'*arer*,
> N'est riens qui les peut reparer.
>
> *Rom. de la Rose*, v, 20,513-16.

Voyez ci-après *Emboureux*.

Areur, laboureur.

Arear, v. a. Anc. port. Errer à l'aventure. Jal.

Arrie.

> Com lait en *arrie* ou en mestier.

Le Dictionnaire manuscrit de La Curne (Cab. des mss.) donne ce vers comme extrait du manuscrit de Ph. Mouskes fr. 9634, p. 645. Mais l'indication est fausse. Elle n'a pas été reproduite dans l'éd. de M. Faivre.

*ARLONYNS, subst. pl. Intraduisible par diverses raisons.

> Elle est brouée entre ses *arlonyns*.
>
> Ball. IX.

Laissant en réserve la valeur propre du mot, la phrase s'interprète de trois façons connexes : « Elle est partie, ou abordée, ou mouillée entre ses... »

Je ne saurais préciser l'étymologie de ce mot, d'exemple unique. Il se rapproche cependant d'*arlotus,* b.-lat., coquin, d'où *arlotta,* coquine, prostituée. Je me borne ici à transcrire quelques exemples.

« *Arlot, arlotus,* coquin, homme sans aveu. » Raynouard, II, 122. Du Cange. — « N'en déplaise à Pinau, à Arlod, ny à Villon, ny à Ragot, ny à Moret, ny à Chicot. » Brantôme, I, 175, c. 1.

« *Harlotte,* s. f. Paillarde, meretrice, g..., p... *Harlotterye,* s. f. paillardyse ». Palsgrave. Synonyme de *strumpet. Harlot* et *strumpet* subsistent avec les mêmes significations dans l'anglais moderne. Il est à remarquer que Palsgrave ignorait que le mot fût aussi français qu'anglais, puisqu'il ne le donne qu'en cette dernière langue.

« *Arlotto,* ital. Goulu, gourmand, escornifleur, plaisant, falot, bouffon, drolle. — *Arlotta,* gourmande, goulue; une bonne drollesse; une p...... » N. Duez.

Arlot, romano-castrais. Fille perdue.

Arleri, niçois. Jeune homme gai, badin, d'humeur enjouée.

§ Je trouve la forme *orlot* dans les vers suivants cités par La Curne comme extraits des *redi* de l'Académie de la Crusca :

> Anc persona tant avara
> No crei que nuz home viz,
> Com al vieil *orlot* mescheins
> Naimerié ab triste cara.

« Unde venitis vos alii *arloti* et ribaldi? Vos mali *ar-*

loti, in fide mea, læti de corpore. » Lett. de rém., 1377. —
« Icelui Pierre appela le suppliant *arlot,* tacain, bourc, qui vault autant à dire en langaige du pays de par-delà, garçon, truant, bastard. » Lett. de rémiss., 1411.

La transition d'*arlot* à *arlonyn,* sans être inadmissible, fait cependant difficulté ; elle supposerait au moins une forme intermédiaire, *arlone,* dont je ne connais pas d'exemple.

Harele ou *harelle,* assemblée illicite, conjuration (lett. de rém. de 1343 et 1424); *hareleux,* séditieux (*ib.,* 1396), en leur cherchant un sens applicable à la ballade IX, ne fourniraient pas une résolution étymologique plus satisfaisante.

Un seul mot se rapproche d'*arlonyn,* c'est l'allemand *harlein,* pluriel *härleinen,* petits cheveux. Je n'insiste pas.

* ARPES, s. pl. pour Harpes. Griffes, grilles, barreaux.

> Prince des gayeulx, en les *arpes*
> Voz contres ne soient greffiz.
> Ball. V.

L'argot moderne a les *arpions* pour les pieds, assimilés à des crochets, comme la griffe du chien en vénerie. (V. ci-après *Espince* et *Picons.*)

Arpo, gaffe et griffe. *Arpions,* griffes. Rom.-cast.
Harp, une femme en *slang.*

ARQUES ou ARCHES, subst. pl. Coffres-forts, cassettes.

> Prince froart, dis des *arques* petis.
> Ball. I.

> Souvent aux *arques*
> A leurs marques
> Se laissent tous desbouser...
> ... Que lors faisons
> La fée aux *arques* respons...
>
> Ball. III.

> Saupicquetz frouans des *gours arques*...
> Pour doubte de frouer aux *arques*...
>
> Ball. IV.

> D'ung roi li sovenoit qui tenoit si grans marches
> Qui fist par bel scens faire quatre petites *arches*.
>
> Girart de Rossillon, 2871-2.

> Les moignes de laiens enkenbelerent,
> Lor escrin et lor *arces* tous deffremerent.
>
> Aiol, v. 785-6.

Latin, espagnol et italien, *arca*, coffre; en provençal, *archa* et *arqua*; français moderne, *arche*. L'arche d'alliance était le coffre qui renfermait les tables de la loi. Cotgrave traduit le français coffre par l'anglais *arke*.

Arche a été quelquefois masculin, comme le montre l'exemple suivant, où il est question d'une arche de pont, ce qui ne fait rien pour le genre du mot :

> Si qu'un *arche* de pont cheï dedens le gué.
>
> Guescl., 19,532.

Arques petis est donc correct. La signification spéciale de ces deux mots réunis nous est donnée par Oudin dans son Dict. espagnol : « *Arca pequeña*, cassette. »

ARTON, s. m. Pain.

> Tant qu'il n'y eust de l'*arton* sur les cars.
>
> Ball. XI.

Artois, dans Pechon de Ruby ; *artis, artie,* pain, dans Ollivier Chereau. Du grec ἄρτος. *Celthellénisme ou étymologie des mots françois tirés du grec,* par Léon Trippault ; à Orléans, par Eloy Gibier. 1581, in-8°, p. 27.

De l'*arty* est venu par extension et agglutination le langage *larty,* synonyme de Jargon, « qui n'est commun qu'à ceux qui entriment sur le ligourt et le passe ligourt ». D'Assoucy.

On trouve dans la *xerigonza* espagnole : *artifera* et *artife,* pain ; *artifero,* boulanger.

* ARVANS, part. présent pl. Folâtrant, faisant des sottises :

> Coquillars *arvans* à Ruel.
>
> Ball. II.

Le vieux texte gothique donne *enarvans*. Il fallait donc retrancher une syllabe ; la suppression ne pouvait porter ni sur *coquillars* ni sur *à Ruel,* car nous savons par ces vers du *Grant Testament :*

> Si vous allez a Montpipeau
> Ou a Ruel, gardez la peau,

que Villon faisait Ruel de deux syllabes. Restait *enarvans ;* je le réduis à *arvans,* qui me procure du moins un sens plausible et se relie à un autre mot jargonnesque (V. ci-après *Arvés*).

Arvans paraît être le participe présent pluriel et *arvés* le participe passé pluriel d'un verbe *arver,* qui n'a pas laissé de traces authentiques ; mais nous trouvons dans N. Duez l'italien *arve,* traduit par jeux, sottise, badinerie ; et M. Francisque Michel a enregistré *arvé,* comme synonyme de dupe, sans alléguer d'ailleurs aucun exemple.

On pourrait, faute de mieux, rapporter la formation

d'*arver* à un verbe latin barbare, *arvare*, labourer, travailler, tiré d'*arvum*. Le sens s'appliquerait assez à nos deux exemples du Jargon : « Coquillards travaillant à Ruel » et « trompeurs travaillés », c'est-à-dire consommés dans leur art.

Si la trace authentique du verbe *arver* nous échappe, nous avons du moins le substantif *arve*, tiré du bas latin *arva* : « La ruisselée qui est entre nos vignes de rousées et *l'arve* Thomassin Geelin. » Du C., Glossaire, v° *Arva*.

ARVÉS, adject. pl. Badins, facétieux. V. ci-dessus *arvans*.

> Mareux *arves*, pimpres, dorlotz et fars.
> Ball. XI.

M. Francisque Michel donne *arvé*, s. m., avec la signification de dupe, sans alléguer aucun texte, ce que je regrette, puisque ce mot ne m'est encore connu que par le manuscrit Stockholm.

ASSEGIER, v. a. Ancienne forme d'*assiéger*.

> Plantes ailleurs, contre, *assegier*.
> Ball. V.

> Quand le gosier est *assegis*.
> Ball. IV.

> .... En Saragoze vous viendrat *aseger*.
> *Chanson de Roland*, XXXV.

> Dès or est Paris *assegiez*.
> Benoit, v. 4003.

> Dame en cui est toute honors *assegie*.
> Thibault, chanson IV.

« David se cureçad forment, e *asséjad* la cited. » *Rois*, 137. — « Et il les avironerent tot en tor e les *assegierent*. » *Machab.*, I, ch. VI. « Et bien cuidoit certainement que ce fussent Grieu qui le venissent *assegier*. » Villehardouin, CLXII.

Assetjar, provençal et catalan.

§ A remarquer que *assegier*, comme tous les verbes en *ier*, a deux conjugaisons parallèles : *assegier*, *assegir*, et celle-ci fournit le participe *assegis* du second exemple.

L'édition Trepperel donne *assiegis*, au lieu d'*assegis*, dans le second exemple tiré du Jargon.

* ASSOSEZ, adj. pl. Sujets.

<blockquote>
Des angelz et leurs *assosez*.

Ball. V.
</blockquote>

Mot d'exemple unique.

On pourrait croire qu'on a devant soi une forme du participe *associé*, se rapprochant de l'espagnol moderne *asociado*. C'est ainsi que l'a compris La Curne. Cette supposition, fortifiée par une variante de l'édition Trepperel qui donne *associez*, n'altérerait pas le sens du passage ; mais elle rendrait le vers trop long et ferait également difficulté au point de vue philologique.

Le latin *subjecti*, assujettis, sujets, a donné en vieux français la forme *sosgis* (prononcez *sôgis*) :

<blockquote>
K' à tout le monde suis *sosgis*...
. . . . J'ai apris
A estre à bone amors *sosgis*.

Anc. poe. fr. antérieures à 1300. La Curne.
</blockquote>

« Ne pourra vendre ne assubgir les fiefs. » Cout. général, I, 801.

Et *souʒgieʒ* (prononcez *sougeʒ*) :

> A cui doi ge estre *souʒgieʒ* se à Dieu non?
> Psautier, fº 72.

Assougir. Froissart, poés. mss., p. 399, c. 1. *Assubjir*, Laurière, Gl. du dr. fr.

Sosget (sôget), provençal.

Ce petit nombre d'exemples permet de discerner la valeur d'*assoseʒ*, qui me paraît signifier *assujettis*, c'est-à-dire *sujets*, et qui devrait être régulièrement écrit : *assougieʒ* (prononcez *assougeʒ*). Nous tenons d'ailleurs ici l'expression technique, qui se retrouve, en langage moins archaïque, dans la *Vie de saint Christophe* :

> . . . Le roastre et ses *subjectʒ*
> Me mirent aux coffres massis.

On voit qu'en 1489 les correcteurs de l'édition Pierre Levet ne comprenaient déjà plus les vieilles formes de la langue, et qu'il faut se garder de toucher, sans de bonnes raisons, au texte du Jargon, si altéré qu'il paraisse et qu'il soit en effet.

ASTÉS ou ASTEZ, subst. m. Anciennes formes d'*été*, saison.

> Qu'en *asteʒ* ne seye en sûrie...
> Ball. V.

Les anciennes formes françaises sont *ested* et *estet* (*Ch. de Roland*) et *estés* (Coucy).

Asté, berrichon, signifie *été* et sécheresse; c'est une forme très voisine du provençal *estat,* latin *æstatem.*

Le vers ci-dessus forme équivoque avec *enastez,* mis au bout d'un pieu, sc. pendus, qui fournit un excellent double sens. (V. ci-après *Enastez.*)

ATASTER, v. a. Sentir, attoucher.

> Pourtant se font *ataster* et cremir.
> Ball. VIII.

> Vint *atastant* sire Combers
> Au lit. . .
> *Fabl.* dans La Curne.

Taster vient de *taxitare,* itératif de *taxare,* dont un des sens est toucher. *Adtaxare,* d'où *ataster,* serait donc identique à *attoucher;* ici le mot est pris dans le sens usuel et n'a rien de jargonnesque. D'ailleurs, il reproduit littéralement l'italien *atastare* ou *attastare,* qui signifie *toucher* et *éprouver.* N. Duez.

AUBE, subst. f. Matinée, point du jour. Pièce de tissu blanc.

> Brocquanz, dorlotz, grand guain, *aube* florye.
> Ball. XI.

Bien que le mot ne soit pas de Jargon, il trouve place ici à raison de quelques particularités qui s'y rattachent.

L'*aube* se dit non seulement de la première blancheur du jour, mais aussi de tous vêtements blancs, et même d'un linceul. Dans le Jargon espagnol (Oudin) *alba* veut dire un drap de lit, ce qui n'a rien de particulièrement jargonnesque. La signification de tissu blanc était générale, et l'on peut admettre que l'*aube* en Jargon désignait toute espèce de linge.

Dans cette seconde acception, l'*aube florye* de l'exemple ci-dessus, au lieu de signifier matinée joyeuse et fructueuse, se relierait aux premiers mots du vers, *brocquans, dorlotz,* c'est-à-dire bagues et rubans, et voudrait dire *lingerie volée.* Ce qui sera justifié au mot *florye* ci-après.

« Le fils de Clovis mort fut en *aubes* (vêtements blancs des enfants) assez tost après son baptisement. » *Chron. de S. Denis,* t. Ier, f° 11. — « Maudite soit l'heure que je fus oncques née, et que je ne mourus en mes *aubes.* » *Quinze joyes du mariage,* p. 27.

A grant ounor antierrés fu...
Rice tombe et moult rice *aube.*

Ph. Mouskes, ms. p. 330.

* AUDINAS, subst. pl. Prêtres, seigneurs et magistrats; gens qui disent ou à qui l'on dit *audinos,* la finale étant altérée pour la rime :

Marques de plant, dames et *audinas.*

Ball. XI.

Audinos, prière. « Te rogamus, audi nos. » — « La laisse dire ses *audinos.* » Bouchet, IV, 183. — « Le mary qui avoit accoustumé de s'endormir en disant ses *audinos.* » *Ibid.,* I, 206. — « Philippin. Aga, queusi queumy? *Te rogamus, audi nos.* — Alaigre. Voicy le jour du jugement, les bestes parlent latin. » *Comédie des proverbes,* p. 68. — « Ladicte bonne femme, disant ses gaudez et *audinos....* » Rabelais, I, 271.

AVANCER, v. a. C'est le mot de la langue usuelle, avec quelques nuances archaïques.

> Espelicans
> Qui en tous temps
> *Avancez* dedans le pogois
> Gourde piarde.
> Ball. III.

> Que voz ens soient si hardis
> Que de leur *avancer* la droe.
> Ball. VI.

> Pour *avancer* au polliceur de pye.
> Ball. IX.

> Truye maris, sans *avancer* ravault.
> Ball. XI.

Dans le premier exemple, *avancer* signifie *prendre* (de la boisson); dans le deuxième, *faire prendre* (une drogue); dans le troisième, *employer;* dans le quatrième, *rattraper en prenant de l'avance.* Ce sont des sens généraux analogues à ceux du verbe italien *accommodare.*

> Me sot Simon cuer embler
> Ke, se pitiée ne m'*avance*...
> Poés. mss. La Curne.

« Et pour ce soit à present expedient que lesdits chaussetiers, pour l'*avancement* des personnes, les facent et vendent toutes garnies. » Lettres de Charles VI, 23 octobre 1398, rec. du Louvre, IX, 301. — « Il payera cent solz d'amende, dont le roy aura les deux pars, et les gardes dudit mestier, le tiers pour leur paine de les *avancier* et visiter les euvres. » Lettres de Charles VI, 16 mai 1408. Rec. du Louvre, IX, 332.

Avancieres se disait d'un officier public dont le devoir était de dénoncer les crimes, et sans doute aussi des gardes des métiers, chargés de rechercher et de constater les contraventions. Note de Leber. Coll. XIX, 497. — *Avancieres*, procureur fiscal, promoteur. Lacombe. Dans cette acception, on retrouve l'identité d'*avancer* avec *procurer*. L'*avancieres* (forme moderne *avanceur*) est un *procureur*.

« *Avançar*, avoir ou estre de reste. Ce mot est italien et receu en Espagne entre les marchands. » Oudin.

BABIGNER ou BABINER, v. n. La seconde forme reproduisant la prononciation exacte de la première. Littéralement remuer les *babines*, par extension parler, raconter, babiller, supplier, avouer.

> Et *babignez* tousjours aux ys
> Des sires pour les desbouser.
> Ball. I.

> Devant la roe à *babiller*,
> Il *babigna* pour son salut.
> Ball. II.

> Berart s'en va chez les joncheurs
> Et *babine* qu'il a plongis.
> Ball. IV.

> L'on n'atendoit que le telart
> Pour te pendre hault comme ung lart
> Nonobstant tout ton *babinage*.
> *Vie de saint Christophe.*

Dans le premier exemple, *babigner* veut dire marmotter, supplier, demander l'aumône; dans le second, implorer ou avouer; dans le troisième, bavarder en suppliánt. La pensée du premier exemple est clairement expliquée dans ces deux vers :

> Pour *babiller* piteusement
> Et joncher beau, c'est mon mestier.
>
> Mir. des enfans ingratz.

> Sçais tu qu'il est, ne me *babilles*
> Meshuy de ton bée et me paye.
>
> Pathelin.

« *Babiner*, muover le ganascie ». Oudin.

Le zincalo possède le verbe *babiñar*, que Borrow traduit « to extinguish, apagar » (éteindre, étancher, calmer).

Babines, babeines ou *babaignes* est le nom vulgaire donné aux lèvres de divers animaux, particulièrement du singe qui remue continuellement les siennes. (V. ci-après *Mouargie* et *Moue*.)

Babouin, d'après M. Littré, voudrait dire autant que lippu. (V. ci-après *Baboue*.)

BABILLER, v. n. Mot de la langue usuelle que le Jargon rend également par *babigner*. (V. ci-dessus.)

> Devant la roe à *babiller*
> Il *babigna* pour son salut.
>
> Ball. II.

> Pour *babiller* piteusement
> Et joncher beau, c'est mon mestier.
>
> Mir des Enf. ingratz.

> Scez tu qu'il est ? Ne me *babilles*
> Meshuy de ton bée, et me paye.
>
> Pathelin, v. 1571-2.

En argot moderne, la langue se dit la *babillarde* et un

confesseur est le *babillard,* celui qui fait *babiller.* Vidocq.

La racine du mot et le mot lui-même se rencontrent dans beaucoup de langues européennes; allem. anc. et mod., *bablen, babelen, babbeln;* holl., *babbelen;* angl., *to babble;* dan., *bable;* island., *bab.* On y peut voir une onomatopée; c'est le sentiment de Diez; d'autres font venir *babil* et *babiller* de la tour de Babel. Cette étymologie, proposée et soutenue notamment par Grotius, a pour elle l'autorité de Mme Pernelle :

C'est véritablement la tour de *Babilone,*
Car chacun y *babille,* et tout du long de l'aune.

Tartuffe, sc. 1re.

Sans remonter à la langue universelle dont *babiller* serait un vénérable débris selon Grotius, contentons-nous de remarquer que le mot a des racines fort bien établies dans la langue grecque. L'interjection grecque Βᾶ, signe d'étonnement, qui a passé dans notre langue (bah!), redoublée en Βαβαί (Βαβαὶ τοῦ λόγου! Oh! quel discours! Platon), conservée par le latin Babæ (Babæ! nunc demùm animus mihi in tuto est loco. Plaute), est un radical onomatopique qui se retrouve dans les verbes Βάω, Βάζω, Βαβάζω, parler et *babiller,* bégayer comme les petits enfants; d'où Βάβαξ et Βαβάκτης, *babillard,* et Βάβιον, bambin. L'italien possède *babbolare,* etc. Ces étymologies me paraissent mériter de prendre le pas sur les mots tirés des langues germaniques. (Voy. *Baboue* ci-après.)

Je ne quitterai pas le mot *babiller* sans y rattacher une explication intéressante pour la langue spéciale des gens de théâtre. On sait qu'à la Comédie-Française on a dit longtemps *le grand trottoir* pour désigner les rôles importants du grand répertoire. C'est tout simplement un emprunt au Jargon des matois du xvi° siècle : « le *babil*, c'est le *trotouër;* un andre qui va sur le trotouër, c'est une femme qui va *babiller* ». Tel est le renseignement positif que nous fournit Bouchet en sa XV° serée (III, 131), intitulée *des larrons, des voleurs, des picoureurs et des mattois,* qui contient un petit vocabulaire du Jargon des matois vers la fin du xvi° siècle, après le siège de Paris par Henri IV.

* BABILLANGIER, v. n. Fréquentatif de babiller par l'adjonction du *gier* jargonnesque qui se retrouve dans les cinq ballades inédites du manuscrit Stockholm. (Voy. *Gier*.)

Babillangier sur tous fais et sur ars.
Ball. XI.

BABOUE, s. f. Le singe, c'est-à-dire le pendu qui fait la grimace ou la moue au haut de l'arbre ou de la potence. (Voy. *Mouargie* et *Moue*.)

Vive David saint archquant la *baboue*.
Ball. X.

Et si doit-on toudis du pot verser,
Vins et vaisseaulx l'un l'autre requerir;
Les requérants y doivent obéir,
Sans refuser, tout boire, et sans escroe.
Ainsi se doit cet ordre maintenir
Qui s'appelle l'ordre de la *baboue*.
EUST. DESCH., f° 241, col. 2.

(La Curne a lu inexactement *escroc* et *baboc*.)

« Et trouvons en Théocrite qu'une femme nourrice menasse son enfant de la *Babouë* ou du Marmot ». Boucher, IV, 68. — « Panurge luy feist la *babou* en signe de rision. » Rabelais, II, 468. Le même auteur nomme la *babôu* parmi les jeux de Gargantua, I, 81. — « Faire la *babou*. » Cotgrave.

Babouin, le singe, paraît être un diminutif masculinisé de *baboue*. Littré adopte pour l'origine de *babouin* le mot *bâppe* qui voudrait dire mufle dans les patois allemands. Je préfère à cette dérivation problématique les mots grecs que j'ai cités sous *babigner* et *babiller ;* et surtout Βάϐιον, que nous conservons sous la forme de *bambin*. Un *babouin* a dû très facilement se comparer à un petit enfant.

Au grec Βάϐιον nous rattachons aisément, avec le *bambin* français, ses homotypes le *bambo* et le *bambino* italiens, l'anglais *baby*, francisé en *bébé*, etc.

Même origine pour la *babbole* italienne dont nous avons fait *babiole*, et pour le provençal *baboyos*, sornette, enfantillage, etc. (Dict. de Jean Boudo sur les poésies de Goudelin, édition de 1638.)

Babô, langue d'Auvergne, être imaginaire, très laid et très noir, dont on fait un épouvantail pour les enfants. « Noir comme *babô*. » *Barbaou* en breton, même signification. — *Babooú*, niçois. Faire *babooú*, c'est poindre et disparaître subitement, se cacher et reparaître.

La série des mots italiens fournie par N. Duez est : *babbo*, papa, mot d'enfant ; *babetto, babbino*, même signification ; *babbione*, gros singe ; babouin ; *bamba*, poupée ; *bambino, bambina*, petit garçon, fillette, etc. « Andare à *Babbo* riveggoli », aller au diable, nous ramène au sens d'épouvantail.

Baburrus, c'est-à-dire *stultus*, Isid. 10, 31 ; ital., *babbaccio*, *babbeo, babbuino* ; esp., *babia* ; latin, *babulus* pour *fatuus* dans Apulée (Diez, p. 40).

A côté de *baboue*, substantif, le vieux français avait *baube*, qui est le *balbus* latin, bègue; et *bauboyer*, bégayer, qui rendent exactement le grec Βαμβαλὸς, bègue, et Βαμβαλίζειν, bégayer. Bien que l'origine et le sens s'écartent de *baboue*, je suis obligé de faire état des dérivations de *balbus*, à raison d'une autre interprétation possible du passage qui m'occupe. On pourrait lire en effet :

> Vive David saint archquant ! La *baboue*
> Jean mon amy, qui les feuilles desnoue.

ce qui se traduirait : « Vive David, le saint de l'arche, qui mène à la potence. Là balbutie, Jean mon ami, celui qui dénouait la bourse du prochain. » Jean mon ami est une locution proverbiale, une sorte d'exclamation, qui n'entre pas dans la construction de la phrase. *Baboue* serait, dans cette hypothèse, la troisième personne de l'indicatif présent du verbe *baboyer*, balbutier et faire la moue.

« I *blaber*, I put forthe the lyppe, as one dothe his tonge in his heed. *Je baboye*, prim. conj. as *la langue luy baboyt en la teste :* his tonge *blabred* in his heed. » Palsgrave, 456. — « I falter in my speaking, as one dothe that is drunken. *Je baboye*, prim. conj. His tonge begynneth to falter, he hath dronke a lytell to moche : *Sa langue se commence à* baboyer ; *je pense qu'il a ung peu trop beu.* » Palsg., 545.

BANC, subst. m. C'est proprement le banc, c'est-à-dire la sellette où s'assied l'accusé, peut-être la prison.

> Qu'au mariage soiez sur le *banc*
> Plus qu'ung sac n'est de plastre blanc.
>
> Ball. I.

Banco, prison, en argot espagnol. Franc. Michel.

BAUDERIE, subst. f. Finesse, subtilité hardie et joyeuse.

> Prince, cil qui n'a *bauderie*
> Pour soi eschever de las oe.
>
> Ball. VI.

> Prestre se tu pour ta prestrie
> Es baus, bien peus par *bauderie*
> En plour tourner ton chantuaire.
>
> ALAIN CHARTIER.

L'allemand *bald,* hardi; anglais, *bold;* prov., *baut;* italien, *baldo,* a donné en français *baud* et *baude,* avec la signification de hardi et joyeux; d'où *esbaudir* et *ribaud* encore en usage; ital., *ribaldo.*

> Portant chère hardie et *baude.*
>
> VILLON, *Gr. Test.*

Baudir, v. a. « Et ainsi *baudiras* tes chiens et en vauldront mieux. » *Modus et Racio,* f° 28 v°. En cette acception de vénerie, *baudir* signifie non pas réjouir, mais aguerrir les chiens, les rendre hardis, ce qui est conforme au sens primitif du mot.

Baud emportait avec soi comme une senteur d'obscénité. Palsgrave donne *baudeman* et *baudewoman* pour maquereau et maquerelle.

Enfin, dès le XVI° siècle, le Jargon réformé appelait *baude* le mal de Naples, qu'on nommait aussi le mal *Sainct Baude.*

* BAUDROUSE, s. f. Mot d'exemple unique. — Lanière de cuir ou corde pour la pendaison. On pourrait ici comprendre « le fouet », punition fréquemment et publiquement appliquée aux malfaiteurs.

> Plus n'y vault que tost ne happez
> La *baudrouse* de quatte talle.
> Ball. IV.

Cette signification est attribuée au mot *baudru* dans plusieurs dictionnaires d'argot. « Tu as eu la tapette et l'*baudru*. » *Le déjeuné de la Râpée*, p. 6.

Baudrouse, comme *baudru*, se rattache visiblement à *bauldrier* et *bauldroye*, qui, en vieux français, désignent d'une manière générale les objets quelconques faits de cuir *baudroyé*. « Mes souliers *de baudrier* », dit la chanson d'un barbier de Paris (Chansons nouvelles, Jehan Bonfons, 1548). Ailleurs le *baudrier* est une ceinture de cuir à usage de bourse. « Bien faschés d'avoir si mal employé l'argent de leur *baudrier* ». Brant., *Cap. fr.*, t. IV, p. 315. La partie du corps sur laquelle porte le *baudrier* en recevait aussi le nom par extension : *Nuz du baudrez*, de la ceinture, du milieu du corps. Benoît, III, p. 206, v. 37433. Il suit de là que la *baudrouse* peut se traduire par fouet, lanière de cuir ou baudrier. (V. ci-après, v° *Talle*.) Mais il se peut que la *baudrose* désigne ici soit un baudrier de cuir où se rattachait la corde qui servait à pendre, soit cette corde elle-même. Voyez les mots *Quatte* et *Talle*.

> Molt ot longe le barbe dusqu'al neu del *baudré*.
> *Aiol.*, v. 5737.

Une troisième version se présente, qui changerait l'aspect de la figure sans modifier le sens du vers. Un ancien instrument à cordes s'appelait la *baudose* (probablement la joyeuse, de *bauld* et *baulde*, hardi, joyeux, libertin); il y aurait, en ce cas, comparaison entre les piliers du gibet et une guitare à quatre ou plusieurs cordes, donnant « la belle mélodie » qui célèbre, dans la ballade VII, les noces des *beffleurs* avec la potence. A cette acception se rattache la *baldosa*, qui est une danse ainsi désignée par N. Duez dans son dict. italien. Il est clair que le nom de l'instrument et celui de la danse ne font qu'un.

Baudrouse, si on lisait *baudose* ou *baudouse*, comme ci-dessus, suggérerait aussi l'idée d'un mot hybride, *bald-house*, la maison de débauche, par antiphrase, pour le gibet. L'emploi du mot *gauldouse* (v. ci-après), c'est-à-dire la maison de joie ou la bonne maison, donne quelque crédit à cette hypothèse. On trouve dans Palsgrave *bordel-house*, qui est bien autrement anormal.

BAY, s. m. Je crois que c'est le mot *bec* écrit comme on le prononçait avec la finale muette.

> Brouant au *bay* à tous deux walcquerins.
> Ball. IX.

> Quant il trait le *bai* sans le marc.
> Le Jus de sainct Nicholai.

Dans le premier de ces deux exemples, le rétablissement du mot *bec* ferait disparaître l'hiatus; *bai*, en ce lieu, n'est donc qu'une faute de copiste.

La prononciation *bé* est affirmée par ce quatrain que cite Littré :

> Quand il pleut à la Saint Medard,
> Il pleut quarante jours plus tard;
> A moins que saint Barnabé
> Ne lui tape sur le *bé*.

Dans le deuxième exemple, il faut lire le *brai*, c'est-à-dire l'orge broyée pour la bière. « Troys molins, dont l'ung nommé le Molin Braseret, n'estoit qu'à modre *braie*, grain à brasser cervoise ou goudalle. » Du Cange sous *Brace*.

BEC, s. m. Dans une des acceptions ordinaires du mot, par lesquelles on assimile le nez et la figure d'un homme au bec d'un oiseau, telles que clore le bec à quelqu'un, se prendre de bec, etc. (V. ci-après *Rebecquer*.)

> Luez au *bec* que ne soies greffis.
> Ball. I.

> Luez au *bec* que roastre ne passe.
> Ball. VII

> Nous y allons luer au *bec*.
> Mist. de la Passion.

> Tournez toudis le *bec* par devers France.
> Eust. Desch. ms. f° 106, col. 1.

« Ils avoient le *bec* au vent pour tirer à leur païs. » *Le Jouvencel*, ms. p. 567. — « Crestien penront par le *bech*. » Machaut, ms. f° 230.

« Que le *maulubec* vous trousque ! » Rabelais, I, p. 7. — « Quand la neige est sus les montaignes : la fouldre, l'esclair, les lanciz, *le mau lubec*, le rouge grenat, le tonnoirre, la tempeste, tous les diables sont par les vallées. » *Ibid.*, II, 136.

« *Maulubec* ou *mauloubet*, ulcère ou chancre fort dangereux; *malaubec* », dit le Rabelaesiana, éd. Louis Janet, Paris, 1823, t. III, p. 656. Je traduirais plutôt, par décomposition, *mau lu bec*, mauvaise lumière à la figure (voyez *Luer*).

BEFFLEUR, s. m. Trompeur, escroc; spécialement celui qui trompe avec la parole, et, à ce titre, supérieur aux voleurs vulgaires qui se bornent à dérober avec la main.

Là sont *beffleurs* au plus hault bout assis.
Ball. I et VII.

Le vendengeur *beffleur* comme une choue.
Ball. X.

. . . . C'est Barrabas
Qui se dit le roi des *beffleurs*.
Mist. de la Passion, 4e journée.

Par tous nos dieux, maistre *beffleur*,
Vous venez à la *befflerie*...
Je suis Gournay, où *beffleurs* vont d'aguet.
Mist. du V. Testament.

Car je maintiendrai par les dieux
Devant tous que tu l'as *besfflée*.
Mir. des Enfans ingratz.

... Tous gens flateurs sont diaboliques,
Je les maintiens pour *beffleurs* impudiques.
Roger de Collerye.

Gueux mitouflez, frapars escorniflez,
Befflez, enflez, fagoteurs de tabus.
Rabelais, I, 195.

« Je vous prie de croire que j'ay le cœur trop bon, pour me laisser beffler et nasarder de la façon. » *Les après disnées du seigneur de Cholieres*. — Le maréchal de Villeroy s'en servait encore : « Il ne contoit à Sa Majesté touchant les affaires d'Espagne que des niaiseries et balivernes, afin de le *beffler* et l'amuser. » Villeroy, *Mém*., t. II, p. 84. — Sully, dans La Curne, t. VII, 192.

« *Beffler*. To deceive, mocke or gull, with fair words. » Cotgrave. — Oudin, dans ses *Recherches italiennes et françaises* (2e partie, p. 52, c. 2), traduit *besfler* par *beffare*, c'est-à-dire gausser, railler, *beffler*. — « *Beffler*, mener un homme par le bout du nez, le tourner en ridicule, le tromper. » Dict. de Trévoux.

On a voulu le dériver de l'anglais *befool*, qui a la même signification ; c'est une confusion. On dit en anglais *báffler*, ce qui est le mot exact et la prononciation française, écrits avec les caractères anglais.

Littré, sous *Bafouer*, donne anc. fr. *baffe* et *beffle* ; provençal et esp., *bafa* ; ital., *beffa*, moquerie ; esp., *befar*, railler ; *befa*, lèvre du cheval ; *befar*, remuer les lèvres. On trouve *bufeor* dans les anc. poés. av. 1300, citées par La Curne.

Ital., *Beffe*, moqueries :

N' ho' l danno e le *beffe*.
Prov. ital. 1555.

Du Cange a recueilli les éléments d'une étymologie plus rationnelle que *befa* ; « *Bifax*, mendax, *befarius*, bilinguis, fallax. » Papias. — « *Bifarius*, vel duas linguas habens. » *Vet. Gloss. S.-Germ.*, n. 501. Le *beffleur* serait celui qui a la langue double, c'est-à-dire qui a deux pensées et qui trompe.

Scherz enregistre « *befferen*, v. a. ; species delicti », d'après une phrase d'Ulrich de Hutten ainsi conçue :
« Sie betrigen, sie *befferen*, sie stelen, sie lingen, sie fels-

chen die sigell. » Scherz ajoute : « f. idem quod *widerbeffen, befzen,* oblatrare ».

BELISTRIEN, s. m. Même signification que *belistre*.

> *Belistriens* perpetuels des prez...
> *Belistriens,* porteurs de veronicles.
> Ball. VIII.

> Qu'en dy tu, he, *belitrien?*
> *Farce du pasté et de la tarte.*

Belistre, s. m. Mendiant, gueux qui vit d'aumône et de rapine.

> Et puis Dieu sçait la mocquerie
> Qui en trotera par les champs
> Entre *belistres* et meschans.
> *Mir. des Enf. ingratz.*

> Quant me veiz tu? — A la *belistre.*
> *Mist. du V. Testament.*

« Un belistre de soldat, son hoste. » Montaigne, III, II, 5. — « L'imposture d'une *bellistresse.* » Paré, XIX, 22.

Il y a une scène des *belistres* dans le *Mist. du V. Testament.*

Belistrerie, s. f. Mendicité, gueuserie.

> Ce seroit une seigneurie
> Que le train de *belistrerie;*
> Ung chascun vouldroit caymander...
> Tousjours avoye en fantasie
> De le voir une fois rendu
> A l'ordre de *belistrerie.*
> *Mir. des Enf. ingratz.*

Rabelais écrit *belistrandie* au même sens : *La belistrandie des Mille Souldiers* en son facétieux catalogue de la librairie de Saint-Victor, I, 249.

Belistrer, v. n. Mendier, gueuser.

> Non de vouloir chez toi les flatteurs rencontrer
> Qui te feront un jour ainsi qu'eux *belistrer.*
>
> RONSARD, 909.

« Fainéans qui vont *belistrans* d'huis en huis. » Strapar., t. II, p. 391.

BENARDS, s. pl. Prononciation parisienne de *bernards,* synonyme de sot, dupe, niais.

> Brouez, *benards,* eschequez à la saulve.
>
> Ball. X.

> *Benards,* vous estes rouges gueux.
>
> Ball. IV.

> Et pour ce, *benardz,* coquillars...
>
> Ball. III.

> Prince, *benardz* en esterie...
>
> Ball. V.

L'édition Trepperel donne *bernardz* au lieu de *benards* dans l'exemple ci-dessus, tiré de la ballade III du Jargon.

> On le claime en disant *bernart.*
>
> EUST. DESCH., ms. f° 211, col. 4.

Le *Roman de Renart* appelle un mouton *bernard* et qualifie l'âne *Bernard l'archiprestre.*

« Lambert, Lambert, tu as enchanté ou ensorcelé mon frère ; il est tout *bernard* de toy. » Du Cange sous *Bernarius,* lettre de rémission, 1397. — « Mais que ledit Bernart estoit bien coquart, *bernard* et tout sot, car il n'estoit si mauvaise cornardie que sotie. » Autre lettre de 1391. —

« Mais, sire *bernard*, ces diables de ravisseurs n'avoient-
ils pas un nez au visage? » *La Comédie des Proverbes*,
p. 25.

Les Parisiens, grasseyant comme les Anglais de nos jours,
prononçaient *béénards*. On trouve, il est vrai, le mot *bénarde* pour qualifier une serrure qui s'ouvre des deux
côtés (Trévoux et Littré) ; mais c'est encore une forme de
bernarde : « Icelle Marion s'en coury à l'uis, qui fermoit à
serrure *bernarde*. » Du Cange, *Bernarius*. — *Bernard*, dit
Littré, signifiait niais, sot, et l'on a nommé *bernarde* ou
bénarde une serrure, moins bonne, moins sûre que les
autres. »

Dans l'exemple tiré de la ballade III, *benards* prépare et
redouble le sens de *coquillars*. (V. ce mot.)

Il ne serait pas impossible qu'à *bernard* se rattachât le
verbe *berner*. Mais les matériaux manquent pour vérifier
la conjecture.

Bernart a aussi la signification de langage ou même de
Jargon :

> . . . Si Diex me gart,
> Vous parlerez d'autre *bernart*.
>
> Fabliaux mss. de Saint-Germain, p. 186.

> Il semble que vous m'apregniez,
> Fait-il, à chanter le *bernart*,
> Ains me lairroie à une hart
> Lacer el col que gel preisse.
>
> Ib., f° 352.

BENDEZ, imp. de *bender*, ancienne orthographe de
bander, v. a., tendre, raidir; par extension, résister, se
prémunir. C'est du langage ordinaire.

> *Bendez* vous contre la faerie.
>
> Ball. V.

Il est inutile de citer ici les nombreux exemples de *bender* par un *e;* il suffit de rappeler quelques textes pour le sens :

« Et estoit grant pitié, car le pere contre le fils, le frere contre le frere estoient *bandez.* » Juvénal des Ursins. Chron., 1417. — « En ces faultes nous sommes *bandez* à notre escient contre les reigles de la raison. » Montaigne, I, 54. — « Je m'estonne, dit-il, comment les Italiens se *bandent* contre moy. » Ibid., III, 90.

> Qui voudroit se *bander* contre une loi si forte?
> RÉGNIER, *Sat.* III.

Saint-Simon, Voltaire et P.-L. Courier l'ont employé en ce sens.

* BERARD ou BERART, s. m.

> *Berart* s'en va chez les joncheurs.
> Ball. IV.

> *Berard,* se vous puist, renversez.
> Ball. V.

Les éditions anciennes impriment indifféremment *Berart* ou *Berard* et *Berouard.* Mais le sens indique deux mots distincts. *Berart* paraît être le sobriquet de l'agent de police, du faux frère qui s'introduit chez les joncheurs pour les trahir et les dénoncer.

Berre, berri, verrat. Lat., *verres.*

BEROARD, s. m. Bandit, de l'ordre des soldats maraudeurs.

> Car le bizac avoir ad vis
> Fait au *beroars* faire la moue.
> Ball. VI.

> . . . Hé! povre *beroard*,
> Ta sentence estoit dejà preste.
> *Vie de saint Christophe.*

Voilà un de ces mots à double sens qui donnent tant de richesse au vocabulaire restreint du Jargon, que Bouchet comparait aux langues hébraïque, grecque et latine (III, 129).

Le sens propre de *beroard*, c'est un soldat, un homme d'armes, et même un guerrier vaillant :

> Chascun deïst : « Veela, je croy, un *berruier*. »
> BRUN DE LA MONTAGNE, 3075.

Du Cange contient l'article suivant : « *Berroerii. Berrorieri. Birri. Sbirri. Berroarii.* — Beroarios armigeros vestitos de eodem panno. Muratori, t. IV, 78. » Les *beroars* de Muratori sont des hommes d'armes portant un uniforme. Du Cange ajoute : « Italis quae vox interdum sicarios, sceleratos et ruptuarios sonat, interdum apparitores. » Ainsi ce sont chez les Italiens tantôt des sergents, des sbires, tantôt des routiers, autrement dit des brigands militaires.

L'italien moderne conserve *berroviere* et *birroviere* signifiant archer ou sergent. Au XVII° siècle, N. Duez lui donne le sens qui appartient aux deux exemples de Jargon allégués ci-dessus : « 1° Fendeur de nazeaux; un filou; un couppe-jarrets; 2° serviteur de magistrat, comme bedeau, sergent ou archer. »

On trouve la forme *berrois* traduite par *berruyer* dans La C. Poë. mss. av. 1300.

Le sens positif est authentiquement établi par les exemples qui précèdent. Le *beroard* est un soldat brigand, comme les *feuillards* (V. *Feuille;* consultez aussi le *Discours préliminaire* en tête du présent volume). Mais une autre signification figurée et parallèle nous apparaît, si nous considérons les différents aspects de la famille de mots qui se rattache au verbe *brouer* qu'on trouvera ci-après. *Brouer* est le verbe le plus employé dans le Jargon ; on en pourrait dire ce que Figaro disait de *goddem!* que c'est le fonds de la langue.

Brouer, c'est la forme verbale de *broue* et de *brouée*, à savoir du nuage, du brouillard, si favorable aux exploits des mauvais garçons.

Le patois du Berry donne *berouée* pour *brouée*, et le patois bas-normand *berrouasser* pour *brouasser*. D'où cette hypothèse, conforme au génie du Jargon, que les *beroards* seraient les gens de la *berouée*, les compagnons du brouillard, ou enfin les soldats du brouillard, si l'on veut fondre les deux acceptions en une seule.

* BESISSES, s. pl.

> De vos farges ferez *besisses*,
> Tout debout et non pas assis.
>
> Ball. IV.

J'ai expliqué, dans mon Discours préliminaire, le système de redressement qui me fait adopter *besisses* au lieu de *besifles*, donné par les anciens textes. La rime appelait impérieusement *besisses* pour rimer avec *eclisses* qui ne souffre pas de changement. Mais *besisses*, au premier abord, ne semble pas plus intelligible que *besifles*. Un passage de Guillaume Guiart m'a mis sur la voie d'une interprétation plausible. La voici :

> Cil des galies font *besistre*
> Qui es haus mas pas ne messiéent.
>
> Guill. Guiart, ad. a. 1304.

Du Cange (sous *Besistre*) en donne l'explication suivante : « Faire *besistre*, fune, quæ nautis *issas* vel *drissas* dicitur, uti. » Ce qui permet de traduire ainsi les vers de Guillaume Guiart : « Ceux des navires mettent en mouvement les drisses (pour élever les voiles) qui ne messaient pas dans les hauts mâts. » On comprend maintenant l'image employée par le Jargon : « Vous ferez *besistre*, vous serez hissés au bout de vos chaînes (*id est* pendus) tout debout, et non pas assis. »

Reste à identifier *besistre* avec *besisses*. Cela ne me paraît pas faire beaucoup de difficulté.

Du Cange tire *besistre* des cordages appelés en bas latin *issas* ou *drissas*, en marine moderne *drisse*, cordage destiné à hisser un mât, un pavillon, une flamme, une vergue; de *dirizzare*, it., dresser (Littré). La forme *issa* a donné *hisser*; esp. et port., *issar*; ital., *issare*; germ. et anc. scandinave, *hisa*; suédois, *hissa*; celt., *hissen*; danois, *heise*; anc. angl., *hoyse*; angl. mod., *to hoyse* et *to hoist*. Jal, dans son *Dict. de marine*, rapporte sous *drisse* les anciennes formes *hissas, issas, yssas*.

> Avec la *drisse* l'on *hisse*.
> En rivière on dit *drisser*.
> La voile qu'il faut *hisser*
> Donne son nom à la *drisse*.
>
> G. DE LA LANDELLE. *Lang. des marins*, p. 388.

Le faisceau de ces formes différentes, à quelque langue qu'elles appartiennent, aboutit à la terminaison unique en *isse*, qui justifie pleinement *besisse*.

Nous arrivons donc à ce résultat curieux que la forme, ainsi reconstruite, est évidemment préférable au *besistre* de Guillaume Guiart.

§ J'ajouterai, pour ne rien omettre de ce qui peut aider le lecteur à se faire une opinion par lui-même, et en même temps à mesurer les difficultés d'un travail comme celui-ci, deux indications qui se réfèrent à d'autres origines :

> Après fouldre esclitre,
> Tempeste *behistre*
> Que leur administre
> Mars le fier ministre.
>
> <div align="right">MOLINET, p. 145, <i>L'A. B. C. sauvaige.</i></div>

> Les grands meschiefs et les *behistes*
> Que devoit faire assés tost tristes.
>
> <div align="right"><i>Hist. des trois Maries</i>, ms. p. 346.</div>

Besis signifie voisins dans le patois de Cahors. Borel sous *Glouper*. On pourrait comprendre, à la rigueur : « Nos chaînes voisineront entre elles tout debout. » C'est toujours la même idée de pendaison.

J'enregistre, pour être complet, d'après Eust. Deschamps, une locution proverbiale : *ba si ferez*, qui paraît signifier : vous aurez beau faire (ms. 840, f° 220, c. 4). La Curne l'a reproduite inexactement sous la forme de *be si ferez*.

Enfin, il faut tenir compte d'une famille de mots de l'allemand du moyen âge recueillis par Scherz :

Besess, possessio; *besessen*, obsessus; *besetzen*, affirmer en justice; convincere, obsidere, vindicare, concedere, legare; *besitzen*, possidere, supersedere.

On traduirait alors « vous prendrez possession de vos fers, tout de bout, etc. ».

BIGNER ou BINER, v. a. litt. fendre, cogner, par extension aller et venir.

> *Bignez* la mathe sans targer.
>
> Ball. V.

Biner, rouchi, s'enfuir, s'en aller promptement. — *Debiner,* rouchi, même signification. — *S'esbigner,* fr. moderne, et *sbigna,* napolit., même signification.

> Voyant qu'on crie à la garde,
> *S'esbigne* en disant...
> Et l'amant, qui se sent morveux,
> *S'esbigne*...
>
> DESAUGIERS.

Je crois que c'est purement le mot *biner,* donner un second labour à la terre. L'homme qui s'enfuit laboure la terre avec ses deux pieds.

> Et voilà mon ami le guet
> Soudain de brouer le terrien,

a dit Coquillart, jouant sur *brouer* et *labourer.* (Voyez *infrà* au mot *Brouer,* et aussi les mots *Rebigner* ou *Rebiner.*) *Bigne* et *bignon* pour tumeur me paraissent se rattacher à cette origine unique. La note de Génin sur *s'exbigner* (*Récr. philol.,* II, p. 104) me paraît donner à côté.

« *Binar,* v. a. zincaló. To sell, vender (vendre). » Borrow.

Biner, dans les poésies du capitaine Lasphrise, signifie embrasser :

> Viens çà, mauvaise,
> Mon esmoy,
> *Bine* moy
> A mon aise.
>
> P. 30.

> Joly poulet
> Mignardelet...,
> Sors vistement,
> Furtivement,

> Pour que tu *bines*
> Ses sœurs poupines.
>
> P. 129.
>
> Hé mé mé, bine moy, bine moy, ma pouponne.
>
> P. 197.

Mais le verbe *biner* employé par Marc de Papillon paraît en rapport avec une série de mots obscènes signalés par Ménage, v° *Binne*, d'où *binette*, très antérieure à la perruque de ce nom, inventée par le sieur Binet vers la fin du XVIIᵉ siècle.

BIS, adj. gris brun. Le mot est ici de la langue ordinaire et n'est employé dans les exemples qui suivent que par une sorte de quolibet pour jouer sur le mot *blanc*, qui signifie argent (Voyez *Blanc*).

> Entervez tousjours blanc pour *bis*.
>
> Ball. V.

> Prenez du blanc, laissez du *bis*.
>
> Ball. VI.

> Seroit ce tout ung, *bis* ou blanc?
>
> *Mist. de la Passion.*

> Cis mos les a tous abaubis,
> Cis mos abati blans et *bis*.
>
> Phil. Mouskes, v. 21,905-6.

> J'y vois trouble, car es yeulx ay la taye,
> Et n'y congnois le blanc d'avec le *bis*.
>
> Jehan Caillau.

« J'ay bien occasion de vous suivre... et à faire service à la noble assemblée, *à bis* ou à blanc, à tort ou à droit. » *Satire Ménipp.*, p. 97. — « A *bis* ou à blanc, in qual si voglio modo, ad ogni modo. » Oudin. — « Faire une chose à *bis* ou à blanc, c'est-à-dire de gré ou de force. » Dict. de Trévoux. — « Et comme il nous viendra à la main, soit à tort ou à travers, à *bis* ou à blanc. » *Com. des Prov.*, p. 69.

Bis s'est dit pour *byssus*, lin ou chanvre. (V. Eust. Deschamps, ms. f°s 345, c. 2, et 545, c. 2.) Par extension fourrure, de là le sens obscène. *Bis, gros bis,* etc. *Rominagrobis,* c'est-à-dire Robin à la grosse fourrure.

> La belle fille entre les bras
> Et river le *bis* à plaisance.
> *Farce de folle Bobance.*

Bis. Cunnus. *Vie généreuse.* — « Je fus tout étonné comme n'ayant jamais rivé le *bis.* » *Ibid.* — « River le *bis* à la mille. » Bouchet, III, 129-30. — « Sais-tu bien river le *bis* ? » *Com. des prov.,* p. 69. — Devenu *bilou* dans le *Jargon de l'Arg. réf.*

Diez me paraît avoir indiqué la véritable étymologie de *bis* par *byssus*, d'où le port. *bugio*; bis; berr., *bège*, fauve; esp., *bazo*; it., *bigio*; bas latin, *bisus* et *busius*, fauve, roussâtre.

« *Bis* (zincaló), vingt, twenty. » Borrow.

* BISANS, part. pr. plur. employé substantivement. Les vents du nord qui noircissent le visage des pendus (voy. *Halle*), et peut-être, par équivoque, les *pisans* ou *carcans.*

> Plantez aux hurmes vos picons
> De paour des *bisans* si très durs.
> Ball. I.

Il est à remarquer que la bise, en provençal *bisa* et *biza,* est devenue en haut allemand *bisa* et *pisa,* ce qui fortifie l'équivoque entre *bisans* et *pisans* (Voy. *Pisans*). — *Bisains* septentrionaux, Perceforest, t. IV, f° 60.

Bise, pise, septentrio.

Quoi qu'il en soit, *bisans* est évidemment le participe pr. plur. du verbe actif *biser,* qui signifie noircir, dessécher, détériorer. Littré. Guillaume Guiart (ms. f° 317 r°, ap. La Curne) emploie *biser* pour *viser*. Peut-être n'est-ce qu'une faute de lecture, le *b* initial se confondant facilement avec le *v* gothique.

Biser en rouchi, c'est fendre l'air avec rapidité.

Être mis à la *bise,* c'est justement être pendu :

>Se n'éusse éu mon assez
>De Lietart tot à ma devise,
>Ge le feisse mettre à la *bise*.
>J'avoie si la chose emprise
>Qu'en el bois le feisse prendre
>Et à un chesne moult hault pendre.
>
>*Renart,* II, 301.

Voy. *Vent* (mettre au) qui a la même signification.

BISAC ou BISART, subst. masc. Le vent du nord ou la bise qui souffle sur les pendus.

>Car le *bisac* avoir ad vis
>Fait au beroars faire la moue.
>
>Ball. VI.

On lit dans diverses éditions le *bisart,* qui est précisément le soufflet ou l'éventail :

>Chacun fait le *biʒard,*
>Portant la queue du regnard.
>
>*Thresor des sentences dorées.*

Bisard, soufflet de cheminée. Vidocq.

Que le *biʒac* de la ballade VI soit le soufflet qui donne le vent ou bien le vent lui-même, la signification du vers n'en est pas changée.

Biʒarrado, coup de vent. Rom.-cast.

*BIZOUART, subst. masc. Je crois qu'il faut le traduire comme synonyme de *bis* au sens obscène indiqué plus haut sous ce mot.

<blockquote>Et retrallez se le biʒouart saince.

Ball. IX.</blockquote>

On lit dans Bouchet, à propos de certaines garnitures de toilette, qui ne datent pas, comme on voit, d'aujourd'hui : « Les femmes ayant froid en cette partie à cause du vent de *bise,* qui le plus souvent souffle là. » IV, 171.

On peut aussi le rapprocher de *brichouard* en l'exemple suivant : « Vous cuydiez taster et esprouver le grand *brichouard* de nostre hoste de Sainct Michiel. » LXVe *Cent nouvelles noüvelles.*

Briche, brichette, brinche, brighette, bringette, signifie verge et bâton; voy. La Curne.

Chouart, mentula. Vie généreuse et Dict. fr.-it. d'Oudin. « Et si mon *chouard* eût été comme il est. » *Vie généreuse.*

Je ne répéterai pas ici ma traduction; c'est assez d'écrire une fois ces explications scabreuses, mais nécessaires.

On pourrait, sans parvenir à se soustraire d'ailleurs aux mêmes idées, considérer *biʒouart* comme une forme de *biʒart,* soufflet de cheminée, vent du nord (voy. ci-dessus *Biʒac*); c'est-à-dire « rétrogradez si le soufflet nettoye, autrement dit si la *bise* souffle. »

§ *Biʒouart* a été souvent employé dans une acception

très différente, qui se rattache à la présente étude, bien qu'il n'y en ait pas d'exemple dans les œuvres du Jargon : « *Bisouarts*, merciers, porte-balles du Dauphiné, vêtus d'une grosse étoffe de couleur *bise*, qui vendent des petits livres et des bijoux, en latin *biʒordi*. » (De l'Aulnay, d'après Le Duchat, Gloss. de Rabelais, éd. Janet, 1823.) Deux étymologies pour une; mais n'insistons pas sur le latin *biʒordi*, qui est de pure fantaisie. — « *Biʒouart*. A paultrie fellow, who in a long packe or maund hath almanacks, books of news, or others trifling workes to sell. » Cotgrave. —. Dans la *Prognostication pantagrueline*, Rabelais énumère les gens soumis à l'influence de la lune; ce sont : « *bisouars*, veneurs, chasseurs, etc. », III, 243.

Dans le Jargon cité par Bouchet, *beʒarder*, c'est mourir; « il est *beʒardé*, il est mort ». Bouchet, III, 131.

BLANC, subst. et adj. masc. En blason comme en Jargon : l'argent.

> Advisez moy bien tost le *blanc*.
> Ball. I.

> Entervez tousjours *blanc* pour bis...
> Prenez du *blanc*, laissez du bis.
> Ball. VI.

> Boyrons nous plus? — Quant on vouldra;
> J'ay toujours mon *blanc* à ma tasse.
> *Actes des Apôtres*.

Par extension, *blanchir* signifie enlever l'argent :

> Pour mieulx *blanchir* et desbouser coquars.
> Ball. XI.

Et, par voie de conséquence, un homme *blanchi*, c'est-à-dire volé et ruiné, devient *blanc* à son tour, c'est-à-dire innocent, puisqu'on n'a pas saisi de butin dans sa bourse :

> Qu'au mariaige soiez sur le banc
> Plus qu'ung sac n'est de plastre *blanc*.
>
> Ball. I.

> Parmy le col soy je pendu
> S'il n'est *blanc* comme ung sac de plastre.
>
> *Pathelin*, v. 366-7.

> Tout son bien avoit despendu ;
> Par ainsy mourut le folastre
> Aussi *blanc* comme un sac de plastre.
>
> Cl. Marot.

Blanc (être), innocent. Rom.-castr.

« Mis au *blanc*, ruiné, ridotto in asso. » Oudin. — « Je me ruay dans la case d'un pauvre manant, et non content de l'avoir mis à *blanc*, je violay sa fille et sa femme. » *Courrier polonais*, 2ᵉ partie, 1649, p. 5 et 6. — « Car ils ne vous eussent laissé aller en si bon équipage que vous estes, mais vous eussent mis au *blanc*. » *Le facecieux reveille matin des esprits melancholiques*, 1654, p. 294. — « De sorte qu'à entendre parler cet homme, on auroit cru que je l'avois mis au *blanc*. » *Av. du ch. d'Assoucy*, ch. II.

Il a existé diverses monnaies de billon appelées *blancs*, notamment les grands blancs de treize deniers et les petits blancs de cinq deniers, qui, sous la forme de pièces de six blancs, valant trente deniers ou deux sous et demi, ne furent démonétisés que dans les premières années du règne de Louis-Philippe.

BLANCHIR, v. a. C'est le verbe actuel, qui, au

xvᵉ siècle, constituait un néologisme et commençait à remplacer l'ancien verbe *blancher, blancheier, blanchoyer*, devenir blanc; spécialement éclater de lumière, reluire au soleil.

> Qu'enastés ne seye en sûrie
> *Blanchir* vos cuirs et essurger.
> Ball. V.

> Pour mieux *blanchir* et desbouser coquars.
> Ball. VI.

> Par ceste barbe que veez *blancheier*.
> Rol., v. 261.

> Quant voi les prés florir et *blanchoier*.
> *Anc. po. fr.* dans La Curne.

> De toile sont vestu que je voi *blanchoier*.
> Guescl., 22219.

Le plus ancien exemple de *blanchir* fourni par Littré est emprunté à Froissart, au sens de disculper : « Qu'on ne dise mie que je le *blanchisse* trop pour faveur ou pour amour que aie à lui. » II, III, 61. La Curne n'enregistre le mot qu'à partir du xvıᵉ siècle, d'après les *Mémoires* de Sully.

Palsgrave, en plein xvıᵉ siècle, ne connaissait du mot *blanchir* qu'une acception tout à fait extraordinaire, ou du moins dérivée de très loin. Il faut citer : « I am within « syght, as a shyppe is that cometh within the kenning. « *Je blanchis, j'ai blanchy, blanchir,* seconde conjugaison. « We were within syght towardes the coste of Dover, « two houres byfore daye : *nous blanchissions vers le « costé de Dover, deux heures devant le jour* », p. 431. Ce dernier membre de phrase exclut même l'idée de lumière dans cette acception du mot *blanchir*.

Cependant on lit dans Benoît cité par Crapelet (*les Poètes français*, t. II, p. 94):

> Denz le ruissel d'un fontenil
> Où cu *blanchisseit* un cheinsil.

C'est bien ainsi que Francisque Michel l'a imprimé, vers 31225 de la *Chronique des ducs de Norm.*, t. II, p. 555.

Mais *blanchir* rapproché de *cuirs* a une signification spéciale; il veut dire tanner, corroyer. « *Blanquerius*, co-« riarius; gall., *corroyeur, tanneur.* « Nullus *blanquerius* au-« deat de cætero emere herbas incameratas seu mixtas vel « de eis operari, et quisque qui cordoanum apportaverit « seu adobaverit, etc. » *Statuts de Marseille*, apud Du Cange. — « *Blancaria* officina coriaria, ubi aptantur et « subiguntur coria, vel ars ipsa coria subigendi. » Du Cange. — « Teneantur adducere aquam Jarreni versus Massiliam « ad ortos et *blancarias* adaquandas. » *Ibid.*

Blancher, subst. masc. Tanneur de petits cuirs.

On trouvera au mot *Essurger*, ci-après, un rapprochement qui expliquera peut-être la singulière acception donnée par Palsgrave au verbe *blanchir.*

BLANDIR, v. a. Flatter, caresser. Vieux verbe hors d'usage, mais du meilleur aloi.

> Qui sur les dois fais la perle *blandir*.
> Ball. VIII.

> Beau de bourdes, *blandy* de langue fauve.
> Ball. X.

> Tant les *blandi* et losenga.
> *Lai de Mélion.*

> . . . Dame Hersent leur vint devant,
> Si les a *blandiz* et proiez.
> *Renart*, 457.

> Es grans cours fault souvent faire le sourt...
> Autrui *blandir.*
> Eust. Deschamps.

Du latin *blandiri*, même sens. « Suaviter *blanditur* sensibus nostris voluptas. » Cic.

Traduit par *palpare* dans saint Bernard, *Serm. fr.*, ms. p. 38. — « Après le *blandit* et assouagea de belles paroles. » *Chron. de Saint-Denis*, I, 176.

> Je ne te loseing ne *blandis*.
> *Fabl. mss.* 7218, f° 62 v°, c. 1.

> Baisier, *blandir* et soulassier.
> *Rose*, v. 10218.

Reblandir, flatter. « Pour *reblandir* le menu peuple d'un mot plus doux, nous disons trois estats. » Pasq., *Rech.*, II, 7. — Réclamer, demander par grâce, terme de coutume : « *Reblandir* le seigneur du fief. » Nicot. — « Re- « *blandir* le bétail qui a été pris en dommage par le « seigneur. » Cotgrave. — *Reblandissement*, terme de coutume, action de *reblandir*.

BLEFFLEUR, subst. masc. Trompeur, voleur.

> Là sont *bleffeurs* au plus hault bout assis
> Pour le havage, et bien hault mis au vent.
> *Ball.* I.

> — Ce sont *bleffeurs*. — Il est ainsi,
> Et narquins. . . . . .
> Ce sont *bleffeurs* — de si pou eschiquez.
> *Vie de sainct Christophe.*

Bleif, pour blé, en vieux français. *Bleffeur* est évidemment le même mot que *beffleur* par métathèse d'une lettre (Voy. plus haut *Beffleur*). Mais, considérant le rapport de *bleif*, blé, avec le *havage*, droit du bourreau sur les grains mis en vente au marché (voy. ci-après *Havage*), il faut respecter ici la diction *bleffleur* et y reconnaître la délicatesse de touche des docteurs du Jargon.

Bleffen, latrare; alias *blaffen,* blaffen, all. du moyen âge. Scherz.

BOSSU, adj. Pestiféré, atteint de la *bosse, boce* ou bubon pestilentiel.

> Anges *bossus,* rouastres et staricles.
> Ball. VIII.

Autrefois, *boce* ou clou. Eust. Desch., f° 390, c. 2. — « Et en y mourut de *boce*... plus de vingt mille personnes. » Froissart, II, III, 30. » — « Et tantost lui vindrent quatre *boces,* dont elle fut très bien guérie. » *Cent Nouv.* LV. — A aussi le sens de montueux, montagneux. Le capitaine Lasphrise prend à témoin « le *bossu* Daulphiné », p. 117.

BOUTICLE, subst. f. Forme ancienne et régulière de *boutique,* au sens primitif d'officine en général, sans acception particulière de magasin ni de lieu fermé.

> Se vous estiez happez en telz *bouticles.*
> Ball. VIII.

« — Item que toutes filles de mauvaise vie ou femmes communes diffamées voisent tenir, tiennent et facent leurs *bouticles* es lieux à ce ordonnés. » Ord. du xiv° siècle citée par Du Cange, v° *Botigia.* — *Buticle.* Du C. sous *Buticula.* — Est devenu *boutanche* en argot.

BRIS, subst. masc. Rupture.

> Et leur monstrez des trois le *bris.*
> Ball. I.

C'est-à-dire montrez-leur comment on brise les chaînes (*trois,* prononcez *très* pour *traictz*).

> N'est-ce pas là le *bris* de ce colosse epars
> Que Vulcain va bruslant en mille et mille pars.
> G. Durant, à la suite de Bonnefons, p. 212.

> Ma vie, au moins, en ce naufrage,
> Fera *bris* contre un bel écueil.
> *Am. de Tristan,* p. 73.

« Un ours chassé, ayant six ou sept *bris* et tronçons de piques et hallebardes. » *Mémoires* de Sully, t. Ier, p. 125.

« — Le repas finy Pantagruel prya un chascun soy mettre en office et debvoir pour reparer le *briz.* » II, p. 358.

Autre leçon. Étant donné que le vers se prononce, sans tenir compte du sens ni de l'orthographe : *Et leur montre des très le bri,* on pourrait restituer le vers sous cette forme :

> Et leur monstrez d'estrez le *bric,*

c'est-à-dire « faites-leur voir promptement le tour, trompez-les rapidement et solidement ». (V. *Estrez*.)

Bric, bry, brice, briche, broy, broyon, signifient un piège à prendre les oiseaux ou toute autre bête :

> Pour prendre au *bric* l'oiseau nice et foiblet.
> Cl. Marot.

De *bric,* piège et tromperie, se sont formés le substantif *bricon,* trompeur, fripon, coquin, et le verbe *briconner,* tromper.

La consonne finale étant muette dans *bric* comme dans *bris,* il y a homophonie entre les deux vocables. La rime en *bris* militerait à coup sûr pour le sens de rupture, si je ne trouvais *bric,* piège, rimant avec *vis* dans deux vers cités par La Curne, v° *Bric :*

> Plus m'a surpris votre vis
> Qu'oisel qui est pris au *bric.*
>
> *Poé. mss.* avant 1300.

BROCQUANS, subst. pl. Bagues, joyaux.

> *Brocquans,* dorlotz, grand guain, aube florye.
>
> Ball. XI.

> S'il a au doigt quelque *brocant.*
>
> *Mist. du V. Test.*

Brocante, une bague, dans le livre du Jargon et dans le poème de *Cartouche.*

Les *brocquans* ou petits objets plus ou moins précieux, que les modernes appellent bibelots, sont l'objet même du commerce des *brocanteurs.* L'étymologie de cette famille de mots est fort incertaine, comme on s'en convaincra en consultant le dictionnaire de Littré et la petite dissertation de F. Génin (*Récréations philologiques,* t. II, p. 61 à 69). Constatons seulement ici que le bas latin possédait *abrocamentum,* brocantage, et *abrocator,* brocanteur. L'*abrocator* du bas latin est devenu le *broker* (qui serait en français *broqueur*) des Anglais. Je ne me hasarde pas à trancher entre les opinions diverses. Pour moi, je m'en tiendrais à l'étymologie la plus simple, qui est la *broche,* venue de l'adjectif latin *brocchus* ou *brocus,* qui qualifie, d'après Nonnius, une bouche à dentition proéminente, et, d'après Plaute et Varron, les dents saillantes et pointues, type primitif de la *broche.* Les menus objets, spécialement les bagues, sont enfilés sur des broches, comme on le peut vérifier à la devanture de nos bijoutiers ; de même, les petits effets de commerce sont qualifiés *broches* dans le commerce de la banque, parce qu'on les perce et les attache au moyen d'un poinçon et d'un bout de cordonnet pour en faire une liasse qui arrive à la somme suffisante pour constituer un bordereau d'une certaine valeur. En banque, comme en bijouterie et en industrie, une *broche* ou *brocante* est un objet menu et de mince valeur.

BROUE, subst. fém. Nuée, petit nuage blanc.

Par la vergne, tout au long de la *broue*.
Ball. X.

« *Broue*, a little white cloud. » Cotgrave. — « *Broe*, écume, de l'irlandais *braud*. » Dumeril. *Dictionnaire du patois normand*. — Italien, *broia*.

Broia oscura.
Tre di dura.
- *Prov. ital.* 1555.

Broue et *brouée* ont donné au jargon *Abrouart, abrouer, broueux, enbrouer* et peut-être *beroards* (voy. ces mots).

Mais à la signification *nuée* se juxtapose un autre sens, venu peut-être d'une autre étymologie, et fécond en nouveaux développements : *Bro*, en celtique, signifie région, champ, bord, d'après Borel et Ducange, v° *Broya*. Le patois romano-castrais donne *abro* pour abord. Littré considère *broue* comme étant une autre forme de *broye*, qui lui-même vaut autant que *braye*, et *braye* ne serait autre que *bray* ou *brai*; ainsi *broue, broye, braye* et *brai* sont quatre mots qui signifient fange, boue, terre grasse :

« Retirer le *bray* de l'yau de Somme. » Du Cange sous *Brayum*.

Réduisant ces différents vocables au sens primitif de *bro*, région, champ ou bord, le vers ci-dessus voudrait dire : « par la vergne (ville), tout au long du pays ».

Brouée, subst. fém. Brouillard, brume du matin et du soir.

> Tous mes gains ont pris la *brouée*.
> Vie de sainct Christophe.

C'est un vieux mot de la langue. Au xve siècle, on le trouve dans Charles d'Orléans :

> Veu que des cy et desjà
> Court merveilleuse *brouée*.
> Charles d'Orl., rondeau.

> Lui donnant au matin
> Du jus incarnadin
> Pour charmer la *brouée*.
> J. le Houx, IV.

> Et la *brouée* et les frimas.
> Scarron, *Virg. trav.*, l. Ier.

xvie siècle. « Ils abusent de l'ignorance comme d'une *brouée* pour cacher leur impiété. » Calvin., *Instit.*, 23. — « Qu'il ne chasse toutes ces *brouées* de calomnies. » *Id.*, 163. — « Il demandoit si c'estoit de peur que les ennemis ne le trouvassent qu'il s'alloit ainsi cachant dedans les nues et les *brouées*. » Amyot, *Fab.*, 13. — « Et se leva de la riviere un gros brouillas, de sorte que toute la campagne estoit couverte de *brouée*. » Id. *Timoléon*, 36. — « Ainsi ressembloit proprement aux *brouées* que l'on voit ordinairement autour des crouppes des montagnes. » Id. *Flami-*

nius, 7. — « Et bon vin, s'ils en peuvent fournir, à fin de charmer la *brouée*. » Amb. Paré, XXIV, 7. — « Ces raisins ne craignent pas trop les *brouées*, gelées, ni eschaudures. » O. de Serres, 149.

Alors la nege espesse et les froides *brouées*.
BAIF.

Brouée et *broue*, son prototype, appartiennent incontestablement à la même racine que *brouas*, *brouillas* et *brouillard*, qui ont la même signification. On dit la *berouée* en berrichon. M. Littré adopte, d'après Diez, une racine allemande *broden*, vapeur chaude, fumée, en anglo-saxon, *brodh*; mais que serait devenu le *d*, qui est dur et équivaut à un *t*? Du Cange range cette famille de mots sous *bruma*, qui se prononçait *brouma*; et cette seconde étymologie, sans me satisfaire entièrement, me paraît cependant meilleure que l'autre, puisque l'*m* est une consonne faible, qui s'efface plus facilement qu'une dentale comme le *d* ou le *t*. — D'après les anciens étymologistes (voir Ger. Vossius, *Etym. ling. lat.*), *bruma* se dit pour *brevissima* (*dies*), c'est-à-dire le jour le plus court de l'année ou le solstice d'hiver; de même en français, *brume* signifie le plus court jour de l'hiver. (Nicot, Monet, Oudin.) « Cela estoit au temps de la *brume*, environ le quatorzieme decembre, au soltisce hyvernal. » *Alector*, f° 75. — « Sept jours devant et sept jours après *breume*, jamais n'y ha sur mer tempeste. » Rab., III, 26. Or *brouée*, avec l'*u* consonne, donne *brovée* et se rapproche visiblement de l'origine latine.

Recevoir la brouée, dans le *Langage du jargon*, signifie être fouetté, au propre recevoir l'averse, le brouillard. Ceci fortifie le sens de *rabroué*. (V. ci-après sous *Brouer*.)

BROUER, v. a. ou n., suivant le sens. — Au propre, c'est la forme verbale du subst. *brouée*, le brouillard, la brume; brumer, bruiner; puis par des transitions et extensions successives, se dissimuler comme derrière un nuage, disparaître, se dissiper, s'éloigner, aller, courir,

Brouez moy sur ces gours passans.
Ball. I.

Et eschequez tost, en *brouant*.
Ball. II.

Rebecquez vous de la montjoye
    Qui desvoye
    Vostre proye,
Et vous fera du tout *brouer*.
Ball. III.

Nyaiz qui seront attrapez
Bientost s'en *broueront* au halle.
Ball. IV.

Poussez de la quille et *brouez*.
Ball. V.

Brouez au large et vous esquarrissez...
Quant Abrouart sur la sorne a *brouez*.
Ball. VIII.

Luay l'autryer en *brouant* à la loirre...
Brouant au bay à tous deux walcquerins...
Pour les duppes faire *brouer* au mynsse...
Elle est *brouée* entre ses arlonyns.
Ball. IX.

Brouez, benards, eschequez à la saulve.
Ball. X.

Or n'ay plus ne argent ne chapeaux;
Tout est *broué*. . .
Le loyer des folles amours.

Où *brouent* ils present sur la sorne ?...
Jà n'y *brourai* dessus la plaine.

Mist. de la Passion.

Brayhault *broura* sur son endosse.

Act. des Apôtres.

Brouez au large, escarricez,
Besoin est d'aviser la porte.

Mist. du V. Test.

Broues-tu ? — Je cours le terrien.

Vie de saint Christophe.

Et voilà mon cousin le guet
Tantost de *brouer* le terrien.

COQUILLART, Plaid. I, 7.

Brouer, pour aller au bord. La C. sans exemple.

Voyez *Abrouart, abrouer, broue, brouée, broueux, embrouer*, etc. A observer au sujet de l'étymologie possible de *brouée*, par *bruma*, sc. *brevissima* (*dies*), une variante intéressante au mot *embrouer*, donné comme *embrever* par une ancienne édition.

Littré, aux mots *ébrouer* et *rebrouer*, accepte de Diez plusieurs étymologies qui montrent que ni Diez ni Littré ne tiennent compte du verbe *brouer* qu'ils ne semblent pas connaître. (Cependant le Dict. Larousse l'a conservé avec cette explication : « *Brouer*, dissiper, consumer. Vieux mot. ») Le verbe *ébrouer*, technol., signifie laver, passer dans l'eau une pièce de toile ou d'étoffe pour en ôter les fils, les pailles, etc. Du Cange, v° *Esborrare*, cite du XV° siècle : « Nul ne pourra mouiller les draps jusqu'à ce qu'ils soient scellez tout escruz, ou qu'ils aient prins congié aux boujonneurs de les *esbrouer* seulement. » — « Le son et les eaux douces étant bonnes pour *ébrouer*, dessécher et dégraisser les bleus... » *Instruction générale pour la teinture des laines,* 18 mars 1671.

Il y aurait à discerner si *ébrouer* signifie ici *nettoyer* ou *mouiller*. Dans ce second cas, il serait bien inutile d'aller chercher l'allemand *brühen,* échauder, qui, se prononçant *brîen,* donnerait difficilement *ébrouer,* dont *brouer* est le radical visible. D'ailleurs, puisque Diez et Littré admettent *urere* (pourquoi pas *burere?*) comme radical de *brûler, brühen* ne peut que passer au second plan, comme dérivant probablement lui-même de la souche romane. Le sens propre d'*ébrouer* serait ici de mouiller légèrement, de rendre le drap et les étoffes humides comme s'ils avaient été exposés à la *brouée.*

Ébrouer possède un autre sens, se disant des animaux, spécialement des chevaux qui soufflent de surprise ou de frayeur (Du Cange, v. *Brugitus*). Ici nous restons dans le sens propre de *brouée;* ébrouer, c'est respirer ou souffler fortement pour chasser les *brouées* qui semblent obstruer la gorge.

A *ébrouer* se rattache *ébrouage,* qui signifie proprement immersion des laines dans une eau lubréfiante, comme l'eau de son. J'y joindrai *brouage,* nom d'une ville célèbre par ses marais salants. Un *brouage* pourrait être un lieu perpétuellement humecté, tels que des marais ou des lagunes.

Rabrouer, qui est le cinquième verbe se rattachant à *brouer,* ou mieux à *abrouer,* se trouve dans Eustache Deschamps avec le sens actuel; Ducange le cite au mot *rabolderia.* Diez veut que *rabrouer* ou *rebrouer* vienne de *re* et de *brave.* Je crois l'expliquer plus simplement : *abrouer*

(v. ce mot) signifie arriver, accourir; *rabrouer*, c'est rebrousser chemin ou repousser quelqu'un : *j'abroue*, aurait dit un jargonneur, et je suis *rabroué*.

* BROUEULX, adj. pl. Celui ou ceux qui *brouent* (voy. *Broue* et *Brouer*), très enveloppés de brouillards, c'està-dire très prudents, et par conséquent très fugaces.

Se seyme oyez, soiez beaucoup *broueulx*.
Ball. VII.

BROULLART, subst. m. Forme ancienne de *brouillard*.

Pour mieulx abbatre et oster le *broullart*,
Adraguerent de guoble maint crupault.
Ball. XI.

C'est l'idée d'Alaigre dans *la Comédie des Proverbes* : « Il n'y auroit point de danger de boire un coup de peur du mauvais air. » P. 98. — « Et desjeunoyt, pour abatre la rouzée et maulvais aer, belles tripes frittes », etc. Rabelais, I, 78. « Abattre le *broüillard*, i. boire le matin; vulgaire. » Oudin, *Cur. franç.*

On disait, au même sens de boire le matin, « charmer la *brouée* ». V° *Brouée* ci-dessus.

BUSARS, subst. pl. Petits tonneaux ou barils, contenant soit du vin, soit du poisson salé :

On verroulla et serra les *busars*.
Ball. XI.

Bussart. Fût à mettre vin ; la moitié ou le quart de la *busse* ou *bus*, ce qui admet l'orthographe *busart*. La busse était de la contenance d'une pipe. Mantellier, t. III, *passim*. — « Le vin est plus fort et meilleur en une pippe qu'en un *bussard*. » Bouchet, VI, 53. (Sans doute par cette raison que la pipe contient le double ou le quadruple du *bussard*.)

La *buse* était un fût à mettre poisson salé de la contenance de deux barils ou caques. Mantellier, III, 240. — « Le *bussart* des Danaïdes. » Rabelais, II, 13.

Bussart, flacon, *amphora, lagena.* Lacombe.

CAIRE, subst. m. Argent, ou plutôt richesse, se confondant avec mine, apparence, d'où il dérive. C'est en wallon la forme du mot latin *cara,* venant du grec κάρα, tête ; bas latin, port. et esp., *cara;* ital., *ciera;* français, *chère,* signifiant visage. Les exemples suivants montrent la connexion et même la fusion des deux sens :

Les duppes sont privez de *caire*.

Ball. III.

Est-il gourt ? — Mais mince de *caire*.

Mist. de la Passion.

Tant est povre et mince de *caire*.

Coquillart. *Dr. nouv.,* I, 118.

Quant ung homme est mince de *caire*...

Ibid., 131.

Mais avant il nous fault contendre
A le servir de belles bourdes
Pour tousjours attraper du *caire*.

Anc. th. fr., t. III, p. 429-30.

La signification de *mince de caire* est clairement établie par les synonymes suivants :

> Nous sommes pour le temps qui court
> . . . *Mynces d'argent.*
>
> *Vie de saint Christ.*

> . . . Haster me fault de vendre;
> Je suis *minse de haubert.*
>
> *Les Cris de Paris.*

Voyez *Mynce.*

CAN, subst. m. Chef, c'est-à-dire le prévôt de la justice criminelle.

> Que le grant *Can* ne vous face essorer.
>
> Ball. I.

C'est tout simplement l'application au prévôt royal ou au prévôt des maréchaux du titre de *grand Can* donné au prince ou chef suprême des Tartares. Cette appellation était fort connue dans la vieille littérature française : « Ils sont *ydres* (idolâtres), et font ardoir les corps morts, et sont au grant *kaan.* » Marco Polo, p. 465.

> Mon voisin je tiendrais un an
> Sur le vin, lorsque du grand *chan*
> Ou du Soudan
> Je lui conte quelque fable.
>
> Basselin, XXXIII.

Mais le langage des *zincali* traduit l'indoustani *khan* par le soleil (Borrow); de là, un second sens qui s'inscrit sous le premier, sans le détruire :

> Que le soleil ne vous fasse sécher.

Une anecdote fort curieuse, que je vais rapporter, semble prouver que l'idée d'être mis au soleil, pour exprimer la pendaison en particulier et la peine capitale en général, survivait encore, il y a un demi-siècle, à la suppression de la potence et à l'avènement de la guillotine. L'ancien préfet de police Gisquet a publié, dans ses Mémoires, une lettre par laquelle Boireau, l'un des complices de Fieschi, se félicite d'avoir échappé au supplice : « Là, dit-il, je ne craindrai plus Fieschi, car j'avais toujours peur qu'il ne me chargeât davantage. *J'ai été bien près du soleil;* la camisole (des condamnés à mort) avait été aussi apprêtée pour moi. M'en voilà encore échappé d'une cruelle. » Gisquet, *Mémoires*, t. IV, p. 186. Boireau était un ouvrier lampiste, d'instruction médiocre et de très peu d'imagination, incapable d'inventer une expression aussi fortement imagée que *J'ai été bien près du soleil.* Il faut donc croire qu'elle subsistait dans le langage du peuple de Paris en 1835. A noter que dans *la Caballe des Filous*, pièce du XVIIe siècle, monter à l'échelle patibulaire s'appelle « prendre le ciel par escalade ».

CARAS, subst. pl. Il faut lire *carras*, charrettes.

> Tant qu'il n'y eust de vivres en *caras*.
> Ball. XI.

Il est bien évident que *caras* ou *carras* est une forme aujourd'hui disparue de *cars* pour chars (v. ci-après *Cas*). Au couplet qui précède l'exemple ci-dessus, dans la même ballade, on lit :

> Tant qu'il n'y eust de l'arton sur les *cas*,

ce qui offre le même sens.

Le mot *carras* a été enregistré par M. l'abbé Couzinié dans son *Dict. de la langue romano-castraise* avec cette définition « forte charrette ». MM. Duméril, dans leur *Dict. du patois normand*, donnent le mot *caras* usité dans cette phrase proverbiale « bâti comme un grand *caras* »; et ils le dérivent de *charagus*, sorcier en bas latin. Ne serait-il pas plus naturel de traduire le proverbe par « bâti comme un grand *char* », commme une grosse charrette rustique?

Peut-être aussi faut-il rapprocher *caras* des mots orientaux qui suivent : arabe, *quraz*, cruche; esp., *alcarrazza*, Littré; *alcarraza*, Oudin; *al kourraz*, Devic.

* CARIEUX, subst. ou adj. pl. Qui a du caire, c'est-à-dire de l'argent (Voyez *Descarieux*).

<blockquote>Se greffir laissez vos carieux.</blockquote>

Ball. V.

Je suppose que c'est l'adjectif de *caire*, argent, et que par conséquent *carieux* veut dire qui a de l'argent.

On pourrait comprendre aussi, par *carieux*, ceux qui *charrient* sur les *cars* le *caire* de la bande, c'est-à-dire le butin.

On admettrait aussi, par hypothèse, que *carieux* serait le substantif corrélatif à *cariage* au sens qu'on lui donnait en Picardie et dans les provinces wallonnes, celui de *chérissage* venant de *carus*, cher. (Vocab. à la suite de *la Dance aux aveugles*. Lille, Panckoucke, MDCCXLVIII.) « Martin est le *câr* à Perrette. — Perrette *carrie* avec Martin. »

<blockquote>Car plus ne puis, tant suis usé,
Fors que fuyr le <i>cariage</i>;
Qui ne peut plus est excusé.</blockquote>

Ballade de l'Excusation aux Dames.

Carieux signifierait ici *faux amis*, espions ou archers. Je me borne à signaler cette interprétation comme possible, sans l'adopter.

CAS pour CARS. Chars, charrettes. Mot de la langue ordinaire :

> Tant qu'il n'y eust de l'arton sur les *cas*,
> Ball. XI.

rimant avec *ars* et *pars*.

Cars pour *chars* dans les *Vigiles du roi Charles VII*. — « Se *cars* ou caretes ou sommiers ou gens carquiés. » Beaum., xxv, 18. — « A pié, à queval, à *car*, à carrette », dans Raynouard.

Pic., *car*; prov., *car*, *carre*; esp. et ital., *carro*; lat., *carrus*.

Le bas-limousin donne *cas* avec l'acception de « grande cage ronde et haute sous laquelle on enferme la volaille ». Le vers ci-dessus voudrait alors dire : « Tant qu'il n'y eût de pain dans les paniers ».

CAULX, adj. plur. pris substantivement. Malavisés, niais, dupes :

> Où accollez sont *caulx* et agarcis.
> Ball. VII.

La phrase se construit ainsi : Où les pauvres malheureux sont pendus et hagards (V. plus haut *agarcis*). Le mot *caulx* offre plusieurs sens, mais ici le véritable me paraît fixé par la variante contenue dans la ballade I :

> Où accollez sont *duppes* et noircis.

On verra ci-après au mot *duppe* qu'il se prend également pour le voleur et pour le volé; le volé est qualifié dupe lorsqu'il laisse couper sa bourse, et le voleur devient dupe à son tour lorsqu'il se laisse « greffir » par les sergents.

Au sens de dupe, *caulx* vient du vieux verbe *caucher;* pic., *cauquer;* bourg., *côquai;* provenç., *calcar;* italien et latin, *calcare,* fouler, qui est le radical de *cauchemar,*

> Ne serés si *caus*...
>
> *Poés. fr.* avant 1300 dans La C.

> Soubz quel docteur a il ouy
> Ses grans couleurs rhetoricaulx
> Par foy, sire, sous Pirtouy,
> Qui regente le petis *caulx*.
>
> Jo. Munier ap. Fabry, *Art. de Rhét.*, t. II, fº 45 vº.

Voici maintenant la signification contraire, du latin *cautus,* qui signifie avisé, prudent : « Icellui Mote, qui est *cault* et subtil. » Lettre de rémission, an 1426. — « Il n'est homme marié, tant il soit sage, *caut* ou malicieux... » *Les Quinze Joyes,* p. 202.

> Nous sommes si francs, si parfaiz,
> Si savans, si *caux* en nos faiz.
>
> Villon. *Dialogue de Malepaye et Baillevent.*

Caulx a été employé pour ceux-là, ces gens-là :

> A çaus qui il fu comandé.
>
> Ph. Mouskes, v. 11151.

CHAPPÉ, part. passé de *chapper;* fr. se couvrir d'une chappe; Jargon voler, du latin *capere* :

> Incontinant mantheaulx *chappez*.
>
> Ball. IV.

L'équivoque saute aux yeux : des manteaux *chappez* paraissent être des manteaux à *chappes,* ou des manteaux dont on a relevé le capuchon ; et l'on pourrait croire qu'il faut lire à l'impératif : *chappez* les manteaux. Mais le sens du couplet ne s'y prête pas, car il roule sur cette idée : si vous êtes pris, vous serez pendus. Si l'on admettait l'impératif, la phrase se déroulerait ainsi : « *Chappez* ces manteaux, et vous serez pendus » ; ce qui est contradictoire. J'avoue que le passage est difficile, car il exige de nombreuses restitutions que j'ai indiquées en mon discours préliminaire. Mais il s'agit bien ici de manteaux volés, qui deviendront le partage du bourreau si l'on se laisse mettre en prison.

Le sens prendre, et par extension péjorative *voler,* ne se déduit pas seulement du latin *capere ;* il s'appuie sur les exemples suivants :

> Amour, tu m'as si fort *capé.*
> VILL. D'AMIENS, *li Paignerru,* ap. La C.

> Bien en peut faire *cape.*
> Poés. *mss.* avant 1300. *Ibid.*

« *Capear,* esp. On dit à Paris tirer la laine, c'est-à-dire ôter les manteaux de nuit, comme font les fripons quand ils trouvent quelqu'un qui se retire trop tard. — *Capeador,* tire-laine, voleur de nuit. — *Capeadura,* tirement de laine, volerie de nuit. » Oudin. Ces trois exemples prouvent que tirer la laine est la même chose que *caper* les manteaux, ce qui est précisément notre affaire.

Dans le sens le plus usuel du mot *chappé,* à savoir couvert d'une *cape* ou *chappe,* je n'en citerai qu'un, où le mot est pris au double sens. Bouchet raconte, dans sa quinzième serée (III, 107), l'histoire d'un curé qui essaye une chasuble; entre temps on lui coupe sa bourse, et il court dans la rue après son voleur : « Ce curé, voyant emporter sa bourse, sort aussi de la boutique, et tout *chappé* comme il estoit... » En effet, le curé était *chappé* et volé, c'est-à-dire *chappé* dans les deux sens du mot.

Capa, manteau. Isid. XIX, 31 : « Quia quasi totum *capiat* hominem. » Ital., *cappa*. « Sermo meus non *capit* in vobis », dans la *Vulgate;* c.-à-d. « mon discours ne prend pas ». De même ital., *capere;* esp. et prov., *caber.*

CHOISIE, part. p. f. de choisir :

> Et la marque, suivant le gaing *choisie.*
>
> Ball. IX.

Je note ici ce verbe, bien qu'il appartienne à la langue courante, parce que, jusqu'au cours du xvɪᵉ siècle, il a eu la signification presque exclusive de *voir*. Je ne citerai qu'un exemple du xvᵉ siècle : « Ung beau pertuis, par lequel maistre cordelier pouvoit appertement le *choisir*. » IIᵉ *Cent nouvelles nouvelles.*

Cependant il signifiait aussi, mais rarement, nommer à l'élection, et c'est par là qu'il a passé au sens de prendre de préférence.

> Quatre de ses serjans il méismes *choisi*.
>
> Berte, XCI.

Choisire, b.-l. : « Seu *choisire* maluerit », cité par Du Cange. *Choaisie* pour *choix. Ibid.* — « Et la teneur de la cedule de ladite *choaisie* et election d'armes. » Preuves de l'*Hist. de Bretagne,* II, col. 504.

Palsgrave ne donne pas à *choysyr* d'autre signification que voir. — « I aspye, I se a thyng sodaynly at unwares that I loked not for. Je choysys, j'ay choysy, choysyr, etc., second. conj. And as I loked backe I aspied hym comynge : *et en regardant derriere my, je le choysys comme y s'en venoit.* »

Choisie, s. f. Choix, option. *Style de procédure du Parlement de Normandie,* f° 72. — « *Choisir* de l'œil, i. regarder avec dessein. » Oudin, *Cur. fr.*

CHOUE, subs. fém. C'est une corneille, c'est-à-dire un oiseau noir, quoique le diminutif chouette désigne une autre espèce. Il s'agit du pendu comparé à l'oiseau noir qui dort dans les hautes branches. (Voyez *Duc.*)

>   Le vendengeur beffleur comme une *choue*.
>
>   Ball. X.

>   Elle est plus noire qu'une *choue*.
>
>   *Fables et contes anciens,* III, 261.

>   Sa colors n'estoit pas en semblance de *choe*.
>
>   *Berte,* XXXIII.

>   D'un vilain conte qui avoit
>   Une *choe* qu'i norri, qu'elle parle.
>
>   La Curne. *Fabl. mss. de Saint-Germ.*

>   Yeux de corbaut, noire comme une *choue*.
>
>   Eust. Desch., ms. f° 211, c. 3.

>   Ils aiment plus deniers
>   Que ne fet une *choue*.
>
>   La C. *Fabl. mss.* n° 7615, t. II, f° 141 v°, c. 1.

Chouette. On dit de celui qui est accoutumé à dérober : *il est larron comme une chouette.* Ce proverbe est venu des

Latins; ils appelaient la chouette *monedula*, parce qu'elle vole l'argent. Leroux, *Dictionnaire comique*, et Lacurne.

« Jeu de la *chouette*; tour d'escroc, jeu de dupe; c'est à qui plumera son compagnon. » Oudin.

CIRCUNCIS, part. pl. du v. a. circuncire, *alias* circoncire. Le mot est pris ici dans le sens littéral du latin classique *circumcidere*, rogner tout autour, couper, tailler. C'est un pur latinisme. *Circoncire* les ances, c'est couper les oreilles. Voyez *Ance*.

> Car vendengeurs des ances *circuncis*.
> Ball. I.

> Et vendengeurs des ances *circoncis*.
> Ball. VII.

> Et de paour d'estre *circoncis*
> Des ances, saultay la fenestre.
> *Vie de saint Christophe*.

« Il nous commande aussi de *circoncire* nos cœurs. » Calv., *Instit.*, 231. — Il faut que nos cœurs soyent *circoncis* de Dieu à ce que nous l'aimions. » *Ibid.*, 242.

CLAVES, subst. f. Clefs.

> Qu'ange n'y ait des *claves* empoué
> En ceste vergne où vostre an veult loirrir.
> Ball. VIII.

Clavis, latin; *clave*, esp. ancien; *llave*, esp. mod.; *chiave*, ital.

Le texte ancien de la première ballade de Jargon donne le vers suivant :

> Qu'en *claves* ne soiez deux et deux.

Ce qui se comprendrait aisément en traduisant *claves* par *clefs*. Mais le vers étant trop long, j'ai dû substituer *encloz* (V. à ce mot les motifs philologiques de ma correction).

Clave, massue. *Libertés de Mâcon*, JJ. 77, 1346, La Curne.

COFFRES et **COFFRES MASSIS**, subst. pl. Cachots de pierre ; prisons.

> Eschequez moy tost ces *coffres massis*...
> Enmalés en *coffre* et gros murs.
> Ball. I.

> Mes freres, soyez embrayeux
> Et gardez les *coffres massis*.
> Ball. IV.

> Eschec, eschec pour ces *coffres massis*.
> Ball. VII.

> Qui est en plant en ces *coffres* joyeulx.
> Ball. X.

> ... Le roastre et ses subjectz
> Me mirent aux *coffres massis*.
> *Vie de saint Christophe.*

Les mots *coffre* pour prison et *coffrer* pour emprisonner sont encore de la langue courante. Cotgrave traduit *coffré* par *imprisoned*. Molière, Regnard, Voltaire et cent autres l'ont employé en ce sens.

Le Jargon qualifie les cachots de *massis*, c'est-à-dire *massifs*, par opposition aux coffres portatifs, qu'il distingue sous la forme ancienne d'*arches* ou *arques*. (Voyez ce mot.)

Le *coffre massif* est identiquement le *coffre* de l'ancienne fortification, à savoir un logement blindé et garni d'embrasures, construit dans un fossé sec; autrement dit, une caponnière. La Curne.

L'orthographe *massi* est la bonne comme étant la plus ancienne; l'adjectif *massi*, tiré de *masse*, donnait *massie* au féminin :

> Sur els ont decochié mainte pierre *massie*.
> *Chanson d'Ant.* III-547.

> Comment vendrez vous si *massis?*
> Eust. Desch., f° 535, c. 1.

COING, subst. masc.; prononcez *cain*. Le chignon du col, et aussi la chaîne qu'on y attache :

> Farciz d'un lourd plumbis à *coing*.
> Ball. II.

> Le print aux cheveux et au *coing*.
> Lanc. du Lac, t. II, f° 55 r°, c. 1, dans La Curne.

> ... Que tous ceulx d'enfer
> Te rompent l'*eschaignon du col*.
> *Miracles.* Paris et Robert, II, p. 377.

La prononciation est fixée dans l'exemple du Jargon par la rime de *coing* avec *gaing*; et c'est ici la prononciation qui donne le sens.

Cette forme, corroborée par le passage ci-dessus de Lancelot du Lac, peut être la prononciation picarde de *chain*; elle a été notée par La Curne de Sainte-Palaye et omise par Littré. Elle est d'ailleurs identique aux formes connues *caon*, *chaon*, devenues *chaaignon*, *chaignon*, *eschaignon* (prononcez *chainon*, *eschainon*), puis *chignon* (prononcez *chinon*).

Il n'est pas douteux que les uns et les autres ne dérivent de *catena* et ne soient identiques à *chaînon*. On voit qu'à l'origine *catena* s'est dédoublé en un substantif féminin, *caeine, caîne* et *chaîne*, et en un substantif masculin, *cain, cainon, chaînon*.

Cain semble la forme la plus simple et la plus ancienne.

Il est possible, comme le pensait Littré, qu'on ait dit le *chaînon* du col par comparaison des anneaux d'une chaîne avec les nodosités des vertèbres. Remarquons, toutefois, que le plus ancien exemple du mot en ce sens ne remonte qu'au XIIIe siècle. — « Les ventouses qu'on met sur le *caon* du col. » Alebrant, fº 13.

Antérieurement, le mot signifiait un *chaînon* avec lequel on attache le col et avec lequel on pend :

Et si lui metent el col un *caeignun*.
Rol., v. 1826.

Cela se disait encore au temps d'Alebrant précité : « Et fu pendus à un gibet tout nuef, et à un *caignon* tout nuef, que la corde ne rompist. » Chr. de Rains, 173.

Ce dernier exemple est doublement précieux, premièrement parce qu'il fixe le sens du *caignon, chaînon* ou *caing* servant à pendre, et qu'il explique pourquoi l'on pendait en certains cas avec une chaîne de fer au lieu de corde.

* COINSSER, verbe actif. Parer coquettement, bichonner ; au figuré, s'applaudir, se congratuler.

Et le macquin, qui se polyt et *coinsse*.
Ball. IX.

Coint, cointe, très usité en vieux français, signifient propre, élégant, galant, bien ajusté.

Si sçet si *cointe* robe faire.
Rose, v. 66.

On connaissait déjà le verbe *coincter*, *coinctier* ou *cointir*. Le Jargon fait apparaître la forme inusitée *coinsser*. On a fabriqué deux verbes sur *coint*, adjectif pris substantivement : *cointoyer* (dans *le Songe du Verger*) et *cointiser*.

Borel dérive *coint* de *cultus*, étymologie inadmissible ; *cultus*, subst., a donné *culte* ; *cultum*, supin de *colere*, donnerait *couton* ou *couté*. Ne faut-il pas plutôt le tirer de *cum* et *unguere* ? Le participe *unctum* a donné *oint* ; le composé donnerait *coint* sans la moindre difficulté. Le verbe entier devrait être à l'infinitif *coindre* et non pas *coinsser*. Mais nous avons affaire à un mot unique dont il n'existe aucun autre exemplaire que celui fourni ci-dessus par le Jargon.

On peut penser encore à *niteo*, qui aurait pu donner *conniteo*, *connitens*. — Cf. Festus, v° *Conitum*, libation ; Boudot sur ce mot renvoie à *ornatus*.

« *Coincter* ou *coinctier* (se) en ses pensées ; s'applaudir, se glorifier en soy mesme. » La Curne. « Si se *coinctoient* en leurs pensées quand elles avoient leurs cueurs si haultement mis et assis. » *Perceforest*, v. 2, 134 v° c. 1.

Cointir et *racointir*. « Et lui dist (Iehannette) ou qu'eile feroit noise : à quoy il lui dist qu'il sembloit qu'elle fust à *racointier*, et que se ce feust son prestre, elle ne lui deist pas ainsi. » Lettre de rémission, 1408. JJ. Reg., 162, ch. 371.

> Li musars se *cointie*
> Souvent de sa sotie.
>
> La C. *Poés. mss.* avant 1300.

On peut admettre que le *t* se prononçât doux, ce qui donnerait *coinsier*, *coinsoient*, *racoinsir*, *racoins*, *racoinsier*, et justifierait *coinsse* à la rime du vers de Jargon cité ci-dessus.

CONTRE, subst. masc. Compagnon, associé.

> Pour leur *contre* que lors faisons.
> Ball. III.

> Prince des gayeulx, en les harpes
> Vos *contres* ne soient greffis.
> Ball. IV.

> *Contres* de la gaudisserie.
> Ball. VI.

Cotgrave traduit *contre*, pris substantivement comme *faire le contre*, « to second, assist, help forward ». Un *contre* est au jeu un second, comme dans un duel; en musique ancienne, c'est celui qui déchante pendant que l'autre chante. Exactement, c'est le *partenaire* français et le *partner* anglais. D'où l'idée d'associé, de confrère, employée par le Jargon. Le mot subsiste dans *haute contre* et *basse contre*. Littré, qui n'a pas accueilli *contre* en qualité de substantif, cite cependant : *le contre*, celui qui a fait *contre*, appuyé de cet exemple décisif : « *Le contre* paye double. »

COQUARS, subst. pl. Sot, imbécile, niais, galant et coquet.

> Pour mieulx blanchir et desbouser *coquars*.
> Ball. XI.

> Et ne suis qu'un jeune coquart.
> Villon. Gr. Test.

Le *coquart* est un jeune coq (et non pas un vieux, comme

dit le dict. de Littré), ou plutôt un jeune animal à peine sorti de sa coquille, ce que prouve son synonyme *coquillart* (V. ci-après ce mot).

> Mais s'un homme a trois cens livres de rente
> Tant soit *cocart*, chacun sera parez...
> De li faire grant inclination.
>
> Eust. Desch., mss. f° 213.

> Je m'en allé droit au *quoquart*
> Et luy dis : que quiers tu, Jouen ?
>
> G. Paris, XXXVe chanson.

> Et vous, *quoquart* et puans marjolet.
>
> *Id.* XCVIII^e chanson.

> Et puis après quelque *coquart*
> Me viendra oster ma prébende.
>
> *Chasse et dep. d'amours*, p. 103.

> Et seroit l'homme bien *cokart*
> Qui voudroit appeler un kart.
>
> Marot, cité par Lacombe.

> Bien me tiens pour *quoquart*...
>
> *Gir. de Ross.* v. 3177.

> Et s'il le dit c'est un *coquard*.
>
> La Fontaine, Dict. de Dochez.

« Ceux qui cuydent que femmes soient si leales sont parfais *coquars*. » *Cent nouv.* XXVI. — « Mieux vaut l'ombre d'un sage vieillard que les armes d'un jeune *coquard*. » Cotgrave.

COQUEURS ou **CROQUEURS**, subst. m. Je ne suis pas sûr de la lecture du mot dans le manuscrit Stockholm. L'un et l'autre vont au même sens dans l'exemple tiré de la ballade VIII :

> *Coqueurs* de pain et plommeurs affectez.

Coqueur vient de *coquer*, pour *choquer* (Oudin et Cotgrave), qui, dans le dialecte populaire du Lyonnais, signifie baiser, embrasser comme le coq fait des poules. Les *coqueurs de pain* seraient ceux qui baisent le pain, c'est-à-dire l'hostie. Les *croqueurs de pain* seraient ceux qui l'avalent. La signification du vers reste la même avec l'un et l'autre mot.

En argot moderne, l'idée de baiser renfermée dans *coquer* et *coqueur* se traduit par dénoncer et dénonciateur, par allusion au baiser de Judas. — « En province, il avait *coqué* quelqu'un de leur bande. » (Eugène Suë cité par L. Larchey.) — « *Cocador*, esp. mocqueur, qui fait des gestes et signes des mains ou autrement ». Oudin. — « On appelle *mangeurs de crucifix* des dévots outrés et des bigots hypocrites. » Leroux, *Dict. comique*. — « Le *coqueur* vient dénoncer les projets de vol à la police de sûreté. Ce métier s'appelle *coquage*. » Canler.

COQUILLARD et COQUILLART, subst. m. Littéralement animal à coquille, spécialement jeune coq, c'est-à-dire niais, imbécile. Les modernes disent au même sens « une huître ». (V. plus haut *Coquars*.) Les poètes du Jargon appliquent dans un sens spécial cette épithète peu flatteuse aux gueux et aux voleurs, qui généralement finissent mal :

> *Coquillars* arvans à Ruel.
> Ball. II.

> Et pour ce benardz,
> *Coquillars*,
> Rebecquez vous de la montjoye.
> Ball. III.

> Maint *coquillart*, pour les dessusdis veulx,
> Avant ses jours piteusement trespasse.
>
> Ball. VII.

> Maint *coquillart* escorné de sa sauve.
>
> Ball. X.

> Il fault attendre, *coquillard !*
> — Et quoy? — que nous ayons nos gaiges.
>
> *Vie de saint Christ.*

> . . . . *Quoquillars !*
> Que chacun soit en ordonnance
> Pour faire monstres à plaisance.
>
> *Mist. du V. Test.*

Coquillart est donné par Cotgrave comme synonyme de *cocardeau*. Gavarni connaissait-il cette origine? *Nil novum sub sole.* — Ajoutons que *coquillars* avait aussi, au propre, la signification de pèlerins; ceux-ci portaient, comme on le sait, des coquilles sur leur robe et leur chapeau par vénération envers saint Jacques de Compostelle. Or les pèlerins, vrais ou faux, figuraient en nombre parmi les gueux dont le Jargon célèbre les exploits. — « *Coquillards* sont les pelerins de saint Jacques; la plus grand part sont véritables et en viennent; mais il y en a aussi qui truchent sur le *coquillard,* et qui n'y furent jamais, et qu'il y a plus de dix ans qu'ils n'ont fait le pain benit en leur paroisse... » *Jargon de l'Argot.* En plus, *coquillard* est authentiquement synonyme de *cocu* :

> On m'appellera *coquillart,*
> Puisque ma dame m'abandonne.
>
> Rondeau anc.

Ajoutons que, au temps de Rabelais, les écoliers de l'Université d'Orléans, où l'on prenait, sans beaucoup de peine, les grades de l'étude ès lois, étaient surnommés *coquillons* :

> Un esteuf en la braguette,
> En la main une raquette,
> Une loy en la cornette,
> Une basse dance au talon,
> Vous voy là passé *coquillon*.
>
> Rab. I, 240.

COQUILLE, subst. fém. C'est l'enveloppe corporelle, la personne même du *coquillard* :

> Eschec ! eschec ! *coquille* se s'en broue...
>
> Ball. X.

Coquille pourrait être ici le diminutif de *coque*, au sens de petit bateau : « Les Anglois deffendant le rivage de la mer contre les François vaillamment allerent à eux, les uns à batteaux et les autres à petits *coques*. » Juv. des Ursins. *Hist. de Charles VI*. — La *coquille* ou nacelle qui s'embroue, c'est-à-dire qui s'envase, qui échoue à terre. Voyez *Brouer* et *Brouer*, au même sens :

> Qu'ostac n'embroue vostre arerie...
>
> Ball. V.

On dit communément d'une embarcation très légère que c'est une *coquille* de noix. Cet exemple usuel manque dans le Dictionnaire de l'Académie et dans celui de Littré.

CORNETTE, subst. fém. Ornement des chapeaux au moyen âge, de soie ou de toile.

> *Cornette* court nul planteur ne se joue.
>
> Ball. X.

Le mot n'a rien de jargonnesque; mais je l'enregistre pour expliquer mon interprétation, qui est : « Que nul ne se joue à la *cornette* courte », c'est-à-dire aux sergents. Il me paraît certain que la tenue des sergents les obligeait à ne porter que des cornettes courtes. Villon, en son *Grant Testament*, fait le legs suivant aux sergents à pied :

> Item aux unze vingtz sergens
> Donne, car leur faict est honneste,
> Et sont bonnes et doulces gens
> Denis Richier et Jehan Vallette,
> A chascun une grand *cornette*,
> Pour pendre à leurs chappeaulx de feautre.

Le legs n'aurait aucun sens si les sergents avaient porté des cornettes longues; Villon leur en lègue à chacun une, parce qu'il sait qu'ils ne peuvent pas les porter.

En tête du convoi funèbre de Charles VII marchaient vingt-quatre hommes

> Portant vingt-quatre sonnettes,
> Vestuz de noir selon les fourmes,
> Chapperons *à courtes cornettes*.
> *Vig. du Roi Ch. VII,* f° xcix.

La ballade X écrit *cornette court*, comme le *Grand Testament* écrivait *grand* cornette. L'invariabilité n'était accordée, selon Génin, qu'aux adjectifs de la seconde déclinaison latine (*grandis*, *viridis*, etc.); *court* vient de *curtus*, et la ballade X le traite comme s'il venait de *curtis*. Génin a prétendu que l'invariabilité cessait de droit lorsque l'adjectif ne précédait pas immédiatement le substantif; il allègue à cet égard nombre d'exemples qui paraissent spécieux; mais, en supposant que l'accord des adjectifs de la deuxième déclinaison lorsqu'ils ne précèdent pas immédiatement le substantif fût une règle, elle était généralement méconnue. Villon ne s'y astreignait pas, car il écrit *cage vert* dans le huitain du *Grant Testament* consacré à frère Baude; et, de fait, c'est ainsi qu'on disait, comme l'attestent plusieurs enseignes parisiennes du moyen âge.

On lit dans *le Roman de la Rose* (v. 14087-8) :

> Que devra moiller en la sausse,
> Soit *verd* ou camelline...

Eust. Deschamps écrit : « Ces montagnes *cruels* » (ms. f° 273); Coquillard : « une *verde* hucque » (*Gend. cassé*, I, 155), et « une cotte *vert* » (*ib.*, 152), précisément à l'inverse de la prétendue règle. Enfin on trouve dans *les Cris de Paris*, au XVIᵉ siècle :

> Vous faut il point de sauce *vert*,
> Tandis que mon pot est ouvert.

Lorsque la cornette était longue, on lui faisait faire un ou plusieurs tours autour du col; c'était matière toute trouvée pour la plaisanterie patibulaire que voici :

> Puisque tu as tant attendu,
> Il ne te faut qu'une *cornette*
> De beau chanvre, ronde et estroite
> Pour te couvrir un peu le col.
>
> *Pass. de J.-Chr.*, notes sur Villon, p. 54, éd. Coustelier.

COULOIRE, subst. fém. A traduire, je crois, par braguette, sinon par le contenu même de cette pièce du vêtement masculin. :

> Pour mieux hyer, desriver la *couloire*.
>
> Ball. IX.

« Et fineront, pour la sale, de deux ou trois *couloueres* pour gecter le gros relief comme souppes, pain trenché », etc. Laborde. *Émaux*, p. 230. — « Restant le tiers assés espès, lequel par après l'on passera par une *couloire* de cuivre persée à petits trous. » O. de Serres, 236.

Couloyre, rom.-castr., passoire.

La *couloire,* dans ces deux exemples, est une passoire ; mais, au sens rigoureux du mot, c'est un conduit, un objet qui laisse *couler* les parties liquides. De là le sens obscène. Peut-être aussi, par confusion volontaire avec *coulloire,* de *coglie*. Enfin la *coulloire* est peut-être ici la partie du vêtement que le gueux de la ballade IX *desrive,* c'est-à-dire détache pour mieux *hyer,* ou bien la *coulisse* qui maintient la braguette fermée.

« Pantagruel vouloit redoubler au *coulouoir* (de la vessie) »; c'est-à-dire frapper de nouveau en cet endroit. Rabelais, I, 359.

Le mot est douteux dans le ms. Stockholm où l'on peut lire *touloire* (v. ce mot). Le *t* et le *c* se confondent facilement sous la plume des copistes du xve siècle, même dans l'intérieur des mots, à plus forte raison comme lettres initiales.

COUPLANS, part. pr. pluriel de *coupler* (V. ci-après ce mot).

<blockquote>Prince, benardz en esterie
Querez, <i>couplans</i> pour l'emboureux.
Ball. V. </blockquote>

C'est-à-dire : « Prince, plaignez les benards qui passent en jugement, et qu'on attache par couples pour les livrer au bourreau. »

COUPLER, v. a. de la langue ordinaire.

> *Couplez* vous trois à ces beaulx sires dieux.
> Ball. X.

> L'ung se lye à l'autre et le *couple*.
> Rose, v. 16347.

Coupler, v. a., joindre, accoupler des animaux. Lacombe. « *Couplez*-vous à ce chesne et le joignez comme vous feriez votre femme. » Bouchet, III, 125.

> Or, escoutez que nous ferons
> Quant devant les larrons serons :
> Chascun au sien se *couplera*
> Et les cuisses ly brisera.
> La Pass. de N.-S. Jubinal, II, 255.

Couple, subst. masc., est au propre le lien dont sont attachés ensemble deux choses pareilles :

> Cueillez ces *couples* pour ces chiens retenir.
> Garin. Du C.

COYS, subst. masc. (prononcez *cays*), cabane, maison, cellier, cabaret.

> Levez les sous et si tastez les *coys*.
> Ball. VIII.

> Ung gier *coys* de la vergne cygault.
> Ball. IX.

> Ce devers *coys*, par un temps du vernas.
> Ball. XI.

> Santissiez pour le marc dou *cois*.
> Li Jus saint Nicholai.

> Gaultier, si faut-il regarder
> S'il n'y a point quelque gourt *coys*
> Là où nous puissions aborder
> Pour avoir du pain et des poys.
>
> Mir. des Enfans ingratz.

Le même mot que *chai* ou *chaix*, encore usité dans le midi pour cellier et magasin. « *Chaiz*, petite maison, cabane, loge ; *caya*, cellier, cave. — *Tabernas*, vulgo vocatas *chay*. » Lettres de 1404 des archives de l'archevêché d'Auch. Du Cange. — « Ports de mer, *coys* et pertuis, et ce que la mer cuevre et descuevre. » Charte bretonne de 1422 ap. La Curne. — Du latin *casa*, maison.

Coues, maison. *Vie gener. des mercelots*. Cette diction *coue* est à rapprocher de l'ancien français *cot*, maisonnette, *cote* et *cotage*, tenement en roture, angl. *cote* et *cottage*.

CREMIR, verbe actif. Ancienne forme de craindre :

> Pourtant se font adoubter et *cremir*
> Angles bossus, rouastres et staricles.
>
> Ball. VIII.

> Franc, dit Rollant, bone gent honorée,
> Sur toutes autres *cremue* et redoutée.
>
> <div align="right"><i>Ronc.</i>, p. 48.</div>

> *Creim* que occis soit ainz que soions là.
>
> <div align="right"><i>Ibid.</i>, p. 95.</div>

> Forment se fist la serve et douter et *cremir*.
>
> <div align="right"><i>Berte</i>, LXIII.</div>

« Un moult hault prince, *cremu* et renommé. » Froissart, II, II, 53.

> Le peuple doit chacun jour labourer
> Pour les estas des nobles soustenir,
> Et si les doit honourer et *cremir*.
>
> Gouv. des Rois, dans La Curne.

> Les tours et les clochiers, que bien a conneü,
> Que c'est li lieus Butor, son mestre, le *cremu*.
>
> Brun de la Montagne, v. 251-2.

> Que jamais ne girai en ceste tour *cremue*.
>
> Ibid. v. 2881.

Cremour, subst. Crainte. *Tremor* :

> Autrement servir en *cremour*
> Que je n'eüsse son mal gré.
>
> Mir. N.-D., v. 20.

Craindre, en prov. *cremer*, vient du latin *tremere*, avec l'accent sur la première syllabe. *Cremir* répond à *treméré*, avec l'accent sur la seconde. Les deux formes sont également légitimes en formation romane, puisque le latin *trĕmĕrĕ*, ne contenant que des brèves, laisse l'accent tonique indécis entre les deux premières syllabes. Quant au changement du *t* initial en *c*, il n'en faut peut-être pas chercher la raison ailleurs que dans la confusion habituelle chez les scribes du moyen âge entre le *t* et le *c*, surtout au commencement des mots.

CRUPAULT, subst. masc. Pot. (Voyez *Gruppelins*.)

> Adraguerent de guoble maint *crupault*.
>
> Ball. XI.

> Fors aux pians et aux *crupaux*
> Comme freres et catervaux.
>
> R. de Taingui, ms. des Décades.

C'est à Bouchet que nous devons la traduction positive de ce mot, qu'il donne sous la forme *corpault*, et qui avait disparu de la langue du Jargon dès les premières années du xviie siècle : « *Corpault*, un pot : Il a pié un *corpault* de pivois, c'est-à-dire il a beu un pot de vin », dit Bouchet (III, 129) dans sa XVe serée intitulée : *Des larrons, des voleurs, des picoureurs et matois*, qui contient un petit vocabulaire du Jargon des *matois* vers la fin du xvie siècle, après le siège de Paris par Henri IV.

Croupe (de cheval), namur., *crupe*; esp., *grupa*; portug., *garuppa*; it., *cropa, croppa, groppa, gruppo*. *Groupe* est un terme spécial de peinture, de *groppo*, nœud, peloton, paquet. Le radical de ces mots, signifiant quelque chose de ramassé, se trouve dans le germanique; scandin., *krippa*; all., *kropf*, protubérance, et dans le celtique gaël *crup*, ramasser, conglomérer. Le *crupault* ou *corpault* aura vraisemblablement été créé d'après la même idée pour rappeler la forme arrondie ou ventrue des pots.

CUIRS, subst. pl. C'est le mot de la langue usuelle, pris pour la peau humaine.

> Blanchir vos *cuirs* et essurger.
> Ball. V.

> Si' n deit hum perdre et del' *quir* et del' peil.
> *Roland*, v. 1012.

> Car ces ouvriers ont trop courbes les dos;
> Je voy qu'ils n'ont que le *cuir* et les os.
> Eust. Desch., ms. f° 238.

> Le beau corps ! le beau *cuir* !
> La Fontaine, *Roi Candaule*.

> Une grosse Aricie au *cuir* rouge, aux crins blonds.
> Mme Des Houlières, *Sonnet sur Phèdre*.

.... Ah! cousin, qu'elle a le nez joli,
Le minois égrillard, le *cuir* fin et poli!

REGNARD. *Le Bal,* SC. VII.

CYGAULT. A défaut d'explication certaine, je traduis hypothétiquement ce mot par bohémien, zingaro :

Ung gier coys de la vergne *cygault.*
Ball. IX.

Veiz abrouer à la vergne *cygault.*
Ball. XI.

Cette *vergne cygault,* où se réunissait l'étrange société décrite dans les deux ballades précitées, est évidemment le champ de foire, le centre d'activité des gueux ou bohémiens, qui l'appelaient ainsi la « ville des Zingari », comme les gueux américains appellent aujourd'hui New-York Rommeville, avec la même signification, de *romany,* qui est le nom du dialecte zingaro.

Zigue, en argot moderne, signifie camarade ; il a passé dans la langue populaire et jusque dans la littérature. On le trouve dans le dictionnaire de Vidocq et dans quelques ouvrages qui reproduisent le style des ateliers : « Entrez, entrez, nous sommes tous ici de bons ʒigues. » Charles Monselet. Or ʒigue est généralement considéré comme l'abrégé de ʒiguener, nom allemand des zingari. « Théodore Lascaris approvisionna ses forteresses et prit à son service, moyennant salaire, des Turcs, des Cumans, des Lains, des Zigues et des Bulgares. » Buchon, *Chron. de Romanie,* p. 92 et 93, citée par Génin, *Récr. philol.,* t. II, p. 75.

Le nom de gypsies ou gitanos s'écrit ʒincaló dans la langue des bohémiens d'Espagne (vocabulaire de Borrow).

La *cigogne* de l'argot moderne, qui désigne la préfecture de police, ne se traduirait-elle pas naturellement : le lieu où l'on conduit les ʒigues? Cette *cigogne* se rapproche étrangement de la *vergne cygault*.

Je cite, pour complément d'instruction, la signification « jour », donnée au mot bohémien *cigo* par MM. Baudrimont et Francisque Michel, et l'ancien argot *cigue*, qui voulait dire pièce d'or. La première acception donnerait, pour la vergne *cygault*, la ville du jour, la réunion brillante, avec ses feux et ses lumières; la seconde, la ville riche, vers laquelle convergent les écus. Le petit violon ou pochette, h.-all. *gige*, it. *giga*, esp. *guiga*, et la danse du même nom, fr. *gigue*, fournissent une autre induction; la « vergne *cygault, gigault* ou *ʒigault* », serait la ville de musique et de danse.

Les trois acceptions conviendraient à caractériser un champ de foire.

DANCE, subst. f. Figurativement pour les postures de celui qui reçoit le fouet, ou les convulsions du pendu.

<blockquote>
Nopces ce sont; c'est belle melodie...
Dance plaisante et mets delicieux.

Ball. VII.
</blockquote>

« Si aucuns de leurs compagnons a été angué, ils disent : il a été marié, et un tel a *dansé* à ses nopces, c'est-à-dire qu'il y a esté fouetté. » Bouchet, III, 130. Dans le *slang : dance at his death*, danser à sa mort, être pendu. — « Fut le souper bel et gent, bien *dancé* et continué toute la nuit. » Froissart, liv. IV, p. 93. Je cite ce dernier exemple à cause du « souper *dancé* » qui semble avoir été traduit par le second vers du Jargon.

DAVID, DAVYOT, nom propre. Le roi David, qui

jouait de la harpe, patron des musiciens ambulants, et par conséquent des gueux. Cette explication nous est fournie par Oudin : « Parent de David, qui joue de la harpe, larron. » *Curios. fr.* (Voyez ci-après *Harpe*.)

> Vous qui tenez vos terres et vos fiefz
> Du gentil roy *Davyot* appelé.
> Ball. VIII.

> Vive *David*, saint archquant la baboue.
> Ball. X.

DELOUER, v. a. Blâmer. C'est le contraire de louer.

> La fin en est telle qu'elle *deloue*.
> Ball. X.

Delouer, plus correctement *deslouer*, bas latin *dislaudare* (Du Cange), c'est-à-dire blâmer et déconseiller, selon les deux sens du verbe *louer* qui a signifié conseiller et approuver. « Je vous *loue* de prendre tel parti », c'est-à-dire je vous le conseille, doit être interprété ainsi : je vous *loue* au cas où vous prendrez tel parti; je vous *déloue* d'en prendre un autre.

« Sa femme... laquelle ne feut jamais consentant ne contente qu'il acceptast ledict office, mais luy avoit tousjours *desloué* et deffendu à son pouvoir. » Jean d'Auton. *Annales de Louis XII*, 1506-7. — « Assez l'en *desloua* le roy Claudas. » *Lancelot du Lac*, t. III, f° 31 r°, c. 2.

> Mais cil ne les voellent loer
> Qui tous biens seullent *desloer*.
> *Chât. de Coucy*, v. 39.

On trouve dans les contes d'Eutrapel : « Mon marcher de travers à marche *deslouée* », c'est-à-dire disloquée. Mais ce participe vient du verbe *desloyer*, de *desligare* (Du C.) et se conjuguerait *desloye* dans l'exemple ci-dessus du Jargon. Grammaire à part, *disloquer* vaudrait ici tout autant que *dissuadé* ou *blâmé*, puisqu'il s'agit de la fin réservée à ceux qui s'exposent au dernier supplice.

DESBOURER, v. a. Équivalent de *desbouser*. (V. ce mot.) Voler, dépouiller.

> Et babignez tousjours aux ys
> Des sires, pour les *desbourer*.
> Ball. I.

C'est le contraire d'*embourrer*, qui signifie remplir.

> Femme pour *embourrer* son bas
> Perdra plainement la grant messe.
> COQUILLART, I, 151.

> Et mesmement tant de pisseuses
> Qui se font *rembourrer* leurs bas.
> JODELLE. *Eugène.*

DESBOUSER, v. a. Prononciation ancienne de *desbourser*, enlever la bourse, dépouiller, voler.

> Et babignez tousjours aux ys
> Des sires, pour les *desbouser*.
> Ball. I.

> Et sur la tarde
> *Desbousez* les pouvres nyois.
> Ball. III.

> Saupicquetz frouans des gours arques
> Pour *desbouser* beaussires dieux.
> Ball. IV.

> Bendez vous contre la faerie
> Quanques vous aurez *desbousés*.
> Ball. V.

VOCABULAIRE ANALYTIQUE.

Et *desbousé* de son cuer ou sa poue.

Ball. X.

Pour mieux polir et *desbouser* musars...
Pour mieux blanchir et *desbouser* coquars.

Ball. XI.

Que nous fault il ? force pendus
Pour bien fournir notre foullouse ;
Par Juppin ! trop on les *desbouse*
Qu'il n'a que du vent trop souvent.

Vie de S. Christophe.

Le mot *bouser* existe dans la langue ; il signifie techniquement former l'aire d'une grange avec un mélange de terre et de *bouse* de vache (Littré); *bousiller,* c'est travailler en *bousillage,* faire une besogne de peu de valeur, mal faire, mais c'est toujours faire ou construire ; *desbouser* pourrait être défaire et, par extension, démolir ou dépouiller. Mais je m'en tiens à *debourser,* qui, étant le vrai sens, doit être le vrai mot.

L'éditeur de La Curne propose de lire *débouté.* C'est qu'il ne connaissait pas les textes du Jargon.

*DESCARIEUX, adj. pl. Qui n'a pas de *caire,* c'est-à-dire pas d'argent; le contraire de *carieux.* V. ci-dessus *Caire* et *Carieux.*

Se gruppez estes *descarieux.*

Ball. I.

Ce vers paraît reproduit, avec une variante qui n'en doit pas altérer le sens, au deuxième huitain de la ballade IV :

Se gruppez estes desgrappez.

L'espagnol donne *descarriado,* fourvoyé. Oudin.

En plusieurs passages, les ballades du Jargon insistent sur le danger de se laisser prendre lorsqu'on a le butin sur soi. La même idée se retrouve dans la scène de Jargon de *la Comédie des Proverbes,* p. 59 : « Le Coesre. C'est lorsque l'on est nanty qu'il faut craindre la harpe. »

DESGAUDIR, v. a. Le contraire de *gaudir,* attrister. V. *Gaudir.*

> De la hanter ma fueille est *desgaudie.*
> Ball. IX.

Le mot est d'exemple unique sous cette forme et avec cette acception; mais on trouve *dégaudir,* au sens de réciter, dans la phrase suivante : « Et avec ce (les Génoises) sçavent si bien *degaudir* leur leçon que rien ne leur en fault apprendre. » J. d'Authon, *Ann. de Louis XII* pour 1502.

Entre *gaudir* et *desgaudir,* de signification contraire, mais de source commune, il faut noter *esgaudir (s'),* verbe réfléchi, venant non pas de *gaudium,* joie, mais de *gault,* forêt : « *S'esgaudir,* Picardis nostris, venatione in silvis indulgere, vel in silvis sese deambulatione reficere. » Du C. sous *Gau.*

*DESGRAPPEZ, part. pl. Littéralement décrochés, décramponnés, c'est-à-dire démunis d'armes ou de ruses, autrement dit « pris sans vert » :

> Se gruppez estes *desgrappez.*
> Ball. IV.

Le contraire de *grapper,* prendre; italien, *grappare.*
Grappe, crampon, grappin. La Curne.

> A ses deux mains formant la *grappe.*
> *Les trois Maries.*

DESMAQUILLIE, p. pas. fém. du verbe *desmaquillir,* l'une des formes alternatives de *desmaquillier,* dont l'autre est *desmaquiller.* (Rabelais conjugue *arrachir* de *arrachier.* « L'*arrachit* facillement. » I, 135.) Défaire; le contraire de *maquiller* (V. ce mot).

> Luez la gruis s'elle est *desmaquillie.*
> Ball. IX.

Subsiste dans l'argot moderne : « *Démaquiller,* défaire ». Vidocq.

DESRIVER, v. n. Au propre quitter la rive; v. a. au figuré, en technologie, limer la rivure d'un clou pour le faire sortir de son trou. Littré.

> Pour mieulx hyer *desriver* la couloire.
> Ball. IX.

Le sens du Jargon se rattache à la signification spéciale indiquée par Littré. Voyez ci-dessus « *river* le bis » dans le Jargon des mercelots sous *Biʒouard.*

> . . . . Chevaucher sans selle,
> *River* et habiter de hait.
> Coquillart, I, 148.

DESTIRER, v. a. Tirer en tous sens, rompre, torturer.

Destirer fait la hirenalle
Quand le gosier est assegis.

Ball. IV.

Mais je laisse aux pervers tyrans,
Qui, par mauvaise intention,
Vont les laboureurs *detirans,*
Et leur font tribulacion...

Molinet, p. 189.

J'otroie qu'on me voist à chevaux *detirant*
Se le chastel n'avons ains le soleil couchant.

Guesclin, 896.

« Ils leur donnoient la gehenne, ils les *destiroient* sus le chevalet. » Amyot, *Lucullus,* 35.

DESVOYE, 3ᵉ p. du présent de l'indicatif du verbe actif *desvoyer,* égarer, détourner.

Rebecquez vous de la montjoie
  Qui *desvoye*
Vostre proye.

Ball. III.

Au propre *desvoyer* avait anciennement un sens qui m'est fourni par Helynand et qui conviendrait au passage ci-dessus, celui de « perdre » :

Mar fu nes quant a cou savoie,
Ki pour tout avoir le *desvoie.*

Helynand, la Mort.

Mais si le mot *proye* doit être entendu au sens jargonnesque (V. *Proye*), *devoyer* se traduirait comme dans l'exemple suivant : « L'odeur seule d'icelle [médecine] lui *devoya* tellement le ventre qu'il fut contraint d'aller sept fois à ses affaires à l'instant. » Paré. *Introd.* XXII.

DOLLEQUIN, subst. m. Poignard. Mot ancien de la langue vulgaire.

L'autre pollist martins et *dollequins*.
Ball. IX.

Dollequins agus que picques.
Molinet, p. 130.

Le glossaire français de Du Cange sous *Dollequin*, poignard, dague, renvoie à *Dollequinus* et *Dolequinus*, gall. *dolequin* et *dollequin;* pugionis species. — « Jehan Bernart tira un *dollequin* qu'il avoit, et d'icellui cuida courir sus au suppliant et l'en ferir. » Lettres de rémission de 1422. Trés. des ch. reg. 172, ch. 55. — « Icelluy Simonnet fery icelle jeune femme trois ou quatre cops d'un *dollequin* qu'il avoit. » Autres de 1455, reg. 183, ch. 70. — « Jacot Cuerqueville tenant soubz son mantel ung *dollequin* hors de sa gueine. » Autres de 1457, reg. 180, ch. 230.

« *Dolo* est vagina pugionis. » Gloss. lat.-gall. ann. 1352, ex Codice reg. 4120. — « Qui est trouvé portant baston defendu, si come lance de fer, ou de plomb, de hache, couteau à pointe ou *dollequin*, chet en amende de soixante sols. » Bout. *Somme rurale*, p. 859.

Le mot est purement allemand : *dolch*, poignard. D'après le système des diminutifs germaniques, le français *dollequin* représente l'allemand *dolchen*, c'est-à-dire petit poignard. *Dolch* et *dolchen* (qui se prononcent dur et guttural : *dolq* et *dolquen*) me paraissent représenter une des formes de l'étymologie possible de *dague*, laquelle est inconnue. La prononciation allemande sonne tantôt *dolq* et tantôt *dolg*, selon l'accent local.

DORER, v. a. Au propre. *Dorer* son langage.

> Songears ne soiez pour *dorer*.
> Ball. I.

> Par motz *dorez*, par joncheries.
> Coquillart. I, 25.

> Mots *dorés* font tout en amour.
> La Fontaine, *Pâté d'anguilles*.

« Les mots et sentences *dorées*. » Pasq. *Rech.*, p. 512. — « Motz de gueule, motz de sinople, motz de azur, motz de sable, motz *dorez*. » Rabelais, II, p. 466. — « *Doreur* de la nuit, a gold finder, a Jackes former. » Cotgrave. — « *Dorer*, t. de mar. Espalmer, donner le suif à un vaisseau. » Trévoux. — *Dorar*, esp., pallier, dans le sens de *dorer* la pilule. — « Comment, seigneurs, refusez-vous à ouïr un personnage qui a le langage si bien doré? » Amyot, *Démosth.*, 36.

L'anglais *door*, porte, paraît ici hors de cause; cependant je le note, à cause de la suite de l'exemple :

> Songears ne soiez pour *dorer*,
> Et babignez toujours aux *ys*
> Des sires pour les desbouser.
> Ball. I.

DORLOTZ, subst. pl. En vieux français les *dorlots* ou *dorelots* sont des rubans de soie, des franges et autres menus ornements se rapprochant des travaux délicats de la passementerie moderne. Par extension de l'ornement à la personne, un *dorlot* est un petit-maître, un joli cœur. Le mot est employé sous ses deux acceptions normales dans notre Jargon :

1° Brocquans, *dorlotz*, grand guain, aube florye.
Ball. XI.

C'est-à-dire, bijoux, rubans, etc.

> Nous n'avons qu'un vestun
> Qui est à *dorelotz* fort laids.
> *Vie de S. Christophe.*

2° Mareux, arves, pimpres, *dorlotz* et fars.
Ball. XI.

C'est-à-dire pimpans, bichonnés et facétieux.

Le substantif *dorlot* ou *dorelot* a donné le verbe *dorloter*, caresser.

Sur la foi d'Oudin, qui traduit le mot *dorelors* (prononcez *dorelos*) par : *ornamenti d'oro dei donne, dorade,* Littré, ordinairement mieux informé, considère le *dorlot* comme une sorte de joyau. C'est une erreur complète, ainsi que le prouvent divers textes que je vais citer et qui ont échappé, je ne sais comment, à l'attention de l'illustre philologue.

Le *Livre des mestiers* nous apprend que les *dorelotiers* faisaient partie du métier des laceurs de fils et de soie; parmi les maîtres jurés de ce métier pour l'année 1319 figure Jehan le *dorlotier*, et parmi ceux de 1324 Nicholas le *dorelotier* et Hue le *dorelotier* (*Liv. des mestiers*, p. 80). Du Cange nous fournit à son tour les renseignements suivants : « *Doreloteria,* e veteris gallici *doreloterie*. Ars vittas et tænias texendi, quarum artifex *dorelotier* et *doreloteur* nuncupabatur, a voce *dorelot,* ornatus futilis nimiumque exquisitus. »

Dans des lettres de rémission de 1369 : « Lors estant audit jeu Lyenardin Hama, qui avoit appendu aux boutons ou fernilliere de son jupon, ou autre garnement, une boursette à sonnettes d'argent, ledit Pignié par maniere d'esbatement et de jeu... lui eust dit : Cuides tu estre mieux amé des dames pour telz *dorelo*ʒ. » — « Nichilominus dicta Ælipdis... de alio ministerio, sc. *doreloteriæ* se intromittebat, rubanos... ligneas faciebat. » Arr. Parl. 1421. — « Quiconques voudra doresnavant tenir en la ville de Paris le mestier de franges et rubans, tant de soie comme de fil et des appartenances, anciennement appelé le mestier de *doreloteur*, faire le pourra. » *Règl. de* 1403. — « *Item* les eschevins mettront les gardes sur l'œuvre des rubans de fil et sur l'œuvre des *doreloteurs*. » *Règl. de la ville de Tours,* 1335.

Enfin Sauval nous a conservé deux extraits des comptes de la prévôté de Paris pour 1455, qui achèvent de nous fixer sur la nature des *dorlots* ou *dorelots* et sur le métier de *dorloterie* ou *doreloterie* : « De Robinette Doysemont, Isabeau femme Jehan Clément, et Jehanne femme Jehan Ferrebouc, pour leur entrée d'avoir été passées et reçues maistresses farfaresses de franges et rubans de fil et de soie appelés *doreloterie*... De Gillette, veuve d'Estienne Moireau, pour son entrée d'avoir été passée et reçue maistresse ouvriere du mestier de *doreloterie,* c'est à sçavoir de faire franges et rubans... » Sauval, t. III, p. 354.

Nous voilà bien certains que les *dorlots* étaient des rubans et des franges et non pas des bijoux; et, ceci acquis, nous possédons, pour en rechercher l'étymologie, un point de repère qui manquait à nos prédécesseurs.

Oudin avait imaginé, au hasard, que des *dorlots* devaient avoir de la dorure, et il en avait fait des joyaux; Scheler, qui l'en croit sur parole, n'hésite pas à dériver *dorelot* de *or* et de *dorer*. Littré combat cette opinion et accepte les suggestions de Diez qui nous apporte non pas une, mais deux étymologies, l'une saxonne, *deórling*, en anglais *dearling*, qui veut dire favori; l'autre kymrique, *dorlawd* ayant la même signification, en bas breton *dorlô*, caresser. Nous savons, en effet, que le *dorlot* a cette signification courante dans l'ancienne langue :

> O *dorlotin* diva Robin.
> Poés. mss. xiii° siècle. LA CURNE.

> A Fauvel sont fils ou neveuz,
> Au *dorenlot* font leurs cheveus.
> Ils sont de l'église fillastre,
> Car ils font trop le gentillastre.
> Rom. de Fauvel, P. P. I. 309.

> C'est ce qui me faict estre en grace
> Ung fin mignon, un *dorelot*.
> COQUILLART, I, 190.

> Car je congnoissois la mignote
> Estre bien frisque et *dorelote*.
> R. DE COLLERYE.

> Ennement, je me tiens bien fière
> D'estre aymée d'ung tel *dorlot*.
> Ibid.

« Laquelle me traictoit et entretenoist mignonnement, comme un petit *dorelot*. » Rabelais, II, 72.

Mais il faudrait savoir si cette signification est primitive ou bien secondaire, et se convaincre, par des textes datés, que le *dorlawd* kymrique ou le *dorlô* bas-breton, au lieu d'être les ancêtres du *dorelot* français, n'en seraient pas les petits-enfants.

Je me bornerai à une conjecture qui aurait le mérite,

si elle se vérifiait, de faire rentrer la question dans l'ordre normal des étymologies françaises.

Scheler admettait que *dorelot* vînt de *or*, ce qui ne rendait pas compte de l'*l* ; mais si à *or* on substitue *orl*, on a les éléments d'une formation satisfaisante. Cet *orl* existe ; il est un des aspects, en vieux français, de *orula*, diminutif de *ora*, qui signifie bord en latin, et qui nous a donné en français *or*, *ur*, *our*, *orl*, *orle*, *urle* ; nous le possédons sous trois formes : la forme intégrale *orle*, en blason ; le diminutif *ourlet*, et le verbe *ourler*. Les rubans, franges et galons sont essentiellement destinés à *ourler* ou border l'*ourlet* des vêtements d'hommes ou de femmes. Étant donné, comme patron du verbe *ourler*, le bas latin *orulare*, celui-ci donne *deorulare*, français *deorler*, *dourler* ou *dorler*, absolument comme *de aurare* produit *dorer*, *de* exprimant ici l'action d'étendre.

L'objet ou la série d'objets en question pourrait donc être représenté substantivement par la forme générale *dorle*, qui aurait donné *dorlot*, comme *grele* a donné *grelot*, comme *bimbe* a donné *bimbelot*, etc.

Le *Livre des mestiers* (281) appelle *peaux dorle* des peaux de peu de valeur destinées à faire des bordures.

DROGUERIE, subst. f. Tromperie, subtilité.

> Rasurez vous en *droguerie*
> Et faierie.
> Ball. III.

Endroguer, chercher la fortune, Ollivier Chereau et Vidocq. — *Droguista*, esp. menteur, fourbe. — *Drogueur*, t. d'argot. Espèce de filous qui quêtent pour des infortunes imaginaires. Littré, *Dict.* (sans exemple à l'appui).

Au moyen âge *droguerie* désignait toute espèce de menue denrée, depuis les épices jusqu'aux joyaux et menus ornements des femmes. Littré explique très bien comment la plupart des *drogues* médicinales ayant mauvais goût, *drogue* a pu se dire de toute chose mauvaise, ce qui suffit à expliquer le sens du Jargon, le mot venant très probablement de l'allemand *trecken* ou du hollandais *trook*, qui veulent dire sécher et sec. Cependant, pour le cas particulier du Jargon, je suggère une étymologie, qui paraît plausible puisqu'elle fournit un double sens : l'allemand *trug* (prononcez *troug*) est précisément notre *drogue* du Jargon, car il signifie au propre : tromperie, dol, imposture; et, avec une autre nuance, illusion; nous en avons fait *truc* pour désigner les machines de théâtre et toute espèce d'artifice ou de combinaison qui trompe avec ou sans intention frauduleuse. Le verbe *trügen*, avec le même sens, donne *trog* à l'imparfait et *getrogen* au participe passé.

« Cet anneau congnois-je bien : car je donnay l'anneau à Lancelot et toutes mes *drogueries*. » *Lanc. du Lac*, I, f° 160.

Droguerie parole et demande, *droguer* parler. Argot moderne. V. ci-après *Entroingnie*.

DROUE, s. f. Grain de qualité inférieure, et, par extension, drogue empoisonnée pour tuer les bestiaux.

<blockquote>
Vos ens soient assez hardis
Que de leur avancer la *droe*.
Ball. VI.
</blockquote>

Le mot se trouve dans le roman de Cortois d'Artois :

> Mais mon pain resamble becuit ;
> Il est fait ou d'orge ou de *droe ;*
> A enviz menjasse si floe
> Par l'ostel monseigneur mon pere !
>
> F° 84 v°.

Le Dict. de La Curne traduit *droe* par orge cuite ; c'est une erreur démontrée par le texte même de Cortois d'Arras, qui dit d'orge ou de *droe ;* la *droe* est donc un grain différent de l'orge, quoique donnant du pain également grossier. C'est probablement la *doura* des Arabes. « La *dhorra* est peu nourrissante et resserre le ventre ». Ms. arabe de Razi. « Les champs dans ces montagnes (du Yémen) étaient semés uniquement de *durra,* espèce de gros millet dont le petit peuple fait son pain. » Niebuhr. *Voyage en Arabie,* éd. Smith, p. 302. J'emprunte ces deux exemples à M. Marcel Devic, v° *Doura*. Ce « gros millet », de Niebuhr, paraît fort analogue à l'épeautre, sorte de blé fort grossier aussi. L'épeautre diffère peu de l'ivraie, nommée en basbreton *dréaucq*. Littré enregistre, sans alléguer de textes : « *Droc,* s. m. un des noms de l'ivraie. Peut-être le basbreton *drouk,* chose mauvaise. » Mais ces deux mots, comme *dréaucq* lui-même, se réfèrent au sens *drogué* que je viens d'examiner ci-dessus.

Chose certaine, c'est que la *droe* de Cortois d'Artois est un mauvais grain, comme l'ivraie ; d'où la transition est facile au sens spécial de « poison pour les bestiaux », que me fournit la langue des Zincali sous la forme *dráo* (Borrow).

L. Larchey cite, en argot moderne, le mot *drouillasse,* au sens de diarrhée, qui pourrait bien remonter à la *droue* du Jargon, comme l'effet à la cause.

DUC, subst. masc. L'oiseau de nuit, *sc.* le pendu qui dort au haut des branches. (Voyez *Choue*.)

> Farciz d'ung lourd plumbis à coing
> Qui serre et griffe au gart le *duc*.
>
> Ball. II.

> Et pour la nuyct faire escharguer,
> Nous mettrons ce beau *duc* en perche.
>
> *Vie de S. Christophe.*

Il y a jeu de mots dans ce second exemple, car il s'agit réellement du *duc* d'Albanie :

> Afin que prestement on aille
> A ce bel *oyseau* bailler cure
> Et pour benistre la verdure
> Le mettrez la sus hault et court.
>
> *Ibid.*

Far il duca al buio, loc. prov. it., faire le *duc* dans la nuit, me paraît se rapporter encore aux pendus, quoique N. Duez en donne une autre explication.

> Ne fust Iuno, que, dessoubz l'arc celeste
> Avec son *duc* tendoit à la pipée...
>
> RABELAIS, I, 14.

Voici comment Molinet (p. 171) raconte la mort d'Olivier le Daim :

> J'ay veu oyseau ramaige,
> Nommé maistre Olivier,
> Vollant par son plumaige,
> Hault comme ung esprevier;
> Fort bien sçavoir complaire
> Au Roy; mais je veiz qu'on
> Le feist, pour son salaire,
> Percher au Mont-faulcon.

DUPPE, s. m. La personne qui se laisse abuser ou tromper. Le Jargon lui donne une seconde acception en renversant les rôles, c'est-à-dire en désignant les malfaiteurs qui se sont, à leur tour, laissé *duper,* c'est-à-dire prendre et pendre.

> A Parouart, la grant mathe gaudie
> Où accolez sont *duppes* et noirciz.
> Ball. I.

> Et pour soustenir voz pois
> Les *duppes* sont privez de caire.
> Ball. III.

> Pour les *duppes* faire brouer au mynsse.
> Ball. IX.

> Nous allons donner sur la corne
> A quelque *duppe*.....
> *Mist. de la Passion.*

> Aux povres *duppes?* — La havée.
> *Dial. de Malepaye et Baillevent.*

Dans les deux premiers exemples tirés du Jargon, *dupe* est masculin; de même La Fontaine écrivait deux cents ans plus tard:

> Un des *dupes* un jour alla trouver un sage.
> *Fables,* IX, 8.

Ce mot est d'origine purement jargonnesque et, à ce titre, mérite d'être longuement considéré. C'est, en effet, le Jargon qui nous en fournit le plus ancien et le plus authentique exemple dans un texte que j'ai déjà cité (*Disc. prél.,* p. 65) : « Lequel Nobis dist au suppliant qu'il alast avec lui en l'ostel où pend l'enseigne des petits soliers, et que il avoit trouvé son homme ou la *duppe,* qui est leur maniere de parler et que ilz nomment jargon, quant ilz trouvoient aucun fol ou innocent qu'ils veullent decevoir par jeu ou jeux et avoir son argent. » Lettre de rémission, 1426. Du Cange sous *Duplicitas*.

D'où vient ce vénérable *primate* des mots jargonnesques? Ménage ne hasarda sur ce point qu'une conjecture timide : « En quelques lieux de France, écrit-il, on dit *dupe* pour *hupe*, ce qui a fait croire à quelques-uns que ce mot de *dupe* avait été pris en la signification de niais et de sot, à cause que l'oiseau appelé *hupe* est niais et sot. » Les successeurs de Ménage n'imitèrent pas sa prudente réserve et donnèrent comme positif que la *dupe* n'est autre que la *hupe*, l'oiseau le plus niais de tous, et qu'on applique ce nom aux victimes de leur propre crédulité. Cependant le texte même que je viens de citer oppose à l'étymologie indiquée dubitativement par Ménage, et reprise affirmativement par Chevalet, une sorte de fin de non-recevoir. Si l'oiseau se fût appelé *dupe* en 1426, le mot eût été connu au moins sous une acception, tandis que la lettre de rémission semble l'indiquer comme nouveau et spécial au Jargon. Ceci nous amène à poser cette question nécessaire : comment s'appelait l'oiseau ?

Dès le XIIIe siècle, Brunetto Latini écrivait (*Trésor*, p. 216) : « *Hupe* est un oisiaus qui a sur son chief une creste. » Et, aux abords du XVe siècle, c'est-à-dire contemporainement à la constatation officielle de la *dupe* du Jargon par la Chancellerie royale, Eustache Deschamps écrivait :

> Exemple en avons la figure
> D'un oisel de douce nature
> Qui *hupe* a nom en no langaige.
>
> Ms. f° 535^d.

Puisque l'oiseau s'appelait encore la *hupe* aux abords du xve siècle, il n'a pu communiquer aux *dupes* des petits filous de Rouen le nom qu'il ne portait pas. En grec on l'appelait ἔποψ; en latin *upupa*, de même en italien ; *upa* en provençal ; *poppa* en romagnol ; *poupa* en portugais ; en milanais *buba*; enfin, en berrichon, *ube* et *dube*. Mais, à supposer que le berrichon *dube*, évidemment inconnu des écrivains littéraires du xiiie au xve siècle, dût jamais prévaloir, à quelle époque le berrichon, qui avait *ube*, y aurait-il substitué *dube*? Voilà ce qu'on ne dit pas.

La vérité est que *dupe* pour *hupe*, oiseau, n'apparaît pour la première fois qu'au xvie siècle, dans *Gargantua* : « Cependent venoyt son diseur d'heures en place, empaletocqué comme une *duppe*. » Rab., I, 79. Notre auteur y revient dans son irrévérencieuse peinture du Pape : « Panurge... s'escria... en mal an soit la beste, il semble une *duppe*. — Parlez bas, dit Æditue, il a aureilles. — Si a bien une *duppe*, dit Panurge. » Rabelais, III, 35 et 36. Ces deux exemples semblent indiquer que Rabelais a volontairement comparé la *hupe* à la *dupe*, ce qui est l'inverse de l'étymologie acceptée jusqu'ici.

Il faut donc chercher ailleurs.

Littré avait indiqué, sans y insister, *düppel*, qui voudrait dire imbécile dans l'allemand de la Souabe. Mais ce *düppel* est-il ancien et ne traduirait-il pas seulement le mot *dupe*? Il rencontrerait, en tout cas, un rival sérieux, au moins en considération de son radical *deube*, dans l'adjectif *deuberich*, stupidus, que contient la phrase suivante : « Nit wein zu vil daz du daub und blind und zu einem *deuberich* werdest » au f{d} 106 de « *das Buch Arbore humana von den menschlichen Baum*, de Geiler von Kaysenberg, in-f°, Strasbourg, 1521. Plus près encore de la *dupe* française se trouve le *doup* all. du moyen âge, au même sens de *stupidus* que *deuberich* : « ist er ein zage er heisset blœde, ist er frech er heisset *doup* », cité par Scherz d'après la Collection des poètes allemands du moyen âge, dans la bibliothèque de Saint-Jean-de-Jérusalem de Strasbourg.

Cependant l'objection subsiste ; quoique antérieurs à Rabelais, *doup* et *deuberich* sont postérieurs à l'introduction du mot *dupe* dans le Jargon français et le reproduisent peut-être.

C'est pourquoi je me risque à proposer une étymologie nouvelle, qui me paraît répondre à presque toutes les données du problème. Les plus vieux monuments législatifs et diplomatiques de l'Allemagne emploient fréquemment un mot ou plutôt une famille de mots, dont voici les diverses formes : *dub, deube, dieb, dube, duve* et *dupen*, qui n'offrent qu'une seule et même signification : le vol, *furtum* ; il s'y joint un adjectif *dubig*, qui signifie *furtim ablatum*. Ces différents vocables répondent à la condition d'ancienneté ; on les rencontre, par exemple, dans l'*Alsatia diplomatica* de Schœpflin, qui ne renferme que des actes se référant aux dynasties mérovingienne et carlovingienne. Le *dub* ou *dube* simple est le vol clandestin ; lorsqu'il est uni au mot *frevel*, il signifie vol commis publiquement, avec audace, et devient un crime capital. Toutes ces acceptions sont appuyées d'exemples recueillis par Scherz, sous les mots précédemment cités ; entre autres : « umb *dub* und fraeuel, und was biss ans bluot gât. » J'ai choisi celui-ci, d'abord parce qu'il est court, et surtout parce qu'il est daté de 1361, date très voisine de la période immédiatement antérieure à la formation du Jargon.

Le sens fondamental est clair et positif : *dub*, *dube* et *dupen* expriment le vol simple, clandestin, la filouterie. Que le sens ait passé de l'action au sujet, c'est une transition très admissible, et que rend vraisemblable le passage ultérieur, déjà signalé plus haut, de la qualification de *dupe* du volé au voleur.

Quant à l'introduction d'un mot d'origine germanique dans les premières couches du Jargon, j'en signalerai d'autres exemples non moins caractéristiques aux mots *Gier* et *Gierement*, ci-après. On remarquera que la lettre de rémission de 1426 se rapporte aux exploits des filous de Rouen; et il y a longtemps que MM. Duméril signalerent, avec sagacité, le constant afflux des idiomes du nord en Normandie longtemps après la conquête de ce pays par les Danois (*Introduction au dict. du patois normand*, p. XLV et suivantes).

Signalons encore la présence dans le *Dictionnaire teutonico-latin* de Kilian (1588-98) du verbe *dobbelen*, jouer aux dés, qui pourrait bien se rapporter aux mots *doubler*, *doubleur* et *doublage* (voler, voleur et vol) du langage blesquien.

J'enterve trucher et *doubler*.

OL. CHEREAU.

Dupa a la même signification que le français *dupe* dans le Jargon espagnol, recueilli par Oudin.

D'ailleurs, la *huppe* est-elle si bête que l'ont dit Ménage et ses amplificateurs? Ce n'était pas l'avis de Richard de Fornival (mort en 1260), qui présente la *huppe* comme le modèle de la piété filiale : « Et aussi li faon de la *huple*, quant ele est enpanée, jamès ne mueroit ele par li, aussi come autre oisel; ains vienent li *huplot*, si lor erracent à lor biés les viés pennes. Et puis si la keuvent et norrissent tant que elle est toute rempanée ; et bien metent autretaht de tans à li cover et à li norrir comme ele mist à aus, quant ele les couva. Dont me samble il que je vous pourroie bien estre aussi bon fiuz come le faon à la chuigne et à la *huple* sont à lor mères. » *Le Bestiaire d'amour.* L'éditeur de ce curieux ouvrage, M. C. Hippeau, rapporte les anciennes traditions arabes, qui accordent à la *huppe* non seulement d'admirables vertus, mais encore une science magique : « Un jour, disent les écrivains juifs (*ap.* Bochart, *Hiezoroicon,* t. II, p. 347), Salomon, à l'instigation d'Asmodée, roi des démons, envoya ses esclaves à la recherche d'un nid de huppe, caché dans les rochers d'une haute montagne. On lui rapporta des petits qui furent soigneusement enfermés dans une cage de verre. La mère, ne pouvant plus pénétrer jusqu'à ceux-ci, alla chercher un ver appelé *samir*, dont le contact suffit pour briser non seulement le verre, mais les pierres les plus dures. » Ibn-Abbas attribue à la *huppe* le pouvoir de distinguer les sources qui peuvent se trouver à la plus grande profondeur, comme si la terre avait pour elle la transparence du verre. Élien avait déjà raconté que le propriétaire d'un mur, dans lequel une *huppe* avait fait son nid, ayant fait boucher avec des pierres le trou par lequel elle pouvait entrer, l'oiseau alla chercher une herbe devant laquelle l'obstacle tomba sur-le-champ.

Voilà qui suffit à faire rejeter l'étymologie des *dupes* du Jargon par l'assimilation à la *huppe*, oiseau, comme type de crédulité sotte et niaise. Bien au contraire, la *huppe* gardait encore au xvie siècle son renom d'intelligence et de sagacité.

Guillaume Guéroult, l'auteur du *Naturel des oyseaulx* (Lyon, 1550), loue en ces termes bien sentis la prudente défiance de la huppe :

> Douce est sa voix, et son chant delectable,
> Et dans le creux d'un lieu inhabitable
> Toujours el vient son toit édifier ;
> Jamais ne veut en l'homme se fier,
> Bien congnoissant qu'il machine contre elle
> En tous endroits quelque fraude ou cautelle,
> Pour l'attrapper par sa subtile ruse.
> Par tel moyen l'homme discret et sage
> Doit dechasser (pour eviter dommage)
> L'homme pervers qui de trahison use.
>
> <div align="right">Cité par Méon, <i>Blasons</i>, p. 324.</div>

La longue persistance des traditions qui attribuent à la *huppe* des qualités inconciliables avec le rôle de *dupe* ne permet pas de maintenir l'hypothèse suggérée par Ménage d'après une équivoque de Rabelais.

DURE, subst. f. La terre ; encore un mot ou plutôt une expression figurée qui du Jargon est entrée dans la langue courante : l'Académie française a consacré : coucher ou dormir sur la *dure*.

> Et de la *dure* si très loing.
>
> Ball. II.
>
> La *dure* bientost nen verrez.
>
> Ball. V.
>
> Tu es deschiré. — Tout à plain
> De dormir vestu sur la *dure*.
>
> Vie de S. Christophe.

La *dure* signifie également la terre dans le Jargon des mercelots et de Bouchet, III, 129. — « A deux ou trois charges que leur firent les Français, plus de cent cinquante furent estendus sur la *dure*. » Jean d'Authon. *Ann. de Louis XII,* f° 21 r°, dans La Curne.

ECLIPSES ou ECLISSES, subst. pl.

Pour l'emboureux feront *eclisses*.
Ball. IV.

Le *p* d'*eclipses* étant muet, le mot se prononce *eclisses*. S'agit-il d'*eclipses* ou d'*eclisses*? On aurait pu comprendre le premier de cette manière : vous ferez *éclipse* pour le bourreau, c'est-à-dire vous vous soustrairez à sa juridiction, car le sens courant du mot *eclipse*, dans la langue du moyen âge, ailleurs qu'en astronomie, était absence, suppression, démembrement de juridiction, etc. Beaumanoir, *Coutumier général*, etc. Mais ici il s'agit, au contraire, non pas de se sauver, mais d'être pendu.

Il faut donc comprendre : « vous ferez *eclisses* pour le bourreau, qui vous déchiquetera, vous et vos vêtements ».

O lui ert le roi de Galice
Qui fait de mainte lance *esclice*.
Partonop. ms. f° 151. La Curne.

. . . D'or sera et d'argent grant *esclipces* . . .
Et pour ce que de tous biens est *esclipce*.
Eust. Desch.

EMBABILLEZ, adject. pl. Fourni en babil, subtil en paroles, hâbleur.

Rouges goujons, fargez, *embabillez*.
Ball. VIII.

« *Embabillé.* Un courtisan bien *embabillé.* Wellspoken; that hath tongue at will, or that wants no babil. » Cotgrave. — « *Embabillé,* gran dicitore, ciarlone. » Oudin. *Rech. fr. et it.*

Enbabioler, auvergn., enjôler. — « *Imbabolare,* it. Esberluer, éblouir. » N. Duez.

Enbabina, v. a., enjôler; *enbabynayré,* enjôleur. *Enbabioula; enbabioulur,* mêmes significations en rom.-castr.

EMBOUREUX, subst. m. Celui qui embourre, le bourreau.

> Dont l'*emboureux* lui rompt le suc.
> Ball. II.

> Pour l'*emboureux* feront eclisses.
> Ball. IV.

> Prince, benardz en esterie
> Querez, couplans pour l'*emboureux.*
> Ball. V.

> Et l'*emboureur* pour tout potage
> Me mit dehors par saulconduyt
> A torches de fer.
> *Vie de S. Christophe.*

L'*emboureux* ou l'*emboureur,* comme l'écrit très bien la *Vie de saint Christophe,* est celui qui *embourre,* qui met les gens en *bourre* ou filasse, en un mot, qui leur pose la cravate de chanvre; et c'est là probablement l'étymologie, si controversée, du mot *bourrel* ou *bourreau,* celui qui pend, celui qui *bourre.* « Ton père a été *étouffé dans la filasse;* il est mort en l'air avec un *bonnet de nuit de cheval au col,* en faisant une grimace devant le Pont-Rouge. » *Le Déjeûné de la Râpée,* p. 18.

> Et à brief parler je m'y fourre
> Ni plus ni moins qu'en une *bourre*.
>
> <small>*Le Franc Archer de Bagnolet.*</small>

« Et à l'endroit de ladite oreille, sera *embourré* de coton ou de drap pour cacher le vice. » Paré, VIII, 29. — « Et seront lesdits corceletz si bien appropriés et *embourrez* qu'ils ne blesseront aucunement. » *Ibid.* XVII, 8. — Nous disons, en ce dernier sens, *rembourré,* et c'est aussi la forme dont se sert la ballade V du Jargon, *ramboureux,* dans l'éd. de 1489.

Cela dit, il faut remarquer la curieuse imitation du *Roman de la Rose* que Villon, toujours préoccupé d'intentions littéraires, a introduite dans la ballade II, ce lugubre *miserere* des voleurs. Pour exprimer que Colin de Cayeux avait pleuré devant la roue de torture, Villon dit ironiquement :

> Pas ne sçavoit oingnons peller,
> Dont l'*emboureux* lui rompt le suc.

C'est un souvenir, singulièrement appliqué, du *Roman de la Rose :*

> Larmes ne sont pas desdaigneuses,
> Mais esmeuvent les gens piteuses.
> Et se vous ne sçavez plourer,
> Couvertement, sans demourer,
> De vostre salive prenez,
> Et jus d'oignons, et l'espreignez,
> Ou d'aulx, ou d'autres choses maintes
> Dont voz paupieres soient ointes.
> S'ainsi le faictes, plourerez
> Toutes les foys que vous vouldrez.
> Ainsi l'ont fait mainz *laboureux*.
>
> V. 7739-49.

Villon fait un jeu de mots sur le *laboureux* d'amour,

qui se frotte les yeux de jus d'oignon ou d'ail pour se faire pleurer, et l'*emboureux* qui *rompt le suc* des oignons de gibet, c'est-à-dire qui fait pleurer les condamnés à mort. Cette métaphore paraît avoir été goûtée; on la retrouve, *cum commento,* dans le *Mistere de la Passion* :

> Que fais-tu là ? — Je plume ongnons
> Pour faire saulce de gibet
> A quelque beau gentil varlet
> Que j'ay ceans en pension.

Et dans le même sens : « Les petites anguillades à la saulse de ners bovins ne seront espargnées sur voz espaules. » Rabelais, III, 233.

J'ajoute que *labourer* est, comme le mot arer (voyez *Arerie*), souvent employé par les écrivains du moyen âge dans le sens de « travailler en terre vivante et animée », et *laboureux* pour industrieux, ingénieux, travailleur. C'est ce qui donnait sans doute quelque sel au jeu de mots de Villon sur *laboureux* et l'*emboureux*.

> Qu'il soit prins, qu'on l'envoye querre ;
> On le *labourra* comme terre.
>
> Coquillart, I, 7.

Sur *peler l'oignon,* voir aussi *Ducatiana,* II, 522, et *la grant Nef des Fous.* Encore en usage au XVIIIe siècle :
« Adieu, figure d'*oignon pelé,* qu'on ne sçauroit voir sans pleurer. » *Le Déjeûné de la Râpée,* p. 7.

*EMBRAYEURS. Agiles à la fuite.

> Mes freres, soiés *embrayeux,*
> Et gardez les coffres massis.
>
> Ball. IV.

J'observe que la forme suivie par le texte de la ballade IV : « Gardez les coffres massis » pour « gardez-vous des... » est régulière : « (Gardez les grifs du faulx liépart » dans *le Blason des faulces amours*).

Ce passage peut s'entendre sous deux formes différentes, qui concourent au même sens :

1° Le verbe *embroier* ou *embraier*, qui signifie percer, enfiler :

> Quant voit l'espiel vers lui torner,
> Si se fiert dedens et *embroie*.
>
> GUILL. DE PALERME.

« Soyez *embrayeurs* » voudrait dire « enfilez le chemin »; c'est une tournure assez commune dans la langue : enfiler un sentier, enfiler la venelle.

> Vous *enfiliez* tout droit, sans mon instruction,
> Le grand chemin d'enfer et de perdition.
>
> MOLIÈRE. *École des femmes*, act. III, sc. 1.

2° *Embrayer*, mettre des brayes, passer ses culottes (pour s'enfuir). *Embraia* en languedocien. *Imbragare*, it. même sens. N. Ducz.

Conf. avec le verbe *emblayer*, empêcher, donné par Borel, *embléer* en anc. pic., *emblayer* en pic. moderne. Ce dernier dialecte possède aussi *embleyeux*, qui signifie faiseur d'embarras, empêcheur, fâcheux.

*EMPAVÉ, part. passé de *empaver*, au propre *pavoiser*.

> Qu'ange n'y ait des claves *empavé*
> En ceste vergne où votre an veult loirrir.
>
> Ball. VIII.

Le mot est d'exemple unique. A supposer qu'il le faille maintenir (voir ci-après, sous *Empoué,* une variante que j'ai adoptée comme étant indiquée et même commandée par la rime avec *broué*), on devrait traduire le vers ci-dessus par « qu'il n'y ait dans le lieu où vous voulez vous exercer à la maraude, nul sergent ou archer *pavoisé,* c'est-à-dire bardé, muni, de clefs ou de poucettes ».

Empaver a pu exister à côté de *paver* qui est son composant.

Le grec παίειν, battre, frapper, a donné le latin *pavire,* qui signifie primitivement battre pour aplanir, puis, par extensions successives, couvrir le sol d'un revêtement quelconque, soit de pierre, soit de bois. Voici quelques exemples décisifs : « *Ibi de testa aridâ* pavimentum *struito : ubi structum erit,* pavito, *fricatoque, uti* pavimentum *bonum fiet.* » Cato, cap. XVIII. — « *Sed utrumque more piscinarum devexum leni clivo, et exstructum,* pavitum *que solum habeat, ne humorem transmittat.* » Columella, l. I, c. VI. — « *Comminuito terram, et cylindro, aut* paviculâ *coæquato.* » Cato. cap. CXXIX. Dans ces trois exemples, *paver* la terre, la travailler avec la *pavicule,* c'est la rendre unie, dure et imperméable. Le revêtement vient plus tard, et finalement le revêtement en grès, qui n'est qu'un cas particulier de *pavimentum, pavement* ou *pavé.*

La chose *pavée,* c'est-à-dire couverte, protégée par un revêtement, est devenue en français *pavaie, pavais, pavois* (prononcez *pavès*). Le sens s'est en même temps dédoublé. D'une part, il a donné le *pavé,* c'est-à-dire le revêtement de bois ou de pierre posé sur la terre nue préalablement *pavée,* c'est-à-dire aplanie; de l'autre, le *pavois* (prononcez *pavès*), it. *pavese,* esp. *paves,* bas latin *pavensis,* c'est-à-dire le rempart au moyen duquel l'homme se garantit des coups et des projectiles.

Le bouclier ou rempart portatif et individuel n'est, à son tour, qu'un cas particulier du *pavois*. L'ancienne marine nommait *pavois* des boucliers dont on garnissait le bord supérieur des navires et la tour de hune pour faire un rempart à l'abri duquel on combattait. L'expression s'étendit aussi à la guerre terrestre : « Si sachez qu'il ne faisoit mie bon approcher, si on n'estoit fort armé et bien *pavoisé*. » Froissart, I, 1, 102. — « Avezedo fit ouvrir le milieu de son retranchement, qui estoit fait de *pavois* de navire. » D'Aubigné, *Hist.*, III, 197. On appelle encore aujourd'hui *pavois* les bordages cloués sur les jambettes ou plus haut que le plat-bord. Certains bordages s'appellent *pavois* de poulaine. Jal et Littré.

C'est ce qu'Oudin explique très bien dans son *Dictionnaire espagnol*, qui nous conduit à *empaver* par *empavesar*, c'est-à-dire *pavoiser*, bastinguer pour le combat naval. *Empavesar* est lui-même complété par *empavesada*, « rempart qui se fait aux bords des galères avec des mantelets de toile, *pavesade*, bastingue ».

Il est certain que l'emploi des toiles constituait un progrès dans l'art de la défense, car elles ont la propriété, que les Russes mirent ingénieusement à profit au siège de Sébastopol, d'arrêter les projectiles au passage ou du moins de les amortir pourvu qu'elles soient laissées jusqu'à certain degré mobiles et flottantes. On aperçoit maintenant la transition du *pavois*, pièce de résistance en bois ou en métal, au *pavois* morceau d'étoffe, qui, teint de diverses couleurs, s'emploie de nos jours au service des signaux et à l'ornement du navire.

Cette digression n'en est pas une, car elle nous ramène au Jargon et à l'argot, qui, se saisissant du français *pavois* et de l'espagnol *empavesar*, en extraient le substantif *empaves* avec la signification de linceul ou drap de lit (Jargon d'Ollivier Chereau), devenu *empaffe* dans l'argot de Vidocq. « Ils font porter à leurs marquises des *empaves* qu'ils etendent sur la fretille de quelque garnaffle, et là peaussent et roupillent gourdement. » *Vie genereuse.*

EMPLE, adject. m. Ancienne forme d'*ample*.

> Et eschecquez tost, en brouant,
> Qu'en la jarte ne soiez *emple*.
>
> Ball. II.

> Ains vet et fet ses pas plus *emples*.
>
> La Charrette, citée par LITTRÉ, v° *Ample*.

> Salomon qui fut si *emple*,
> Si très riche, si poteys.
>
> Ms. ap. La Curne.

Autre mot tout pareil, que je cite pour ne rien omettre. « Selon ce que l'*emple* declama especialement en court. » Britt. *Loix d'Angl.*, f° 151. *Emple* vient ici de l'anglais *to emplead* et signifie le poursuivant en justice.

*EMPOUÉ, part. passé de *Empouer*, tenir dans la patte. (Voyez *Poue*.)

> Qu'ange n'y ait des claves *empoué*
> En ceste vergne où vostre an veult loirrir.
>
> Ball. VIII.

J'ai restitué *empouer* au lieu d'*empavez* qui se lit dans le ms. Stockholm, en me guidant à la fois sur le sens et sur la rime *broué* qui précède. Toutefois, j'ai indiqué au mot *empavé* la signification possible de ce dernier mot.

EMPS, subst. pl. pour ANS. Voyez ce mot.

ENASTEZ, part. p. pl. Littéralement mis en bois, c'est-à-dire branchés, élevés au haut de la potence comme le fer au bout d'une pique :

> Qu'*enastez* ne seye en sûrie
> Blanchir vos cuirs et essurger.
> Ball. V.

Enhaster, enhanster, empaler, embrocher. Du Cange, sous *Hasta*.

Ennasta, embroché. Dialecte romano-castrais.

Du latin *hasta,* lance, qui donne en français *haste* et *aste,* en prov., esp. et it. *asta;* en portug. *aste;* en angl. *haste* (fagot stycke, Cotgr.).

> Broches de fer, *hastes* de fust.
> Eust. Desch., f° 491.

La différence de la broche à la *haste,* c'est que celle-ci est en bois. Le français moderne conserve *hatelet,* petite broche pour enfiler des oiseaux, des rognons, etc., et pour assujettir la pièce de viande à la broche principale. Un *hâteur* de rôt est celui qui met en broche, et non celui qui accélère la cuisson, comme l'ont cru quelques écrivains.

Lacombe donne *enhatir,* percer d'une lance, et N. Duez *nastare,* avec le sens d'arborer (au bout d'une lance). Le pendu est arboré au sommet de la potence.

« *Enastar lança*. Mettre le fer à une lance, mettre le

fust ou la hampe, faire un baston ferré. — *Enastada eosa.* Chose de fer mise à un fust, *enastée.* — *Enastadura.* Action de mettre un fust à du fer. » Oudin.

Notons encore les mots *astar* et *astado* du Jargon espagnol, qui signifient élargir, croître, et par extension grandir. On grandit les pendus en les plaçant au haut d'un arbre.

Un autre verbe, formé comme *inhaster* ou *enhaster*, subsiste dans la langue judiciaire, c'est *subhaster*, vendre publiquement, de *sub* et *hasta*. « Je ne veux pas oublier les somptueux meubles d'or et d'argent, tapisseries et autres richesses que nous fismes prendre, vendre et *subhaster*. » La Rochef., *Mém.*, 68.

> L'autre vielle en sa main tenoit
> Un glave qui tous plains estoit
> D'orelles d'ommes trefforées
> Qui y estoient *enhanstées.*
>
> GUIGNEVILLE, ap. Du C. 633^b.

> Adan ne Noé ne chaussa
> Ne nos pères d'antiquité
> Tels solers comme on trouvera,
> Qui une aulne ont de bec anté
> Dedans, de baleine *enhanté*.....
>
> EUST. DESCH., f° 138.

« Trouverent les François des pourveances de chairs *enhastées*, pains et pastés au four. » Froissart, I, 148. — « Fist prendre la meschine, et tourmenter de divers tourmens, puis la fist *enhastir* en ung pal et ficher en terre. » Chr. S. Denis, I, f° 50 ^b. — « Les supplians prindrent en l'hostel d'icellui Mosnier... trois pièces de chair qu'ilz *enhasterent* en un baston. » JJ. 195, p. 608, an 1471.

ENBROUER, v. a. Se mettre dans le brouillard, s'en aller, se diriger, s'enfuir, etc. Voyez *Brouer*.

> Car vendengeurs des ances circuncis
> S'*enbrouent* du tout à néant.
> Ball. I.

> Qu'ostac n'*embroue* vostre arerie
> Où accollez sont vos ainsnez.
> Ball. V.

> Eschec! eschec! coquille se s'*enbroue*.
> Ball. X.

> Je m'*enbrouai* au gourd piard.
> *Vie de S. Christophe.*

« Plusieurs villains du païs vindrent despouiller les mors, et quand les gens d'armes s'en retournerent, iceulx villains *s'enbrouerent* bientost pour doubte de mourir, et iceulx qui peurent être attainz eurent mauvais payement. » Menard. *Hist. de Bertrand du Guesclin,* p. 118.

ENCLAVEZ, part. passé d'*enclaver*.

> Qu'*enclavez* ne soiez deux et deux.
> Ball. I.

Enclaver vient de *in* et *clavus,* clou; il est donc, au propre, synonyme d'*enclouer*. — « Helene en fit *enclaver* (un clou de la croix) au heaume de son fils. » Calvin, 147. — Mais les deux verbes *enclouer* et *enclore* sont si voisins dans la langue du moyen âge qu'on les distingue difficilement. (V. ci-après *Encloue*.) La mesure du vers invite à le rectifier ainsi, sans changement de sens :

> Qu'*encloz* ne soiez deux et deux.

On pourrait lire aussi bien l'exemple précité sous cette troisième forme :

> Qu'en *claves* ne soiez deux et deux.

Il s'agirait alors de clefs (voyez v° *Claves*); la signification resterait la même; mais le vers serait toujours long d'une syllabe.

ENCLOUE. Forme ancienne de la troisième personne singulier du présent du subjonctif d'*enclore*.

> Qu'*encloz* ne soies deux et deux.
> Ball. I.

> Luez au bec que l'on ne vous *encloue*.
> Ball. X.

On pourrait, dans l'exemple ci-dessus, comprendre que les Gueux devront prendre garde qu'on ne les *cloue* ou qu'on ne les mette sous *clef;* ce serait tout un. Voyez *Enclaves* ci-dessus. Mais *encloue* appartient ici au verbe *enclore;* ce qui se justifie par les exemples suivants : « Pur ço dist à cez de Juda : Edifiums cez citez, si's *encloüms* de murs e de bones turs. » *Rois,* p. 300.

> Car pour ce que j'ai froid, en mon mantel m'*enclo.*
> *Berte,* v. 834.

> . . . . Une alée
> Qui se tournoit sus la riviere
> Qui bien l'*enclooit* par derriere.
> FROISSART, *Espinette amoureuse,* v. 3439-41.

« Quant il pleut le soir et fait mal tens de nuit, il s'*encloent* en leurs pelices. » Joinville, 230. — « Quant il estoit parti de ses chevaliers, il s'*enclooit* en sa chapelle. »

Ib., 270. — « Si laisserent avaler le grant rastel, et *encloïrent* le chevalier dehors. » Froissart, I, 1, 149. — « Ce n'est pas sans cause que nous *encloons* toutes promesses en Christ. » Calvin, *Inst.* 448.

On voit que les formes anciennes d'*enclore* se confondraient facilement avec celles d'*enclouer*.

ENCLOZ. Enfermé ou attaché. J'ai substitué ce mot à celui d'*enclavez* donné par le texte gothique et qui allongeait le vers. V. ci-dessus les mots *Enclavez* et *Encloue*.

<blockquote>
Qu'encloz ne soiez deux et deux.
Ball. I.

Tu cuidoies Jhesu tuer,
Mais y t'a mis en prison *claude*.
La Pass. de N.-S. Jubinal II, 295.
</blockquote>

*ENGAUDRER, v. a. Tromper.

<blockquote>
C'est tout son fait d'*engaudrer* les gaudins.
Ball. IX.

Toujours trompeur aultruy *engaultre*
Et rend vecyes pour lanternes.
Villon. Gr. Test.
</blockquote>

Voici un mot bien curieux ; il prouve avec évidence que la traduction des mots du Jargon n'est que l'intérêt secondaire de la présente étude. *Engaudrer* ou *engaultrer*, c'est tromper ; les deux exemples fournis par Villon et demeurés uniques ne laissent rien à désirer comme clarté.

Mais d'où viennent-ils ? Voilà la question. S'en tenant à une analogie de sons, soutenue par une analogie de sens, Formey (*OEuvres de Villon,* éd. Ad. Moetjens, 1742,

p. 79) donne cette glose étonnante : « *Engeole*, d'*ingabiolaturare* (*sic*) comme *peinture* de *picturare*, ou d'*engobiolatare*, comme, selon Ménage, *vautrer* de *volutare*. » M. Paul Lacroix (éd. Janet, 1854, p. 92) traduit plus simplement : « Enjôle, englue. » Ce sont là des synonymes, non des étymologies.

Examinons.

Enjôler est la forme moderne d'*engaioler*, mettre en cage :

> Dex l'emprisonne et *engaiole*
> Plus que ne soit gais en *gaiole*.
>
> Mir. de Coinci.

On a dit plus tard *engauler* (Oudin), anglais, *engaol*, emprisonner. En supposant que Villon eût voulu écrire *enjôler* ou plutôt *engauler*, on peut admettre, à la rigueur, qu'il eût dénaturé le mot en *engaultre* pour le faire rimer avec *aultre*, *feautre*, et *peaultre* dans son *Grant Testament*; mais rien ne lui était moins utile dans la IXe ballade du Jargon, où le mot est placé à l'intérieur du vers; il pouvait écrire, sans rien changer à la mesure ni au sens :

> C'est tout son fait d'*engauler* les gaudins.

Pour le sens d'*engluer*, l'hypothèse ne mériterait considération qu'à la condition de lire *engodrer* et d'admettre une assertion purement gratuite de Génin, qui prétend que *godron* a signifié autrefois en anglais amidon ou colle. Quant au mot *goudron*, dont la plus ancienne forme est *alkatranq*, de l'arabe *qatran*, il est moderne en français et ne remonte pas au delà du xvie siècle.

Une troisième source, à laquelle n'ont pensé ni Formey

ni M. Paul Lacroix mérite d'être indiquée *ex æquo* avec les deux précédentes, c'est *engan,* tromperie, *enganer,* tromper, italien *inganno* (lat. *ingenium*), même famille que le traître Ganelon de la Chanson de Roland :

> Qu'avoit desireté par son *engan.*
> *Aiol.* 2416.

> Que plus i ariez mis, plus seriez *enganez.*
> *Doctrinal,* cité par Du C.

> Mult par se tient à *enganné.*
> *Li Lusidaires.* Ibid.

Quatrième et dernière formation hypothétique. Du latin *calda,* eau chaude (Sénèque) sont sortis *caldaria,* chaudron (Vulgate), *caldarium, caldarius* (Vitr. et Plin.), d'où le français *chaudron* (esp., *calderon*), qui a fait *chaudrée,* quantité de matière contenue dans un *chaudron,* conservée, au dire de Littré, dans la technologie contemporaine. On en pourrait tirer *enchaudrer,* dont je ne connais d'ailleurs aucun exemple.

Je crois que la solution existe, mais qu'il la faut chercher ailleurs. C'est le vers même du Jargon qui m'a mis sur la voie :

> C'est tout son fait d'*engaudrer* les *gaudins.*

Qu'est-ce que les *gaudins?* Ce sont les voleurs réfugiés dans les bois, *gau, gaw, gaud, gault, gaudine;* rien de mieux établi. « *Bagaudæ* dicti quasi sylvicolæ, *gau* enim lingua gallica sylvam sonat. » Altaserra. *Rer. Aquitan.,* p. 134. (Voyez les autres textes sous *Gaudins.*)

Engaudrer ou *engaultrer* ne signifierait-il pas mettre en *gaud* ou en *gault,* c'est-à-dire mettre en bois, *emboiser?*

Or *emboiser* signifie couramment séduire, tromper (Ord. des R. de Fr., I, p. 81); Boursault écrivait encore en 1694 :

<blockquote>
Est-ce ma faute à moi si madame l'*emboise?*

Les *Mots à la mode,* sc. xv.
</blockquote>

Engaudrer ou *engaultrer* ne serait donc que la traduction pure et simple d'*emboiser* par substitution d'un synonyme à un autre. Pour moi, ce rapprochement fut un trait de lumière; il avait d'ailleurs le mérite d'expliquer l'allitération d'*engaudrer* à *gaudins.* Quant à l'épenthèse de l'*r* (*engaudrer* au lieu d'*engauder*), elle ne saurait faire difficulté; on en connaît de plus surprenantes, telles que celle d'*adraguer* (v. plus haut) pour *adaguer,* laquelle est cependant acquise et hors de discussion.

Emboiser se rattache à toute une famille de mots : *bodie, boidie, boisdie, boisette, boisie, bousie, boysie,* sc. tromperie; et *boisdeux, boiseor, boiseour, boisieus, boisis, boisseor, boisseur,* trompeur, à laquelle on a cherché des généalogies extraordinaires : « Il paraît plus naturel de faire venir ces mots de celui de *bois,* où la trahison et les autres crimes se commettent plus communément; les mots *embusquer, emboiser* et autres semblables paraissent s'en être pareillement formés. » Telle est l'opinion de M. L. Favre, le savant éditeur de La Curne (v° *Boisdie*), et je m'y rallie complètement.

ENMALER, v. a. Enmaller, mettre en malle, emballer.

<blockquote>
Enmalés en coffre en gros murs.

Ball. I.
</blockquote>

Le vieux texte imprime *en mahés;* mais la correction

s'impose d'elle-même, puisque *enmaler* en coffre est l'expression vraie et même pléonasmatique.

>Ses chiens avoirs fist *enmaler*.
>
>>Guerre de Troie.

« Il avint un matin qu'ils devoient heirer, que ciz qui devoient trousser et *enmaler* les licts... » *Vita Sanctæ Isabel.* Du C., p. 171. Voyez Du C., *Gloss.*, sous *Mala* et sous *Immallatus*.

>Et se les testins est demise,
>Il convient faire en la chemise
>De celle qui li sangs avale,
>Deux sacs par maniere de *male*
>Où l'on fait les peaulx *enmaler*
>Et les tetins à mont aler.
>
>>Eust. Desch., ms. f° 497, c. 4.

« Je vois que de jour en jour nostre nombre diminue, et que le plus souvent les nouveaux receus, pour ne sçavoir l'art de la vollerie, sont troussez *en malle* et sont conduits à Montfaulcon, pour là faire la sentinelle et faire des cabriolles en l'air. » *La Caballe des filous*, p. 149. *Variétés*, t. III.

ENTERVER, v. a. Interroger, comprendre, spécialement entendre le Jargon, être initié au langage et aux coutumes des gueux :

>Par joncher et *enterver*.
>
>>Ball. III.

>*Entervez* à la floterie.
>
>>Ball. V.

>*Entervez* tousjours blanc pour bis.
>
>>Ball. VI.

> Que fais-tu, Morgalant? — J'*enterve*
> Un tas de propos en ma teste.
>
> *Vie de S. Christophe.*

Entrever, c'est entendre, Bouchet, III, 130. — De même dans les livres jargonnesques et argotiques de Pechon de Ruby et d'Ollivier Chereau.

> J'*enterve* trucher et doubler.
>
> Ol. Chereau, éd. de Troyes.

« *Enterver,* to understand. » Cotgrave. — *Entravar,* Jargon allemand, entrucher, parler argot. — « *Entraver,* entender; palabra de gerigonza. » Oudin. — « *Enterver* ou *entraver* le gourd », parler Jargon ou argot. — « Morgaine, je sçay *entraver* sur le gourd. » *Com. des Proverbes,* p. 69.

> Électre le parloit, dit-on, divinement,
> Iphigénie aussi l'*entravoit* gourdement.
>
> Granval. *Cartouche,* ch. x, 74.

La continuité du sens argotique est bien établie depuis le xve jusqu'au xviiie siècle; nous n'en avons pas moins affaire à l'un des mots les plus anciens de la langue romane, tant en langue d'oc qu'en langue d'oil.

En provençal, nous avons *entervar, entrevar,* interroger, demander; *interva,* interrogation, donnés par Raynouard, t. V, 104, sous *Rogazo,* dans les exemples suivants :

> Qui lo nom vol *entervar*
> De sel que la volc romansar...
> *Entervan* li on s'es trobat.
>
> *Vie de S. Honorat.*

« Los *entreveron* si era aquela via ed anar al profeta. » *Hist. de la Bibl.,* f° 35.

> Motas *intervas* li fazia;
> Santz Caprasis li respondia.
>> *Vie de S. Honorat.*

Le mot apparaît presque en même temps dans la langue d'oïl :

> En vous ne se marie
> M'âme qui vous *enterve*.
>> Rut. *Miracle de Theoph.*

> Uns maus lecières, que Dex puist maléir...
> Ot et *enterve* que qe Kalles a dit.
>> *Og. le Dan.*, v. 998-1000.

> Poy y a mal qui bien l'*enterve*
> Qui d'aucune chose se serve.
>> G. Guiart, f° 76ᵇ.

> Et me pris à la vraie histoire
> Jouste laquele ce mesis
> En l'an M et CCC et VI
> VIII jours ainz may, qui voit *enterve*,
> Ai recommencié ma verve.
>> *Ibid.*, f° 5ᵃ.

Enterver a été employé, avec un sens équivoque sur lequel il est inutile d'insister, dans les deux exemples suivants :

> Est on prest, la bouche laver:
> De mesme le trou, la cheville
> Tenir ferme pour *enterver*.
>> Coquillart, I, 150.

> Une autre jeune cervelle
> Fut decouvert sans chandelle
> Comme il alloit *enterver*
> Une nymphe à son lever.
>> *Cab. des matiois.*

Le verbe *entervar* ou *enterver* avait donc environ trois

siècles de service dans la langue littéraire lorsqu'il fut adopté par le Jargon du xve siècle. Nous connaissons le chemin qu'il a parcouru; mais d'où vient-il? C'est ce que je me résigne à ignorer. Je ne saurais cependant m'interdire de proposer des conjectures, sur lesquelles le monde savant prononcera.

Enterver ou *entervier* semble reproduire un verbe bas-latin *interviare,* dont je ne connais aucun exemple, mais qui aurait pu se former de la préposition *inter* et du verbe neutre *viare;* ce verbe, employé par des auteurs de la décadence latine, était condamné par Quintilien, qui le rangeait parmi les *verba infeliciter ficta.* Il n'en a pas moins existé, même en français (*viant* la baronnie. Cuvelier). Il signifierait, dans sa composition supposée, entre-voyer, explorer, d'où l'on passerait assez aisément à l'acception d'interroger, qui est la primitive en provençal. On a dit *veier* pour témoigner : « Si ele ne met fé à *veier* par escrit ou par tesmoynes, que furent al establissement et à les esposailles. » Britton, *Lois d'Angleterre,* f° 256.

En s'attachant au sens primordial d'interrogation, on aperçoit la possibilité d'une contraction d'*interrogare* en *entregier,* d'où *entervier,* par permutation du *g* en *v.* La permutation contraire, celle du *v* en *g,* est assez fréquente; *abbreviare,* abrégier; *cambiare,* changier; *carricare,* chargier; *gubia,* gouge, etc.

Il faut noter aussi la forme bourguignonne *entrevir* avec la forme picarde et rouchie, *entervir,* signifiant l'une et l'autre *entrevoir;* mais elles ne rendent pas raison de l'*entervar* provençal, qui d'ailleurs est beaucoup plus ancien.

Un autre verbe latin doit trouver place ici pour que rien ne soit omis; c'est *intervirere,* entreverdir; dont Forcellini allègue deux exemples. Stace a dit en parlant du serpent sous l'herbe : « Tortisque minax *interviret* herbis » ; et l'on doit à Claudien ce joli vers sur l'iris : « Semita discretis *interviret* humida nimbis. »

* ENTERVEUX ou ENTREVEUX. Ceux qui comprennent sans être de la bande ; importuns, fâcheux, espions. Voyez *Enterver*.

> Se gruppez estes descarieux,
> Rebignez tost ces *enterveux*..
>
> Ball. I.

Ne sont-ce pas là les « marpaux qui *entervoient* » dont parle le livre du Jargon, et qui rendirent nécessaire pour les truands la réforme de l'ancien idiome jargonnesque?

ENTRONGNIE, part. fém. sing. de *entroingnir*, l'une des formes alternatives d'*entroingnier* ou *antroingnier*, dont l'autre est *entroingner*, railler, moquer, tromper. — Subst. *antroingne*, *antrogne*, *antroigne*, *entroingne*, *entrongne*, tromperie, fiction, sottise.

> Mais toujours est gourdement *entrongnie*
> Pour les duppes faire brouer au mynsse.
>
> Ball. IX.

Le mot est de la langue ancienne, nullement jargonnesque. En voici un premier exemple qui remonte assez haut dans le XIIe siècle :

> Cascuns de ti moke et *antroigne*.
>
> Helynand. *La Mort*.

Autre exemple du XIIe au XIIIe siècle :

Ia ne m'aïent patenostres
Ne prieres ne misereles.
Miex aim sornes et pastoreles
Que je ne face telz *antroignes*.

GAUTIER DE COINCI. *Supp. de* ROQUEFORT.

. . . On ne doit riens trespasser
En nule estoire veritable,
Si com puet faire en une fable,
Ou en *antroignes* ou en songes,
Ou en trufes, ou en menconges.

Cléomadés, mss Gaignat, f° 26 r°, col. 3.

Ceaus qui la foi Dieu tiennent à *antroigne*.

Enf. Ogier le Danois, ms. Gaignat, f° 104 r°, col. 1.

Or me dy, est-il nul qui voye
Ne qui perçoive leur *entrongne*?

EUST. DESCH., ms f° 111, c. 1.

Ainsi pers-je par mon *entroingne*
Mon sens, mes los et ma besoigne.

Ibid., f° 976, c. 2.

. . . Ce sont *entrongnes*
D'y comparer autres besongnes.

AL. CHARTIER, p. 674.

Eustache Deschamps feint qu'*Antroigne* était une bonne ville en Sologne, c'est-à-dire la ville de tromperies, d'où le nom propre *Antroingnart* ou *Antroingniart*.

. . . Barat et hasart
Et faintise avec *Antroingnart*
Ont maistre Trubert trumelé.

Ms f° 376, c. 3.

Et *Entroingnart* a *entroingnié*
Tant qu'il en a mal besoingnié.

Ibid., c. 2.

Les deux vers du Jargon s'expliquent ainsi sans difficulté : « Mais toujours est richement pourvue de ruse — pour extorquer l'argent des dupes. »

Rien de plus clair que le sens. Mais d'où vient le mot ? Là commencent les difficultés, qui sont multiples.

On est tenté tout d'abord de rapporter *entroigne* et *entroigner* à *trogne,* visage, figure, *trougni* en patois des Fourgs, *trougno* en languedocien. Étymologie contestée. On allègue *trein, trwyn,* celtiques ; *triona,* vieux scandinave ; *trugna,* danois ; signifiant museau, nez, groin de porc, mais on ne cite ni textes ni dates.

Le bas-latin nous offre un terrain plus solide. Festus nous a conservé *truo, truonis,* comme synonyme d'onocrotale, c'est-à-dire de pélican blanc, avec cet exemple à l'appui : « Jocularicer Cæcilius irridens magnitudinem nasi : Pro Dii immortales ! unde prorepsit *Truo ?* » Sur quoi Forcellini ajoute cette glose : « Dicitur enim *truo* supra rostrum nares habere valde prominentes. » La *trogne* dépeindrait une figure à grand nez et à narines saillantes. La transition du cas oblique *truonis* à *trogne* se peut déduire du bas-latin dans l'exemple suivant, qui remonte au xi⁰ siècle : « *Trunnum,* id est nasus grossus ; eo quod nasum fictitium haberet. » *Marca Hispan. Gest. Comit. Barcinon.* col. 544. *Ibid. Index.*

On pourrait admettre par hypothèse qu'*entrogne* signifiât ce qu'on a dans la *trogne,* conception bonne ou mauvaise, illusion, déception, tromperie. Mais une considération m'arrête. *Antroigne* est fort ancien, puisqu'on le trouve dans le poème de la Mort, ce chef-d'œuvre d'Hélynand, qui remonte au xii⁰ siècle ; *trogne,* au contraire, est moderne. Les lexicographes n'en citent aucun exemple antérieur à Montaigne; en quoi ils se trompent quelque peu, car le mot est déjà dans Rabelais : « En son eage virile espousa Gargamelle, fille du roy des Parpaillos, belle gouge et de bonne *troigne* », I, 16; et, avant Rabelais, je le trouve employé dans la *Vie et passion de monseigneur saint Didier* (p. 26), qui date de 1482 ; c'est Belphégor qui parle à Lucifer :

> Ma forte force est esprouvée
> Des long temps en mainte besoingne ;
> Si ne doit estre reprouvée
> Par devant vostre fiere *troingne*.

Au delà de 1482, je n'en découvre aucune trace. Il n'existe pas dans l'œuvre de Villon. Comment admettre qu'*entrogne* et *entrogner*, généralement employés dès le milieu du XIIe siècle, dérivassent d'un mot qui n'apparut que trois siècles plus tard ? Posant la question sans la résoudre, j'en signale cependant un aspect nouveau.

Entrogner signifie principalement tromper ; l'analogie n'est-elle pas frappante entre ce verbe et l'*endroguer* du Jargon, qui a le même sens ? (V. ci-dessus *Droguerie*.) Je serais disposé à leur attribuer une origine commune, qui est le *trug* allemand, ancien et moderne. Cette famille de mots nous offre *trug*, *trugenheit*, tromperie ; *trugnuss*, sophismus, figmentum (*Vocabul.* de *1482*); *trugerspel*, fabula fallax; *trogner*, fallax; *troglich*, fraudulenter, etc. Scherz, *Dict. all. du moyen âge*.

L'étymologie par *trug* rendrait mieux compte du sens que l'étymologie par *trogne*. Les exemples intermédiaires manquant des deux côtés, on peut choisir librement entre l'une et l'autre hypothèse.

ESCARRIR ou **ESCHARRIR**, verbe neutre. Au propre, faiblir, diminuer, par extension se disperser, s'enfuir.

> *Escharicez*, ne soiez durs.
> Ball. I.

> Brouez au large et vous *esquarrissez*.
> Ball. VIII.

> Brouez au large, *escarricez*.
> Mist. du Vieux Test.

> Que reste il? Prendre du meilleur
> Et *escarrir*. . . . .
> Ibid.

> De paour qu'on le vint empoingner,
> Il fut sage à lui d'*escarrir*.
> Coquillart, I, 49.

> Sus ! tost ! *escharricez* la place.
> Hist. du th. fr., t. Ier.

> Telles choses ne sont pas ris,
> Voilà mes amours *escarris*.
> Loyer des faulses amours.

Le participe bas-latin *excarpsus*, de *excarpere*, *excerpere*, resserré, réduit, a donné au vieux français l'adjectif *eschars*, avare; prov. *escars*, *escas*; esp. *escaso*; ital. *scarso*; angl., *scarce*, rare. Une monnaie *echarse* est une monnaie à titre réduit. Un vent *echars* est proprement un vent rare, un vent faible, qui change subitement d'un rhumb à l'autre. — « La halle est peu garnie, la denrée est rare; le poisson et les légumes sont *écarts*. Victor Hugo, *l'Archipel de la Manche*, p. 56. Évidemment, *écarts* est écrit là pour *eschars*, prononcé dur à la picarde. Trévoux, Littré, Lacombe et Borel traduisent exactement *escarrir* par disperser, écarter.

> Que dis tu de ce pinart là
> Qui tant pour son fils est *eschars?*
>> Mir. des Enf. ingratz.

En terme d'écolier, on appelle *Escarre* l'avance convenue d'un des adversaires sur l'autre au jeu de barres.

Voyez cependant *Escoirre* ci-après.

Escarra, synon. d'*escala,* s'écaler, sortir de son écale, rom.-castr. *S'égailler,* breton.

Escarper, échapper.

> Mix veul hastivement morir
> Que longement cest mal soffrir.
> Si je peusse ce *escarper*
> Jalasce ou fustes mis en mer.
>> Ms. 7989², f. 52ᶜ.

ESCHEC, subst. m. C'est le mot de la langue ordinaire, dans la nuance propre du jeu, où l'on annonce *échec,* pour dire gardez-vous.

> *Eschec, eschec* pour le fardis.
>> Ball. I.

> *Eschec* qu'accolez ne soiez
> Par la poe du marieux.
>> Ball. V.

> *Eschec, eschec* pour ces coffres massis.
>> Ball. VII.

> *Eschec, eschec,* coquille se s'enbroue.
>> Ball. X.

> *Eschecq* à l'huys, c'est fait, c'est mon.
>> Coquillart, I, 7.

ESCHEQUER, v. a. et n. Éviter, s'enfuir, se retirer.

> *Eschequez* moy tost ces coffres massis.
>
> Ball. I.

> Et *eschequez* tost, en brouant,
> Qu'en la jarte ne soiez emple.
>
> Ball. II.

> Puis *eschequez* sur gours passans tous neufz.
>
> Ball. VI.

> *Eschecquer* fault quant la pye est juchie.
>
> Ball. IX.

> Brouez, benards, *eschequez* à la saulve.
>
> Ball. X.

> Je m'en brouay au gourd piard.
> J'*eschaquay*. . . . .
>
> *Vie de S. Christophe.*

> Or *eschecquons* : nous n'aurons rien.
>
> *Mir. des Enfans ingratz.*

« Nuyt et jour pensoit celuy capitaine Loys d'Ars commant il pourroit *eschecquer* ses ennemys. » J. d'Authon, *Ann. de Louis XII.*

Le substantif *eschec* est employé deux fois dans la *Chanson de Roland* (v. 99 et 2478) au sens de butin, du haut allemand *schach*. Cette acception ne paraît applicable à aucun des exemples fournis par le Jargon.

ESCOIRRE ou **ESQUERRE**, subst. f. Ce sont les anciennes formes orthographiques d'*équerre*, mais la prononciation n'a pas varié.

> Et tout à cop veis jouer de l'*escoirre*
> Ung macquereau. . . . .
> Et massement maquiller à l'*esquerre*.
>
> Ball. IX.

On écrivait également *escarre, esquire, esquierre, ecquerre*.

Compas est le pas d'ensemble ; la position normale des jambes d'un homme qui marche régulièrement représente les deux branches du *compas*, et cette analogie visuelle a créé le nom de l'instrument; lorsque l'homme veut accélérer sa marche et faire de longues enjambées, l'une des jambes se projette horizontalement en avant, et la position respective des deux membres ne représente plus le compas, mais *l'équerre ;* de là *jouer de l'équerre* et *maquiller à l'équerre*, c'est-à-dire *faire à l'équerre*, pour s'enfuir à grandes enjambées ou « travailler les jambes écartées ».

Le premier sens joue sur *escarrir* (voyez ce mot) qui se rapporte à une autre étymologie.

L'ital. *escara* et *escaro*, du latin *esca*, pour garde-manger, fourni par N. Duez, donnerait pour traduction du second exemple « travailler rudement le garde-manger ». *Escoire* et *escoir*, cuir, *chorium* : « Stallus *escoiro* in sabbato, 1 obol. » Cart. Saint-Vaast d'Arras.

ESCORNER, v. a. C'est le mot de la langue ordinaire.

> Car *escornez* vous estes a la roue...
> Maint coquillart, *escorné* de sa sauve.
>
> Ball. X.

Voici quelques exemples qui se rapprochent de ceux du Jargon :

> Amors m'a si *escorné* mon affaire.
>
> Thibaut, dans La Curne.

> Triboulet fut ung fol, de la teste *escorné*,
> Aussi saige à trente ans que le jour qu'il fut né.
>
> J. Marot, v. 155.

« Un jour, je trouvay Panurge quelque peu *escorné* et taciturne. » Rab. I, 301. — « Ce grand personnage, se voyant ainsi escorné par son client. » Pasquier, *Rech.*, p. 749. — « Nous disons celuy là estre demeuré *escorné* ou avoir souffert une *escorne*, qui ne se peut revanger, et est demeuré sans defense, les *cornes* augmentant la hardiesse. » Bouchet, II, 103.

Escorne, subst. f. « Je ne sçaurois m'imaginer qui nous a fait cette *escorne*. » *Com. des prov.*, p. 26.

Corne, subst. f. C'est le mot propre, pris par métonymie pour la tête.

>Nous allons donner sur la *corne*
>A quelque duppe...
>
>>*Mist. de la Passion.*

Cette figure même appartient à la langue littéraire :

>Et eurent les Anglois sur *corne*...
>Pour taillèr aux Anglois sur *corne*.
>
>>Martial d'Auv. *Vig. de Charles VII.*

* ESCROUER (S), verbe réfl. S'échapper, s'enfuir.

>Pour ces raisons, il a, ains qu'il s'*escroue*.
>
>>Ball. X.

Le mot est d'exemple unique dans la forme verbale. On le trouve, au contraire, employé comme substantif, dans des sens divers, dont un seul se rapporte à mon sujet :

>Les requerans y doivent obeir,
>Sans refuser tout boire, et sans *escroe*.
>
>>Eust. Desch., f° 241, c. 2.

C'est-à-dire sans refus ni échappatoire.

On peut lire dans le Dictionnaire de Littré, v° *Écrou*,

les opinions fort divergentes émises sur l'origine et la valeur de ce mot, qui s'écrivit d'abord *escroue*, signifiant lisière d'étoffe, bande de parchemin, etc. Bouchet, dans sa quinzième sérée (III, 92), rapporte que « on disputa s'il falloit dire *l'encrou* ou *l'escrou*, après que quelqu'un eust dist que c'estoit un mot grec, qui signifie *intrudere*, selon monsieur Cujas ».

A mon avis, *escroue*, verbe du Jargon, et *escroue*, substantif d'Eustache Deschamps, doivent être dégagés de ces controverses, et traités d'après des éléments plus sûrs. Je considère comme légitimement acquis que *s'escrouer* et *escroue* veulent dire s'échapper, et fuite ou retraite, par cette raison que *encrouer* signifiait être pris, accroché, pendu. Les exemples abondent dès les premiers âges de la langue.

A Montfaucon le firent sus au vent *encroer*.
Berte, XCVI.

Je te ferai la hart entor le col aver
Et pendre as forches et au vent *encroer*.
Parisse la duchesse.

Aux creniaus de la tour, viant la baronnie,
Le ferai *escroier* comme beste enragie.
Cuvelier.

. . . . Ce Dex, bon curé,
Qui pend en haut fut *encroué*,
Sa venue prophetiza,
Et de sa naissance parla.
Vie des SS. ms. de Sorbonne, ch. IX, col. 22.

Demain en serons tout pendu et *encroé*.
Aiol, v. 9768.

Puis fut il pris et enroés,
Et sour une estace *encrués*.
Ph. Mouskes, v. 25459-60.

« Il estoit pris par les deux pieds, et il estoit *encroé*. » *Modus*, f° 165⁶. — « Ledit Besgue manda tous les chevaliers de l'ost et fist drecier fourches à *encrouer* tous les prisonniers. » *Guesclin*, par Ménard, p. 324. — « Nous boilà dedans, on nous prend et nous fusmes *encrouez*. » Aubigné, *Fæneste*, I, 66.

Admettant que *encrouer* et *escrouer* sont deux verbes de signification contraire, on leur reconnaît sur-le-champ un radical commun, qui est le substantif *croue*; mettre en *croue*, sortir de *croue*. D'où vient-il ?

Les deux exemples tirés, le premier de *Pârisse la duchesse*, le second de Cuvelier, sont placés par Du Cange sous *incrocare*, mettre en *croc* ou en *croix*, les deux termes s'employant l'un pour l'autre comme synonymes de potence. Il s'agit bien de la croix de N.-S. Jésus-Christ dans l'exemple ci-dessus tiré de la *Vie des saints*. De même dans les deux suivants, recueillis par La Curne dans les poésies manuscrites antérieures à 1300 :

Siggneur, or, escoutés : que Dix vos soit amis !
Vanrai de sainte Glore qui en de *croc* fou mis.
T. IV, p. 1363.

Siggneur, par amor Diu qui en *croc* fut pelé.
Ibid. p. 1364.

Le sens de potence prévaut dans les autres exemples enregistrés plus haut, spécialement dans les vers de Ph. Mouskes, qui explique que le patient fut *encrués* sur « une estace », c'est-à-dire sur un pieu.

D'ailleurs, le mot *croue* existe ; il a été employé par Rabelais, au sens moderne d'*écrou* dans cette phrase : « La viz du pressoüer s'appelloit recepte ; la mets depense ;

le *crouë* estat », III, 214. L'*écrou* ou *croue* serre la vis comme la corde le col du pendu. Pour arriver à une étymologie qui réponde aux divers aspects de la question, il faut, je crois, s'arrêter à un mot plus ancien, *crou*, cité sous *coffera* par Du Cange, qui l'avait trouvé dans le *Catholicon armoricum*. Voici le passage : « *Crou*, an devet, *gallicè* : bergerie ou clais où couchent les brebis aux champs. Lat. : caula, ovile. *Crou* an gueffr... Caprile. *Crou* an morh... hara, *crou* an hoven, bostar. » La Curne ajoute : « Ce mot, comme on le voit, était un terme générique pour désigner un clos, un lieu où l'on renfermait, soit des moutons, soit des chèvres, des chevaux, etc. » Il subsiste dans le breton moderne : « *Craoü*-dêved ; craou an dêved, etc., bergerie. » *Dict. bas-breton*, 1732. Il a pour variante *croufte* (Du Cange sous *croftum*). En angl. moderne, *croft* est un petit enclos.

Le sens général de *crou*, *craou*, *croufte* et *crofte* est un endroit resserré, une clôture qui serre, fort applicable à la *croue* ou *écrou*, et par conséquent à la constriction opérée par la corde de la potence.

A remarquer, en plus, que le verbe *croug* signifie en breton *pendre* (Du Cange, sous *Cruxalis pœna*). Mais *croc* ne rend compte ni de *croue* ni d'*escroue* ni d'*écrou*. D'ailleurs, *croc* et *accrocher* ont en français, depuis le XIIe siècle, leur existence et leur histoire indépendantes qui ne permettent de les confondre ni avec *croue* ni avec *encrouer*.

*ESPELICANS, subst. pl.

> *Espelicans*
> Qui en tout temps.....
> Ball. III.

Le vieux texte porte *spelicans*; mais le vers, comparé à ses similaires des couplets suivants, serait trop court d'une syllabe. Cette restitution ne saurait rien changer au sens ni à l'étymologie.

Ce mot est unique et peut s'expliquer en vertu de diverses hypothèses, parmi lesquelles j'en choisis une qui me paraît la plus correcte et la mieux appropriée aux conditions particulières de la ballade III.

Je rappelle que les *spelicans* ou *espelicans* auxquels Villon s'adresse paraissent être les sergents qui attendent la nuit, en buvant dans leurs tavernes ou dans leurs postes, que les voleurs aient accompli leurs exploits, pour les saisir et s'emparer de leur butin.

Le verbe italien *spelucare*, qui est le même que *spilucare*, *pelucare* et *piluccare*, est traduit par N. Duez : Éplucher, ronger, tourmenter : « Il cane ama l'osso infino che vi è da *piluccare*. » Dante a dit, au chant XXIV de son *Purgatoire* :

La piaga della giustizia, che si li pilucca.

Ce verbe *piluccare*, nous le possédons sous la forme picarde *epluker*, qui cache le très vulgaire *éplucher*. On le tire du latin *pilare* ou de quelque forme analogue, sans tenir compte de son radical français, qui est *pluc*; or le Jargon s'est précisément approprié ce vieux mot, dont j'ai recueilli de nombreux exemples (v. ci-après *Pluc*) au sens spécial de butin.

Et n'eussiez vous denier ne *pluc*.
Ball. II.

Le *pluc* étant le butin, *espluker* signifierait enlever le butin, ce qui convient au problème que j'examine; *espeluker* fournit sans difficulté le participe présent *espelukant*, que j'identifie à l'*espelican* ou *spelican* du Jargon.

A côté de la forme picarde *espeluker*, l'un des plus anciens monuments de la poésie française nous fournit *espelucher* :

> Un jor s'asit desor le sueil,
> Ses grenones apareilla,
> Et de ses piez s'*espelucha*.
>
> Marie, fable III.

Examinons maintenant une autre étymologie.

Espelicans ou *spelicans* pourrait se tirer du latin *spelunca*, français *spelonque*, caverne, et signifierait gens de caverne, c'est-à-dire, d'après la suite de la ballade, gens qui se cachent la nuit dans les *pogois*, pour y guetter leur proie.

> Tigres, griffons, lyons, dragons horribles,
> En leur manoir et *spelonque* terribles.
>
> Georges Chastelain.

Naudé, Saint-Simon s'en servaient, et Mme de Staal écrit en plein XVIIIe siècle : « Je me renfermai dans une *spelonque* et trouvai ma consolation dans la lecture. » *Mém.*, t. Ier, p. 211.

Enfin, rapprochons *spelicans* d'une famille de mots conservés dans l'argot italien : *sperlunga*, gibet; *sperlungare*, pendre; *sperlucato*, pendards; recueillis par M. Francisque Michel, sans aucun texte à l'appui.

Cependant N. Duez enregistre *sperlucato*, qu'il traduit par : 1° un *esperlucat*; 2° un pendard. Nous voilà sur une autre piste. *Esperlucat* est un mot de la langue française; mais il a sa date, qui le met hors de cause : « Imaginons s'il y avoit pas grand plaisir à voir un homme ayant la barbe rase, et au demeurant avec sa grande perruque, bien *esperlucat;* car c'est le mot duquel ils usoyent alors : voire se trouve mesmement en menot, au lieu, comme je croy, de ce que le latin dit *calamistratus*; aussy en la ryme d'un bon compagnon, qui a esté longtemps devant luy, nous lisons :

> Plus fringant et *esperlucat*
> Et cent fois plus gay que Perot,
> Ou le valet d'un avocat. »
>
> H. Estienne, *Apol. pour Hérodote*, p. 436.

L'*Apologie pour Hérodote* parut en 1566 ; le mot était nouveau et ne peut nous servir de rien pour le Jargon du xv° siècle. Coquillart, qui ne tarit pas en moqueries sur le sujet des perruques, appelle ceux qui en portent ou qui se parent d'une chevelure longue, frisée et teinte en blond avec une sauce à l'oignon, des *perruquians :*

> Nos mignons fringans et bruyans...
> Nos fringans, nos *perruquians.*
>
> I, 77.

Rabelais dit *esperrucquetz :* « Barboilleurs de papiers, prelinguans, *esperrucquetz*, clercz de greffes. » III, 242.

On n'aperçoit pas d'abord la liaison entre *esperlucat*, au sens moderne de freluquet et pendard, donné par N. Duez. Elle existe cependant par les vocables italiens *spellare* et *spelliciare*, écorcher, *spelliciata*, écorchure, qui nous ramènent à *spelucare*. De plus, *spelliciare* signifie également secouer et *spelliciata* secousse, ainsi que *spelliciatura*. De la secousse à la pendaison, il y a le rapport de l'effet à la cause. On devine que le *sperlucato* de N. Duez n'est qu'une écriture francisée de *spellucato*; conjecture très plausible si l'on considère que N. Duez n'a admis, pour la perruque elle-même, que le mot *parucca*, marqué de l'étoile (*) par laquelle il désigne « des termes de quelque dialecte qui n'est pas bon françois ni bon italien ». (*Préface*, 7ᵉ col.)

ESPINCER (s'), v. réfl. Se retirer, s'esquiver.

Picquons au veau ! Saint Jacques, je m'*espince*.

Ball. IX.

Espincer vient du substantif *espinche*, qui signifie *pince*, avec les acceptions modernes de celui-ci. En termes de vénerie, l'*espince* est la partie antérieure du pied du sanglier ; et la *pince* se dit aujourd'hui de l'extrémité antérieure du pied de tous les animaux ongulés ; spécialement la partie inféro-antérieure du sabot du cheval, etc.

J'ai beau lui faire voir toutes les différences
Des *pinces* de mon cerf.....

Molière. *Les Fâcheux.*

« Grant sanglier doit avoir les traches longues, presque autant comme un cerf bien marchant, et n'a mie si gros talon... et derriere il a l'*espinche* du pié large et reonde. » *Modus et Racio*, f° 43 ᵇ.

S'espincer, c'est donc jouer des pattes, s'enfuir. Argot moderne *s'esbigner* (v. ci-dessus *Bigner*). Dans la langue normale, *espincer* signifiait ébranché, arraché avec des pinces.

ESSORER, v. a. Mot de la langue vulgaire, qui, dérivant de *ex aurare*, prendre le vent, a le double sens de sécher à l'air et de prendre l'essor. Voyez *Halle* ou *Hâle*.

Que le grant Can ne vous face *essorer*.

Ball. I.

L'un et l'autre sens conviennent aux pendus, qui prennent leur essor au haut de l'échelle, et qui sèchent au vent. En terme de blason, l'oiseau *essorant* est celui qui est peint étendant les ailes pour s'envoler. Trévoux.

> Or pot cil son roucin ploreir
> Et metre la pel *essoreir*.

Rut. I, 290.

> Quant commenceray à voler
> Et sur ailes me sentiray,
> En si grant aise je seray
> Que j'ay doubte de m'*essorer*.

Charles d'Orl. *Rondeau*.

> A la commere il dist une soyrée,
> Au plus matin que serez *essorée*.

Faifeu, p. 92.

> Mielz se soit *essorer*,
> Musart, que esprouver.

Proverbe du villain.

> Tantost s'en vont tuit troi a destre,
> Tant qu'il vinrent à la fenestre.
> Overte estoit pour *essorer*.

Renart, 9181.

> Et apres qu'elle ara esté
> Un jour et une nuit d'esté
> Trampée en celle yauve sus heure,
> On le doit traire, sans demeure,
> Et mettre en tel lieu *essorer*
> Que l'yauve n'y puist demorer.

Font. Guerin, t. V, p. 57.

« Puis après le mettre *essorer* au feu ou au soleil. » Fouilloux, *Faucon*, f° 16.

ESSURGER, v. a. Essuyer.

> Qu'enastez ne seye en sûrie
> Blanchir vos cuirs et *essurger*.
>
> Ball. V.

Le mot est d'exemple unique et veut être discuté. A première inspection, il semble formé du verbe latin *exsurgere*, surgir de. Ce n'est qu'une apparence; il le reproduit en effet, mais par confusion avec *exsugere*, sucer, tarir, dessécher : « Arenam injicere oportet, aut aliud quod *exsugat* humorem. » Varro. R. R., 2. 4.

Le dernier sens d'*exsugere* se confond avec celui d'*exsuccare* et d'*exsiccare*, dessécher, essuyer. La Curne ne s'y trompait pas lorsqu'il traduisait *essurger* par le provençal *issugar*, dans une note que l'édition imprimée n'a pas reproduite.

Le sens d'*essuyer* est commandé, dans l'exemple ci-dessus du Jargon, par le verbe *blanchir* qui le précède. Ce dernier, comme on l'a vu ci-dessus (v° *Blanchir*), est un terme technique de tannerie; de même pour *essuyer* de la langue moderne : « *Essui*, terme de tannerie; lieu où l'on fait sécher les cuirs tannés. » Littré. Le passage du Jargon signifie : « Prenez garde qu'on ne vous fasse, au bout d'une potence, tanner votre peau et la ressuyer. » L'image est rude, mais elle se suit bien.

Cela étant, pourquoi n'ai-je pas restitué le passage en substituant à *essurger* la forme berrichonne et poitevine *essuger*, qui est régulière au sens d'*essuyer*, ayant pour similaires *essugar* et *issugar* en provençal, *asciugare* en italien ? La raison de ma réserve à cet égard, c'est que j'ai reconnu que l'épenthèse de l'*r*, qui transforme *essuger* en *essurger*, n'est ni une faute du copiste ni une erreur du poëte jargonnesque; elle se retrouve en d'autres exemples, non du mot *essurger*, qui est unique, mais de formes très voisines par l'étymologie et par le sens. On appelle laine *surge* la laine des moutons non lavée ni dégraissée. M. du Peyssonnel, dans son Traité sur le commerce de la mer Noire (t. Ier, p. 117), écrivait, au XVIIIe siècle : « Ces laines (de Bulgarie) sont toutes *surges*; on ne lave point les moutons avant de les tondre. » Littré cite, sans s'expliquer autrement, un texte du XVe siècle, qui nomme ces mêmes laines *lania surgia*. Des laines *surges*, c'est-à-dire non lavées ni dégraissées, deviendraient naturellement *exsurges* si on les lavait et desséchait.

Quant à expliquer l'introduction d'un *r* dans un mot qui provient sans doute de *sucus* ou *succus*, que les étymologistes latins s'accordent à dériver lui-même de *sugo*, je pourrais m'en tenir à ce qu'a dit Littré au sujet du sureau : Comment les patois ont-ils de *seu* fait *seur* par l'addition d'un *r*? On ne le sait, mais le fait est là. » Je hasarde cependant une conjecture, qui n'a rien d'anormal. La plupart des consonnes placées au milieu des mots demeuraient muettes dans la prononciation du moyen âge, et c'est précisément à cause de cette mutité que les copistes ne se gênaient pas pour en introduire à tort et à travers. J'ai rencontré, par exemple, dans une édition gothique de Villon, le mot *baptist* pour *bastit*, soit *bâtit* en français moderne; comme l'*s* n'était pas moins muette que le *p*, la faute d'orthographe ne changeait pas le son pour l'oreille. On a donc pu écrire *essurger* pour *essuger* sans croire qu'on modifiât le mot, non toutefois sans prêter à certaines confusions. Le rapprochement d'*essurger* avec *blanchir*, c'est-à-dire entre deux termes techniques de tannerie, me suggère une explication du sens bizarre attribué par Palsgrave au mot *Blanchir* (v. ci-dessus). Le grammairien anglais traduit *blanchir* par se diriger, même de nuit, vers une côte, vers un port. Or il se trouve qu'*essurger*, ou plutôt son composant *sorger*, forme primitive de *surgir* (latin, *surgere* ; italien, *sorgere* ; prov., *sorger*), possède précisément et positivement la même signification : « *Surgir*, terme de marine, s'élever vers la terre, vers le port, mouiller, jeter l'ancre. » Littré. — « La Royne, advertie... comment en ce port *surgeoit* le beau et pompeux convoy de vos vaisseaulx. » Rab. II, 397. — « Le bon marinier, avant de *surgir* du port, fait provision de ce qu'il faut pour resister à la tempeste. » Charron, *Sagesse*, p. 330, dans La C. La synonymie d'*essurger* avec *blanchir*, dans un sens spécial, a pu tromper l'Anglais Palsgrave et lui faire dire : « Nous *blanchissions* vers la côte de Douvre » pour « nous *essurgions* ».

*ESTERIE, subst. f. Mot d'exemple unique, que je crois tiré de *ester*, v. n., comparaître en justice.

> Prince, benardz en *esterie*
> Querez, couplans pour l'emboureux.
>
> Ball. V.

Ester, v. n. du latin *stare*, se tenir debout, comparaître en justice. Existe aussi substantivement. « Et il lui dist qu'il se rasseist ; car il cuydoit que l'*ester* lui seroit mauvais. » *Lancelot du Lac*, t. II, p. 124 v°, c. 2. — « Laissiés moy *ester*. » *XV Joyes du mariage*, passim.

> Les uns chëir, les uns *ester*.
>
> R. de Brut, f° 96 r°, c. 1.

> Dames de Paris, amez ;
> Laissiez *ester* vos maris,
> Et si venez à moi joer.
>
> MONIOT DE PARIS.

> Laissez *ester* Caillette le folastre.
>
> *Pierre Faifeu*, p. 1.

L'*esterie* peut s'entendre soit de la situation de l'homme en jugement, soit du lieu où la justice le tient. Nous avons en ce sens *estrie* qui est une forme de *estres* ou *aistres* (*atria*).

Le zincalo joint les deux sens, ce qui est le propre du Jargon : *estarica*, dans cet idiome spécial, signifie coffre (Borrow) et *estaripel*, prison (*ib.*). Voyez ci-après *Staricles*.

Enfin *estére* en français, *estera* en espagnol, *esteira*, port., *stoja*, ital., *storea*, latin, signifient nattes de jonc ; c'est une troisième face du même sens, car l'*esterie* serait alors le lieu où l'on est sur les joncs, et l'on verra plus loin, au mot *joncz*, qu'être sur les joncs veut dire en Jargon être en prison ; on dirait aujourd'hui, en plaisantant, être sur la paille humide des cachots.

§ C'est peut-être une simple licence pour *estrif* (qui se prononçait *estri*), au sens de peine, embarras :

> Venez y tost, sans nul *estrif*.
>
> *Rep. fr.*, p. 3.

« En tel *estrif* et fascherie s'endormit. » Rab. IV, 160. — « En cestuy *estrif* et soigneux pensement. » *Ib.* III, 87. — « Le malade est en grand *estrif*. » Ibid. 52.

ESTREZ (d'), adv. Sur-le-champ.

> Et leur monstrez d'*estrez* le bric.
>
> *Ball.* I.

Le texte ancien écrit *des trois,* qui se prononçait *des trais;* l'homophonie explique ici, comme dans vingt autres passages, l'erreur du copiste; mais elle permet aussi de la discerner et de la corriger.

Lacombe cite les formes *estrous, estrez, estruz;* mais il ne donne un exemple que de cette dernière.

La Curne ne cite que les formes *à estros, à estrous* et *à estrox.*

Du Cange donne *estrois* pour *escrois,* fracas, bruit éclatant. Gl. *Cruscire.*

Or me le rapportez ennuit sans nul *detri*.
Brun de la Mont., 624.

Dame, je vois sanz *detrier*.
Mir. N. D., v. 394.

EVAIGE, subst. m. Voyez *Havage*.

Pour le *evaige* et bien hault mis au vent.
Ball. I.

Ewage, evaria, est un droit perçu sur les eaux et rivières. *Ewe* signifie aussi loi, règlement, *euva*. Mais la construction du vers ci-dessus indique qu'il faut lire *pour le hevaige,* sans quoi la mesure est incomplète.

FAÉE, subst. f. Artifice, ruse combinée.

. . . . Que lors faisons
La *faée* aux arques respons.
Ball. III.

« Mais, sire bernard, ces diables de ravisseurs n'avoient-ils pas un nez au visage, quand ils vous ont donné si bien la *fée*? » *La Com. des proverbes,* p. 16.

Le mot s'employait aussi comme adjectif :

> Sachiez, ce n'est chose *faée*.
> *Rose*, v. 13122.

FAÉRIE, subst. f. Enchantement, sortilège, subtilité.

> Rasurez vous en droguerie
> Et *faierie*.
> Ball. III.

> Bendez vous contre la *faerie*.
> Ball. V.

> Comment l'une l'autre guermente,
> C'est un droite *faérie*.
> Coquillart, I, 49.

> Prince, mon fait est droite *faérie*;
> Je hay travail, et le repos m'ennuie.
> Charles d'Orl. *Ball.*

Il faut prononcer *férie* dans les deux premiers exemples.

FARCIZ, part. passé pl. du verbe *farcir* (v. *Fars*), rempli, garni.

> *Farciz* d'ung lourd plumbis, à coing.
> Ball. II.

> Sornillez moy ces georgetz si *farciz*.
> Ball. VII.

> Si luy doit feindre nouveaulx songes,
> Tous *farcis* de plaisans mensonges.
> *Rose*, v. 10256-7.

« Et se batoient d'escorgies à neus durs de quir *farciz* de petites pointelettes de fier. » Froissart, t. V, p. 275.

*FARDIS, subst. m. Le fardeau, le chargement, qui résulte du poids des liens ou des chaînes. Par assimilation, le pendu comparé à un fardeau, tel qu'un sac de blé qu'on hisse au bout d'une corde.

> Eschec, eschec pour le *fardis*.
> Ball. I.

> Quant Saturne me fit mon *fardelet*,
> Ces maux y mit, je le crois...
> VILLON. *Debat du cuer et du corps.*

Le mot *fardis* est d'exemple unique.

Farda, fardo, fardello, fardillo, esp. et it., ballot, paquet de linge ou de hardes; prov., *fardel*. — *Farder*, v. a., charger; encore usité à Rouen et dans la marine. *Farder* a pu faire *fardis*, comme *hurter, hurtis; rifler, riflis; ribler, riblis,* etc. Le Jargon a eu *defarder* pour décharger, c'est-à-dire voler; et *deffardeur* pour larron. Oll. Chereau. — « Les *defardeuses* alloient visiter les marchés. » *Av. du ch. de la Gaillardise*, p. 289.

Anfardeler, langued. Lier, garrotter. Leroux, *Dict. com.* — *Enfardeler,* affardellare. Oudin.

Farde, bordage d'un navire; identique à *farge* (v. ce mot). — *Farde,* balle de café moka pesant 185 kilog. Arabe, *farda*.

Fardage, d'après Jal, est le nom des objets encombrants et pesants embarqués inutilement sur un navire, et aussi des fagots avec lesquels on couvre le fond de la cale.

Il était aussi français au sens de fardeau : « Icellui Monin et ledit Olivier prinrent une jument pour porter leur *fardaige*. » Du Cange. *Fardellus*. — « Un des chevaulx qui portoient bouges et autres *fardages* ». *Ibid*. — Portug. *fardagene*; it. *fardaggio*.

FARGES, subst. pl. Fers des prisonniers.

> De vos *farges* ferez besisses.
> Ball. IV.

Ferges, dans la Légende du pape Grégoire le Grand, analysée par Littré (*Hist. de la lang. fr.*, t. II, p. 188-9), signifie des fers qu'un pêcheur avait mis aux pieds du saint pontife, et qui se fermaient par une serrure, dont il jeta la clef dans la mer. C'est ce qu'on appelle aujourd'hui encore des *enferges* dans le centre de la France. Tous les maréchaux ferrants du Berry et du Poitou vendent des *enferges* pour les chevaux qu'on veut mettre au pré.

« Il y a un honnête homme qui avoit mis sa cavale *enfargée* en ses fossés. On luy a pris les *enfarges* avec une serrure à bosse. » *Moyen de parvenir*, ch. XXI.

Farga, forge ; *fargo*, forger ; rom.-castr. *Farge* et *farger*, forge et forger en lyonnais. Le Laboureur, *Orig. des armes*, p. 128. Du Cange, v° *Farga*. *Fragua*, esp., forge.

Toutes ces formes sont régulières, venant du latin *fábrica*, avec l'accent sur *fá*, lequel donne *fabrige*, *fabrge*, *farge*.

Fargue ou *Farde*, s. f. Terme de mer ; nom donné à des bordages qu'on élève pendant le combat pour tenir le pont à couvert. De l'espagnol *falca*, dérivé de l'arabe *falaq* et *falq*, clôture, mur d'enceinte. Dozy, *Gloss.*, p. 263.

Ce qui donne de l'intérêt à cette forme, c'est que *farge*, dans le vers ci-dessus, est rapproché de *besisses*, autre terme de marine. (V. *Besisses*, ci-dessus.)

FARGEZ, part. p. pl. de *farger*, ancienne forme de

forger, c'est-à-dire façonnés, rompus à toutes habiletés et finesses.

> Rouges goujons, *fargez*, embabillez.
>
> Ball. VIII.

> Robes de nouvelle *forge*.
>
> Eust. Deschamps, ms. f° 497.

> Bailler ses faiz ou les escripre
> Sans *forge*.....
>
> *Ibid.*, f° 414.

> *Forge* ton sens et ton savoir.
>
> Gui de Cambrai, *Barl. et Jos.*, p. 86.

« Et se trouva un cordelier *forgé*, qui de luy mesme pris debat audit frere Hieronyme. » Commines, VIII, 19.
— « Nostre bonne mère avoit, le jour de devant, *forgié* le médecin, qui estoit bien adverty de la response qu'il devoit faire. » *XXe Cent nouv. nouv.*

Sur l'identité de *farger* avec *forger*, v. ci-dessus *Farges*. Prov., *fargar*.

*FARS, adj. Gai, facétieux, ou *farci* d'argent et de bijoux. (Voy. *Farciz*.)

> . . . Pimpres, dorlotz et *fars*.
>
> Ball. XI.

Du latin *farsus* pour *fartus*, part. passé de *farcire*. *Farsus* donne *fars* comme *sparsus*, épars, *excarpsus*, eschars, etc. L'exemple est unique. Cependant on lit dans le *Mirouer des Enfans ingratz* (réimpression textuelle de 1836) les quatre vers suivants :

> Que dis tu de ce pinart là
> Qui tant pour son filz est eschars

> Que des biens du monde qu'il...
> Na veult point conforter les fr.s.

lesquels, dits par un des coquins, se restituent naturellement comme suit :

> Qui des biens du monde qu'il a,
> Ne veult point conforter les *fars*.

L'étymologie de *farcer* est le fréquentatif *farsare*, fait sur *farsum*, supin de *farcire*. La C.

Farcer, v. n.

> . . . C'est grant fortune
> Qu'on presume d'eulx en *farsant*.
> Coquillart, I, 101.

> Mais Dieu sait si j'en fuz *farcé*.
> Id., I, 196.

FEUILLE, subst. f. Bourse, escarcelle.

> Ruez des *fueilles* cinq ou six.
> Ball. VI.

> De la hanter ma *fueille* est desgaudie.
> Ball. IX.

> Jehan mon amy, qui les *fueilles* desnoue.
> Ball. X.

> . . . Or entré soie en mal an
> Si je n'ay le georget d'Aman,
> Dont ma *feulle* sera gaudie.
> Mist. du V. Testament.

Voilà un mot, d'apparence et d'emploi jargonnesque, qui n'est cependant qu'un pur latinisme, emprunté aux meilleures sources. Cette *feuille*-ci ne vient pas de *folium*, feuille d'arbre, qui dérive du grec φύλλον, mais de *follis*, dérivé du grec φῦρα ou φῦσα, qui désigne tout objet creux et flasque, susceptible de se gonfler, soit de vent, soit de toute matière solide ou liquide qu'on y introduit. C'est donc tour à tour un soufflet à souffler le feu (Cicér., *N. D.*, I, 20), un sac à provision (Veg. *De Re militari*, 2, 20) et une bourse. Je ne citerai d'exemples que de cette dernière acception, d'ailleurs la plus répandue :

. . . . Et tenso *folle* reverti
Inde domum possis.
JUVÉNAL, sat. XIV.

« Non utique si servus in *folle* reliqua obtulerit, liber erit. » Callistr., *Dig.*, 35, I, 82. Ce que Forcellini éclaircit en ces termes : « Si pecuniam in marsupio, non inspiciendam numeratamque obtulerit. » La traduction de *marsupium* est ainsi donnée par Isidore, lib. XX, cap. IX : « Sacculus nummorum. » Le sens de *follis* s'est transmis du contenant au contenu, et l'on a dit en latin *follis* pour certaine somme d'argent, comme en français une *bourse*. « Ce cinquième sera pris dans les *bourses* que Mustapha sera obligé de vous payer. » Volt., *Lett. à Catherine*, 114. Voici des exemples latins : « Cum haberet in sorte centum aureos, et mille argenteos, et centum *folles* æris. » Lampr., *Elog.*, 22. — « Quasi a martyribus quinquaginta *folles*, unde vestimentum emeret, petivisset. » S. Aug., *Civ. D.*, 22, 8. — « Populo dedit viginti *folles*. » Le même, *adv. Crescent.*, 3, 29.

On voit que *follis*, au sens de bourse, est un mot courant de la bonne latinité. Mais la distinction entre *follis* et *folium* a naturellement disparu dans les langues romanes ; le français a dit *feuille* et l'italien *foglia* dans les deux sens; l'espagnol seul a gardé la double origine : *foja,* feuille, y représente *folium;* et *follete,* soufflet, traduit purement et simplement *follis,* d'où *follero,* pipeur, coupeur de bourses, joueur de tours de passe-passe. Oudin.

Le langage blesquien et l'argot moderne en ont fait *fouillouse,* formé non plus sur *follis* ni sur *folium,* mais sur *foliosus,* feuillu. La *Vie genereuse* donne *feuille* et *fouillouʒe; felouʒe,* dans le livre du Jargon :

> Que nous faut-il? Force pendus
> Pour bien fournir nostre *foullouse....*
> Force d'aubert en la *follouse.*
> *Vie de S. Christophe.*

> Car pardieu dedans ma *fouillouse*
> Il n'y a harpelu ne maille.
> *Mir. des Enf. ingratz.*

« Plus d'aubert n'estoit en *fouillouse* pour solliciter et poursuyvre. » Rab. II, 197. — « Car il arrapoit l'une par les espaules, l'aultre par la bezace, l'aultre par la *foilluʒe.* » *Ib.*, I, 142. — « C'est pour jetter l'escu dedans jusques à ce qu'on soit au logis, pour la descharger en la *fouillouʒe;* car à Paris il fait fort dangereux mettre l'argent dans sa pochette ou porter bourse. » Cholieres, *IIIe matinée.* — « La *fouillouse,* c'est la gibbecière. » Bouchet, III, 130.

> Qui aviant bain dos metaux
> Dos peces dans lou *fouillouse.*
> *Vieux Noël poit.*

« Ça rapporte, reprit Joseph. Y a-t-il aubert er la *fouillouse?* — Te faut-il beaucoup? — Un billet de cinq cents. » H. de Balzac, *Pierre Grassou,* 1839.

L'unité de diction française en *feuille* pour les mots

dérivés de *folium* ou de *follis* légitime une de ces équivoques familières au Jargon. Les voleurs se sont appelés *feuillars*, parce qu'ils cueillent les *feuilles*, c'est-à-dire les bourses, et parce qu'ils vivent sous les *feuilles*, c'est-à-dire dans les bois.

« Lesquels archiers et autres ont esté et sont *feuillars* et tenu toujours le parti à nous contraire. » Lett. de rém. 1478. Trés. des Ch. reg. 206, pièce 65. — « Le suppliant voyant que les *feuillars* font plusieurs maulx et pilleries sur le pays, feignant estre de notre ordonnance. » Lett. de rém. 1479, 206-315. — « Pour doubte des bourguignons et *feuillars*. » *Ib.*, pièce 702. — *Foillars*. Lett. de 1478, 205-476. — Galans de la *feuillée*. *Ibid.* — « Les supplians, povres gens de labour, pour obvier aux entreprises de nos adversaires, se sont mis sus en armes avec autres, que communément on appeloit les galans de la *feuillée*. » Lett. de 1471, reg. 197, pièce 157. — « Lequel de la Vigne estoit mal renommé, veu qu'il avoit esté galant de *feulée*. » Lett. de 1472, reg. 197, pièce 359. V. Du Cange, sous *Foilliata*.

> Compagnez, escoutez mon dire :
> Je suis bourreau et vous *fueillars*.
> *Apoc. S. J.*

> Hé, gueux ! gueux ! sus ! bonne nouvelle !
> Laisser la *feullade* grant erre !
> *Vie de S. Christophe.*

> . . . Justice
> Ira chercher en la garenne
> Les *foullars* et les happerons.
> Cl. Marot. *Dict présenté à Mgr de Nassau.*

Ce dernier exemple est à noter : il contient le seul mot

jargonnesque que j'aie rencontré dans l'œuvre entière de Clément Marot.

Un texte décisif établit la synonymie pure et simple de *feuillart* et de voleur : « *Thefe,* laron, s. m.; *feuillart,* s. m.; *fuillart,* s. m. » Palsgrave, p. 280.

*FLOARS, adj. m. pl. Habiles, adroits.

> Gueulx affinez, allegrucs et *floars*.
>
> Ball. XI.

Le mot est d'exemple unique. Il se pourrait qu'il ne fît qu'un avec *froart* (v. ci-après), par permutation d'une liquide à l'autre.

Cependant le verbe *floer,* couler, latin *fluere* (« Et firent la riviere d'Escault *floer* autour de la ville. » Froissart, III, 138), comme l'adjectif *floe,* mou, flasque, et aussi tendre et délicat, peuvent justifier la création d'un adjectif *floars,* désignant des voleurs habiles et doux dans leurs procédés ; acception que préparent et corroborent les deux épithètes précédentes *affinez,* c'est-à-dire très fins, très subtils, et *allegrucs* pour *alaigris,* c'est-à-dire joyeux, de bonne humeur. Voici deux exemples de *floe* sous deux formes orthographiques :

> De travail et de paine fu forment feble et *floe.*
>
> Berte, XXXIII.

> Item je donne à Jehan le Loup,
> Homme de bien et bon marchant,
> Pour ce qu'il est linget et *flou*...
> Un beau petit chiennet couchant,
> Qui ne lairra poulaille en voie.
>
> Villon, Gr. Test.

Linget, qui signifie clairement léger et souple comme du *linge,* se complète très bien par *flou* pour qualifier un voleur de poulaille, léger et souple à la maraude ; ce que rendrait également bien l'adjectif *floars.*

D'ailleurs, nous ne sommes pas très loin ici du moderne *floueur,* qui lui-même se rattache au *florero* espagnol (voy. sous *Florye*) et au *floorer* du slang, qui signifient l'un et l'autre filou.

Aucune de ces nuances ne modifierait le sens du passage qui contient *floars.*

*FLOGIE, subst. f. Toison ?

> Et n'espargnez point la *flogie*
> De ces doulx dieux sur les patis.
> Ball. VI.

Paraît une forme voisine de *filoche,* la bourse en argot moderne. Du latin *floccus,* d'où *floc* et *flocon;* soie *floche,* celle qui n'est pas tordue ; *floche, flochée, flochie,* est un adjectif qui a le sens de lâche et mol, comme un flocon de duvet. La *filoche* est une bourse pendante et molle.

Floja, esp. *Flojedad,* lâcheté, mollesse. — *Flaggie,* angl. traduit par le continuateur de Cotgrave : « flaque, flache, flasche, flaccide, flosche, floche, gavache, hallebote. »

A remarquer qu'un *floc* en jargon était aussi un tour d'adresse, une ruse de coquin :

> Advisons quelque *floc* nouveau.
> Mir. des Enf. ingratz.

> Entre nous deux adviser fault
> Quelque *floc* de nouvalité.
> Ibid.

FLORYE, part. f. s. Fleurie.

> Brocquans, dorlotz, grand guain, aube *florye*.
> Ball. XI.

Si l'on admet, selon l'hypothèse indiquée v° *Aube,* que Villon parle ici de lingerie, *florye* ne signifierait pas seulement élégant, festonné, brodé, il voudrait dire aussi volé, conformément aux doubles acceptions du Jargon espagnol, recueillies par Oudin, savoir :

« *Flor,* subst. f. Entre les joueurs de farces et pipeurs, c'est la tromperie dont ils usent pour attraper et tirer quelque chose, comme disans que ce sont pauvres gentilshommes ou soldats desvalisez, ou bien qu'ils sont sortis de captivité, et autres semblables piperies, dont il y a une infinité. — *Juego de la flor.* Jeu de pipeurs et de brelandiers. — *Florayna,* tromperie. — *Florear,* piper, tromper. — *Florero,* pipeur. — *Florido,* riche. »

« *Deflorir la picorne,* voler le linge sur les hayes. » *Liv. du Jargon.* — « La picorne est *florye.* La haye est garnie de linge. » *Ibid.*

En slang le *floorer* est un voleur de montres dans les rues, que la police française nomme voleur à la tire.

FLOT, subst. m. Foule, multitude.

> Loing de son plain, de ses flots *curieulx.*
> Ball. X.

> Abrouerent au *flot* de toutes pars.
> Ball. XI.

Fluctus, lat., a donné *flot,* puis *flotte,* synonyme de multitude.

Grand *flot* de gent aprés s'arive.
GUILL. GUIART, *Br. des royaux lignages.*

Tel *flot* y out de gent c'on non pout apruichier.
Girart de Ross., v. 1475.

As nous vint bien atornée
Et des autres i ot grant *flote.*
Renart, I, 2657.

« Tant comme le cheval se povoit efforcer, se plongeoit dedans les grans *flotes* de ses ennemis. » *Chron. de S. Denys,* I, 244ª. — « Tous d'un *flot.* » *Hist. de Bayard,* p. 127.

Flush, abondance, foule, en *slang.*

Le peuple parisien dit encore une *flotte* pour une multitude.

Un jor jouet une grant *flote*
De garçonnez à la pelote
Devant les portaus de l'eglise.
Fabliau du Varlet.

« *Flotar,* esp., flotter et aussi fomenter avec les mains; *flotado,* flotté, fomenté; *flotador,* qui flotte, qui fomente; *flotadura,* flottement, fomentation. » Oudin.

*FLOTERIE, subst. f. Je suppose qu'il équivaut à *flot* et à *flotte* (v. *Flot* ci-dessus), c'est-à-dire multitude.

Entervez à la *floterie.*
Ball. V.

FOING, subst. m. C'est le mot de la langue vulgaire.

Gaillieurs faitz en piperie
Pour ruer les ninars au *foing.*
Ball. II.

« *Mettre la truie au foin,* détourner un discours qui embarrasse. On détourne la truie de ce qu'elle mange pour lui présenter du *foin* dont on sait qu'elle ne voudra point. » *Ducatiana*, part. II, p. 542. — *Dict. des proverbes français*, par G. D. B., imprimé à Bruxelles, in-12, 1710. — « Ce n'est que du *foin*, les bestes s'y amusent. » Oudin, *Cur. fr.* — « ALAIGRE. Mais tournons un peu la truye au *foin*. » *Comédie des proverbes*, p. 98. — « Je pense que je sors de propos, et vais de la *truye au levain.* » *Moyen de parvenir*, p. 138. — « ...Gargantua... disoit la patenostre du cinge, retournoit à ses moutons, tournoyt les truyes au *foin*. » Rabelais, I, 45. — « Et tournant la truye au *foin*, commença deviser d'autre chose. » Straparole, 6° *nuit*, fable 1.

Dans le chapitre des alliances, on trouve : « Un aultre appella une sienne ma truie, elle l'appela son *foin*. La me vint en pensement, que ceste truie voluntiers se tournoit à ce *foin*. » Rabelais, II, 302.

« Bailleur de *foin* à la mule. » Bouchet, III, 101, 107.

FONDES, subst. pl. Bas-fonds, chemins creux, fondrières.

<blockquote>Ruez par les *fondes* la poue.

Ball. VI.</blockquote>

Fonde, forme féminine de *fond*, signifie les bas-fonds par opposition à la pleine-mer. Trévoux et Littré. C'est le sens qui nous guide pour la traduction ; le sens du vers ci-dessus, complété par ceux qui suivent, est : Jetez vos pattes par les bas-fonds, car le vent du nord fait faire la grimace aux pendus.

Fonde est dit pour *fronde*, instrument balistique, dans

tous les écrivains du moyen âge ; mais cette acception serait sans application dans le cas présent.

Nous avons encore *fonde* pour *fonda,* esp., auberge, et pour *funda,* lat., dépôt public, entrepôt de douanes.

« Ils bouterent le feu en la *fonde,* là où toutes les marchandises estoient et touz li avoirs de poiz. » Joinville, 164. — *Fondic* de l'arabe *fondoucq.* La Curne. — *Fondeque,* magasin. « Les *fondics* sont magasins où se serrent les marchandises qui sont apportées des Indes et de Perse par voie d'Alep. » De Brives, *Voy. en Turquie,* 34.

L'argot moderne paraît avoir employé *fonde* et *fondrière* pour bourse et poche ; le vers précité voudrait dire alors : « Mettez la main dans les bourses ou dans les poches. » Mais cette traduction formerait contresens avec la suite du couplet.

Fonda, ital. Subst. bourse ; adj. profonde. N. Duez.

Fonde pour *font* ou fontaine.

> Sacharie sot de clergie
> Et des sept sciences la *fonde.*
> Ms. 7218, ap. La C.

Fondeis, fond d'une vallée. Tr. des ch. 1380. Ou éboulement, syn. fondoir, équivalant à *fondrière.*

FOURNIR, v. a. Signification obscène obtenue par le détournement du sens propre du mot. Voici les deux exemples tirés du Jargon :

> Et qui aussi, pour la marque *fournir*...
> Ball. VIII.

> Et la marque, suivant le gaing choisie,
> Adrague en gier, puis dist : « Le mieux *fournie !* »
> Ball. IX.

Pour éclaircir ces deux exemples, il me suffit d'en emprunter un troisième aux vers érotiques du capitaine Lasphrise :

Car je veux *fourniller* en ton joly *fourneau*.
P. 209.

Ainsi le premier exemple du Jargon signifie : « Et qui, aussi pour l'amour charnel de la femme, vous êtes fait mettre au pain et aux fers. » Et le second : « La fille, choisie selon le butin, boit à longs traits, puis dit : Que le plus beau me caresse ! »

Reste à établir, philologiquement, l'identité de *fournir* avec *fourniller;* si l'on s'en tient au sens, elle n'est pas douteuse dans les trois exemples qui précèdent. Du Cange et les anciens philologues admettaient que *fournir* vient de *furnus* (Du Cange, v° *Furnire*). J'estime qu'ils avaient vu juste. Diez et Littré préfèrent le haut allemand *frumjan,* sous le prétexte qu'il existe une forme provençale *formir* ou *fròmir*. Mais cette forme n'est qu'accidentelle même en provençal, où l'on écrit habituellement *fornir* comme en vieux français, en catalan, en espagnol et en portugais; en italien, *fornire*. D'après Du Cange, *fournir* serait rendre, donner, comme fait le four dont on tire le pain. Littré fait remarquer qu'on manque de textes où le mot soit employé avec le sens métaphorique de *four*. Les deux exemples du Jargon remplissent cette lacune.

J'ajoute que *fournir*, au sens de travailler au four, existe en poitevin sous la forme *fourneyer*. Or nous savons par de nombreux exemples (voir pour le Jargon aux mots *juchie, entrongnie, desmaquillie*), que les verbes en *ier* ont aussi la forme parallèle en *ir*. De même que *juchier* a *juchir,* entrongnier *entrongnir* et desmaquiller *desmaquillir,* fourneyer ou *fournyer* donne naturellement *fournir.*

Enfin on verra au mot *Hornangier* ci-après l'équivalence de cette forme espagnole, tirée de *horno, furnus,* avec *fournir* et dans le même sens érotique.

Rabelais écrit « oncques puys ne *fourneasmes* nous ». II, 110. Ce qui suppose l'infinitif *fournéer,* très voisin de la forme poitevine.

Fournier ou *fornier.* « Le bolengier pourra acheter le blé, le fera mouldre, cuire et *fornier.* » Statuts pour la ville de Provins. Tr. des Ch. 1319.

Fornigier, forniquer.

On m'a *fornigié* d'amors.

Po. av. 1300, ap. La C.

*FRESSOUE, subst. f. Fraîcheur ou frisson.

Le vendengeur, beffleur comme une choue...
Noue beaucoup, dont il reçoit *fressoue.*

Ball. X.

Mot d'exemple unique, mais qui se retrouve, avec une très légère variante d'orthographe, dans *frescou,* fraîcheur, du dialecte romano-castrais, lequel possède, au même sens, le mot *frescun,* qui ramène à *frisson;* ital. *fresone* et *fressone.* N. Duez.

Frisson était anciennement du féminin, comme *fressoue :*

Rolant la voit si fut en grant *frison.*

Ch. de Rol. P. 88. La C.

Et encore au XVIᵉ siècle :

Ariodant à ce propos se plante
Tout eperdu : une *frisson* tremblante
Court par ses os....

Baïf, p. 145.

*FROART, subst. m. Froueur ou floueur. Voir ci-après *Frouer.*

> Prince *Froart*, dis des arques petis.
> Ball. I.

Frodator, ital., trompeur. N. Duez. Ce mot nous indique une série possible de dérivations : *frodateur, froueur* ou *frouart, floueur.*

Fraus, fraude, fourberie, tromperie, crime. — *Fraudare,* frauder, fourber, tromper. — *Fraudator,* trompeur, fourbe. Cic.

FRONTZ, subst. m. Le front :

> Les mineront trestout au *frontz*
> Pour les sires qui sont si longs.
> Ball. III.

Le mot n'a rien de jargonnesque, et je ne lui donne place ici que pour y attacher une remarque philologique. Les plus anciens textes écrivent *front,* ce qui autorise à le dériver de l'accusatif *frontem* et non du nominatif *frons.* Cependant on aurait pu s'apercevoir que Brunetto Latini, au XIIIe siècle, écrit « li *frons* de la maison » (*Trésor*, p. 176), diction très correcte qui se passe de toute dérivation, puisqu'elle reproduit intégralement le mot latin. Ainsi fait le Jargon en écrivant *frontz,* où le *t* ne figure que par l'ignorance du copiste. François Villon employait souvent l'antique déclinaison française, ignorée ou abandonnée par la plupart des autres poètes ses contemporains.

FROUER, v. a. et n. Deux significations : 1° briser ;

2° siffler ; lesquelles, réunies dans le Jargon, se sont rejointes en argot moderne sous la forme *flouer*.

> Saupicquetz *frouans* des gours arques...
> Pour doubte de *frouer* aux arques.
>
> Ball. IV.

> J'estenc les bras, je fac la roe,
> Je passe si roit que tout *froe*.
>
> FROISSART. *Le joli buisson*, v. 1130-1.

> Car on verra *frouer* mainte lance quarrée.
>
> *Brun de la Montagne*, v. 2042.

La forme *flouer* pour *frouer* apparaît dès le XVᵉ siècle :

> Nous *flouerons* sur le bigart
> En quelque coin sur la paillade...
> . . . . *Flouons* du gigard...
> J'ay mon arbaleste *flouée*
> Et le galier pieça vendu...
> Il est bien force que l'on *floue*.
>
> *Vie de S. Christophe.*

> Que trois costes li a el cors *froé*.
>
> *Aiol*, 1050.

Frouer des arques, c'est-à-dire briser des coffres; *arbaleste flouée*, c'est-à-dire brisée; *flouons du gigard*, c'est-à-dire brisons de la jambe, sauvons-nous; l'argot populaire moderne dit : *je me la brise* ou *je me la casse* dans la même acception.

D'autre part, *frouer* est un terme d'oiseleur qui signifie « faire un certain sifflement par lequel on imite le cri de la chouette pour attirer les oiseaux ; on *froue* avant que de *piper*, parce que le pipeau, qui donne un son plus aigu, n'est que pour appeler les oiseaux éloignés ». Littré. Or *piper* les oiseaux, c'est les tromper; *piper* a donc pris les deux sens; *piper* et *pipeur* sont synonymes de filouter et de filou (v. *Pipeurs*); *pipeurs* et *froueurs* ou *floueurs*, c'est tout un. C'est ainsi que la confusion s'est établie entre *frouer*, briser, dévaliser, et *frouer*, appeler les oiseaux pour les duper. Quant à la parfaite identité de *frouer* et de *flouer*, elle se déduit du deuxième exemple ci-dessus, tiré de la *Vie de saint Christophe* : «j'ai mon arbaleste *flouée*», pour j'ai brisé mon arbalète.

Une semblable identification s'est établie entre *voler*, c'est-à-dire chasser au *vol* des oiseaux, et dérober. (V. ci-après *Vollant*.)

On en retrouve une du même genre au mot *pollir* ci-après.

Frouer est considéré, avec toute vraisemblance, comme dérivé d'une onomatopée; c'est faire *frou-frou*. Mais ici, comme partout ailleurs ou peu s'en faut dans le Jargon, le mot simple sous-entend un autre vocable qui s'y ajuste et en forme comme la doublure.

Frodare, ital. N. Duez, du latin *fraudare*, et *froda*, it., du latin *fraus*, nous indiquent une suite de dérivations dignes d'examen : *frodare, froder, froer, frouer*. Le sens en est excellent : *frouer* des oiseaux, n'est-ce pas les *frauder* et les *flouer*?

FYE (A LA). Ceci est de la langue du xive siècle : à la fois, c'est-à-dire en même temps.

    Babille en gier en pyant *à la fye*.
                               Ball. IX.

    Si fui je aux escoles jadis,
    Il y a des ans plus de dis,

>Et là nous lisoit à *le fie*
>Uns mestres en philosophie
>Liçons d'astrologie grans.
>
>FROISSART. *Le Joli Buisson*, v, 1556-60.

A la foys s'emploie au même sens :

>Et après les regars *à la foys* le baissoient.
>
>Br. de la Mont. 1056.

GAIGNEURS, subst. pl. Littéralement laboureurs ; par extension, faiseurs de butin, c'est-à-dire voleurs.

>*Gaigneurs* aussi, vendengeurs de costé.
>
>Ball. VIII.

« Et pour ce sont il villains *gaingneurs* et *gaingnent* laidement. » Oresme. Thèse de Meunier, citée par Littré. — « Hardi *gaigneur*, hardi mangeur. Mieux vaut bon gardeur que bon *gaigneur*. » Cotgrave. — « Quant elles (les eaux du Nil) se retraient li *gaaingnour* y vont chascun labourer en sa terre... » Joinville, 188. — « Li quatre mois serunt de blé sec et moiteen à la veue et temoignage de *gaaigneurs* de Verberie. » *Cartul. de saint Corneille de Compiègne*, f° 182ª, an. 1257.

GAILLIEURS, subst. pl. Trompeurs, pipeurs.

>*Gaillieurs* faictz en piperie.
>
>Ball. II.

« *Galiador*, trompeur. *Galliar, fallere.* » Gramm. provenç. Bibl. nat., ms. 7534 latin. — « *Galié*, langued. Vaurien, pendard. » — « Meschant frippon. » Oudin, *Cur. fr.* En ce sens : « Prenez y tous exemple vous aultres *gualliers* de plat pays... » Rabelais, II, 267.

Oultrecuidé, *gallier*, entrepreneur.
Eust. de Beaulieu, ap. Méon. *Blasons*, p. 53.

Combien qu'avoit maints nobles chevaliers
A l'entour d'elle bons rustres et *galliers*.
Chasse d'amour, p. 41.

Le livre du Jargon donne *gallier* pour cheval; le double sens de *gaillieurs* pourrait être chevaliers; j'ai dit dans mon Discours préliminaire que les véritables compagnons merciers s'intitulaient authentiquement chevaliers de mercerie.

GAING, subst. m. Butin, c'est-à-dire le produit du vol.

Brocquans, dorlotz, grand *guain*, aube florye.
Ball. XI.

Et là marque, suivant le *gaing* choisie.
Ball. IX.

J'ai jà paulmé tout le *gaing* de machoirre.
Ibid.

Quant de *gaing* n'ay plus vaillant une saince.
Ibid.

Même signification dans le Jargon des mercelots. — « J'use de ce mot de *gain* parce que tous les larrons en usent. » *Vie genereuse.* — « C'est mon heur, c'est mon *guaing*, c'est ma bonne fortune. » Rabel. II, 197. — « Et li empereres Henris ot rassemblés ses os qui orent amené leur *guains* à garison tresques en l'ost. » Villehard. CLXVI.

« Son eskiec lor depart li rois. Et porta part à la roine Done de *gaaing* la mescine. » *Floire et Blancheflor*, v. 131. — « Li *gaains* petis que elle a fait à moi. » Froissart, III, 460.

Le *gaing* en vieux français signifie également l'automne; c'est, je crois, en ce sens qu'il faut lire le passage du Jargon :

> Que le mignon ne soit au *gaing*
> Farciz d'un lourd plumbis à coing
> Qui serre et griffe au gart le duc.
>
> Ball. II.

Fromage de *gaain,* fromage d'automne dans *Renart,* v. 18378.

GALOIS, subst. pl. Mot de la langue vulgaire, qui désigne les gens gais et voués aux plaisirs bruyants.

> Et ruez deux coups ou trois
> Aux *gallois*.
>
> Ball. III.

> Comme l'oyseau en ung buisson,
> Si se repaissent les *galoiz*
> De chanter.....
>
> Mir. des Enf. ingratz.

> Et puis s'en vont pour faire les *galloises*
> Lorsque devroient vacquer en oraisons.
>
> Anc. poésies.

> J'aim toute bourde et tout *galois,*
> Tout deduit, toute druerie.
>
> Ovide, ms.

La Fontaine s'en servait encore :

> Charmans objets y sont en abondance;
> Par ce point là je n'entends, quant à moy,
> Tours ni portaux, mais gentilles *galoises*.
>
> La Font. les Remois.

> Ils seront compagnons *galois*
> Se l'un grousse, l'autre depippe..
>
> Desch., ms. f° 270ᵇ.

> Je souloye rire et danser
> Avec ces compagnons *galloys*.
>
> *Chanson du* xve *siècle.*

« Galant, *galois,* gaillards, gens frisques, mignons, poupins. » Des Perr. — « Propos qu'on oit ordinairement tenir à nos bonnes *galoises* et principalement à celles de Paris. » Estienne, *Conform. du lang. franç.*, l. II, p. 19.

GART, subst. m. Jardin.

> Qui serre et griffe au *gart* le duc.
>
> Ball. II.

> Fors de la vile aveit un *gart*,
> Une forest grant è pleniere.
>
> Marie de France, *lai de Graelent*.

> Là sont les regardz,
> Ses gens, ses esgardz,
> Ses vergers, ses *gardz*.
>
> Molinet, p. 143.

« Comme le suppliant se alloit esbattre tout seul autour du *gard* ou jardin. » Du Cange, sous *Gardignium*. Lettre de rém. de 1412. Tr. des Ch. reg. 167, ch. 27.

Garten, all.; *garden,* angl.; *gardin,* picard; *gardi,* provençal. — Vieux français, *gardin* et *garding*. — « Une masure, *gardin,* cheillier, lieu et tenement seant en la ville de Corbie. » *Cart. 23 de Corbie,* 1473. — « Nicolete jut une nuit en son lit, si vit la lune luire cler par une fenestre, et si oi le lorseilnol canter en *garding*. » Ms. 7989, f° 71^d. — « Si se partirent d'illuecques, mes ils ardirent toutte la ville et abattirent une partie des murs dou *gart* de Werchin. » Froissart, éd. Luce, II, 201.

GAUDIE, part. passé fém. de GAUDIR, v. a. Réjouir. C'est le mot de la langue vulgaire ; mais il ne se trouve pas dans les autres œuvres de Villon ; *les Franches repues* nous en offrent cependant un exemple.

> A Parouart, la grant mathe *gaudie*.
> *Ball.*

> En Parouart, la grant masse *gaudie*.
> *Ball. VII.*

> Gaultier lua la gauldouse *gaudye*.
> *Ball. IX.*

> Pour *gaudir* et faire grant chère.
> *Rep. franches.*

> Où vas-tu ? — A la freperie ;
> J'y trouverai Martin marchant ;
> La fourrure en sera *gaudie*...
> Or entré soies en mal an
> Se je n'ay le georget d'Aman,
> Dont ma feulle sera *gaudie*.
> *Mist. du V. Testament.*

GAUDINS, s. pl. Deux significations entre lesquelles on peut choisir pour le vers du Jargon qui suit, brigands ou petits-maîtres :

> C'est tout son fait d'engaudrer les *gaudins*
> A hornangier.....
> *Ball. IX.*

La première, pour laquelle je penche, désigne les brigands des bois : « *Godins*, certains brigands qui se retiraient dans les bois. » Du Cange sous *Gualdus*. — « Hinc *godins* appellati quidam prædones, qui se in silvas recipiebant. » — « Comme icellui suppliant aist esté durant noz guerres par plusieurs foiz avec noz ennemys et les gens de campagne et les *godins*, et conversé avec eux en prenant vivres, monteures, robes, dras, etc. » Lettres de rémission de 1358. Trés. des Chartes, reg. 99, ch. 144. — « Pour doute de malfaiteurs, pillars, larrons et meurtriers, appelés *godins* ou brigands de bois, etc. » Autres lettres de 1337, reg. 112; ch. 53. — « Comme en l'an 1365 estoient ou pays (de Nivernois) plusieurs brigans de boys, appelez *godins*. » Autres de 1381, reg. 120, ch. 137.

> Povreté m'a en ses abois,
> Et suis, pour brief propos final,
> En point comme ung *brigand de bois*.
>
> Coquillart, I, 147.

Le mot est tiré de *gaud* ou *gault*, et *gaudine*, bois et forêts. All. *wald;* angl. *wood;* bas-latin *gualdus, gualdum, waldus, waldum, walda*.

> Que cler chantent parmi le *gaut*
> L'oriol et le papegaut.
>
> Renart, III, 323.

> Li *gaus* et les *gaudines*, les forès grans
> Qui contre lui aloient tout enclinant.
>
> Aiol, v. 397-8.

> En prez, en jardins, en *gaudines*.
>
> Rose, v. 14186.

« *Bagaudæ* dicti quasi sylvicolæ, *gau* enim lingua gallica sylvam sonat. » Altaserra, *Rer. aquit.*, p. 134.

L'autre acception de *godin* est donnée par Cotgrave : « Joli, mignon », et avant lui par Palsgrave : *Godin, godyne, godinet, godinette,* syn. de coint, cointe, mignon, mignonne, de fade, de faicty et faictye (anc. fr. *faitisse*), avec la signification de « feate or proper of making ».

Gaudin, all. du moyen âge. Lætitia, gaudium. Cf. *geuden,* de *gaudere,* anglais *gaudy,* lætus.

Gaoudina (sé) languedocien, se réjouir, se donner du bon temps.

GAUDISSERIE, subst. f. Réjouissance, gais propos; confrérie des pipeurs.

Contres de la *gaudisserie.*
Ball. VI.

« L'ensigne exteriore (c'est le tiltre) est communement receu à derision et *gaudisserie.* » Rabel. I, 4. *Prologe.* — « Ils lui faisoient passer le temps à ivrogner et à dire mots de *gaudisserie.* » Amyot. Alc. 74. — « Et de ces viles ames de bouffons, il s'en est trouvé qui n'ont voulu abandonner leur *gaudisserie* en la mort mesme. » Montaigne, I, 296. — « Les *gaudisseries* retournent quelquefois sur les *gaudisseurs.* » Des Perr., 28e *conte.*

On trouve *gaudisseur* au sens de séducteur : « Le suppliant demanda à sa femme quel argent elle devoit, en lui disant que s'estoit pour ses putanniers et *gaudisours.* » Lett. de rém. 1465, JJ. 194, p. 72. — « Icellui Estienne dist au suppliant : tu m'as appelé *gaudisseur.* » Lett. de rém. 1475, JJ. 195, p. 1350.

* GAULDOUSE, subst. f. Maison de joie.

Gaultier lua la *gauldouse* gaudye.
Ball. IX.

Je n'hésite pas à proposer la traduction ci-dessus d'après une formation hybride de *gaudir* avec l'anglais *house,* l'*l* de *gauldouse* étant muette et n'offrant pas plus d'importance étymologique que la plupart des consonnes surabondantes dont les textes sont surchargés par les copistes et les imprimeurs à partir du xve siècle. Cette formation se sera peut-être confondue avec *good house*, la bonne maison, formé comme *godale* et *godailler* de *good ale*. Palsgrave employe le mot « bordel house ». Je crois que c'est précisément un lieu de ce genre que désigne la *gauldouse* du Jargon, c'est-à-dire *le gier coys* que le poète jargonnesque aperçut dans « la vergne cygault ».

Du reste, je m'en réfère, pour la confirmation de mon hypothèse, à la formation analogue que j'aperçois dans le mot *bauldouse* (vide *suprà* sous *Baudrouse*).

§ Il existe un verbe actif *goulouser*, désirer vivement, du latin *gulosus* :

> Tres que n'avoie que douze ans,
> Estoie forment *goulousans*
> De veoir danses et carolles.
>
> FROISSART. *L'Epinette amoureuse*, v. 27-9.

> Jou ne sai par qui volentet,
> Fors que tout ensi l'espousa
> Li quens, qui moult le *goulousa*,
>
> PH. MOUSKES, v. 18765-7.

GAULTIER, nom propre pris comme nom commun.

C'est ainsi que les Gueux s'appellent entre eux ; un *gaultier*, c'est un Gueux de grande route.

> Puisque à *Gaultier* si serez ung peü mieulx.
> Ball. VII.

> *Gaultier* lua la gauldouse gaudye.
> Ball. IX.

> *Gaultier*, si faut il regarder...,
> Je veulx rebigner le *gaultier*.
>> Mir. des Enfans ingratz.

> S'il a au doigt quelque brocquant,
> *Gaultier* en sera souldoyé.
>> Mist. du V. Testament.

> *Gaultier*, où as tu tant dormi?
>> Vie de S. Christophe.

Ce dernier exemple ne laisse pas de doute sur la valeur substantive de *gaultier*, car le gueux ainsi interpellé par un de ses compagnons s'appelle Brandimas.

Pourquoi cette dénomination générique? parce que *gaultier* signifie proprement l'homme du *gault*, c'est-à-dire l'homme du bois (v° *Gaudin* ci-dessus). Les paysans normands qui prirent les armes dans les troubles de la Ligue en 1589 furent appelés les *gautiers*. (D'Aubigné, III, 267.)

Les *gautiers* étant des Gueux ou seulement d'aimables fripons comme les *galois*, ce mot se prenait aussi dans le même sens :

> On fume, on a poste à *gaultier*.
>> Coquillart, *Blason*, I, 183.

« A moy n'est que honneur et gloire d'estre dict et reputé bon *gaultier* et bon compaignon. » Rabelais, I, 6, *prologe*. — « Ce *gautier* icy se guabele de nous. » *Ibid.*, 131.

Dans le sens de sot ; les archers qui laissent échapper Faifeu :

> Ainsi trompés furent pouvres *gaultiers*.
>> *Faifeu*, 96.

GEORGET pour GORGET, s. m. Pourpoint.

Sornillez moy ces *georgetz* si farciz.
Ball. VII.

Se je n'ay le *georget* d'Aman,
Dont ma feulle sera gaudie.
Mist. du V. Testament.

Sitost qu'il sera estaché,
J'aurai le *jorget* et l'endosse.
Vie de S. Christophe.

Georget est traduit par pourpoint dans la *Vie genereuse* et dans le *Jargon de l'argot réformé* : « Les rupins et marcandiers leur fichent les uns un *georget*, les autres une lime ou un haut de tire. » — « LE CAGOU. Ce *georget* est comme si je l'avois commandé. » *Comédie des proverbes*, p. 60.

On peut admettre que le *georget*, *gorget* ou *jorget* était ainsi nommé parce qu'il couvrait la gorge et ses parois inférieures; le mot subsiste dans l'anglais moderne sous la forme *gorget*, hausse-col, gorgerin.

« Esp., *gorgette*, pecho, golilla ; c'est-à-dire poitrine, gorge, petit hausse-col, petit gorgerin. » Oudin. — Même langue : *gorjal*, gorgerin, hausse-col ; *gorjal de malla* pour gorgerin de maille, pièce d'armure qui, attachée autour de la gorge, retombait sur la partie inférieure de la poitrine. Oudin.

*GIER. Ce mot de quatre lettres est employé cinq fois dans le Jargon de la série inédite; deux fois avec l'apparence d'un substantif, une fois avec l'apparence d'un adjectif, et deux fois comme suffixe aux verbes *babiller* et *hornier* :

> Ung *gier* coys de la vergne cygault...
> Babille en *gier*, en pyant à la fye...
> Adrague en *gier*, puis dist...
> A hornan*gier*, ains qu'elle soit lubie.
>
> Ball. IX.
>
> Babillan*gier* sur tous fais et sur ars.
>
> Ball. XI.

J'ai pu me demander un instant si ce *gier* avait plus de signification que la syllabe *va*, dont l'intercalation constituait tout le *javanais* parisien, qui fit, il y a trente ans, les délices du monde galant.

Mais lorsqu'on remarque que *gier* ou *ger*, car les deux prononciations se confondaient au moyen âge, est l'apocope de *gergon*, et que *ger* s'est dit pour le petit de l'oie ou *jars*, on arrive à soupçonner que parler en *gier* ou *babillangier* pourrait bien être l'équivalent de parler le *Jars* ou *Jargon*.

Voilà un premier aperçu.

D'autre part, les anciens vocabulaires (*Vie genereuse* et *Jargon de l'argot réformé*) donnent *gy* pour oui : « Je responds *gis*. » *Vie gen.* — « Chascun respond *gis, gis, gis.* » *Ibid.* Il s'y joint un verbe *gitrer*, avoir, posséder, qui se dit à la première personne de l'indicatif présent : « *gitre*, j'ay ». Grandval en use encore dans son poème de Cartouche. La substance de ces vocables étranges, c'est une idée d'affirmation et de possession : « Un *gier* coys », c'est « un vrai cabaret, un maître chaix, une maison à nous ».

Par une singularité, que je regarde comme la plus curieuse de celles qui m'ont frappé dans la recherche des sources inexplorées du Jargon, le triple sens de parler, d'affirmer et de posséder, tel qu'il ressort des textes fournis par les anciens lexicographes du Jargon, se trouve appartenir identiquement et authentiquement à l'allemand du moyen âge. Voici la série des exemples que je recueille dans le Dictionnaire de Scherz :

« *Ger, gere.* Cupidus, studiosus, cupide, diligenter, cupiditas, desiderium. « Min vollui *ger* min ougenweide. » Phonaseorum Maness. excerpta, olim Scherzii, t. Ier, p. 2. — Inde *gern,* adv. et *geren, begehren,* appetere. Ex eo fonte derivat Germanorum nomen. Wachteri Glossar. germ. medii ævi. In-f°. Leipzig, 1737.

« *Ger, gier.* Seyn, cupere. « Mir est *ger* » cupio ». Gloss. germ. Pezii, Ratisb., 1705.

Et encore : « *Gier, gir, gyr,* desiderium, etc. » Wachteri Gl. germ.

Puis enfin : « *Gihen, gehen,* dicere, fateri. »

La rencontre est tellement significative, tellement complète sur tous les points, puisque les cinq textes du Jargon français ci-dessus allégués peuvent se traduire par l'allemand, qu'il est difficile de la tenir pour purement fortuite. Remarquons de plus que le *ger* et le *gier* de l'allemand du moyen âge, avec leurs congénères, appartenaient à la langue courante, nullement jargonnesque.

L'analogie se poursuit jusque dans l'article suivant.

*GIEREMENT ou GITREMENT, adverbe.

Où { *gierement* / *gitrement* } on macquilloit riffault.
Ball. IX.

On peut lire l'un ou l'autre dans le ms. Stockholm;

et les deux versions s'expliquent par les mêmes origines.

Le sens, en tout cas, est celui-ci : « où magistralement on dévorait le rôti ».

Gierement serait l'adverbe forgé sur *gier*, substantif ou adjectif.

Gitrement proviendrait du verbe actif *gitrer*, avoir, posséder, qui figure dans les anciens vocabulaires de Pechon de Ruby et d'Ollivier Chereau; mais il s'appuie, comme *gier* et *gierement*, sur l'allemand du moyen âge :

« *Gitekeit*, aviditas. — *Gitic*, avidus. « Jvdaz was der pfenninge alz *gitic*. » Sermones Sacri S. Predigten, f° 189, in Bibl. S. Joh. Hieros. Argentor. A. 100. Scherz.

*GIFFAULT, subst. masc. Personnification du Joufflu.

> Et m'a joué la marque du *giffault*.
>
> Ball. IX.

Giffe, en vieux français, signifie la joue (v. ci-après *Giffle*) :

> Crassus qui dort sor les roisoles,
> Qui borse à dure et *giffes* moles...
>
> *De sainte Leocade.* MÉON, I, 306.

> Por quoi as tu jà lessi œvre ?
> Est ce pour encressier tes *gives* ?
>
> *Les quatre souhais S. Martin, Ibid.*, IV, 387.

Giffault sera donc la personnification du *joufflu* par excellence; et je laisse à deviner ce qu'est le *giffault* d'une *marque*, c'est-à-dire d'une fille de joie.

Le mot est, du reste, de formation régulière; *briffer* a donné *briffault*; *riffer*, *riffault*, etc.

GIFFLE, subst. masc. Gibet.

> Qu'au *giffle* ne laissez la pel.
> Ball. II.

En arabe, *gibel*, montagne ; c'est le nom de l'Etna. — En latin, *gabalus*, avec le sens de *crux* ou *patibulum*. Du Cange, v° *Gabalus*. On lit aussi *gabulum*. — « *Gabalum*, crucem dici veteres volunt. » Nonius, c. 2.

> Quando crucis *gabulum* sacrato corpore scandit.
> ALTHELMUS, *de laud. Virg.*, c. 29 *de Christo*.

Que *gabalus* ou *gabalum* ait donné *gebel* et même *gibel*, peu de difficulté. Il me semble que nous voilà bien près de *gibet*, dont l'étymologie est si controversée. Personne n'ayant encore indiqué celle-là, je la risque.

Génin a proposé une étymologie singulière sur *giffle*. Remarquant qu'une loi de Louis le Débonnaire porte « domus vel casæ eorum *giffentur* », c'est-à-dire « soient *giffées* », ce que Du Cange explique par un signe de confiscation au profit du trésor public, Génin pense que ce signe était un trait de plâtre, *gypsum*, d'où *giffe* et *giffer*. La *giffe*, étant un affront, serait devenue synonyme de soufflet, et le mot se serait étendu à la partie charnue qui reçoit la *giffe*. Palissy désigne en effet le plâtre sous le nom de *gif*. Quoi qu'il en soit de cette conjecture, elle ne détruirait pas le sens de *giffle* dans l'exemple ci-dessus du Jargon; le gibet, qui est le suprême affront, étant, à Paris du moins, un massif de pierres et de plâtre.

GIFFLE, subst. fém. Joue, visage.

> La *giffle* gardez de rurie.
> Ball. VI.

> Oui bien à force de souffler,
> Ce qui fait leurs *giffles* enfler.
>
> Scarron. *Virg. travesti*, liv. II.

*GITREMENT, adv. Voyez ci-dessus *Gier* et *Gierement*.
On peut lire ainsi le vers de la ballade IX :

> Où *gitrement* on macquilloit riffault.

GOUJON, s. m. Garçon, compagnon.

> Rouges *goujons*, fargez, embabillez.
>
> Ball. VIII.

> Entendez-vous bien, mon *goujon* ?
>
> *Mist. du V. Testament.*

Goujon, en béarnais, petit enfant, petit fils; en niçois, niais, imbécile. — *Gouja* et *goujar*, garçon, aide-berger.

Paraît se rattacher au groupe dérivé de *gouge*, qui signifie fille, servante : *goujato* et *goujo*, langued., même signification.

> Tellement que sur toutes *gouges*
> Elle semblera la plus franche.
>
> Coquillart. I, 122.

Goujat, sous la forme *gougeas*, a désigné les jeunes gens sans acception péjorative : « Les *gougeas* de l'hostel du duc alloient tous les jours veoir les dames à Deventel. » Oliv. de la Marche, *Mém.*, t. II, p. 589.

Huet, suivi par Diez, dérive *gouge* du mot juif *goje*, servante chrétienne, de l'hébreu *goj*, peuples ; *goïm*, les gentils. MM. Lefebvre et Léon Couture, contestant cette étymologie, proposent *gaudium*, par l'intermédiaire du provençal *gau, gauch,* et du guyennais *goi, goye ;* l'enfant serait ainsi appelé comme donnant la joie à la famille.

Ce qu'on n'a pas remarqué, c'est que le provençal *gauch* appartient à l'allemand du moyen âge, avec les sens de *stultus, fatuus,* et, enfin, de *juvenis imberbis* (voyez Scherz sous *Gauch* et *Gouch*). Le mot existe, avec les mêmes significations, dans tous les anciens idiomes du nord : *cog,* en cambr.; *gæg* et *geac,* anc. scand.; *gawk,* angl.; *gæck,* germ.; *guyck,* belge, etc., etc.

GOURD ou **GOURT**, adj. Littéralement gros, gras, lourd, et, de là, par transition, solide, étoffé, riche, puissant, et même excellent.

> Brouez moy sur ces *gours* passans.
> Ball. I.

> Avancez dedans le pogoiz
> *Gourde* piarde.
> Ball. III.

> Saupicquetz frouans des *gours* arques.
> Ball. IV.

> Puis eschequez sur *gours* passans tous neufz.
> Ball. VII.

> Et n'aymer rien qui ne soit *gourt*...
> Bien *gourt* me sera ce pourpoint.
> Mist. du V. Testament.

> Est il *gourt ?* — Mais mince de caire...
> Etoffez, moussus, sains, drus, *gours*.
> Mist. de la Passion.

> Nous sommes *gours*. — Nus comme vers...
> Si le rouastres et ses anges
> Nous trouvoient à la *gourde* pie...
> Je m'en brouay au *gourd* piard.
> Vie de S. Christophe.

S'il y a point quelque *gourd* coys...
S'il venoit quelque *gourt* sirois.

Mir. des Enfans ingratz.

Baillez moy. — Quoy? — La *gourde* pie.

Farce du Munyer.

Pour entretenir les plus *gourds*,
Les plus frisques, les plus peignez...
Souvent *gourd* et bien guerdonné...
Mon souhait serait-il pas bon,
Trencher du *gourt* ?...
C'est la façon du temps qui court,
De ces varletz dymencherez,
Qui sont tous vestus sur le *gourt*.

COQUILLART.

La dame me veit sur le *gourt*,
Gay et gaillard selon la mode.

ROGER DE COLLERYE.

Ha, dit Rouen, si la noblesse accourt
Par devers moy, j'espere sur le *gourt*,
Montrer largesse en toute esjoyssance
D'avoir le Roy.

JEAN MAROT, p. 225.

Ces derniers exemples, auxquels se rattache ce vers des *Repeues franches* :

L'hostesse fut bien à son *gourt*,

spécialisent le sens de *gourt* pour élégant, à la mode. Nous revenons au langage jargonnesque avec le vers suivant du capitaine Lasphrise :

. . . Tu peux *gourt* piailler.

L'étymologie de *gourd* est connue; il reproduit l'espagnol ancien *gordo*, latinisé en *gurdus*, qui signifiait gras, dodu, et qui, comme *crassus*, prit, en sens dérivé, l'acception d'épais et de stupide : « *gurdos* quos pro stolidos accepit vulgus, ex Hispania duxisse originem audivi. » Quintil. I, 9. Le glossaire d'Isidore n'a retenu que le second, et traduit *gurdus* par *lentus, inutilis*. De même en français, la langue courante n'a retenu *gourd* que comme synonyme de lourd et en a composé le verbe *engourdir* : « Avoir les mains *gourdes* », c'est-à-dire engourdies par un coup violent ou par le froid. — « Ne se povoient aider ne tourner leurs chevaux, telement estoient *gours*. » La Colomb. *Th. d'honneur*, I, 58.

Le mot n'est donc jargonnesque qu'au sens de solide, bon, riche, élégant, diamétralement opposé à l'usage de la langue courante.

L'espagnol a gardé ce vieux mot sous les formes suivantes recueillies par Oudin : « *Gordo* et *gordal*, gras, gros, espais. — *Gordillo*, grasset, dru, en bon point, dodu. — *Gordon*, un gros grasset. — *Gordiflon*, gros fafelu. » Oudin cite, de plus, ce proverbe auquel il donne une glose singulière : « *Tener la lengua gorda*, avoir bien beu, d'autant que la langue estant spongieuse, s'enfle par l'humidité. »

Gordo signifie « plein » en argot italien.

« Quand le vin est bon, il est *gourd* », dit Bouchet en son petit vocabulaire de Jargon contenu dans sa XVe serée.

Le vocabulaire d'Ol. Chereau traduit « *gourd* plein de pivois » par pot de vin. Mais il est possible qu'ici *gourd* soit donné pour *gourde* ou bouteille.

GOURDEMENT, adverbe. Richement, puissamment, parfaitement. Voyez *Gourd*.

> Et *gourdement* aiguisez le pellé.
> Ball. VIII.

> Mais tousjours est *gourdement* entrongnié.
>
> Ball. IX.

> Lors à part moy si *gourdement* me traite...
>
> *Muse norm.* p. 23.

Gourdement est traduit par *beaucoup* dans le livre du Jargon.

> Électre le parloit (l'argot), dit-on, divinement,
> Iphigénie aussi l'entravoit *gourdement*.
>
> Grandval. *Cartouche,* chant X, p. 74.

> Ficher la colle *gourdement*.
>
> *Le Jargon de l'Argot.*

Le *Mistère du Vieux Testament* nous fournit le substantif *gourderie,* qualité de ce qui est *gourd,* et *Gournay,* nom propre dérivant de la même source :

> *Gournay*, c'est toute *gourderie*.

GOURER, v. a. Tromper. C'est un mot de la langue vulgaire, quoique Bouchet et Cotgrave l'attribuent à l'argot.

> Gueulx *gourgourans* par qui gueulx sont *gourez*.
>
> Ball. VIII.

« Le marchand pensant que ce fussent gens attiltrez pour *gourrer* sa chasuble. » Bouchet, III, 107. — « Tantost après voicy arriver les maistres cordonniers... se doutans qu'ils estoient *gourrez*. » *Ibid.,* 127. — « Pour m'en-garder d'estre affiné (qu'ils appellent *gourré*) des mattois qui mattent, je voudrois entendre leur jargon. » *Ibid.* 129.

Pourtant quand je resonge o tretz fetz par un garde,
Qui ont ainsi *gourré* nostre povre mestier.

Muse norm. p. 239.

Pour *gourrer* les pauvres gens
Qui leur babil veulent croire.

Parnasse des Muses.

« — Raminagrobis, lequel en secondes nopces espousa la grande *Guorre*, dont nasquit la belle Bazoche. » Rabelais, II, 107.

Il existe une comédie d'*Arlequin gouré*, par Farin de Hautemer, jouée à la foire Saint-Laurent en 1750. *Anecd. dramatiques*, 1775, in-12, I, p. 100.

D'après M. Francisque Michel, le mot *gourer* s'est conservé à Bayeux et à Mortagne, avec le sens de tromper.

Goura, langued., tromper quelqu'un. — *Goure*, rouchi. Réprimande, tromperie. *Gourer*, tromper. « De même à Bonneval », ajoute M. Hécart, auteur du *Dict. rouchi-français*, sans indiquer de quel Bonneval il s'agit parmi les nombreux Bonneval qui se trouvent répandus sur la carte de France depuis l'ouest jusqu'en Savoie. — *Gourer*, auvergn. et poitevin. Tromper. M. L. Favre le fait venir de *gour*, en celtique, malice, inimitié, ou d'un autre celtique, *gôgéi*. Le celtique a bon dos.

L'Académie française consacre *goure* et *goureur*, signifiant drogue falsifiée et droguiste qui falsifie ses denrées. M. Pihan, dans son *Glossaire des mots français tirés de l'arabe* (Paris, 1847, in-8º), fait venir *gourer* du Levant. Littré donne l'arabe *gharo*, tromper, *gharur*, tromperie. — « Et que tout le creson qu'on vendera et qu'on tenra à vendage, que cascune maniere on mece par li et sans *kourer*. » Tailliar. *Recueil*, p. 268 (XIIIº siècle).

Je préférerais, sans aller si loin, le tirer tout simplement du latin *gurrire*, contrefaire le chant du rossignol et par extension des autres oiseaux, c'est-à-dire piper. (Voyez *Piperie*.)

« *Guro*, arg. esp., archer ou sergent. — *Gorra*, escornifleur. — *De gorra*, d'escorniflerie. » Oudin.

GOURGOURANS, part. pl. Trompeurs, par redoublement de *gourer* ou peut-être par adjonction de *gourd*, au sens de *gourd gourer*, c'est-à-dire tromper fortement, archi-tromper (voyez *Gourd* et *Gourer*); cette qualification paraît s'appliquer aux archers et sergents.

Gueulx *gourgourans* par qui gueulx sont gourez.
Ball. VIII.

Du reste, nous trouvons *guro*, dans l'argot espagnol, au sens d'archer ou sergent. Oudin.

On a dit au xv.ᵉ siècle *gourgousser* pour gronder. — «Icellui Michel tenant toujours felonie et courroux en son cuer et *gourgoussant* contre ledit Lorens. » Tr. des Ch. JJ, 97, p. 176, an. 1366. — « Icellui Alain reproucha : ceste vieille ne cessera meshuy de *gourgousser*. » JJ, 197, p. 182, an. 1471.

Gourgoux et *gourgoz*, discussion. « Avecque lequel Jehannin on ne sçauroit nulles foiz estre sans noise et *gourgoz*. » JJ, 176, p. 751, an. 1450. — « A ce record que messire Pierre fit, estoient plusieurs chevaliers de la chambre du roy, et par especial messire Jehan de Guistalles de Haynault, cousin au comte de Flandres qui mettoit en *gourgoux* toutes les paroles du chevalier, et tant que finalement il ne se put taire. » Froissart, t. 2, f° 28, 2ᵉ éd.

d'Ant. Verard. Ne se trouvent ni l'un ni l'autre dans La Curne.

Si l'on identifiait *gourgourans* avec *gourgoussants*, le vers de la ballade VIII signifierait « gueux murmurants, c'est-à-dire parlant doucement, enjôleurs ». Cette acception fournit un rapprochement curieux, et peut-être l'étymologie même de *gourgousser* et *gourgoux*. D'après le Dictionnaire d'histoire naturelle de Déterville (t. XIII, p. 331), *goura* est le nom indien du pigeon, qui fait entendre, lorsqu'il désire sa femelle, une voix lente et plaintive, que nous appelons en français roucoulement. *Gourgour* serait une onomatopée fort expressive, qui rendrait parfaitement compte de *gourgousser* et *gourgoux*.

§ Le mot *gourgouran* possède cependant une existence indépendante, que je constate, quoique je n'en aperçoive pas l'application au passage ci-dessus du Jargon. On appelle *gourgouran*, subst. m., une étoffe de soie travaillée en gros de Tours et qui vient des Indes. Dict. de l'Ac. franç. éd. de 1762 et suivantes.

Elle est ailleurs définie : « étoffe de soie des Indes unie et à bandes formées d'armures diverses ». On en dérive le nom de *Gour* ou *Gaur*, aujourd'hui Lucknow, ville de l'Hindoustan anglais, la *Gunga regia* de Ptolémée. — « Ma sœur... tient des pièces de velours, de Pékin, de levantine, de percale, de pou de soie, du *gourgouran*, des mousselines, des batistes, du piqué, du linon, des dentelles. » *Parade du boulevard du Temple*, dans Brazier, *Chronique des petits théâtres de Paris*, t. Ier, p. 324. Paris, 1837. — « Les appartements de Mme Bonaparte (hiver de 1800) étaient meublés avec goût, mais sans aucun luxe; le grand salon de réception était tendu en quinze-seize jaune; les meubles meublants étaient en *gourgouran*, les franges en soie, les bois en acajou. » *Mém. de la duchesse d'Abrantès*, t. III, p. 14.

GRAIN, subst. m. Écu, monnaie. On mesurait autrefois le titre de l'or et de l'argent en douzièmes de fin ou deniers, et chaque denier valait deux *grains*; de là le sens de monnaie ou d'écus pour les *grains* d'or ou d'argent.

>Et n'abatez de ces *grains* neufz et vieulx.
>>Ball. VII.

>Pour povres gallans morfondus
>Qui ont tous leurs *grains* despendus...
>S'il avoit des *grains* à l'emblée,
>On lui raseroit le minois...
>Tous mes *grains* ont pris la brouée.
>Cap de Diou ! Tout est despendu...
>Je suis tout ennuyé de courre
>Ras de poil, sans *grains* ne sans bourre...
>>*Vie de S. Christophe.*

>Je voys vendre ma marchandise
>Et ne seray pas si cosnart
>Que je n'en mette ung *grain* à part.
>>*Mist. du V. Testament.*

Grain, écu de six francs. Francisque Michel. — *Grano*, anc. germania et Jargon espagnol, ducat de onze réaux; chez nous on disait dans le peuple *un grain de six balles*. *Dict. du bas langage*, II, 23. — « J'y perds plus de cinquante *grains* de rente. » *Jargon de l'argot.*

Grain en cuivre, en acier, petite pièce de métal dont la forme approche d'un grain d'orge : « Lequel suppliant print deux ou trois *grains* d'acier et un fer à cheval. » JJ, 128, p. 84, an 1385.

*GRAVELISSES, pour *graveleux?* au sens de rude au toucher, comme des grains de sable et des cailloux.

> De ces angels si *gravelisses.*
>
> Ball. IV.

Mot d'exemple unique.

« Oh qu'il est *gravissant!* » *Comédie des proverbes,* p. 57. — « Qu'on eslise plutost la terre *graveleuse* que la pierreuse. » O. de Serres, 8.

Le Jargon se sert de *sableux* pour *voleurs.* « Feignant d'avoir trouvé des *sableux* sur le trimar. »

Grave, crampon, grappin. « Eschielles furent drechiés as murs à grans *graves* de fier. » Froissart, II, 408. — « Hés, *graves* et havés de fier. » Id. III, 196.

§ *Gravelisses* pourrait signifier humbles, serviles, d'après l'allemand du moyen âge *graflich* : « *Graflich* dienst. » — « Ad nulla singularia servicia seu sturas sed ad sola communia servicia, vulgariter dicta *graveliches* dienste obligata. » Lettres patentes du sgr de Bemberg, 9 janvier 1316, publiée par Gudenus, *Codex diplomaticus,* t. III, p. 139, Gœttingue, 1748. In-4°.

GREFFIR, v. a. Prendre, saisir.

> Sont *greffiz* et prins cinq ou six...
> Luez au bec que ne soies *greffiz.*
>
> Ball. I.

> Vos contres ne soient *greffiz.*
>
> Ball. IV.

> Se *greffir* laissez vous carrieux.
>
> Ball. V.

> Seroit ce point le marieux
> Qui vient ici pour nous *greffir* ?
>
> *Vie de S. Christophe.*

> Si ne peusmes nous, devant hyer,
> De luy *greffir* ung harpelu.
>
> *Mir. des Enfans ingratz.*

Greffir, qui s'est conservé en français sous la forme de *griffer*, mais avec un autre sens, reproduit directement l'allemand *greifen*, saisir; angl. *to gripe*. — Au XVIIe siècle, *griffer* conservait encore le sens de *greffir*, puisque Cotgrave traduit *griffer* : « To seize, or catch at violently, greedily, and wrongfully. »

De saisir à voler il n'y a que la main; aussi *greffir* est-il devenu synonyme de « dérober subtilement » dans *l'Argot réformé*; mais, dans les exemples ci-dessus, il n'a pas d'autre signification que prendre, car les Gueux du *Mirouër des Enfans ingratz* ont essayé non pas de voler de l'argent, mais d'en obtenir par mendicité. Les cinq exemples tirés de Villon et de la *Vie de saint Christophe* n'offrent qu'un seul et même sens, celui de prendre par la main de justice, d'*arrêter*.

« *Graffio*, crochet ; *graffare*, accrocher, ital. » N. Duez. *Griffare*, de même. Cf. graphium, graffinus, grappin, et ci-après v° *Grup*.

*GREMES, subst. pl. Voyez *Grumes*.

> Quidant au ront faire aux *gremes* la moue.
>
> Ball. X.

« *Gremire*, ital. Gripper, happer. *Gremito*, serré, happé. » N. Duez.

Grime et *grimaldo,* grimaud, grincheux. Ce dernier adjectif, pris aux sens du Jargon et de l'argot, amène *grimaldellare,* crocheter les serrures ; *grimaldellaio, grimaldelliere,* crocheteur de serrures, *grimaldellerie,* tours de larrons, etc. N. Duez.

Gremlich, all. du moy. âge, terrible. « Er duhte si so *gremlich.* » *Chriemhilden Rache und die Klage.* In-4°. Zurich, 1757.

GRIFFER, v. a. Saisir, accrocher. V. *Greffir.*

> Qui serre et *griffe* au gart le duc.
> Ball. II.

On disait aussi *aggriffer.* « .LE PREVOST. Ils ont mis au net un pauvre prestre;... si peu qu'il avoit, ils l'ont escamotté et *aggriffé* avec leurs argots de chappon. » *La Comédie des proverbes,* p. 86.

GRIS, subst. m. Froid.

> Et vous gardez bien de la roe
> Qui aux sires plante du *gris,*
> En leur faisant faire la moe.
> Ball. VI.

Gris, Jargon et gitano, froid. — « Ses habillements sont joyeulx, tant en façon comme en couleur ; car il porte *gris* et froid : rien davant, et rien darriere. » Rabelais, II, 372. — A remarquer que Rabelais joue sur *gris,* qui se rattache à froid, et sur *gris,* qui signifie fourrure. Villon plaisante de la même manière ; la roue du pilori donne du *gris* aux condamnés, en ce sens qu'elle les couvre de tristesse ; telle est leur fourrure. — « Il fait *gris*, on vend du *gris*, pour il fait grand froid. » Oudin. *Cur. fr.* L'argot du xvɪ° siècle appelle le vent « le *gris* », probablement par synonymie avec *bise* par l'intermédiaire de *bis*, qui est une couleur très voisine du *gris*.

Gris en zincalo signifie également froid. Borrow. — « En hiver, quand *le gris* bouesse, c'est lorsque leur estat est le plus chenastre. — Le *gris* bouffe ou bouzille, il fait froid. » *Jargon réformé*.

« Faire *grise* mine et mauvais recueil auxdits masques. » Arr. Amor. p. 417.

Planter du *gris* aux sires, c'est les *refroidir*, c'est-à-dire les tuer.

> Mais, oh ! quelle angoisse
> C'est quand le *gris* boisse.
>
> *Chanson d'argot.*

> Puisque la dame nous fait *gris*
> Et que l'on nous met en mespris,
> Desloger fault.....
>
> *Les divers propos et joyeuses rencontres*, etc. p. xxj.

Quel visage eus-tu d'elle ? — *Gris*.

MAROT, I, 202.

GRISSES, part. pl. pour *griffes*, c'est-à-dire grillés, enfermés sous des *grilles*.

> Pour ce, gardez vous d'estre *grisses*
> Dedans ces gros coffres massis.
>
> Ball. IV.

Grisser. « Elles *grissoient* d'ardeur de le voir. » Cotgrave; qui explique *grisser* par to crackle; et to crackle par gresiller, grincer et grinsser. — « *Grisler, grislement*.

A crackling noyse, as of meat in the broyling. » Cotgrave. *Griller* et *grisser* pour plisser. *Ibid.*

On voit que ces formes *griller, grisser, grincer* se confondent dans Cotgrave; la lecture des mss. du XVe siècle explique et prépare cette confusion; *grille* (de prison) s'y écrit fréquemment *grisle* et même *grisse*. La plus ancienne des éd. sans date de Villon imprime comme suit ces vers du *Grant Testament* :

> Lieu n'est où ce marché ne tienne
> Sinon en la *grisse* de Mehun.

Or, dans ce passage, il s'agit clairement de la *grille* de la prison de Mehun. Le ms. Coislin écrit la *grisle*.

Maintenant pourquoi *grisses* au lieu de *grissés*? Rien de plus simple. Le moyen âge employait une certaine quantité de participes passés sans accent sur la dernière syllabe, par exemple *delivre* pour *delivré*. Cette diction subsiste chez les populations méridionales; les Bordelais et les Poitevins disent encore : Je suis tout *trempe* et j'ai les pieds *gonfles*, pour je suis *trempé* et j'ai les pieds *gonflés*.

GRUIS, subst. f. Fille de joie, femme débauchée.

> Luez la *gruis* s'elle est desmaquillie.
>
> Ball. IX.

La mesure du vers y est, *gruis* étant monosyllabique comme simple variante de *grus*. Le ms. Stockholm porte, à ce que j'ai cru lire, *gruice* avec un *e* de trop; peut-être *grince*. En tout cas le mot est altéré. C'est Du Cange qui nous le restitue : « *Grus*, femme débauchée, gl. *grussus*. — *Grus*, ribaude. Lettre de rémission de 1415, reg. 169, pièce 61. Alias *gruis*. » — « Icellui Girart appella la suppliante deux ou trois fois *grus, grus;* et pour ce qu'elle n'entendoit pas que c'estoit à dire desdites parolles, demanda audit Girart que c'estoit à dire : lequel Girart lui dist que c'estoit à dire ribaude, et l'appelant par pluseurs foiz : *grus,* ribaude, *grus,* ribaude. » JJ, 169, p. 61, an. 1415.

Le mot est encore connu à Lyon, ainsi que le prouve la curieuse anecdote que voici.

Au mois de septembre 1879, le régisseur de l'Odéon de Paris faisait répéter *la Jeunesse de Louis XIV* sur la scène du théâtre Bellecour, qui allait ouvrir. Les figurantes, qu'on avait engagées à Lyon même, ne paraissaient pas comprendre les indications qu'on leur donnait. Le régisseur saisit l'une d'elles par le bras et l'appela « espèce de grue ». La figurante se mit à pleurer et regardant le régisseur avec l'expression d'une indignation violente, lui dit : « Monsieur, vous aurez affaire à mon mari. » Le lendemain, en effet, le mari se présenta; c'était un honnête ouvrier, qui demanda, avec beaucoup de politesse et de sang-froid, s'il était vrai qu'on eût injurié sa femme. « J'avoue que je l'ai appelée *grue,* répondit le régisseur, mais je ne comprends pas qu'elle s'en soit fâchée; c'est un mot très usité au théâtre pour qualifier les femmes qui paraissent manquer d'intelligence. C'est comme qui dirait imbécile ou fichue bête. » — « Oh! très bien, monsieur », répondit le mari de la figurante tout rasséréné; « si vous n'avez voulu que l'appeler fichue bête, il n'y a pas de mal. » Et il se retira tranquillement. Le directeur, M. Duquesnel, me raconta la scène le lendemain, et je lui donnai le mot de l'énigme.

GRUME, subst. m. Bois de charpente et de charronnage, coupé de longueur, non équarri, mais gardant encore son écorce; le Jargon désigne ainsi la potence, qui assez souvent n'était que le premier arbre venu de la forêt prochaine.

> De paour des hurmes
> Et des *grumes*.
>
> Ball. III.

« Sous peine d'estre eslevé sur une *busche* de quinze pieds de haut. » *Caballe des filous.*

Je crois qu'il faut lire à la ballade X :

> Quidant au ront faire aux *grumes* la moue.

Le ms. de Stockholm porte *gremes* (voyez ce mot).

L'étymologie de *grume* est considérée par M. Littré comme inconnue. Je proposerais assez volontiers le *grumus* latin, qui nous a donné *grumeau* :

> On la juge au toucher quant on la sent rugueuse,
> Sans lustre, sans poly, sous le doigt *grumeleuse*.
>
> REMY BELLEAU, I, 12.

« *Groma*, it., croûte ». N. Duez. — *Grumam* seu silvam. Chr. Aistulfi reg. Lomb. ap. Ughellum, 2, 106.

Le sens général est croûte; or le bois en *grume* est celui qui conserve encore son écorce après avoir été abattu.

Le double sens, nécessaire au jargon, est *gourme* :

> Et si aient plenté de *grume*,
> Plenté de fievre et de jaunisse.
>
> XXIII Man. de Vilain.

GRUP, subst. m. et adj. pour *gruppé* (voyez *Grupper*). Captivité, captif, accroché, pendu.

> Montigny y fut, par exemple,
> Bien ataché au halle*grup*.
>
> Ball. II.

> Danger de *grup* en arderie
> Fait aux sires faire la moe.
>
> Ball. VI.

> Car qui est *grup*, il est tout roupieulx.
>
> Ball. VII.

> Car qui est *grup*, il a, mais s'est au mieulx.
>
> Ball. X.

> Son proces va donc à rebours,
> S'il est *grup?*...
>
> *Mist. de la Passion.*

Il s'agit évidemment de gens pris par le col. On ne saurait méconnaître l'analogie du mot *grup* avec le mot *croup* qui désigne l'angine couenneuse des enfants, et dont les lexicographes modernes ont vainement recherché l'origine. La *grippe* est de la même famille.

La racine du *griphus* latin, du *gruppo* et *grappo* ital. et du *greifen* allemand est le grec γρίφως, qui signifie proprement filet à prendre le poisson.

Nous retrouvons dans le mot *grup* un nouvel exemple de participe passé transformé en adjectif par l'apocope de l'*é* final représente l'*at* roman : *grup* pour *gruppé*, comme *delivre* pour *délivré*, *grisse* pour *grissé*, etc.

* GRUPPELINS, subst. pl. Petit pot. Diminutif de *Crupault*. (Voyez ce mot.)

VOCABULAIRE ANALYTIQUE.

Ung maquereau à tous deux *gruppelins*.
> Ball. IX.

Goupline, une pinte de vin. Ol. Chereau.

GRUPPER, v. a. Prendre, avec ses diverses acceptions : arrêter, saisir, voler. Appartient à l'ancienne langue et subsiste dans la langue moderne sous la forme *gripper*.

Se *gruppez* estes descarieux.
> Ball. I.

Se *gruppez* estes desgrappez.
> Ball. IV.

Et force d'aubert *grupperons*.
> Mist. de la Passion.

Il fut *gruppé* et mis en roue.
> Vie de S. Christophe.

Les plus rouges y sont *gruppez*.
> Rep. franches.

L'ung est rusé, l'autre *gruppé*.
> COQUILLART, I, 198.

Tout droit devant Florence
Si se venoyent getter
Pour piller leur finance
Se l'eussent pu *grupper*.
> Chanson de Rome.

« Qui desrobbe ne sugse mais *gruppe*. » Rab. II, 93. — « Ces poures ignorans icy, qui *grappent* (alias *gruppent*), au moins mal qu'ils peuvent. » Rab. III, 216. — « Je le vous *grupperay* au cruc. » Rab. II, 63. — « Je vous *grupperai* au truc. I shall take you napping, or catch you as you go by. » Cotgrave.

« *Gruper*, uncinare. » Oudin. *Rech. fr. et ital.* 2ᵉ part. 287, col. 2. Rob. Est. *Dict.* in-4°.

On trouve aussi *grupée* pour vol, butin :

> Et tel y laissera la laine
> Qui n'en aura jà la *grupée*.
>
> Mist. de la Passion.

« Parmy eulx regne la sexte essence, moyennant laquelle ils *grippent* tout, devorent tout et conchient tout. » Rabelais, III, 45. — « Pourveu qu'on ne nous *grippe* point au col et aux chausses. » *Com. des Proverbes*, p. 71.

> Car a beaulx detz les gallands le piperent,
> Et son argent subtillement *gripperent*.
>
> Pierre Faifeu, p. 34.

GUEUX, subst. pl. C'est le mot de la langue ordinaire ; les *Gueux* du jargon s'appliquaient entre eux cette dénomination.

> Benards, vous estes rouges *gueux*.
>
> Ball. IV.

> *Gueulx* gourgourans par qui *gueulx* sont gourez.
>
> Ball. VIII.

> Après moller, luay ung *gueulx* qui vault...
> Puis, dist ung *gueulx*, j'ai paulmé deux florins...
> Puis, dist un *gueulx* qui pourluoit en haut.
>
> Ball. IX.

> *Gueulx* affinez, allegrucs et floars...
> Là ot ung *gueulx* son endosse polye.
>
> Ball. XI.

> S'elle est fine, soyez songneux
> Que de ses fins tours vous gardez,
> Car souvent les plus rouges *gueux*
> Y sont surprins, bien l'entendez.
>
> Chans. du xvᵉ iècle. G. Paris, p. 229.

« *Gueux,* compagnons de l'argot. » Oudin. *Cur. fr.*

On sait que *gueux* est une forme de *queux,* en latin *coquus,* cuisinier, d'où dérive également coquin. C'est la tradition romaine qui tenait pour vile et déshonorante la profession des cuisiniers, taverniers, garçons d'auberge, etc., et leur interdisait le service militaire; témoin ce texte du code théodosien : « Inter optimas lectissimorum militum turmas, neminem a numero servorum dandum esse decernimus, sive ex caupona ductum, vel ex famosarum ministris tabernarum, aut ex *cocorum* aut pistorum numero, vel etiam eo quem obsequii deformitas militia secernit, nec tracta de ergastulis nomina. » *Cod. Theodos.* lib. VII, tit. XIII. — « Le duc trois *gueulx* pour sa bouche. » Olivier de la Marche. *Estat de la maison de Philippe le Hardy* pour 1474, t. II, p. 520, éd. Petitot.

« Il n'est festin que de *gueux,* quand toutes les bribes sont ramassées. » *Com. des Prov.* p. 55.

*GUOBLE, subst. Vin, boisson. Le contenu étant pris pour le contenant.

> Adraguerent de *guoble* maint crupault.
>
> Ball. XI.

Gobello, bourguign.; *gubellus,* b.-latin. Gobelet, de *cupa.* — *Gobeau,* gobelet, verre à boire. Lacombe. — *Kufel,* gobelet, polonais.

HAIRE, subst. f. Tourment, peine, affliction, et, par extension, exclamation douloureuse, gémissement. C'est un vieux mot de la langue vulgaire.

> Sans faire *haire*
> Ne hault braire.
>
> Ball. III.

> Car aucuneffois pour bien faire
> On n'a fors maltalant et *haire*.
>
> *Rose*, v. 10752-3.

> Crucifié à douleur et à *haire*...
> Se femme prend, j'auray douleur et *haire*.
>
> Eust. Deschamps.

> Mès je di
> Et affi
> Que sus mi
> N'a fors que doel, painne et *haire*.
>
> Froissart. *Par. d'amours*, v. 1221-4.

D'où *haria* et le verbe *harier*. On a aussi le verbe *héer*, soupirer et pleurer, c'est-à-dire faire *haire*. Peut-être vient-il de *haire*, vêtement de poil rude, par assimilation.

> Porter la *haire* et la souffrance.
>
> Molinet, p. 196.

HALLE pour HALE, subst. m. Air sec et chaud qui brunit le teint. C'est le mot de la langue courante. Être mis au *hâle* signifie clairement être accroché à la potence. Voyez *Essorer*.

> Nyaiz qui seront attrapez
> Bien tost s'en broueront au *halle*.
>
> Ball. IV.

> Gardez vous bien de ce mau *hale*
> Qui noircit les gens quant sont mors.
>
> Villon. *Gr. Testament*.

> Ore veut l'ombre, or veult le *halle*.
>
> *Cout. des femmes.*

> Cler fut le jour, greveus le *halle.*
>
> G. Guiart, I, 108, v. 2172.

> . . . Au vent les ont *hallés.*
>
> Ch. *d'Antioche,* v. 56.

> Il est fort et puissant, et moult noir et *hallez.*
>
> Guesclin, v. 1622.

> Fors que pain noir, dur et *haslé,*
> Tout muisi et tout très salé.
>
> Rutebeuf. II, 173.

« Si li airs est mult caus et mult ses et mult *halleux.* » Allebrant, f° 22.

Du flamand *haël,* sec.

§ De précédents éditeurs avaient arrangé l'exemple tiré du Jargon en écrivant *aux halles.* Le sens se pouvait accepter; *aula* lat., *hall* germ., signifient cour de justice, salle, marché, etc. « De la loy d'une ville faut adjourner baillif, hommes, majeur et eschevins, selon ce que les villes sont ordonnées de loy, et faire assembler en *halle* ou en chambre, c'est-à-dire au lieu où ils ont accoustumé à tenir leur siège. » Bout. *Somme rurale,* tit. III, p. 13. Mais on obtenait ainsi à la rime un pluriel qui ne se retrouvait pas aux rimes correspondantes.

Signalons encore *hâle,* échelle, en wallon, de *scala;* très acceptable pour gibet; mais il aurait encore fallu lire *aux hâles,* et l'on rentrait dans l'objection précédente. (V. *Hallegrup* ci-après.)

> Levez ces cuevrechiefs plus hault
> Qui trop cuevrent ces beaulx visaiges.
> De riens ne servent telz ombraiges
> Quant il ne fait *hale* ne chault.
>
> Charles d'Orl. *Chanson.*

> De fil d'or eut cousues ses manches,
> Et pour mieulx garder ses mains blanches
> De *haller,* elle eut ung gans blancs.
>
> *Rose,* v. 574-6.

HALLEGRUP, subst. m. Gibet.

> Montigny y fut, par exemple,
> Bien ataché au *hallegrup.*
>
> Ball. II.

> Il fut gruppé et mis en roe
> Par [le] deffaut d'un *allegruc.*
>
> *Vie de S. Christophe.*

Grup et *hale* au sens d'échelle (*scala*) composent ce mot, qui signifie l'*échelle* où l'on *gruppe* ; le gibet où l'on pend et étrangle les criminels. Les anciens gibets de Paris s'appelaient des *échelles,* telle que l'échelle du Temple, etc.

Il ne faut pas négliger cependant l'analogie du mot *hallegrup* employé par Villon et de l'*allegruc* employé par Chevallet dans la *Vie de saint Christophe* (l'un et l'autre se prononçant *allegru*), avec le *halcret, halecret* ou *hallecret,* corselet de lames de fer à l'usage des soldats de l'ancienne armée. (V. sur ces mots le P. Daniel, *Hist. de la Mil. franç.* I, 408; Jean d'Auton, *Ann. de Louis XII,* 1506-7; Flores de Grèce, ms. f° XXI r°; Trévoux, v° *Halcret,* etc.) Nous connaissons d'autres comparaisons faites par Villon entre l'armure militaire et l'instrument du supplice; par exemple, le « hault gorgerin d'escossois », c'est-à-dire la corde autour du col qu'il donne à maître François de la Vacquerie, en son *Grant testament;* et les *pisans* dont il est question à la ballade I du jargon. (V. ci-après, v° *Pisans.*) « Vous serez

un jour capitaine d'une grande reputation : on vous donnera le hausse-col en Grève. » *Com. des proverbes,* p. 78.
— « Le *halecret* sur le dos, le casque en la teste, le pistolet au poing. » Sully, *Mém.* II, 20.

L'exemple de la *Vie de saint Christophe* signifie qu'on roua le criminel faute d'avoir un gibet à portée.

« Deux hommes de guerre que, selon l'usage du temps present en fait de guerre, on nomme *halagrés.* » JJ. 201, p. 56, an 1477.

> Donner pour Dieu, c'est un fort *halecret*
> Pour batailler au public ou secret
> Contre le diable, à ce qu'on le surmonte.
>   *Tr. de la noble Dame,* f° 90.

Hallegrup, gibet, et *allegruc* pour allègre (voyez ce mot) sont homophones, ce qui permet au Jargon de sous-entendre une plaisanterie à propos de chacun d'eux; le gibet comporte une idée de joyeuseté, qui se retrouve dans *mathe gaudie* (voyez *Mathe*) et l'allégresse des Gueux rappelle le nom du gibet.

Parmi les rébus expliqués par Rabelais (I, p. 37) se trouve celui-ci : « Non et un *alcret,* pour non dur habit. » (*non durabit*).

HARPES, s. pl. Griffes, grilles, barreaux.

> Prince des gayeulx, en les *harpes*
> Voz contres ne soient greffis.
>   Ball. IV.

Harpe, en grec ἄρπη, croc, signifie en vénerie la griffe du chien; en construction, une pièce de fer coudée reliant les poteaux aux murs; en fortification, une espèce de herse. — « *Harpe,* barreau de fer grillant une fenêtre de prison. *Harpe* se dit aussi d'une grille de fer. » L. Larchey.

« Le coesre. C'est lorsqu'on est nanty qu'il faut craindre la *harpe.* » *Com. des proverbes,* p. 59.

Il y a en même temps jeu de mots entre *harpe,* instrument, et *harpe,* griffe; *harper,* jouer de la harpe, *harper,* prendre et serrer avec les mains, par extension voler. — « Jouer de la harpe », tromper au jeu. *Av. de d'Assoucy,* p. 29.

> Qu'auroient fait de plus des filous ?
> Tu sais donc jouer de la *harpe ?*
>
> J. Moreau, suite du *Virgile travesti,* XII.

« *Harpias,* arg. esp. Agent de police, officier de justice, sergent. » Oudin.

HAVAGE, subst. masc. Droit du bourreau.

> Là sont bleffleurs au plus hault bout assis
> Pour le *havage* et bien hault mis au vent.
>
> Ball. I.

Le texte de 1489 porte : pour le *evaige.* Le vers étant trop court, je le rétablis en aspirant *hevaige,* ce qui me donne à la fois la mesure et le vrai sens.

« Le droit de *havage* est le droit de prendre une poignée de grains dans les sacs apportés sur le marché de Paris; le bourreau avoit autrefois ce droit, mais à cause de l'infamie de sa profession, on ne lui laissoit prendre le grain qu'avec une cuillère de fer blanc. » Tall. des Reaux. —

Le *havage* de chascun sestier de blé vendu en la ville

de Chartres hors franchise. Se cil qui le veut l'a acheté, il doit un *havagiau*. » *Reg. des cens et fiefs du comté de Chartres*, f° 16. — « A conclu à ce que les droits de *havage* qui se perçoivent sur les grains... par ledit Doublet, exécuteur, soient réunis aux droits de minage. » 1684. *Minage de Montargis.*

C'est pourquoi le texte emploie ici, pour *beffleur*, la métathèse *bleffeur*, qui nous reporte au radical *bleif*, forme archaïque de blé.

La poignée de grains dont l'appréhension constituait le droit de *havage* s'appelait une *havée* : « Item la *havée* des fruiz qui sont venduz à jour de marché à Chauny dont chascun sur qui l'en prendra la *havée*, se pourra rachater par mi avec obole païant. » Ch. des Comptes de Paris, 1337.

> Item mon procureur Fournier
> Aura, pour toutes ses corvées,
> Simple seroit de l'espargner,
> En ma bourse quatre *havées*.
>
> VILLON. *Gr. Testament.*

L'exemple suivant, emprunté au même poète, confirme le sens jargonnesque de *havée* ou *havage* pour droit du bourreau sur les pendus :

> Aux povres duppes ? — La *havée.*
> *Dial. de Mallepaye et Baillevent.*

§ Ne craignons pas d'indiquer une autre version aboutissant naturellement au même sens ; le *havet* est un crochet :

> Leurs ancres ont geté li maronnier briefment
> A grans *havés* de fer qu'ils getent rudement.
> *Baud. de Seeb.* VII, 16.

« Plus de trois cens caudrons pendans à *havés* de bois. » Froissart, t. II, 177. — « Ils avoient gros croqs et *havets* de fer tenant à chaisnes. » *Ibid.* I, p. 67.

> Pour enseigne y mis ung *havet*.
> VILLON. *Gr. Testament.*

Il y avait au XVe siècle une enseigne du *havet* dans la rue Sac à lie, aujourd'hui Zacharie.

Littré donne comme étymologie du *havet* l'allemand *haft*, agrafe; en gothique *hafjan*, soulever; all. moderne *heben*. Ces indications demandent à être rectifiées. L'ancien all. *haft* ne signifie pas agrafe, mais engagement, obligation et droit de contrainte (Scherz). L'all. moderne possède *hebe* et *hebel*, qui signifient levier; *heben* en est le verbe, qui signifie lever, faire monter, etc. Quant au crochet proprement dit, ou agrafe, il se dit *haken*, et le même vocable sert de verbe pour accrocher. L'analogie est évidente avec *hangen*, pendre, accrocher, etc.

Si l'on admet ce double sens, on pourrait comprendre à volonté le passage ci-dessus du Jargon : « Là sont les voleurs au plus haut bout assis pour le droit du bourreau (droit de havage) ou pour le droit du crochet », ce qui revient au même.

HAVRE, subst. m. Port, refuge; c'est le mot propre.

> Jour verdoiant, *havre* du marieux.
> Ball. X.

Techniquement, un *havre* est un port qui est à sec à la marée basse; mais il se prend d'ordinaire pour un port quelconque : « Quand se departirent des *havres* d'Angleterre. » Froissart, II, 11, 27. — « Et veulx saillir du *havre* de seurité pour toy noyer dedans la mer. » Al. Chartier, *le Curial*. — Dieu est le havre, le grand havre, où le pécheur trouve son salut : « *Havre* de Grace, s'escria Rondibilis, que me demandez vous ? » Rab. II, 156. — *Havre* ou *grand Havre*, Dieu. *Jargon réformé*. — *Le grand havre*, l'hôtel-Dieu. Franc. Michel, v° *Millard*.

Mais on peut croire aussi que si Dieu a été nommé *le grand havre*, c'est sous une forme orthographique qui déguise à peine *le grand favre*, le grand artisan de l'univers :

> Ancille dou païs que lou *havre* Vulcain
> A bourgat è batut, etc.
>
> GUILL. ADER. *Lou Gentilome gascoun*, l. III, p. 104.

* HIRENALLE, subst. f. Évidemment fabriqué et dont le sens demeure aussi impénétrable que l'origine.

> Destirer fait la *hirenalle*
> Quant le gosier est assegis.
>
> Ball. IV.

Hirenalle rime avec *pirenalle*, qui n'est guère plus intelligible. (Voyez ce mot.) L'un et l'autre sont d'exemple unique. En supposant qu'il fallût mouiller les deux *ll*, on aurait *hirenaille* et *pirenaille*, c'est-à-dire deux mots de la formation qui a donné *canaille, grenaille, tenaille*. Et comme l'*n* dans ces trois derniers appartient au radical, *canis, granum, tenacula* (de *tenere*), il faudrait chercher pour *hirenaille* un radical tel que *hiren*. Le français n'en offre aucun, sauf *iraigne* (araignée) qui se prononçait *iraine*, mais qui est inacceptable ici à cause de l'*h* aspirée que donne à la fois le texte et qu'exige la mesure du vers. *Arene* et *arenal*, déjà plus éloignés, sont écartés pour la même raison. Nous sommes donc conduits à nous rejeter sur l'allemand *hirn*, cervelle, qui sonne *hiren* et nous fournit le radical cherché. Les deux vers de la ballade IV signifieraient, en ce cas : « Le gosier, quand il est attaqué ou asséché (par la corde du gibet), fait détirer la cervelle. » Je ne me dissimule pas que la composition hybride d'un substantif allemand avec une finale péjorative française rencontrera peu de créance. Je propose l'explication sans la donner pour meilleure que je ne la juge moi-même.

Si l'on renonce à l'*n* du radical et qu'on le suppose appartenir à un suffixe *naille*, dont je ne connais pas d'exemple dans la langue, le radical se réduirait à *hire*. On trouve alors :

1. *Hire*, qui signifiait horreur, dégoût ; terreur, dans la vieille langue et qui subsiste dans le dialecte poitevin. « Et estoit nommé pour sa mauvesté la Hire. » *Journal d'un bourgeois de Paris sous Charles VII*, Mich. et Pouj. III, 264. Il faudrait traduire alors : « La terreur fait détirer les membres quand le gosier est pris. » Le sens est ici meilleur que l'étymologie.

2. *Hire* ou *Hie*, l'outil à *hier*, demoiselle de paveur, mouton, etc. (V. ci-après *Hye* et *Hyer*.) Le vers aurait peut-être alors un sens obscène : « La pendaison fait détendre la *hire* », par allusion à un phénomène physiologique bien connu.

3. *Hira*, l'intestin, dans Plaute. « La pendaison fait détirer les boyaux. »

4. *Hir*, en latin archaïque, la paume de la main (Lucil. ap. Cicer.), du substantif grec χείρ, la main. Le sens ne

serait pas mauvais, mais une dérivation si éloignée de sa base manque de vraisemblance. Voyez toutefois Littré sur *Hir*, v° Hirondelle.

Nous avons encore *hireté* pour hérédité et *hiraudus*, français *hiraud, hiraux, hiriaux*, trouvère. Le chef des Enfants sans souci de Calais s'appelait le roi des *Hiraulx*. Je ne cite ces derniers mots que pour ne rien omettre.

Aïr, pour *air* (aer) et pour *colère* (de *adirare*) donnerait encore deux variantes de sens, à la condition d'écrire *l'aïrenalle* ou même *l'ahirenalle* (cette dernière forme n'apportant aucun changement au texte). V. sur *aïr*, *aïrer*, etc. le Dict. imprimé de La Curne.

Signification : 1° *l'aérement*, c'est-à-dire la pendaison ; 2° le dépit, le chagrin.

Aïrer est écrit *ahirer* dans un certain nombre d'exemples cités par La Curne.

*HISTZ, subst. pl.

> Plantez vos *histz* jusques elle rappasse.
> Ball. VII.

L'anglais dit *to hoist* pour *hisser* et *drisser* (dans les autres langues germaniques *hissa, hissen*), c'est-à-dire tirer sur le cordage qui doit amener un objet à sa place. Il n'est pas impossible que *histz* signifie ici des cordes. « Plantez vos *histz* », accrochez vos cordes, dressez vos tentes, c'est-à-dire restez en repos jusqu'à ce que le guet ait passé. (Voyez au même sens « planter *picons* », v° *Picons*.)

Ἱστίον, voile de navire, et toute sorte de tissu ; de Ἱστός, mât de navire, chaîne de tissu, tissu, toile, étoffe et bâton que l'on dresse comme pour une tente.

* HORNANGIER, v. a. Même sens obscène que *Fournir*. (V. ce mot.)

> C'est tout son fait d'engaudrer les gaudins
> A *hornangier*, ains qu'elle soit lubie.
>
> Ball. IX.

De l'espagnol *horno*, four, d'où le verbe *hornear*, qui donnerait en français *hornier, fourneyer, fournier* ou *fournir*. On peut voir dans *hornangier* l'intercalation du *gier* caractéristique du Jargon. (Voyez *Gier*.) Peut-être *hornangier* reproduit-il l'ancien verbe espagnol *hornaguear* qui signifiait proprement échauffer ou brûler à la manière d'un four.

L'argot espagnol ancien détourne le four *horno* pour en faire le synonyme de cachot; mais ce sens n'est pas applicable à l'exemple ci-dessus.

* HURCQUER, v. a. Accrocher, pendre.

> Et si *hurcque* la pirenalle
> Au saillir des coffres massis.
>
> Ball. IV.

Le verbe *hurcquer*, qui est d'exemple unique, paraît se rattacher directement à la *horca* espagnole, fourche, d'où *ahorcar*, pendre. « *Horca*, maquina compuesta de tres palos, dos hineados en la tierra, y el tercero encima, trabando los dos, en el qual, à manos del verdugo, mueren colgados los delinquentes condenados a esta pena. Furca, crux, patibulum, gabalus. *Doner en la horca*, lo mismo que *ahorcar*. » *Dicc. esp.* Fr. Cañes. In-f°, Madrid, 1787.

A défaut d'exemples français du verbe *hurcquer*, *hour-*

quer ou *fourquer*, nous avons du moins le mot *fourques* (alias *forques*), dans notre sens exact :

Si dient qu'il seroit à *fourques* bien pendus.
Baud. de Seeburg. X, 679.

Ains demain miedi a *forces* penderés.
Aiol, 7773.

Houquer, v. a. normand, qui paraît venir de l'anglais *hook,* crochet, signifie accrocher et pendre.

Enfin N. Duez traduit *orcare,* ital., par « pendre à un croc ».

* HURME, subst. fém. Littéralement la forme ou compartiment réservé au condamné soit dans le pilori, soit dans le gibet de Montfaucon, dont la disposition comportait une série de cases superposées comme des cellules.

Plantez aux *hurmes* voz picons.
Ball. I.

De paour des *hurmes*
Et des grumes.
Ball. III.

Et que point à la turterie
En la *hurme* soiez assis.
Ball. VI.

Le mot *hurme* représente *horma,* qui est la diction espagnole du mot *forme.* « *Horma,* el moldo en que se forman à hacer los zapatos. Modulus, mustricolæ, forma calcei. *Hormero* el que hace hormas, formarum opifex. » Dict. de Francisco Cañes, précité.

La *forme,* en technologie, est le moule ou le creux dans lequel se fabriquent ou s'emboîtent les objets. *Forme* de navire, *forme* de papeterie, etc. Le condamné ou le pendu occupait, soit dans la roue du pilori, soit dans les étages superposés du grand gibet de Montfaucon, un compartiment, une *forme*. Cette explication, qui m'est venue à la pensée par la discussion des dictions espagnoles *horma*, *hormero*, etc., est pleinement confirmée par l'emploi du mot français *forme*, pour désigner des sièges séparés destinés aux prêtres, chanoines et religieux dans le chœur des églises et que nous nommons aujourd'hui des stalles. Une *forme* était aussi un banc d'honneur en ce qu'il était rembourré et ne pouvait recevoir qu'une seule personne ; c'était encore un siège séparé.

> Belles chaieres et beaux bans,
> Tables, tretiaux, *fourmes*, escrans.
>
> EUST. DESCH. *Mir. de mariage.*

Cage. « On le fait entrer dans la nasse du mariage comme l'oyseleur fait venir les oyseaux de riviere dedans la *fourme*... » *Quinze joyes*, p. 137. — « Et doit-on mettre en *fourme* ung coulon qui soit ramier, et tous les autres s'i viendront asseoir en *fourme* dedens les deux roys. » *Modus*, f° 126. — « Le seigneur foncier peut avoir siege d'une *forme*. » *Cout. général*, t. I*er*, p. 142. — « Je tout armez, alai parler au roy, et le trouvai tout armei, seant sur une *forme*. » Joinville, 172.

Le texte de *Modus* et des *Quinze joyes* convient parfaitement aux *formes* de gibet destinées aux « pigeons qui sont en essoine », pour rappeler une expression de Villon lui-même.

HURTERIE, subst. f. Bagarre mêlée de vol.

> Et frappez en la *hurterie*
> Sur les beaulx sires bas assis.
>
> Ball. VI.

C'est-à-dire saisissez, pendant la mêlée, les écus, qui sont toujours « bas assis » puisqu'ils gisent au fond de la bourse.

Le mot est curieux en ce qu'il est hybride, confondant, sous une forme unique, le double sens de *hurter* ou *heurter,* qui signifie en français frapper, et du *hurtar* espagnol (pron. *furtar*), qui signifie voler.

> Si durement l'a *hurté* et mal mis,
> Que li deux oil li sont volé du vis.
> Ger. de Viane, p. 18.

La *hurterie* ou *huterie* n'était qu'une dispute plus ou moins violente avec ou sans voies de fait. Le *hurto* espagnol reproduit le *furtum* latin.

« *Hurtar,* tomar los bienos de otro contra su voluntad. Quidpiam alicui vel ab aliquo furari, subtrahere, clam auferre, furto eripere. — *Hurtado,* robado, subreptus, furtivus, furto sublatus. — *Hurto,* furtum. — *A hurtadillos,* a escondidas, absconditè, occultè, clam. » Fr. Cañes.

« *To hurt,* blesser, faire mal. » Cotgrave. — « Le *hourt* de deux armées. » Rabelais, II, 116.

> Je ne pretens ne plaid ne *hurterie*.
> Cl. Marot, p. 201.

HURTIS, subst. m. Bagarre mêlée de vol.

> Puis çà, puis là pour le *hurtis*.
> Ball. VI.

Hurtis, bruit qu'on fait en se poussant au combat. — « Le *hurtis* des harnois. » Rabelais, II, 116 et 466. — « La eut de premiere venue grant *hurteis* et lanceis. »

Froissart, V, 293. — « Et y ot des *hurteis* et bouteis d'une partie. » Trésor des Chartes, an 1363. — « Icellui Bourgois frappa à l'uis de l'ostel, et advint que quant Iehannin de Claelles oy ledit *hurtis*. » Ib. 1412.

Les observations que j'ai faites sur *hurterie*, en ce qui touche l'équivoque du sens français de *heurter*, frapper, avec le sens hispano-roman de *hurtar*, voler, s'appliquent identiquement à *hurtis*.

Hurtis a été fait de *hurter*, comme *riblis* de ribler, *riflis* de rifler, etc.

HYE, subst. fém. pour HIE. Au propre, billot de bois qui sert à enfoncer des pavés, des pilotis, des portes ou des murailles; demoiselle dans le premier cas, mouton dans le second, bélier dans le troisième. Au figuré, force, volonté, puissance.

> A *hie* fierent plus de cent chevaliers
> Si que les huis font des gons arachier.
> Garin, t. Ier, p. 135.

> Les murs assaillent par defors et à *hie*.
> Du C. Hiator.

> Du saint Esperit c'est la *hye*
> Qui froisse, desrompt et esmye
> Orgueil et yre où Dieu n'est mye.
> J. DE MEUNG. Test. v. 102-4.

Le Jargon a réuni les deux sens dans un troisième :

> Prince planteur, quant vous sauldrez la *hye*.
> Ball. IX.

C'est-à-dire « quand vous ferez sortir ou saillir la *hie* ». La suite de l'exemple est

> Luez la gruis s'elle est desmaquillie.

C'est-à-dire « regardez le visage de la fille de joie s'il est défait et retirez-vous si... »

D'où l'on devine que cette *hie*, cette puissance, c'est la puissance virile incarnée dans une partie de l'homme. L'assimilation de cette partie avec un instrument de force tel que le mouton ou bélier ne laisse pas l'ombre d'un doute. La période entière ne s'explique d'ailleurs que par des recommandations de la plus révoltante obscénité.

HYER, v. n. pour *hier*, employer l'instrument nommé *hie*. (V. ci-dessus.)

> Pour mieulx *hyer* desriver la couloire.
> Ball. IX.

> A la tour sont venus chascun i fiert et *hie*
> Tant que par force en ont la porte peçoie.
> *Ch. d'Ant.* t. III, p. 514.

JARGON, s. m. langage inintelligible, mot ancien de la langue usuelle. Le premier exemple en est du XIIIe siècle.

> Lors tuit diseient en lor *jargun*
> Que cil oisax qui si canteit...
> Marie de France, fable 22.

> Il n'y a ne beste n'oyseau
> Qu'en son *jargon* ne chante et crie.
> Charles d'Orléans. *Rondeau.*

> Les hoirs du deffunct Pathelin
> Qui sçavez *jargon* jobelin.
> *Repues franches.*

« Il courut un *jergon* que humains auront redemption. » *Inc. et nativ.* de *N.-S. et rédempteur J.-C.* Inc. du xve siècle, f° 44^b. — « Lidias. Puisque nous sommes avec les loups, il faut hurler et dire nostre ratelée de ce *jargon*. » *La Com. des proverbes*, p. 69. — « Je vous envoye dans la presente un chiffre et un *jargon*. » *Ambass. du maréchal de Bassompierre en Suisse*, I, p. 77.

Diminutif ou fréquentatif, *gergonnois* et *gergonnet*, ce qui est tout un, la prononciation des deux mots étant identique.

   . . . Pris est en *gergonnois*.
                          Mir. des Enfans ingratz.

   Où le joly rossignolet
   Si chantera son *gergonnet*.
                   Chanson nouvelle, xvie siècle.

Une lettre de rémission de 1426 (Trés. des Chartes, reg. 173, ch. 456), citée par Du Cange, v° *Duplicitas*, définit le mot *Duppe* (v. *suprà*) : « une maniere de parler que ilz (les vauriens de Rouen) nomment *jargon* ». Il est à remarquer que Du Cange a placé sa note relative au mot *Duppe* sous la rubrique *Duplicitas, dubietas, ambiguitas*. Je n'oserais affirmer qu'il ait prétendu dériver *Duppe* de *duplicitas*; mais ce dernier mot caractérise très exactement la langue du *Jargon*. Le texte de la lettre de rémission semble donner une priorité à la plèbe normande dans l'emploi du *Jargon*. Ce point de vue donne quelque importance aux mots *jargole* ou *jergole*, *jargoliers* ou *jergoliers*, qui, dans l'argot moderne, désignent la Normandie et les Normands.

J'ai discuté, dans mon Discours préliminaire, les origines du mot *Jargon*. Il me reste à préciser quelques points du problème.

Étant donné que le *Jargon* signifie proprement le langage du *jars* (il a conduit les oies, il entend le *jars*, prov.), il faut rechercher le passage de *jars* à *Jargon*. Le mot primitif se présente en français sous les cinq formes suivantes : *jas, jars, gart, jarc* et *gerc*. Il paraît, à première vue, que ces deux dernières formes ont donné directement *Jargon* et *gergon*, comme le latin *draco*, par l'intermédiaire du vieux français *drac*, a donné *dragon;* comme *furca* a donné *fourgon*, ce qui suppose, au moins théoriquement, les mots *jarco* et *gerco*, avec l'accusatif *jarcónem* et *gercónem*.

Maintenant qu'est-ce que *jars, jarc,* ou *gerc?* On aperçoit une ressemblance entre l'*anser* latin et l'allemand *gans* qui signifient oie. Mais la transition au français *jars* n'est guère plus facile de *gans* que d'*anser*. Il devient, dès lors, intéressant de s'arrêter à une forme ancienne de *jars* qui est *jas* (les deux mots étant identiques par la prononciation : *jars* se prononçant *jâs*, comme *gars* se prononce *gâs*). Or il se trouve précisément que ce *jas* signifiait anciennement non pas le mâle de l'oie, mais le mâle de la poule, c'est-à-dire le coq. Ce que prouve sans contestation le passage suivant : « Cil (saint Pierre) desnoiet devant toz et se dit : Ne ni sai, ne ni n'entent ce ke tu dis. Si issit fuers davant la cort. Se chanteit le *jas*. » Fragment de *la Passion selon saint Matthieu*. Mém. de l'Acad. des inscr. t. XVII, p. 725. Quel rapport trouver entre le *jas* et le coq? C'est ce que je vais examiner.

Le *gallus* latin a pour étymologie, d'après Vossius, le grec κάλλαια : « Dici rubens illud, quod de mento gallorum barbæ instar propendet. » Les dictionnaires modernes conservent en effet κάλλαια pour le jabot rouge qui pend sous le bec du coq, et même, mais rarement, κάλλες au même sens. On sait qu'un grand nombre de mots latins qui contiennent une *l* dans leur pénultième syllabe donnent en français une finale en *au; malus,* mau; *altus,* haut; *camelus,* chameau; *pellis,* peau; *mantellum,* manteau, *libella,* niveau, etc., etc. Si *gallus* n'échappait pas à cette règle générale, il devait donner en français *gau;* c'est ce qui est arrivé en effet. A côté de l'orthographe *gal* et *galz,* nous trouvons la prononciation figurée *gau, gaus, gaux, gauz;* le mot se prononçait ainsi lorsqu'on traduisait *galli* soit par gaulois, soit par coqs, ce qui permet de démêler les calembours suivants : « Quant Hylaire fut entrez au concile, li pape li dist : « Tu es Hylaire li *gauz* (le gaulois). » Et Hylaire li respondi : « Je ne suis pas *gâlz* (coq), c'est-à-dire pous (poulet); mais je suis de France et ne suiz mes nez de geline (fils de poule). » Ms. du fonds Saint-Victor 28, f° 28 c.

De *gau* ou *gauz* à *cau* ou *cos* il n'y a d'autre distance que de la consonne faible à la consonne forte. Par conséquent, si ma conjecture est juste, on doit trouver dans les textes *cos* pour *gauz.* Je n'en connais qu'un exemple, mais il suffit puisqu'il est décisif :

> . . . Avecques eux emmenoient
> Un que roy des *Cos* appeloient.
>
> Geof. à la suite du *Roman de Fauvel,* f° 52.

Ainsi, voilà un roi des Gaulois nommé roi des *Cos;* l'identité de *coq* avec *gallus, galz* ou *gaulz* se trouve ainsi démontrée. Je propose cette dérivation avec d'autant moins de scrupule qu'elle est nouvelle, ni Diez, ni Littré n'ayant suggéré aucune étymologie du mot *coq.* Diez pense que c'est une onomatopée, mais le caractère de l'onomatopée est de reproduire un son saisissable aux oreilles de tous les pays. Or le *coq* gaulois eût été bien restreint comme onomatopée, puisque le latin dit *gallus,* l'espagnol et l'italien *gallo* et l'allemand *hahn.*

D'ailleurs, dans l'ancienne langue, le *q* final ne sonnait qu'en liaison ; la prononciation ordinaire était *cô;* et l'on écrivait indifféremment *co,* picard ; *cô,* berrich. ; *cot,* Coire ; *quoq, cos* et *cox,* ce qui était tout un, les finales *q, s, t* et *x* étant muettes.

A côté du *coq,* mâle de la poule, *gallus gallinaceus* des Latins, *coq, gau* ou *gauz* gardait sa signification générale de mâle dans l'ordre des oiseaux. Un *cox de cisne* se trouve dans *Bat. de Quar.,* ms. de S.-G. fº 91, pour cygne mâle.

Le *gal* ou *gau,* de formation primitive, a subi la même déformation orthographique que plusieurs autres mots commençant par un *g;* on l'a écrit par un *j,* ce qui donne les formes parallèles *jal* ou *jau, jaulx, jaus, jaux* et *jauz.* *Jau,* coq. Touraine et Poitou. Dict. de Favre, p. 199. — « *Jau* ne geline. » Lettre de rém. de 1479. Trés. des Ch. JJ. 205, p. 145. — « Le quatriesme jour de fevrier, auquel jour les enfans de l'escolle avoient entreprins pour parfaire leurs esbatemens de la jourte des *jaulx,* d'aller courir la poulle aux champs. » Trés des Ch. JJ. 208, p. 200, an 1482.

Les *jaux* sont bien près des *jâs,* et les *jâs,* par la prononciation du moins, ne diffèrent pas des *jars,* non plus que les *gâs* des *gars*). Je n'affirmerai pas cependant l'identité de *jas,* coq, et de *jars,* oiseau mâle. Le seul scrupule qui m'arrête, ce n'est pas l'introduction d'un *r,* qui fait doublement difficulté avec le *gans* allemand, puisqu'il y faut non seulement introduire un *r,* mais encore supprimer un *n;* c'est l'ancienneté de la forme *jars* avec une signification distincte. On lit dans le *Roman de Renart,* v. 12662 :

> Totes sont pleines les cuisines
> De *jars*, de cos et de gelines.

Un glossaire roman-latin du xve siècle écrit *gart* en le traduisant par *ancer*.

Cependant le verbe *jardir,* qui signifiait faire l'amour, « les oiseaux *jardissent* », berrich., et qu'un écrivain moderne a très exactement employé : « A cet âge-là on ne songe qu'à *jardir* comme les oiseaux » (Delvau, *Françoise,* p. 72); le verbe *jardir,* dis-je, conserve l'empreinte de la signification spéciale du radical *jâs* ou *jar,* au sens de mâle des oiseaux. Il se pourrait donc que le sens se fût dédoublé très anciennement en se spécialisant : *jâs* pour le coq, *jars, jarc, jar* et *gerc* pour l'oie mâle. Ce qui revenait à dire un coq d'oie, comme on disait un coq de cygne.

Ajoutons que le sens du mot *Jargon* ne s'altérerait pas à dériver du coq plutôt que de l'oie mâle, puisqu'il s'agirait toujours d'un langage ou gloussement inintelligible. Les Latins avaient les verbes *gallulare* et *gallulescere* pour exprimer la voix incertaine des adolescents, rauque comme le chant du coq. « Puerum mulieri præstare nemo scit, quanto melior sit, cujus vox gallulascit, cujus jam ramus roborascit. » Novius Exodio apud Nonium. C'est l'instant précis où le jeune homme commence à *jardir*.

Quoi qu'il en soit, revenons à *Jargon*. J'incline à croire que la forme *gerc,* qui donne *gergon,* doit être tenue pour prépondérante ; car elle se retrouve dans le polonais *gerz,* dans le picard *gergon,* dans l'italien *gergare, gergo, gergonare, gergone* et *zergo,* et enfin dans l'espagnol *xerga, xerigonza, gerga* et *gerigonza*.

L'adjectif *jargonnesque* a été employé par Henry Estienne.

JARGONNER, v. a. et n. Parler Jargon, mot de la langue usuelle.

> Et y *jargonnast* il le tremple.
> Ball. II.

> Je congnois pipeur qui *jargonne*.
> Villon. *Ballade des Mouches en laict.*

> S'il est vrai ce qu'il me *jargonne*,
> Enfin nous trouverons parents.
> *Actes des Apôtres.*

> C'est ce qui le fait, je me vante,
> *Gergonner* en limosinois.
> *Pathelin*, v. 844-5.

> . . . C'est bien dit,
> On ne sçauroit mieux *jargonner*.
> *9ᵉ journée de la Passion J.-C.* éd. Vérard.

> Sachiez c'est un fol christicole
> Qui a prins leçon à l'escole,
> Dont il va ainssy *gergonnant*.
> *Conv. de S. Paul.* Jubinal, I, 31.

> Je ne vueil point qu'on me *jargonne*
> De telz fatras...
> *Mart. de S. Denys. Ibid.* 119.

> Ung jour d'apvril, come ung vray catholicque
> Que les oyseaulx commencent *jargonner*.
> *Pierre Faifeu*, p. 14.

> J'oy d'autre point le pivert *jargonner*.
> Marot, I, 223.

On a dit d'un chardonneret « sa chanson *gergonnée* ». *Opusc. d'Énoc*, p. 100, ap. La C. — « Quant les oyes, canes et canars s'espluchent et ensemble *jargonnent*, c'est signe de pluye. » Paré, *Animaux*, 2. — « Ils *jargonnent* comme les *jars*, ils roucoulent comme colombes. » *Ibid*, 25.

On a formé, à côté de *jargonner*, les formes *gardonner*, *jargouiller*, *jargauder*, *jaspiner*; je crois bien que *jaser* est de la même famille.

> Quant cil ne sait plus que respondre,
> Pour l'abaubir, pour le confondre,
> A *gardonner* et à mesdire
> Se prent, et lui commence à dire.
>
> <div align="right">Du Cange, v° <i>Gardo.</i></div>

> Or ça, vieillart de pute affaire,
> Vien *jargoullier* au commissaire.
>
> Mart. de S. Denys. Jubinal, I, 117.

> Ils *jaspinoient* argot encor mieux que françois.
>
> <div align="right">Grandval. <i>Cartouche.</i></div>

> Je lui *jaspine* en bigorne
> N'as-tu rien à morfiller ?
>
> Vidocq.

*JARTE, subst. fém. ou plutôt GARTE, le garrot, la gorge.

> Qu'en la *jarte* ne soiez emple ;
> Montigny y fût, par exemple,
> Bien ataché au hallegrup.
>
> Ball. II.

Le sens indique qu'il s'agit ici de la gorge et non du jarret. Les étymologistes acceptent d'ailleurs un radical *gar*, qui serait le même pour *garrot* et pour *jarret*. — *Garret* en anglais ; galetas ou mansarde, traduit en *slang* par tête, c'est-à-dire la partie la plus élevée de l'homme.

Être « ample de la *jarte* » ou du *garrot*, c'est y donner prise ; et quand on y donne prise, on est pendu comme Regnier de Montigny.

Le mot *garrot* a deux sens distincts en français : le premier indique l'encolure du cheval à partir des épaules ; le second, un morceau de bois qui sert à serrer une corde ; or les deux sens se rejoignent dans un troisième, le supplice du *garrot*, où l'on serre le *garrot* de l'homme avec un *garrot* de bois. Ce supplice paraît avoir été connu en France :

> Homme véreux et digne du *garrot*.
>
> P. DU CERCEAU.

« *Garrote*, esp., palo de un grueso mediano, *fustis*. La muerte que se occasionna de la compresia de las fauces per medio de l'artificio de un hierro. *Strangulatio*. — *Garrotilla*. Angine. » *Dicc. esp.-lat.-arab.* de Franc. Cañes.

Garuche est un mot d'apparence argotique que Cotgrave traduit ainsi : « A torturing wheele upon which the accused having heavies bolts or yrons on his legs is hoysed on high, until he confesse. » Cette roue de torture « torturing wheele » ressemble beaucoup à « la roue de babiller » dont Villon parle en sa ballade II° du Jargon.

Gargaite, gargate, gosier.

> O grant couteaux et o coingnies
> Lor ont les *gargaites* trenchies.
>
> Rou, cité par Du C.

« *Gargata, gargate,* gavion, *ructa*. — *Gargatin,* gorce. » Gloss. ms. 7684.

Gargamelle, gorge. « Le suppliant coppa la gorge audit Guillaume, ou quoy que ce soit, la *gargamelle* ou gosier. » Lett. de rém. 1468, JJ. 197, p. 59.

Jarte est conservé dans le nom propre de *la Jarte,* qui

est un nom de terre. — *La Jarthe*, Dordogne, deux châteaux de ce nom, communes de Coursac et Trélissac.

Le ms. du musée britann. Harl. 3988, publié par M. Gaston Pâris, nomme parmi les diverses parties du corps humain le *gorger* pour la gorge, et en interligne « vel *gargate* ». *Revue crit. d'hist. et de littér.* 1870, p. 383.

JOBELIN, subst. m. et adjectif. C'est le langage décevant des *joncheurs*, de ceux qui trompent par la parole. (Voir *Joncher*.)

Job, voleur; *do a job*, voler en *slang*; *jobber*, tripoteur, agioteur en anglais.

> Qui sur la roue avez lardons clamez
> En *jobelin*, où vous avez esté.
> Ball. VIII.

> Les hoirs de deffunct Pathelin
> Qui sçavez jargon *jobelin*.
> *Repues franches.*

> Aux povres duppes ? — La havée ;
> Et aux rustres ? — Le *jobelin*.
> *Dialogue de Malep. et Baili.*

> Ha, maistre Pierre Pathelin,
> Le droict joueur de *jobelin*,
> Ayez en Dieu confidence.
> *Testament de Pathelin.*

> Les ungz, par leur fin *jobelin*
> Fournissent à l'apoinctement...
> Coquillart. *Mon. du Gend. cassé*, I, 158.

> Pour entendre son *jobelin*
> Amener le fault.
> *La vengence N.-S. Jesucrist.*

> Je n'entends point son *jobelin*.
> *Farce nouvelle de Colin.*

Job, Jobet, Jobelin, Jobelot, sont l'origine et l'équivalent de *jobard.* « He, pauvre Job, te souvient-il pas qu'il me le promit la nuit? » *Confess. de Sancy,* II, chap. I.

>. . . . Combien de financiers
>Et de *jobets* voit-on, qui, pour estre officiers...
>
>*Parnasse satyr.*

>Il n'est qu'un *jobelin,* il n'est qu'un jean farine.
>
>D'Assoucy.

« La Motte... dressa à notre *jobelin* bridé une bonne et gentille partie. » *Contes d'Eutrapel,* ch. XX.

Jobelot. « Iceluy suppliant oyt et entendit que Pierre Pelerin le nommoit et appeloit par manière de injure et moquerie *jobelot.* » Lettre de rémission de 1454.

Le *jobelin* est le langage avec lequel on trompe les *jobelins;* il tire son nom des niais et des crédules qu'on *enjobeline,* c'est-à-dire de ceux à qui on le parle, et non pas de ceux qui le parlent.

>Vous sçavez bien pateliner,
>Mais, pour mieux l'*enjobeliner,*
>Dictes luy ce qu'il ne fut onc.
>
>*Farce de Calbain.*

Joberie, niaiserie. — « Ce qui donna sujet à l'auteur de se mocquer de leur *joberie.* » *Muse normande,* 7ᵉ partie, p. 115. — *Joberie,* plaisanterie, bas langage rémois.

Jobe, jobard, poit. Sot, niais, imbécile. — « Servir et faire le mignon longtemps, qui est l'office d'un *jobe* ou caillette. » Noël du Fail, ch. VI.

>Mez alle est tant *jobe*
>Quo l'est un grand cas.
>
>*Chanson poitevine.*

Jobiner, jobeliner, poitev. Jouer, s'amuser. — *Jobir,* se moquer. Lacombe.

§ Tout compte fait, on ne voit pas bien quel est le rôle de *Job* dans cette succession de mots. Job fut un héros de patience ; il ne fut ni un niais ni un sot. J'inclinerais à croire que le point de départ est *gober* (comme dans le *gobe mouches,* qui est un vrai *jobard,* c'est-à-dire *gobard*) et que *jobelin* vaut autant que *gobelin.* Le radical *gob* se sera transformé en *Job,* qui n'en peut mais, grâce à cet instinct d'incarnation d'une idée dans un homme, qui tourmente l'imagination du peuple français, et qui lui a fait commettre, en philologie, tant d'assimilations bizarres en même temps que bibliques ou historiques, telle qu'une *Rebecca,* un *Agrippa,* etc. C'est par une ressemblance extérieure et sans aucun rapport de sens que Rebecca, Agrippa et Job sont entrés dans le langage populaire, pour désigner une fille qui se *rebecque,* un homme qui *agrippe,* et un homme qui *gobe.*

« On demanda une fois quelle sorte de gouvernement c'estoit que la Rochelle ; c'est une *jobelinocratie,* répondit un galant homme. » Tallemant des Réaux. VI, p. 455.

> Au moins, donnez nous une pesche
> Pour faire un peu *gobe* quinault.
>
> *La Condamnacion de Bancquet.*

Battre Job, dissimuler, faire le niais. Vidocq.

JONCHER, v. a. Tromper par paroles subtiles.

> Par *joncher* et enterver.
> Ball. III.

Joncheurs *jonchans* en joncherie,
Rebignez bien où *joncherez*.

Ball. V.

. . . Ne me *jonche* point.

Mist. du V. Testament.

Dancer, *joncher*, patheliner.

Coquillart, I, 95.

. . . La dame et la chamberiere
Me *joncherent*, l'une derriere,
L'autre devant me regardoit...

Ibid. 194.

Jonchons ! le voicy à sa porte.
— *Jonchons* fort...
Pour babiller piteusement
Et *joncher* beau, c'est mon mestier.

Mir. des Enf. ingratz.

Aucune conjecture n'a jamais été proposée pour l'explication des mots *joncher, joncherie, joncheur,* au sens de tromper, tromperie, trompeur, usité depuis le xive siècle. Ils dérivent cependant du mot *jonc;* mais où est le rapport? Je l'ai trouvé, et il est bien simple. Ces trois mots descendent d'un quatrième, la *jonchée,* dont voici le sens : « Tous engins de bois, soient nasses d'ozier, nasses pellées, *jonchées,* ou autres engins quelsconques. » Ord. t. Ier, p. 794. — « Item la pescherie aux usagiers en laditte riviere à panier, à verge, aux *jonchiées* et à la main. » Trés. des Ch. JJ. 56, p. 253, année 1318. La *jonchée* étant un engin prohibé pour prendre le poisson, *joncher* c'est pêcher à la *jonchée,* c'est prendre au piège.

On verra ci-après qu'on disait également *leurre* ou *loere* pour engins de pêche et pour tromperie ou vol (v° *Loirre* et *Loirrir*).

JONCHERIE, subst. f. Tromperie de ceux qui jonchent.

> Joncheurs jonchans en *joncherie*.
> Ball. V.

> Il congneut bien la *joncherie*.
> *Repues franches*.

> S'avisa de grant *joncherie*.
> Ibid.

> Par motz dorez, par *joncheries*.
> Coquillart, I, 25.

> Les grans juremens menteries ;
> Les statutz, ce sont *joncherie*.
> Ibid. I, 90.

> Aux fins espritz les *joncheries*,
> Les ruses, les termes nouveaulx.
> *Ibid*. 182.

> Ne hil falloit user de *joncherie*.
> *Vig. du roi Charles VII*.

JONCHEUR, subst. m. Trompeur, celui qui jonche.

> Berart s'en va chez les *joncheurs*.
> Ball. IV.

> *Joncheurs* jonchans en joncherie.
> Ball. V.

> Fourbe, *joncheur*, chacun de vous se saulve.
> Ball. X.

> Jangleurs, *joncheurs*, detracteurs, flatereaulx,
> Sont eslevez et bien entretenuz
> Au temps qui court.
> Roger de Collerye.

Nous avons, dans un registre du Parlement de Paris du 7 septembre 1389 (Archives, X 1474, f° 332 v°), une jolie définition du *joncheur* : « Le procureur du roy dit que l'un des prisonniers appelé Perrin Constant est mariez et ne scet lire, et est houlier, cabuseur, mal renommez; et appelle l'on tels gens qu'il est *joncheus*, c'est-à-dire cabuseurs de gens, comme sont compaignons oiseux qui montrent aux simples gens monsieur Pierre du Cugnet (figure de pierre placée dans l'un des coins de l'église Notre-Dame, de là son nom qui signifie la pierre de l'encoignure), et après les menent en les tavernes, et se partent des tavernes en donnant à entendre trufes et mensonges; et laissent les simples gens ès tavernes, et convient qu'ils payent l'escot. » Ce curieux morceau a été rapproché par M. Francisque Michel (v° *Joncheur*) du passage suivant extrait des *XXXIII manieres de Vilains* : « Li vilains babuins est cil ki va devant Nostre-Dame à Paris, et regarde les rois et dist : « Vés là Pepin; vés là Charlemainne. » Et on li coupe sa borse par derriere. »

JONCS, subst. m. Les joncs dont on couvrait le plancher en guise de tapis ou de nattes. *Être sur les joncs*, dans le Jargon, c'est, comme nous dirions aujourd'hui, pourrir sur la paille humide des cachots, ou se trouver comme le poisson sur la *jonchée* (v. ci-dessus Joncher).

>Plantez aux hurmes voz picons
>De paour des bisans si très durs,
>Et aussi d'estre sur les *joncs*
>Emmalés en coffre en gros murs.
>   Ball. I.
>
>Et ne soyez plus sur les *joncs*
>Pour les sires qui sont si longs...
>Mais plantez ilz sont comme *joncz*.
>   Ball. III.

Dans ce troisième exemple, le mot est pris dans son acception primitive, le *jonc* à l'état de croissance naturelle.

> Allons mettre ces gallans pondre
> Sur la belle paille jolye.
>
> *Mist. de la Passion.*

C'est-à-dire les mettre sur les *joncz* comme les poules qui vont pondre sur leur litière. « — Les commeres s'en viennent à l'oustel et se seent à l'entour d'un beau feu, si c'est en yver ; si c'est en esté, elles se mettent sur le *jonc*. » *Quinze joyes du mariage*, p. 125.

Jonc était aussi dit pour lien : « Ces trois thoreaux estoient liez parmy ly cols de *jons* fors et tenans. » *Lancelot du Lac*, t. III, f° 94, dans La Curne.

JUC, subst. m. Perchoir, lieu où les oiseaux *juchent* pour dormir; c'est le gibet pour les pendus, comparés aux oiseaux de nuit.

> N'estant à *juc* la riflerie
> Des angelz et leurs assosez.
>
> Ball. V.

> Où est Arquin ? — Il fait la moue
> A la lune. — Est-il au *juc* ?...
> Dænus le fera mettre au *juc*
> En ung gibet au fin plus hault.
>
> *Vie de saint Christophe.*

« Il usoit quelquefois de si rudes termes que les poules s'en fussent levées de *juc*. » Desperiers. *Contes*, XVI. Ce mot, omis par les éditeurs de La Curne, doit être plus ancien que le Jargon, puisque le verbe *jucher* se trouve déjà dans le roman de *Brut* et dans le roman de *Renart*.[1]

J'ai donné ci-dessus le texte du Jargon tel qu'il se trouve dans l'édition de 1489 ; il devrait s'expliquer par « la riflerie des sergents n'étant pas à *juc* », c'est-à-dire n'étant pas haut perchée et triomphante. Cette traduction pénible m'a suggéré une restitution plus claire, et qui a le mérite de conserver le sens. Je crois qu'il faut lire *mettant à jus*, c'est-à-dire mettant à bas. L'erreur du copiste s'explique par l'homophonie, *juc* et *jus* se prononçant l'un et l'autre *ju*.

Juc vient évidemment du latin *jugum*, qui signifie sommet, hauteur, etc. Le *joug* militaire, composé de deux lances plantées en terre, sur lesquelles une troisième est posée transversalement, donne un modèle très simple de perchoir.

JUCHIE, part. passé fém. de *juchir*, forme alternative de *juchier*, l'autre étant *jucher*. (Voyez *Juc*.)

> Eschecquer fault quant la pye est *juchie*.
>> Ball. IX.

Voir v° *Pye*, ce que c'est que *jucher la pie*, c'est-à-dire se griser.

> Pinte parla qui plus savoit
> Cele qui les gros oes ponnoit,
> Et près du *coc juchant* a destre
> Si il a conté tout son estre.
>> *Renart*, 1335.

> Cils aloient la nuit *jouchier*.
>> *Brut*, f° 103ᵉ.

> Grosses lefres pour gelines *jouchier*.
>> Eust. Desch. f° 329ᵈ

> De là s'en viet le seneschal
> De costé sainct Ouyn *juchier*.
>
> *Vig. de Charles VII.*

LAMBOUREUX ou **LEMBOUREUX**, subst. m. Voyez *Emboureux*.

LARDON, subst. m. C'est le mot de la langue ordinaire, appliqué aux saillies de bois qui garnissent la roue du pilori, et entre lesquelles on attache le patient.

> Qui sur la roue avez *lardons* clamez.
>
> Ball. VIII.

L'explication donnée ci-dessus pourrait sembler bizarre; je ne l'aurais pas trouvée tout seul; elle m'est fournie par Bouchet, dans sa 34ᵉ serée : « Les gardes lors eurent grand envie de lui bailler du roux de billy, dont les *lardons* sont de bois, et le faire crocheteur. » V. 43. La plaisanterie de Bouchet consiste en un jeu de mots sur la *roue* de Billy, qui était probablement un pilori, et sur le *roux*, c'est-à-dire sur la sauce que composent les cuisiniers en faisant roussir du beurre avec des *lardons*.

LAS pour **LACS**, lacets, liens, filets.

> Prince, cil qui n'a bauderie
> Pour soi eschever de *las* oe :
> Danger de grup en arderie
> Fait aux sires faire la moe.
>
> Ball. VI.

L'ancien texte porte *de la soe;* ce qui pourrait signifier : « Celui qui n'a finesse pour éviter la prison », mais la phrase resterait inachevée. En lisant comme ci-dessus :

« pour éviter les lacs, écoute », la liaison est trouvée. Ma restitution n'a rien d'arbitraire, *las* étant un mot de la langue de Villon :

> Pour moy retraire de ses *las*.
> *Gr. Test.*

Il appartient également aux autres vieux poètes français :

> Al brant d'acier l'en trenchet cinc des *laz*.
> *Roland,* v.

> . . . Cele
> Qui tout me tient en ses *las*.
> Couci, p. 122.

> En ces *laz* le voleient li cardenal buter.
> *Th. le martir,* 106.

> Home mortel voulant à salut tendre
> Vers angleres ne doit jeter ses *las*.
> Henri de Croi. *Ballades.*

On en citerait cent autres exemples.

« Ce porte-balle ayant desployé sur une tombe de cimetiere, où se tenoit la foire, des espingles, des peignes, des flajollets, des almanachs et des *las*, il arriva un gentilhomme... » Bouchet, III, 106. — « Davant la statue de Hercules Bouraïque y faisoit jadis, de præsent en plusieurs lieux faict, maintes simples ames errer, et en ses *lacz* tomber. » Rabelais, II, 58.

LOIRRE (prononcez *lerre*), s. m. Voleur et leurre.

> Luay l'autryer en brouant à la *loirre*.
> Ball. IX.

Le mot est pris ici adverbialement; on pourrait croire, à première vue, qu'il faut comprendre « en allant vers la Loire »; mais le vers signifie en allant à la maraude ou à la pêche, ce qui est tout un (voyez ci-dessus *Jonc, Joncher, Joncheur*).

Le nominatif du latin *latro*, voleur, est devenu en vieux français : *lierres, lerres, lerre,* tandis que l'accusatif *latronem* donnait *larron*.

> Moult ot Tybert li *lerres* le cuer très courroucié.
> Berte, v. 620.

> Bien est *lerres* qui larron emble.
> Fab. ms. 162. La C.

> Si c'est *lerre* qui fait murdresse
> Où robe gens ou robe Église.
> Fabel des droits du clergé.

> Me lapidez ce sanglant *lierres*.
> Mart. de saint Étienne. JUBINAL, I, 19.

> Toi le convient amer et pendre,
> Amer, parce qu'il est ton frère,
> Et pendre, parce qu'il est *lerre*...
> Ains cuide que chascun soit *lerres*.
> ÉUST. DESCHAMPS.

Lière en wallon; *laire* prov. et lang. — On a aussi la forme *liarre* : « Nul malfaiteur ne *liarre* n'osa demourer à Paris. » Joinville, 297.

Le mot *loirre* ou *lerre* fait équivoque avec *loere*, l'une des formes de *leurre*, pour appât de pêcheur : « Retiennent encore la pescherie de la rivière à *loerre* et à tous engins.. » *Charte de Langres,* 1237. Du Cange sous *Lorra*.

Loire en provençal et *logoro*, ital. signifient *leurre* et se rapprochent par la forme comme par le sens du jargonnesque *loirre*.

> Faucon qui ne revient au *loire*
> De sa priveté me despoire.
>
> Mir. de Coincy.

> . . . Amour *loirre*
> Les cuers comme faucons en *loirre*.
>
> Al. Chartier, p. 636.

> Il mist trop bas son *loirre*,
> Et cheut en ung vivier.
>
> Chr. de G. Chastelain.

Le glossaire fr.-latin, ms. fr. 4120, donne *lererie* pour larcin.

LOIRRIR, v. a. Voler où prendre au leurre.

> En ceste vergne où vostre an veult *loirrir*.
>
> Ball. VIII.

« *Loirer*, voler. » Lacombe. — *Loiral* provençal et *lograr*, anc. catalan, *leurrer*.

Loirer, dresser au leurre. « Si avint un jour qu'il fit voler un de ses faucons qu'il tenoit à très bon... et me fust dit qu'il estoit *loirré* pour les aigles. » Froissart, IV, 281. — « L'aprentis demande comment on doit *loirrer* ung faucon nouvel affaitié. » *Modus*, f° 81.

LUANS, subst. pl. Probablement des dés à jouer.

> On polua des *luans* bas et hault.
>
> Ball. XI.

Le verbe *luer* (v. ci-après) signifie proprement *luire*, de *lucere*, et par extension voir, regarder. Les *luans*, en langage blesquien (*luɀeros* en Jargon espagnol) sont les yeux, qui luisent et qui regardent. Ces *luans* qu'on secoue de bas et de haut ne seraient-ils pas des dés, dont les points noirs et brillants ressemblent à des yeux? Notez qu'on se sert de ces *luans* « pour mieulx polir et desbouser musars », c'est-à-dire pour mieux dépouiller les niais. Ma conjecture paraît donc plausible à tous les égards.

En voici une autre, un peu plus hasardée. Le Jargon a pu nommer *luans* tous les objets qui brillent et particulièrement les écus neufs. En cette acception, nous aurions un commencement de texte dans le vers poitevin :

> J'agripons des *lus* d'or...
> BURGEAUD. *La Maléisie*, p. 16.

Enfin, le même poitevin nous donne « la *luette*, jeu de cartes espagnol qui se joue sur le littoral du bas Poitou ». L. Favre. Mais les dés conviennent mieux aux pipeurs, dont c'était authentiquement le jeu favori. « Et vint à Bourdeaulx, onquel lieu ne trouva grand exercice, sinon des guabarriers jouans aux *luettes* sur la grave. » Rabel. I, 238. — « *Luettes*, jeu de la fossette. » Gloss. de l'éd. Janet, 1823, p. 283. *Luette* vient de *uva*, d'où *l'uette* par agglutination. Les *luettes* seraient des billes. « Force dez, cartes, tarots, *luettes*, eschets et tabliers. » Rab. III, 85.

Luisant, le jour et le soleil. Ol. Chereau. — *Luisante*, fenêtre. *Ibid*.

*LUBIE, part. fém.

> C'est tout son fait d'engaudrer les gaudins
> A hornangier, ains qu'elle soit *lubie*.
> Ball. IX.

Le sens général de ces deux vers est celui-ci : « C'est tout son fait de provoquer les caresses des gaudins », mais « ou » pourvu que « ou » avant que « elle soit..... » La valeur du mot *lubie* reste indéterminée, mais on devine qu'il s'agit encore de quelque ordure. Deux acceptions principales se présentent.

Dans la plus simple, *lubie* représentant le participe passé d'un verbe *lubir*, serait tiré, comme le substantif *lubie*, du verbe latin *lubere* ou *libere*, qui a donné le substantif *lubido* ou *libido* ; Lacombe cite le substantif *lube* au sens de *libido*. Lubie signifiant caprice, fantaisie; « qu'elle soit *lubie* » voudrait dire « qu'elle soit bien disposée, que ce soit sa fantaisie ».

La seconde hypothèse se rapporte au mot *loup*, le *lupus* latin, qui se dit *lu* en vieux français, et qui a fait *lubin*, petit loup, nom d'un poisson dit loup de mer.

> N'en mengerunt ne *lu*, ne por, ne chien.
> <small>Chanson de Roland, v. 1751.</small>

La louve, c'est la *lue :* — « Entor ceste riviere, manoit une femme qui servoit à tous communement, et tels femes sont apelées en latin *lues*. » Brunetto Lat. *Trésor*, p. 43. Le provençal et l'espagnol nomment la louve *loba*, en languedocien *louba*. Le participe passé *lubie* dériverait d'un verbe *louver* ou *luvir*, qui indiquerait l'état de la *louve* au sens que lui donne Brunetto Latini. On sait que la louve passe, en littérature, pour la plus dévergondée des femelles, témoin ces vers du XVIe siècle :

> Je ne chasse jamais, je plaindrais fort mes peines,
> Aux *louves*. Quelle horreur ! Les forests en sont pleines.

Chascune par sa voix se fait suivre des loups;
Puis l'infame choisist le plus laid de la trouppe.

Cap. Lasphrise, p. 349.

On entend un écho de ces vers dans la XIe satire de Regnier :

Sachant bien que fortune est ainsi qu'une *louve*,
Qui sans choix s'abandonne au plus laid qu'elle trouve.

Du reste, le verbe *louver* existe, en industrie, au sens technique de soulever une pierre avec la *louve*, instrument de fer qui, placé dans un trou fait exprès aux pierres de taille, sert à les enlever. Littré.

Eustache Deschamps a employé le mot *louviere* (f°s 230 et 231 du ms.) au sens de *pudendum muliebre*, qui est donné par la *louvière* ou fourrure faite de peaux de loups. « — Son page écarté ne l'aïant pas trouvé pour luy donner sa *louvière*. » Brantôme, *Cap. fr.* II, 393.

Il faut enfin citer une troisième étymologie, sans y insister : le latin inusité *lubia*, pluie; espagnol *lluvia* :

Septembrio *lubia* vites submersit et uvas.

Sicardus. *Epist. cremon.* t. VII.

« Ains qu'elle soit *lubie* » se traduirait « avant ou à moins qu'elle ne soit indisposée ». Le normand *hubi*, triste, malade, s'entendrait dans le même sens. Littré fait remarquer que *lubrique* paraît avoir le même radical que *lutum*, boue, et *illuvies*, non lavé; de *in* privatif et *luo*.

LUER, v. a. Littéralement luire; par extension, éclairer et voir. *Luer au bec*, éclairer à la figure; c'est-à-dire regarder de près, veiller.

Luez au bec que ne soyez greffis.

Ball. I.

Luez au bec, que roastre ne passe.

Ball. VII.

Luez la ,gruis s'elle est desmaquillie...
Luay l'autryer en brouant à la loirre...
Gaultier *lua* la gauldouse gaudye...
Après moller, *luay* ung gueulx qui vault.

Ball. IX.

Luez au becq que l'on ne vous encloue.

Ball. X.

Nous y allons *luer* au bec.

Mist. de la Passion.

Ainsi tu ne *luras* l'accollante tortouse...
A la mette on *lura* ta biotte conie.

CAPITAINE LASPHRISE.

Berlue, brelue, fausse lueur, fausse vision; ital. *barlume;* bourguig. *ebrelue. Esberluer,* éblouir. N. Duez. *Aberluder.* rémois. *Ebéluer,* éblouir, norm. Du latin *lucere,* luire.

En argot le *reluit,* c'est le jour, et *allumer* est devenu, comme en Jargon, synonyme de voir.

« *Luren,* speculari; *lauern.* all.; suec. *lura;* dan. *lure;* angl. *leer;* isl. *hlera.* » Scherz. — En all. mod. *lauern* signifie guetter, être aux aguets, ce qui est bien la signification de *luer* en jargon.

« *Lu,* lumière. *Lucher,* luire. *Lus, luse, luit,* il éclaire; du verbe *lusir,* luire. » Lacombe. — « Ni fu ni *lu.* » Cotgrave.

Lueus, épith. de miroir. Épith. de M. de la Porte. La Curne. — *Lueuses,* lanternes et clarté. *Ibid.* — « Le *maulubec* vous trousse! » Rab. I, 218.

§ *Luer,* vieille forme de louer, au double sens de *laudare* et de *locare,* n'a pas d'application ici.

*LURIE, subst. f. Vigilance; action d'éclairer, au sens de faire bonne garde, comme les éclaireurs d'une armée.

> Et autour de vos ys *lurie*
> Pour la poe du marieux.
>
> Ball. V.

Lurie, bien que d'exemple unique, est facile à classer comme le substantif de *luer,* par contraction de *luerie,* comme *surie* de *suerie,* etc. Le texte ancien porte *luezie,* qui ne changerait rien (v. ci-après ce mot), mais qui donnerait une fausse rime, toutes les autres rimes de la ballade V étant exactement en *rie.* Le copiste peut avoir mis *luzie* pour *lurie,* vu la fréquente permutation de l'*r* en *s* ou en *z*.

Un sens particulier d'éclairage se rattachant à *lurie* nous est donné par le latin *luror* pour *pallor,* et *luriditas,* pâleur livide, qui subsiste dans la langue médicale sous la forme française *luridité.*

Quoique je considère le sens de *lurie* comme bien déterminé par le français *luer* et l'allemand *lauern,* je ne négligerai pas une autre source. On pourrait traduire *lurie* par jonglerie, tour d'adresse pour échapper à la patte du bourreau. Le dialecte picard fournit le substantif *lure,* sornette, et le verbe actif *lurer,* amuser par des sornettes. *Leurre* et *leurrer,* en wallon, et en anglais *lure,* sont évidemment de la famille. On a voulu tirer *leurre* et *leurrer* de l'ancien haut allemand *luoder,* tromper. Cet ancien moyen allemand-là ressemble furieusement au latin *ludere,* et c'est à ce dernier que je m'en tiens. Notez que *ludere* et son composé *deludere* s'emploient comme synonymes de *fallere, decipere*, etc.

<blockquote>Vana spes lusit amantem.
Virg. </blockquote>

Au xve siècle, nous voyons apparaître *lureau, luron, lure* et *lurette*.

<blockquote>Pour le soupper des compaignons lureaux.
Pierre Faifeu, p. 38.

Le fils en chantant
Avant *lure, lurette,*
Avant *lure, luron;*
Mon Dieu, que je suys vrai *luron*.
Le fils et l'examynateur. Rec. Techener, t. III. </blockquote>

Génin fit une grande querelle à Charles Nodier, qui était mort, au sujet de ses conjectures, passablement bizarres en effet, sur l'origine de ces *lure, luron*, produits par un certain *mimologisme* assez difficile à comprendre. Génin expliquait *luron* par *levron*, prononcé *leuron*, jeune lévrier; il n'en citait d'ailleurs aucun exemple. On y peut objecter que *lévrier* vient de *lièvre*, et qu'ainsi *levron* aurait pu désigner le jeune *lièvre* plutôt que son ennemi le chien. Mais comment s'expliquer alors que le *levron* n'apparaisse dans les textes qu'avec le xvie siècle, le lièvre étant un animal aborigène, tandis que le mot *lévrier* est connu dès les premiers âges de la langue? Du reste, *levrault* ne paraît pas plus ancien que *levron*.

On me permettra de remarquer, au moins comme coïncidence curieuse, que *lure, luron, lurette*, sont contemporains de l'arrivée en France des Bohémiens ou *Lurys*, dont j'ai retracé l'histoire dans mon *Discours préliminaire,* p. 35 à 45.

*LUZIE, s. f. Lumière, éclairage, surveillance.

> Et autour de vos ys *lûẓie*
> Pour la poe du marieux.
> Ball. V.

Luẓer, luẓir, prov. luire. Vieux français *luisir.* Latin et ital. *lucere;* esp. *luẓir.* — « Tu as la *berlusie.* » Com. *des proverbes,* p. 62. *Lusie* se retrouve là dans le substantif *berlusie,* comme *luer* dans le verbe *éberluer.* (V. *Luer.*)

> Non e oro tutto quel che *lusi.*
> *Prov. ital.* de 1555.

« — Para que es el dinero sino para *luẓirse* con ello ? — Se que esto, aunque *reluẓe,* no *luẓe.* » Oudin. *Dialogues,* p. 92.

MACQUILLER, v. a. Manger, faire, travailler.

> Où gitrement on *macquilloit* riffault...
> Et massement *maquiller* à l'esquerre.
> Ball. IX.

1. *Macquiller,* au sens de manger, comme dans le premier exemple, est une prononciation picarde de *mâchiller, maquer,* lat. *masticare, maqualier* en picard et en rouchi, du latin *maxilla,* mâchoire.

2. Au sens de faire, travailler, c'est l'allemand *machen,* faire; en Jargon réformé, *maquiller.* C'est l'emploi du verbe dans le second exemple.

3. Au sens moderne de faire subir un arrangement, déguiser, peindre le visage, l'allemand *machen* nous fournit encore un point de départ, car il signifie également imiter, et avec *aus, ausmachen,* transformer. Mais l'étymologie *masquer,* indiquée par M. Francisque Michel, me paraît plus plausible. « *Mascha,* simulacrum quod terret, quod vulgo dicitur *mascaret,* quod apponitur faciei ad terrendos parvos. » Ugutio dans Du Cange, sous *Masca.* Les verbes confirment cette hypothèse : le *mascherare* italien, masquer, se retrouve dans le provençal *mascarar,* et dans le français *mascarer,* qui signifient barbouiller ; c'est précisément le sens de *maquiller,* car une femme qui se *maquille* se barbouille le visage. Au fond, ces transformations diverses nous ramènent à *macula,* qui s'est peut-être altéré en *mascula.* D'ailleurs, *măcŭla,* au sens de maille, ayant donné *macle* en terme de blason, la forme *maque* ne serait ni plus ni moins contraire à l'accentuation latine. D'où cette conclusion que *maquiller* reproduit purement et simplement le latin *maculare,* qui, d'après les règles de la phonétique, a dû donner *maclier* ou *mailler,* mot évidemment identique à celui qui nous occupe. *Maclier* nous fournit exactement *maquiller,* par une légère nuance de prononciation. *Maquilia,* maquiller ; *maqiliadge,* maquillage ; langued.

Macharer, pat. d'Auv. — « Tousjours se vaultroit par les fanges, se *mascaroyt* le nez. » Rab. I, 44.

« *Maquila,* vox hispanica. Molitura, gallicè *mouture.* » Du Cange. — « *Maquilar,* v. esp. Prendre le droit de la mouture. » Oudin.

« Denost va dire à ce médecin : Monsieur, vous qui estes si expert, me feriez-vous bien partir ces rougeurs que j'ay au visage et au nez. — Oui dea, monsieur, j'en ay bien effacé de plus *maculées*. » *Moyen de parvenir*, p. 56.

« Courtauds de boutanche sont des compagnons d'estat dont les uns ne *maquillent* que durant l'hiver, l'esté estant venu disent fy du *maquillage*. » *Jargon de l'argot réf.*

Maquelotte, tache de boue en langage rémois.

Maquiller, travailler. *Jargon réformé*.

Le jargon disait *maquiller* pour manger; l'argot a dit ensuite *morfier*, c'est-à-dire *morfiller*, de *morfil*, ivoire; le premier verbe indique l'action de la mâchoire, et le second celui des dents.

Mascarilla, s. f., masque. *Dial*. Oudin, p. 366.

*MACQUIN, subst. m. Macquereau, ainsi que le prouve le premier couplet de la ballade IX du jargon, où le même personnage, qualifié d'abord de *macquereau*, reçoit ensuite la désignation de *macquin* :

> Et le *macquin*, qui se polyt et coinsse.
> Ball. IX.

Macquin qui, au premier abord, semble un diminutif, pourrait bien, au contraire, n'être qu'une forme primitive et très ancienne de *macquereau*, au sens de *macquignon*. Celui-ci s'est dit d'abord *maquillon*; il subsiste, au sens du premier, dans la langue populaire de Paris, où l'on dit indifféremment un *macquereau*, un *mac*, ou un *maquillon*. « Aux *macquillons* [je donne] les chevaux de poste du mont de la Bouille. » *Estrennes* de Tabarin. Au propre, un *maquignon* est un entremetteur; le mot n'apparaît qu'au xvIe siècle et se complète avec cette signification générale; et lorsqu'on veut désigner spécialement la profession des marchands de chevaux, on écrit expressément *maquignons* de chevaux. La Boetie, 127; Desperiers, *conte* XXVII.

Maquignonner se prend aussi pour trafiquer en général et aussi pour *maquiller*. Le *maquillon* originaire était un courtier de chevaux, qui *maquillait* ses chevaux pour les vendre plus cher. Les deux sens se rejoignent aisément, venant l'un et l'autre de *macula*.

Je sais qu'on allègue l'allemand *mäkler*, entremetteur, dont le verbe est *mäkeln*; mais l'un et l'autre ont pour radical *makel*, tache, qui n'est autre que *macula*.

Maquet, dim. de maquereau en langage rémois.

*MAREUX, subst. pl. Trompeurs et Gueux.

Gueulx affinez, allegrues et floars,
Mareux, arvés, pimpres, dorlotz et fars.

Ball. XI.

Mareur, lang. d'Auvergne, qui fait de la *mare,* c'est-à-dire du tapage, des embarras. — *Marrias,* niçois. Truand. — « *Maraud, marault.* Coquins, belistres. » Bouchet.

Desnué comme ung *marault.*

Rep. fr. du souffreteux.

« Un an après vint un gros maraut qui contrefaisoit le ladre. » Paré, XXII, 8. — « Ilz n'estoyent que *maraulx,* pilleurs et brigans. » Rabel. I, 135.

« *Marota,* esp. renard. *Maroteria,* finesse, ruse, subtilité. » Oudin.

Marelle, tromperie. Lacombe.

Mare, malheureux. *Mar,* mal. — *Marreux,* laboureur

à la marre, espèce de pelle. « Après qu'ils eurent beu, lesdictz *marreux* s'en retournerent besongnier audit courtil. » JJ. 109, p. 174, 1463.

Maraout, maraudeur, rom.-castr.

§ Une autre acception, signifiant célèbre, notable, dans la confrérie des Gueux, s'entend, nous est indiquée par la série suivante de mots allemands du moyen âge :

« *Mare,* celebris, all. moyen âge. » Scherz. — « Er sloeh then thuiren herzogen thaz ware der *mare* Sampson. » *Hist. belli Caroli Magni cum Sarracenis,* v. 3184, in Schitteri Thesauro antiq. teuton. — *Goman maro,* vir inclytus. Otfridi Evangelia. *Ib.* t. II, 2, 2. *Muater mara,* mater inclyta. *Ibid.* t. Ier, 11, 105.

D'où, selon Scherz, les noms de *Marobodus, Merovicus, Chlodomer, Marcomer,* etc.

MARIAGE, subst. masc. Le jugement, la pendaison.

> Qu'au *mariage* soiez sur le banc.
> Ball. I.

> Mais le pis est *mariage* : m'en passe.
> Ball. VII.

La ballade VII (la première des inédites), laquelle reproduit, en la développant, le thème de la ballade I, raconte une pendaison en ces termes :

> Nopces ce sont : c'est belle mélodie...
> Dance plaisante et mets delicieux...

Mariage est aussi, d'après Richelet, le nom que les

cordiers donnent aux cordes dont le bourreau se sert pour pendre les criminels. (V. *infrà* v° *Turterie*.) Nom que les jurés cordiers donnaient à la corde qu'ils devaient fournir au bourreau de Paris pour pendre les criminels. Littré. Réunion de deux cordages par des amarrages plats, terme de marine.

On disait proverbialement et par allusion : « Il n'y a si bon *mariage* qu'une corde ne rompe. » Loysel, *Instit. coutum*. t. Ier, l. 1er, tit. 1, part. XXVIII, p. 162-3.

Au xve siècle on disait : *épouser* un gibet. Du temps de Bouchet, *angué* signifiait *marié* et *pendu*. Pour nos voleurs, la potence, c'est la *veuve;* pour les Anglais, c'est la vierge (*the maid*). Francisque Michel.

V. sur la *maid* des Anglais l'article de M. Aristide Guilbert, *Revue de Paris*, 13 nov. 1836, p. 99.

> Le beau gibet *espousere{z}*
> Pour estre de *nopces* tous trois.
>
> *Mist. de la Passion.*

Enfin, l'expression est consacrée par une main royale, qui s'y connaissait et qu'a connue Villon : « Et me faictes soudain sçavoir de vos nouvelles, pour faire les preparatifs des *nopces* du gallant avec une potence. » Lettre de Louis XI à M. de Bressuire, datée du Plessis du Parc, le 30 juin 14..., citée par Brantôme en la vie de ce prince.

« Si aucun de leurs compagnons a été angué, ils disent : il a été *marié*, et un tel a dansé à ses nopces, c'est-à-dire qu'il y a esté fouetté. » Bouchet, III, 130.

Les condamnés menés au supplice étaient graciés quand une jeune fille les demandait en *mariage. Mariage* de Hennequin Doutart et de Iehennete Mourchon. Tr. des Ch. JJ. 121, p. 271, an 1382.

MARIEUX, subst. m. Celui qui marie; le bourreau.

> Eschec qu'acollez ne soiez
> Par la poe du *marieux*.
>
> Ball. V.

Jour verdoiant, havre du *marieux*.

> Ball. X.

> Cheroit che point le *marieux*
> Qui vient ichy pour nous graffer ?
>
> Vie de S. Christophe.

> Avec sainte Marie
> De grant misericorde
> Com cil bien se *marie*
> Qui tret a vostre corde.
>
> Ms. 7218, f° 170, ap. L. C.

Marier, s. m. Laboureur à la marre. « Le gris est bon pour marchand qui va aux champs, *mariers*, laboureurs. » Sicile. *Blason des couleurs*, p. 36.

Mariere, s. m. Marieur.

> Bone aventure ait *mariere*
> Qui si bien nous *marias*.
>
> GAUTIER DE COINSY. Mis. de N. D. éd. Poquet, p. 731.

Marieux. Celui qui *marrie*, qui rend triste?

> Le chevalier qui les *marrie*
> Deffera leur grant enuye.
>
> Percef. IV, f. 21.

MARIS, génitif du latin *mare*, la mer. Voyez *Truye*.

> Truye *maris*, sans avancer ravault.
>
> Ball. XI.

Renferme peut-être une équivoque obscène : « *marris*, maladie de la matrice. » Le mal la *marris*, duquel cheent femmes comme langoureuses. » Tr. des Ch. JJ. 139, p. 260, an 1390.

MARQUE, subst. f. Deux sens : 1° en langue vulgaire, frontière et enseigne ; 2° en Jargon, fille, ribaude.

> Souvent aux arques
> A leurs *marques*
> Se laissent tousjours desbouser.
> Ball. III.

> Allez ailleurs planter vos *marques*...
> Ball. IV.

> Antonnez poix et *marques* six à six.
> Ball. VII.

> Et qui aussi, pour la *marque* fournir.
> Ball. VIII.

> Et la *marque*, suivant le gaing choisie...
> Et m'a joué la *marque* du giffault.
> Ball. IX.

> *Marques* de plant, dames et audinas.
> Ball. XI.

Le sens est ambigu dans les trois premiers exemples, qui peuvent se traduire : à leurs enseignes, c'est-à-dire dans leur campement ; allez ailleurs planter vos enseignes ; que vos compagnons ne soient pris au gîte ; ou bien à leurs femmes ; allez ailleurs caresser vos femmes ; que vos compagnons ne soient ravis à leurs femmes.

Les cinq derniers exemples se traduisent tous par la

signification unique de femme ou fille : mariez voleurs et filles six à six; et qui aussi pour entretenir la fille; et la fille, suivant gain choisie; et la fille m'a joué du...; filles du métier, dames, etc.

Voici quelques éclaircissements sur cette double valeur du mot *marque* :

1° *Marche*, frontière; l'allemand *mark*, frontière, est trop connu pour qu'il y ait lieu d'insister; bas latin *marchia*; « ceux de la *marque* d'Ancône ». Montaigne, III, 2. Autres acceptions : borne, signe particulier, enseigne, etc.;

2° *Marque*, fille. Esp. *marca*, *marcona*, *marquida*, *marquisa*, femme publique. Oudin. *Marque*, *marquise* dans le *Jargon réformé*. — « Leurs *marquises* font semblant de zerver (pleurer) quand on les emmène. » Ol. Chereau. — « Noe engendra et eut de sa *marquise* deux *marques*, l'une qu'il nomma povreté forcée, l'autre povreté volontaire. » *Resp. et complainte du grand Coesre*, p. 18. — « Aussitost qu'il eust monstré les talons, elle dit à sa servante : Or ça, *marquise*, va là haut quérir ce linge. » *Moyen de parvenir*, p. 125.

De là, *marqué* au sens de mois, et quart de *marqué*, semaine : « Lorsque la lune, pour tenir sa diette et vacquer à ses purifications mensuelles, fait *marquer* les logis féminins par son fourrier, lequel pour escusson n'a que son impression rouge. » *Matinée* IX du seigneur de Cholieres. — En ce sens *marquis* pour menstrues (Cotgrave); *marchesata*, *il marchese in casa*. N. Duez.

Deux étymologies se trouvent en présence pour rendre raison du mot français *marque* pour fille :

1° Le breton *merc'h*, pluriel *merc'hed*, fille, filles, dans les deux sens de *filia* et de *puella* ou *virgo*. Le dict. du P. Rostrenen cite ces vers singuliers :

> Grecg a ef guïn ;
> *Merc'h* a gourps latin ;
> Héaul a sav re vintin,
> Douë oar pe seurd fin.

Qui se traduisent :

> Femme qui boit du vin ;
> Fille qui parle latin ;
> Soleil qui se lève trop matin,
> Ne firent jamais bonne fin.

Merc'h, dans la même langue, possède également l'acception générale de femme : « *caret ar merc'hed*, être adonné aux femmes. »

Cette première dérivation peut suffire. Remarquons toutefois que le breton *merc'h* a une autre finale ; mis après *ar* et *eur* ou *ur*, *merc'h* devient *verc'h* ; *ar verch*, la fille ; *ur verc'h*, une fille. Mais *verc'h* prononcé gutturalement comme si c'était un mot allemand, *verch*, se rapproche bien étroitement du latin *virgo*, en français vierge. La certitude de l'étymologie de *marque* par le breton *merc'h* ne pourrait résulter que d'une comparaison chronologique dont les éléments me manquent.

2° L'allemand ancien et moderne donne *mar*, *mahr*, *marach*, *march*, pour cheval ; *maere*, *mara*, *mähre*, anc. fr. *mare*, cavale, jument. Quel rapport avec la femme ? Nous l'apercevons dans le mot *marquette*, bas latin *marcheta*, nom d'un impôt plus ou moins fabuleux, établi sur les nouvelles mariées par le roi d'Écosse Evenius et aboli par Malcolm III. « Sciendum est, quod secundum assisam terræ, quæcumque mulier fuerit, sive nobilis, sive serva, sive mercenaria, Marcheta sua erit una juvenca, vel 3 solidi... Et si filia liberi sit, et non domini villæ, Marcheta sua erit una vacca vel 6 solidi. Item Marcheta filiæ thani vel ogethairi 2 vaccæ vel 2 solidi. Item Marcheta filiæ comitis vel reginæ, 12 vaccæ. » Cette définition de la marquette, extraite par Du Cange du recueil intitulé *Regiam Majestatem, sive leges Scoticæ* (Édimbourg, 1609), liv. IV, ch. 31, est ainsi complétée par l'éditeur Skenæus : « *March* equum significat prisca Scotorum lingua. Hinc deducta metaphora ab equitando, Marcheta mulieris dicitur virginalis pudicitiæ prima violatio et prelibatio, quæ ab Eveno rege a dominis capitalibus fuit impie permissa, de omnibus novis nuptiis, prima nuptiarum nocte. Sed et pie à Malcomo III sublata fuit, et in hoc capite certo vaccarum numero, et quasi pretio redimi fuit. »

L'équivalence d'une femme non vierge avec une jument et une ou plusieurs vaches pourrait bien avoir séduit les docteurs du Jargon.

A remarquer : 1° Que l'adjectif *markisch*, all., qui a rapport à la marche et par conséquent au *marquis*, donnerait, appliqué aux femmes, la *marquise* du Jargon;

2° Que Scherz enregistre le mot *markfrau*, recueilli dans le *Jus solodurense*, t. XXII (Seckenberg?), peut-être le même mot que *marktfrau*, all. mod., que Mozin traduit par femme marchande, femme qui apporte des denrées au marché.

Sur le mariage des *poix* et des *marques*, c'est-à-dire des voleurs et des filles, dont il est question dans la ballade VII, consulter le mot *Poix*, ci-après.

* MARTINS, subst. pl. Marteau. Je crois apercevoir un

mot très ancien de la langue usuelle pris dans son acception propre.

> L'autre pollist *martins* et dollequins.
> Ball. IX.

C'est le seul exemple que j'en connaisse; cependant le *martinet* est évidemment, au point de vue philologique, un diminutif de *martin*.

Le latin ne donne, au sens de marteau, que *martiolus* et *martulus*, qui ont pu et dû faire *marteau*, mais qui ne rendent pas raison de *martinet*.

Le dieu Thor, qui était le Mars des peuples septentrionaux, était armé d'un marteau.

« *Martin* et *Martine* sont les noms qu'on a donnés à deux figures qui, chacune avec un *marteau*, dont elles frappent les heures, servent de jacquemart à l'horloge de Cambrai. » Le Duchat sur Rab. t. IV, p. 51.

Martin bâton.

Sur *Marcus*, le dieu *Mars*. Voyez *Vœux du paon*, f° 5.

* MASSEMENT, adv. Fortement, magistralement.

> Et *massement* maquiller à l'esquerre.
> Ball. IX.

A grant masse signifie beaucoup, grandement, parfaitement. Peut-être *massement* est-il l'adverbe de *masse*.

Grant masse, grandement, parfaitement. Du Cange. Roman du S. Graal. P. Pâris. Catal. I, 121. — « Par les paroles qui chi apres seront dites porès *grant masse* après revoir. » Rayn. v° *Massa*.

Messer pour *maître* formerait le même adverbe, avec le même sens. « *Messer* as maistre. » Cotgrave. « La case montre le *messer*. » Cotgrave. Lacombe enregistre l'adverbe *maistrement*.

MATE, MATHE ou MATTE, subst. fém.

A Parouart, la grant *mathe* gaudie.
Ball. I.

Bignez la *mathe* sans targer.
Ball. V.

Nous pierons en cette grant *mate*
Gourdement...
Mist. du V. Testament.

Allons nous en comme estourdis
Tout droit à la *mathe* gaudie...
Tudesquo, sic ung *mato*
Ebreato...
Vie de sainct Christophe.

« On donnoit autrefois à Paris le nom d'enfans de la *mate* aux filous, parce qu'il y avoit un lieu nommé la *mate* où ils s'assembloient autrefois pour faire leurs complots. » Trévoux. D'où les *matois*. — *Enfans de la mate*. Brantôme, *Sur les duels*. — « Et que tant de bons *matois*, banqueroutiers, saffraniers, desesperez, haut gourdiers et forgeurs, tous gens de sac et de corde... » *Sat. Mén.* éd. de 1752, t. Ier, p. 67-8. Note sur ce passage : « *Matois* se prend communément pour rusé ; ce mot vient de *matte*, qui étoit autrefois une place où les filous s'assembloient à Paris. Dans *les Aventures du baron de Fœneste*, Chervonière dit que le baron son maître et lui, lorsqu'ils étaient à Paris, se promenaient aux soirs « avec les *compagnons de la matte* », et tout le jour jouoient au brelan devant le Louvre « avec les petits dez chargez et tous les avantages des cartes ». (L. III, ch. 1.) Chez Brantôme, *matois* se prend pour un homme qui fait métier de couper des bourses. *Hommes illustres,* en la vie de MM. de Matignon et celle de Charles IX. » — « Pour m'engarder d'estre affiné (qu'ils appellent *gouré*) des *mattois* qui *mattent,* je voudrois bien entendre leur jargon et sçavoir leur langage, car j'entendrois ce que disent les *mattois,* les blesches, les contreporteurs et les gueux de l'hostière qui s'en aident, usant entre eux d'un mesme langage. » Bouchet, III, 129. — « Ne voilà pas, va demander celuy qui avoit achevé son conte, un bon tour de la *matte?* on ne les appelle pas, répliqua un autre, *mattois* sans cause; car ils *mattent* bien ceux qui tombent en leurs pieges... » Bouchet, *ibid.,* 126.

« — Je luy ferois entendre à deux pieds de son nez qu'il maquignonneroit pour les enfants de la *matthe.* » *Apr. dinées du Seigneur de Cholières,* fº 42 vº. — Il existe un livre intitulé « *Le* mathois *ou le marchand meslé propre à tout faire.* » Paris, Ant. du Breuil, 1614, in-8º.

> Enfants qui sont de la *matte*
> Savent tous jouer de la patte.
> *Prov. franc.,* t. Iᵉʳ, 140.

> Nous sommes une caballe
> Plus subtile que Dedalle...
> L'Ob et le Nil à sept bras
> Hastent leur course animée,
> Fiers de nostre renommée,
> Rechantant en leur patois
> Ce que c'est que des *matois.*
> *La Caballe des Mattois,* 1609.

Brantôme rapporte que le maréchal Strozzi, voulant jouer un tour à un courtisan, le fit dévaliser par « des capitaines *matois* qu'il avoit empruntés, qui çà, qui là, assistés par un *matois* serrurier, si fin et si habile à crocheter serrures qu'il n'en fut jamais un tel. » — « La première année que le roy Charles neufviesme fut roi, nous veismes pendre un enfant de la *matte*, là mesme, qui avoit derobbé six vaisselles d'argent de la cuisine de M. le prince de la Roche sur Yon. » *Dames galantes*, huitiesme discours. — « Vous descouvrir la *mate* du rosecroix, et dessiller les yeux. » Naudé. *Rosecroix*, III, 2.

« *Matois*, méchant, rusé; langue *matoise*, langage des coupeurs de bourses; *matoiserie*, ruse, finesse. » Oudin. *Curios. fr.*

« *Mat*. A fool, fop, gull, madpash, hare brain'd ninny. » Cotgrave. — « *Mat de cathene*. A furious or enraged fool. » *Ibid.* v° *Cathene*.

« *Mate*. A number of sprigs growing together upon a hearbe; also as *matte*, whence : *Enfans de la mate*. » Cotgrave.

Mate, angl., compagnon, aide, camarade; le mari ou la femme ; *to mate*, appareiller, marier; *to meet*, rassembler, d'où *meeting*. *Maat*, holl., compagnon. D'où *matelot*.

« On a faict saint Maturin le medecin des fols, à sçavoir en ayant esgard à ce mot italien *matto* (venant du grec *mataeos*, duquel aucun François ont faict *mat*. » *Apol. pour Hérodote*, liv. Ier, chap. xxxviii.

« *Mattois* et *matassin* viennent de la mesme source, et le premier signifie un homme qui contrefait le fou, le niais, pour tromper quelqu'un. » P. Labbe. *Etym. de plusieurs mots françois*, p. 333.

« Je vous veux premierement apprendre cinq ou six mots d'un langage que j'ay appris à la cour du grand

Coesre du temps que j'étois marmy *mattois*... » *Com. des proverbes*, p. 64.

« Lorsqu'elle tenoit encore sa boutique au palais, des chalans de la *mathe* lui demanderent des coiffes de crapodaille. » *Les Av. du chevalier de la Gaillardise*, p. 55.

Mathe, tombeau. « Le 10 des calendes de may furent mis en cette *mathe*. Inscr. à Pompey (Meurthe-et-Moselle. » Du C. sous *Matare*.

Mata, langued., butte, tertre. — *Matas*, langued., buisson. — *Mato*, une touffe, langued. *Mato dé jirouflados*, un pied d'œillets. — *Mato d'aoubrès*, une copée d'arbres, plusieurs jeunes pieds d'arbre.

Consulter de Brieux, *Orig. des coutumes anciennes*, p. 15, sur la *matte*.

MAUVE pour MOVE, 3ᵉ personne du présent du subjonctif de *mouvoir*.

> Que stat plain en gaudie ne se *mauve*.
> Ball. X.

Mauve paraîtrait moins irrégulier s'il était écrit *move*; c'est une simple faute de copiste. *Move* est pris sur la forme latine et italienne *movere*. « Ne se *mauve* » se traduirait en italien « non se *muove* ». — *Mover*, provençal, esp. et portugais.

Rabelais écrivait *meuvoir*. « Quand les Grecz *meuvoient* armes les ungs contre les aultres. » Rabel. I, 170. — Et *movoir* ou *mouvoir* : « comme estans sur la riviere de Loire nous semblent les arbres prochains se *mouvoir*; toutesfois, ils ne se *mouvent* ». *Ibid.* III, 101. Il écrivait *move* en vers :

> Puis que bien stas (grace au souverain Jove),
> Nous t'exhortons que de la ne te *move*.
>
> RABELAIS. *Epistre du Lymosin.* III, 278.

« Propre *move*. » Ord. IV, 522, an 1364.

MEMORADIS, part. p. pluriel de *mémorer*, au sens de souvenu, averti.

> Mais [si] soient *memoradis*
> Qu'on vous face faire la moe.
>
> Ball. VI.

> Plorez sa mort, soiez *memoratis*
> Quels homs ce fu en joie et en delis
> Et que de tous vouloit l'amour acquerre.
>
> EUST. DESCH. f° 161.

Le latin *memorare* et le français *mémorer*, prov. et esp., *membrar*, ont la signification active « mettre en mémoire, avoir en mémoire, savoir, avertir », d'où le participe passé *memoratus*, au pluriel *memorati*, d'où le poëte du Jargon tire *memoradis*. C'est le sens de *memor*. Les Latins auraient dit : *Estote memores*.

Cette forme n'est pas sans exemple, du moins pour d'autres mots, tels que *sojornadis*, pour séjourné, du verbe *sojornare* : « séjourner, reposer ». Glossaire de Crapelet. *Recueil*, t. Ier.

MEN, pron. masc. Vieille forme de *mon*.

> *Men* ys vous chante que gardez.
>
> Ball. II.

C'est la forme de la Normandie, du Hainaut, *mén*; de la Picardie *men, min,* et du rouchi : *men fieu.* — *Men* esperance. Froissart, II, 305. — *Men* a la même signification en zincaló. Borrow.

Men escient, dous cenz anz ad passet.
Rol. v. 524.

Par ceste barbe e par cest *men* gernun.
Ibid. v. 249.

MENESTRANDIE, subst. fém. Métier de menestrel et de bouffon. La Curne de Sainte-Palaye. Gl. ms.; état de celui qui *menestrande*.

Que faictes-vous? toute *menestrandie*.
Ball. VII.

Menester, esp. besoin, disette, nécessité, indigence. — *Menesteroso*, esp. nécessiteux, indigent, souffreteux, pauvre. *Menestral*, esp. id est *menestral*, un qui gagne sa vie du labeur de ses mains. — *Menestril*, menestrier. Oudin.

« Comme Hennequin et Willequin, *menestriez*, se feussent mis à servir li connestable d'Angleterre de leur mestier de *menestrandie*. » Tr. des Ch., JJ. 105, p. 68, an 1373. — « Nous avons receu l'umble supplication du roy des *menestriers* contenant comme dès l'an 1396, pour leur science de *menestrandise* faire et entretenir. » JJ. 161, p. 270, an 1467. — « Souvent il prendoit grant esbatement en *menestrandie*. » Froissart, XI, 88.

Menestrandier, menestraudier. Bouchet, III, 236, et V, 62.

MENICLES, subst. pl. Menottes, chaînes de mains.

Avez tendu au pain et aux *menicles*.
Ball. VIII.

« Freres de la cuque ou de la *manicle*, i. filous, voleurs, coupeurs de bourses. » Oudin. *Cur. fr.*

xiv^e s. « Sa femme Richarde ala en la ville de Caen par devers le lieutenant du vicomte du lieu pour requerir les *menicles* pour le *amenicler*. » JJ. 125, p. 120, an 1384. Du Cange, *Manicia*.

> Ainsi qu'un prisonnier qui jour et nuit endure
> Les *manicles* aux mains, aux pieds la chaîne dure.
> RONSARD, 914.

Maniglia, ital. : 1. Bracelet; 2. Fer aux pieds des forçats; 3. Menottes ou fer aux mains. N. Duez.

Ce sont proprement des bracelets :

> Li bras sont fort par les *manicles*
> Qui faites sont d'or et d'ornicles.
> PARTONOP. II, 83, v. 7465.

C'étaient aussi les manches du haubert.

> Ne deslaciés cel elme, nobiles chevaliers,
> Ne ostés les *manicles* de cel auberc doublier.
> *Aiol*, v. 6025-6.

Les *manicles* rappelleraient en cette acception les manches de la camisole de force.

* MESSEMENT, adv., variante de MASSEMENT ci-dessus.

> Et *messement* maquiller à l'esquerre.
> Ball. IX.

Messeaument. Indécemment, d'une façon messeante. Rob. Estienne et Cotgrave.

MIGNON, subst. masc. Mot de la langue usuelle, pris ici au sens de compagnon, joli garçon; comme on dit familièrement aujourd'hui d'un homme à qui survient un accident : « Le voilà joli garçon ! »

> Que le *mignon* ne soit au gaing.
> Ball. II.

Le mot se prononçait *minons* au temps où l'on ne faisait jamais sonner à l'intérieur du mots deux consonnes consécutives. Nous en avons des exemples sous la forme de *minon*, au sens de trompeur, aigrefin, filou. — « Attrapeur de *minons*, qui trompe les trompeurs. » Oudin. — « Si un coupeur de bourses venoit à desrober un avocat, il n'y auroit pas seulement de la moquerie et risée en ce que les *minons* seroient pris, mais ce seroit un assuré presage de quelque grand et prestigieux malheur, *juxta illud* qu'il fait fort mauvais temps lorsque les loups s'entremangent et que les larrons s'entrepillent. » *Contes* de Cholières, f° 67.

Le mot ne remonte pas plus haut que le xv° siècle. « Le seigneur du Lau estoit le *mignon* du roi et s'habilloit pareil de luy. » Ol. de La Marche, I, 465. — Du Bellay parle des *mignons* de la chambre du roi à son entrée à Milan en 1515.

L'argot d'Olivier Cheveau écrit *mion*.

> Je suis ce fameux argotier,
> Le grand coesre de ces *mions*.
> Éd. de Troyes.

« Les orphelins sont ces grands *mions*, qui triment trois ou quatre de compagnie. — *Mions* de bouille, coupeurs de

bourses. » *Ibid.* — « *Mion,* petit garçon. *Mion* de Gonesse. »
Oudin. — Grandval, dans son poème de *Cartouche,* appelle l'Amour « ce *mion* folâtre ». La femelle ou la compagne du *mion,* c'est la *mille,* dans le Jargon de Péchon de Ruby, de Bouchet, d'Ollivier Chereau, etc.

« Tu vivras comme un prince aussi longtemps que les *miñons* (espèce de corps francs) et les garde-côtes ne te mettront pas la main sur le collet. » Mérimée. *Carmen,* p. 109.

Je ne crois pas pouvoir me dispenser de me prononcer sur l'étymologie du mot. Littré, d'après les philologues allemands, allègue des vocables germains et scandinaves. Il est très vrai que l'allemand du moyen âge et l'allemand moderne possèdent les substantifs *minn* et *minne,* amour, et le verbe *minnen,* aimer, qui signifie également *osculari* dans toutes les acceptions possibles. Mais quoi? *Minn,* amour, donne en allemand le substantif *minner,* amant ou amoureux, et le participe *geminnet,* aimé. Comment *minner* et *geminnet* se seraient-ils transformés en *mignon*?

Une autre considération suffit à repousser cette étymologie; c'est que *mignon* est tout à fait moderne, n'étant apparu chez nous, comme je viens de le dire, que vers le xve siècle. Il succédait à *mignot,* qui était au contraire fort ancien, puisqu'on en a des exemples du xiiie siècle :

Joine damoisel sunt *mignot.*
Chanson du xiiie *siècle.*

Ai cuer *mignot* et joli.
Poés. mss av. 1300, La C.

Damoiselles y eust *mignottes.*
Rose, 774.

> La joie k' atens de li
> Mi tient *mignot* et joli.
>
> Vatic. Ms. n° 1490, f° 74.

Chartier, dans son *Hist. de Charles VI et de Charles VII*, écrit encore : « Un escuyer gascon, *mignot* du roy d'Angleterre », p. 51. Et aussi François Villon en son *Grant Testament* :

> Et jadis fusmes si *mign'ottes*...
> A servans et filles *mignottes*.

On trouve *mignols* dans Froissart (*Poés. ms.* f° 23) et dans le ms. 7218, f° 361. Le *Blason des faulses amours* écrit *mignaut*. Ces diverses orthographes donnent *minot*, très difficile à tirer de l'allemand *minner* ou *geminnet*, tandis qu'il me paraît se déduire naturellement du latin *minutus*, prononcé *minout*. Lacombe traduit *mion* par petit, du latin *minor*. Je regrette qu'il n'ait pas cité d'exemple.

Forcellini remarque que *minutus* est souvent employé, dans les meilleurs auteurs, au sens de petit, exigu, délicat et subtil. C'est encore le sens qui prévaut en français. J'en appelle à Littré lui-même qui définit l'adjectif *mignon* « qui plaît par la délicatesse et la gentillesse; visage mignon, bouche mignonne, beauté mignonne, souliers mignons ». Il ne s'agit d'amour ni par conséquent de l'allemand *minne* et *minnen* dans aucun de ces exemples :

> La fortune passa, l'éveilla doucement,
> Luy disant, Mon *mignon*, je vous sauve la vie.
>
> La Fontaine. *Fables*, V, xi.

En imprimerie, la *mignonne* est un des plus petits

caractères, celui de sept points, intermédiaire entre la nompareille et le petit texte. C'est parce que ce caractère est très petit, *minutus*, et non parce qu'il donne de l'amour, que les anciens imprimeurs le qualifièrent de *mignonne*.

Quant au *mignoun* breton, signifiant *ami*, et *mignounès*, aimer, ils sont manifestement empruntés au français, c'est-à-dire postérieurs au xve siècle ; la preuve en est que le verbe *aimer* en breton se dit *caret* (probablement de *carus*), qui n'a nul rapport avec l'allemand *minnen*.

MINERONT, futur du verbe act. *miner*.

> Les *mineront* trestout au frontz.
>
> Ball. III.

> S'il scet argent, partout le quierc et *mine*.
>
> Eust. Desch. f° 331.

> L'orgueil et convoiteux tout *minent*
> Or et argent...
>
> Ibid. f° 256.

Mine est souvent employé par *minium*, au sens de couleur rouge.

> Se par vous n'est cilz fus-estains,
> Tains ardans, plus vermaus que *mine*,
> *Minera* mon coer...
>
> Froissart. Le Joli buisson, v. 4008-10.

« *Minarse*, v. réfl. Se sauver. Jarg. esp. » Oudin. On peut l'expliquer : se creuser, c'est-à-dire se dérober.

MOLLER, v. a. Moudre, au sens de manger.

> Après *moller*, luay ung gueulx qui vault.
>
> Ball. IX.

> Ne sçaurois tu trouver maniere
> Ne tour, pour avoir à *mouller?*
>
> *Farce du pasté et de la tarte.*

Mueiller et *moler*, aujourd'hui *moudre*, écraser avec la meule, sont d'anciennes formes très correctes que le gloss. de La Curne de Sainte-Palaye n'a pas recueillies.

> Fol sera s'il guerpist tel *molin*, mais qu'il *mueille.*
>
> J. DE MEUNG. Cod. 712.

« Quand il *moloit* dix mines à son *moulin*. » Beaumanoir, XXVI, 2.

Les anciennes formes de *meule* sont *meuille* et *mole.*

> Ainsi con la *mole* et la coz
> Fait cler et tranchant le costel.
>
> OVIDE. *De Arte*, f° 96.

« Se *moles* y faillent ou gros merriens... li sires du molin le doit refere. » Beaumanoir, XXXVIII, 17.

Les grosses dents de l'homme sont appelées *molaires* parce qu'elles broient les aliments comme des *meules*. L'ancienne langue les appelle simplement des *meules* ou *moles*.

> Tu t'enraiges quant tu n'engoles ;
> Tu ne dorroies un chaitein
> Ou t'ame voist au derreain,
> Mais qu'aies pleines les *moles.*
>
> *Fabl. de S. G.* f° 35.

Le sens est donc clair : *moller*, c'est *moudre* avec les *moles* ou *molaires*, c'est-à-dire manger.

L'argot d'Ollivier Chereau donne *morfe* pour repas et *morfier*, argot moderne *morfiller*, pour manger, c'est-à-dire se servir du *morfil* ou ivoire des dents. La *Vie genereuse* appelle la farine la *moulue.*

§ Le sens du verbe *mouller* est bien fixé par les deux exemples tirés de la Ballade IX et de la *Farce du pasté et de la tarte.* Cependant il faut noter certains vocables du dialecte zincaló ; dans le vocabulaire de Borrow, *mol* signifie vin, et Borrow le donne comme un mot purement persan. *Mollati* signifie grappe et raisin. Si l'on acceptait cette étymologie orientale, il faudrait traduire l'exemple du Jargon par « après boire », au lieu de « après manger ».

MONTJOYE, subst. f. Le gibet.

> Rebecquez vous de la *montjoye*
> Qui desvoye
> Vostre proye.
> Ball. III.

« *Montjoye,* vieux mot qui signifie enseigne des chemins et particulièrement de ceux qui menoient aux lieux saints. *Monsgaudii. Viæ index. Cippus. Tumulus.* Les croix qui sont sur le chemin de Paris à Saint-Denis sont appelées *Montjoye Saint-Denis.* Les montjoyes n'étoient souvent que des tas de pierres qui enseignoient le chemin au passant. Les payens en faisoient aussi à l'honneur de Mercure, qui présidoit aux chemins, et que l'on appeloit *Acervi Mercurii.* » Trévoux.

Accumulation : *Montjeu.* Alpis. Montaine haute. P. Labbe, gloss. p. 488. *Montjoye.* Sommet.

> De paradis a passé la *montjoye.*
> La Curne, *Anc. poés.*

> De beauté la *montjoie*.
>> Chans. pop. LER. DE LINCY.

> Priant à Dieu de donner à *montjoye*
> Escus, ducas, santé, honneur et joye.
>> R. DE COLLERYE.

Grande assemblée. *Vig. de Charles VII.*

> Des dampnes acrois li *montjoye*.
>> HELYNAND. *la Mort.*

L'immense cube de pierre sur lequel était bâti le gibet de Montfaucon était une *montjoye*.

* MOUARGIE, subst. f. Mines de singe, singeries?

> Plantez tost de la *mouargie*,
> Puis çà, puis là, pour le hurtis.
>> Ball. VI.

Moue, mouée, le museau. Lacombe. — « *Mouard, mouarde,* qui fait la *moue;* making mouthes. » Cotgrave. D'où singe, guenon. Lacombe. Et *mounard,* langued.

« *Moa,* Jarg. esp., de la monnoie. » Oudin.

MOUE, subst. f. Littéralement bouche, par dérivation grimace. C'est le mot de la langue courante, spécialisé pour peindre la convulsion qui tord la bouche des pendus.

> En leur faisant faire la *moe*...
> Car le bizac avoir ad vis
> Fait au beroars faire la *moe*...
> Mais si soient memoràdis
> Qu'on vous face faire la *moe*...
> Danger de grup en arderie
> Fait aux sires faire la *moe*...
>> Ball. VI.

> Quidant au ront faire aux gremes la *moue*.
>
> Ball. X.

> Où est Arquin ? — Il fait la *moue*
> A la lune...
>
> *Vie de S. Christophe.*

Ainsi faire la *moue* signifie être accroché au gibet.

« Ton père a été étouffé dans la filasse ; il est mort en l'air avec un bonnet de nuit de cheval au col, en faisant une grimace devant le Pont-Rouge. » *Le déjeuné de la Râpée,* p. 18.

Moue, bouche en français ; *mouth* en anglais, ce qui reproduit la forme *mouse :*

> Vous en avez pris par la *moue*.
> — Il doit venir manger de l'oue.
>
> *Pathelin,* v. 459-60.

> Pour bouter et fourrer sa *mouse*.
>
> VILLON. *Gr. Test.*

« *Cachina, moe, Volugena, moe.* » — Gloss. romano-latin du XVᵉ siècle.

MUSARS, s. pl. Niais, badaud, fol.

> Pour mieulx polir et desbouser *musars*.
>
> Ball. XI.

> Li baron de Herupe ne sont mie *musard*.
>
> *Ch. des Sax.* XXIX.

> Cil est *musart* qui à tel femme bée.
>
> Poés. av. 1300. LA C.

> Il est *musart* qui tence a fole gent.
>
> Ms. 7218, f° 175.

Ce sçavent bien saige et *musart*,
Qui plus est près du feu, plus art.

Rose, 2383-4.

Je ne veul plus, dame, sur vous *muser* ;
Vos povez bien querir autre *musart*,
Car m'aperçoiz qu'on m'a fait amuser.

Eust. Desch. ms. f° 182.

« Si que par le doute des prisons li *musard* se castient do fere tex folies. » Beaum. XXIX, 19. — « En si ut dire que esperer et quidiers furent doi *musari*. » *Chron. de Rains*, p. 75. — Rabelais dédie sa *Pantagrueline pronostication* à « gens estourdis et *musars* de nature ». III, 229.

MYNSSE pour MINCE, adjectif.

Pour les duppes faire brouer au *mynsse*.

Ball. IX.

C'est-à-dire pour réduire les dupes à l'état *mince*, qui est l'état de ceux qui n'ont pas d'argent :

Est-il gourt ? — Mais *mince* de caire

Mist. de la Passion.

Et l'aultre, *mince* de coton,
Est lombard : regardez sa mode.

Vie de sainct Christophe.

Haster me fault de vendre :
Je suis *mince* de haubert.

Cris de Paris.

Nous sommes... — En grant povreté.
— Nus. — *Minches*. — En nécessité.

Dial. de Marchebeau et de Galop.

« Le roy estoit bien *mincement* habillé. » Chast. *Chron. de Bourg*. II, 38.

« *Biez sur le minsu*, c'est aller sans artifice. » *Vie genereuse*. — « Les orphelins... bient sur le *mince*, c'est-à-dire truchent sans aucun artifice. » Ol. Chereau. Ce que Vidocq traduit par : *ils vont à la flan*.

Le mot est resté dans l'argot du peuple parisien.

> Il fait nuit, l' ciel est opaque,
> *Minc'* que j' vas pincer de l'auber.
> Jean Richepin.

En langage populaire new-yorkais : *too thin*, trop mince ! veut dire : « c'est mauvais, il n'en faut pas ».

§ Le *mince* était aussi une petite monnaie valant un demi-denier. Guiart, II, 109. V. 2809. — « *Mince de ronds*. Douze sols. » *Jargon réformé*.

« Un denier s'appeloit un *mynse* dans le langage des matois. » Bouchet, III, 130.

NEN, partie nég. Ancienne forme de *non* ou *ne*.

> La dure bien tost *nen* verrez...
> Voz ans *nen* soient rouppieux.
> Ball. V.

> Ronde n'y vault *nen* plus que en Lombardie.
> Ball. VII.

C'est la forme normande, comme *men* pour *mon* :

> Le fruit que Deus vous a doné
> *Nen* a eu soi gueres bonté.
> *Mystère d'Adam*.

> Ainc mieudre chevaliers *nen* ot auberc vestis.
> *Aiol*, v. 32.

« Ma valleur, ne ma proesse ne se pourroit *nen* plus prendre a la vostre que la clarté de la lune se pourroit prendre à celle du soleil. » *Lancelot du Lac,* II, f° 129. — « Ensi eut li conestables par sens, *nen* par grant fait, la ville et le chastiel de Haimbon. » Froissart, VIII, p. 257.

NIAIS, adj. pl. Sot par inexpérience. Mot de la langue ordinaire employé par le Jargon pour désigner les voleurs qui se laissent prendre.

> Espelicans
> Qui en tous temps
> Avancez dedans le pogoiz
> Gourde piarde,
> Et sur la tarde
> Desboursez les pouvres *nyois*.
>
> Ball. III.

> *Niaiz* qui seront attrappez
> Bien tost s'enbroueront au halle.
>
> Ball. IV.

Niais signifie proprement les petits de l'oiseau de proie qu'on vient de prendre au nid, et qui, destinés à l'éducation des chasses, ne savent rien encore : « *Niais* est cil oiseau de chasse que on a trait dou *nif,* et que on nourit en son ostel de sa juvente. » Brunetto Latini. *Trésor,* p. 201. — « Autres faucons y a qui ont esté prins au *nid* et sont appelez *nyais.* » *Modus,* f° 28.

Niais vient du latin *nidus,* nid, par l'adjectif *nidicus.* — « *Nidicus,* ad nidum pertinens. » Varr. ap. Non. 4, 278.

> Ad quos tum volucres venit pusillos
> Usque ad limina *nidica* esca vilis.
>
> FORCELLINI, v° *Nidicus.*

On trouve *nid* écrit *nic* et *nif;* on aurait tort d'attribuer ces diverses transcriptions à des formations différentes. Le vieux français ne tenait aucun compte des finales, ce qui permettait aux copistes de les varier à leur guise sans altérer le son, puisqu'elles étaient muettes. Cette remarque explique bien des fautes singulières jusque dans l'intérieur des mots où la prononciation supprimait les consonnes doubles. Par exemple, un copiste écrit *baptist* pour *bastist;* pas d'inconvénient puisque l'un et l'autre mot se prononçait *bâtit*.

NINARS, subst. pl. Niais?

> Gaillieurs faictz en piperie
> Pour ruer les *ninars* au foing.
> Ball. II.

Niño, esp., petit. — *Nine,* féminin de *nain*. La Curne. — *Ninoche,* rouchi, imbécile.

Nine est une couleur rouge que ceux de Grèce trouvèrent en Éphèse. Sicile. *Blason des couleurs,* p. 25 v°. C'est même chose que la *mine* ou *minium*.

NINER, v. a.

> *Nineront* trestout au frontz.
> Ball. III.

Ninna, it., dodo. Le dormir des enfants. *Ninnare,* bercer. N. Duez.

Ninar, ningue, neiger. *Gramm. prov.* Bibl. nat. ms. 7534 latin.

Nina, inf. tourner; rom.-castr.

J'ai dû suggérer *les mineront* pour rétablir le sens et la mesure.

NOUE, 3ᵉ pers. s. ind. de NOUER, nager. C'est le verbe de l'ancienne langue :

> Le vendengeur, beffleur comme un choue,
> Loing de son plain, de ses flos curieulx,
> *Noue* beaucoup, dont il reçoit fressoue.
>
> Ball. X.

Le voleur, perché au plus haut du gibet comme une chouette, loin du plain, c'est-à-dire la surface de la terre et des eaux, nage comme un oiseau qui étend ses ailes, et chaque mouvement lui donne une secousse avec frisson.

Au sens de s'étaler comme une personne qui *nage*, Jean de Meung a écrit :

> Voy comment elles portent leurs manteaulx proprement,
> Voy comment elles *nagent* dessus le pavement.
>
> Cod. v. 1222.

« Passe la rivière de Vienne à *noe*. » Du Guescl. Ménard, p. 474.

> Dedans *nooient* li poisson.
>
> Ms. 7218, f⁰ 359.

> Les uns *nouent*, les aultres noient.
>
> G. Guiard, f⁰ 376.

> Plus aise que poisson qui *noue*.
>
> Ms. fr. 7118, f⁰ 138.

> Ne mangez d'annette ne d'oe,
> Ne de nul aultre oisel qui *noe*.
>
> Eust. Desch. f⁰ 485.

« Elle *noue* par dessus les rivières et par dessous. »
Fouilloux. *Vénerie*, f° 108.

Les *nouans* sont des poissons dans le Jargon de Bouchet, III, 130.

OE pour OUE, 3ᵉ pers. du prés. du subj. de *ouïr*.

> Pour soi eschever de las *oe*.
> Ball. VI.

Sur la restitution que j'ai fait subir à ce vers, voyez les mots *las* et *soue*.

Voici quelques exemples qui éclairciront la conjugaison du verbe *ouïr* :

> Et s'il lui plaist, il nous *ourra*.
> *Vie de saint Christophe.*

> Vieille ou jeune, mondaine ou nonne...
> Qui ne se delite en l'*oant*.
> *La Rose,* v. 10319-23.

« Il semble que eie n'*oe* aucunement raison. » Oresme. *Eth.* 205.

* OSTAC, subst. Corde, ou vent d'est, le plus sec de tous.

> Qu'*ostac* n'embroue vostre arerie
> Où accollez sont vos ainsnez.
> Ball. V.

Ost, ancien mot celtique et tudesque, signifie orient. Trévoux.

A rapprocher de ce passage les deux vers suivants du *Grant Testament* de Villon :

VOCABULAIRE ANALYTIQUE.

> Que de *Costac* et ses gens d'armes
> Ne lui riblent sa caige vert.

Mais certains mss. donnent *de Tusca* au lieu de Costac.
« *Osta*, it., *oste*, corde attachée à la penne ou à l'aile de la voile du grand mât d'un navire. » N. Duez. « *Ac*, terminaison du pluriel en basque et en bohémien. » Baudrimont.

PAROUART. L'échafaud sur lequel s'élève le gibet.

> A *Parouart*, la grant mathe gaudie.
> Ball. I.

> En *Parouart*, la grant masse gaudie.
> Ball. VII.

L'épithète de grand peut suggérer qu'il s'agit du gibet de Montfaucon, la plus vaste construction de ce genre qui existât en France.

Le mot, si curieux qu'il semble, n'est pas indéchiffrable. Je crois que *parouart*, qui contient l'un des noms des bourreaux, le *rouart* (v. ci-après *Rouastre*), est simplement l'homophone jargonnesque de *paroir*, mot de la langue ordinaire, qui signifie : « chevalet où sont étendues les peaux qu'on veut *parer* ». Littré. Notre Jargon est plein de ces rapprochements entre les opérations du métier de tannerie et le tannage naturel que le soleil, le vent et la pluie font subir au cuir, c'est-à-dire à la peau des pendus; voir notamment, à la ballade V :

> Qu'enastez ne seye en sûrie
> Blanchir vos cuirs et essurger.

Le mot *paroir* en ce sens est très ancien : « *Paroir*, lieu où l'on prépare les toiles et les peaux ». Du Cange sous *Para-*

torium. — « *Paratorium* locus ubi parantur telæ, panni, papyrus, etc. Gall. *paroir*, provincialibus *paradou*. » On retrouve en effet le mot *paradou* dans le dialecte romano-castrais, avec divers sens, particulièrement celui de couteau à *parer*.

« *Paratura* pannorum confectura. Hactenus inhibitum fuerat, quod lanæ aingleni, animalia lanigera, pelles lanatæ, et cætera omnia, et singulos quæ ad *paraturam*, tincturam, etc. » Lettres de 1332. Du C.

La contre-épreuve de cette identification du *paroir* des mégissiers, teinturiers, etc., avec le gibet où le bourreau prépare les peaux humaines m'est fournie par la langue espagnole. D'après Oudin, le substantif *perayle* signifie drapier, marchand de laine, mégissier, peigneur de draps. Or le même lexicographe nous donne, dans ses *Dialogues fort récréatifs*, p. 212, le fragment de conversation qui suit, espagnol et français : « Yo ! por cierto sino para ponerle en *Peraluillo* con doze y la maestra, no se para que. — C'est-à-dire : Moy, certes, ne sçay pas à quoy vous estes bon, si ce n'est pour vous mettre sur un eschaffaut, et vous donner douze coups de barre. » Dans ses observations sur ces mêmes dialogues, Oudin fournit la glose suivante (p. 523) : « *Peraluillo* est un lieu eslevé comme un eschaffaut de pierre où l'on exécute les criminels à coups de flesches. L'italien pouvait dire *le forche*; i. le gibet. » Oudin y revient dans un autre ouvrage (*Trésor des deux langues*) et localise le *Peraluillo* espagnol : « *Peraluillo*, un terrain qui est près de Ciudad Real, où la Sainte Hermandad fait justice de ceux qui sont sous sa juridiction en les condamnant à estre tuez à coups de flesches. »

On aperçoit entre le *paroir* des mégissiers français et le

gibet de pierre de Montfaucon, dit *Parouart*, le même rapport qu'entre le *perayle* ou mégissier espagnol et le *Peraluillo* ou échafaud de pierre, où l'on exécutait les criminels.

A noter que Rabelais nomme *Malparouart* parmi les cuisiniers qui entrèrent dans la Truye, machine de guerre pour combattre les Andouilles (t. II, 411.) *Malparouart* signifie clairement « qui prépare mal, gâte sauce », mais l'orthographe de *parouart* est remarquable en ce qu'elle reproduit celle du Jargon.

PASSANTS. Subst. pl. Souliers.

> Brouez moy sur ces gours *passans*.
> Ball. I.

> Puis eschequez sur gours *passans* tous neufz.
> Ball. VII.

> Les *passans* rompus il y perd.
> *Vie de S. Christophe.*

Ce sont des souliers dans la *Vie genereuse*, dans Bouchet, III, 129, et dans le *Jargon réformé*, comme dans les deux premiers exemples ci-dessus, qui se commentent l'un l'autre; quant au troisième exemple, il se pourrait qu'il fallût le traduire par les *passants* d'une boucle, suivant l'explication donnée par Oudin, Cotgrave, etc.

L'étymologie du mot, pris au sens jargonnesque, dérive tout simplement de l'ancien emploi du participe présent de la langue usuelle. *Passant* voulait dire non seulement l'objet qui passe, mais aussi l'objet qui aide à passer : « Il fut ordonné de y faire ung pont bien *passant* et assez large. » Commines, IV, 9. — « Il feit secrettement faire

plusieurs vaisseaux, arriere des grans chemins *passans*. »
Amyot. *Thésée*, 23. Mme de Sévigné nomme la Provence
« la plus brillante et la plus *passante* province de France »,
14 décembre 1689. En ce sens, rien de plus *passant* que
des souliers. Ces exemples montrent le tort des grammairiens qui défendent de dire « une rue *passante* ».

PATIS, subst. pl. Pâturages, mot de la langue vulgaire,
peut-être étable ou basse-cour.

> Et n'espargnez point la flogie
> De ces doulx dieux sur les *patis*.
> Ball. VI.

« Les oualles Dieu sunt li pueple et ses *pastiz* est li
mondes. » Ps. du XIIIe siècle, ap. La C. — « Car ils ont
trop mis depuis dix ans le païs d'Anvers à *pastiz*. » Alain
Chartier.

> Je vous enseigneray les pâtis les plus gras.
> La Fontaine. *Fables*, IV, 21.

Patis, basse-cour, langued.

PAULMER, verbe a. Prendre dans la *paume* de la
main ; voler.

> Puis, dist ung gueulx, j'ay *paulmé* deux florins...
> J'ai ja *paulmé* tout le gaing de machoirre.
> Ball. IX.

De *palma*, la paume de la main. La forme ancienne du
verbe est *paulmier*, prendre, empoigner, latin *palmare*.

> Un espiel i trouva, fierement le *paumie*.
> *Berte*, v. 62.

On disait aussi *paumoier :*

> Là véissiez maint Turc sa lance *paumoier.*
> Ch. d'Ant. II, 140.

Paulmer, saisir. « Adonc Alexandre print ung glaive que ung sien chevalier tenoit, et advisa le comte Carleir qui en *paulmois* ung aultre moult fierement. » *Percef.* I, 25. *Paumée.* Action de saisir avec la main.

> De la fole pensée
> Vient la fole *paumée.*
> *Prov. du Comte de Bret.* ap. LA C.

« *To palm,* gagner ou voler; *palmer,* le voleur qui enlève les bijoux d'une devanture et les fait glisser de sa main dans sa poche; *palming,* cacher des cartes dans la paume de la main. » En *slang.*

La signification jargonnesque subsiste dans *empaumer.*

§ Palsgrave définit *paulmer* subst. angl. (pron. *pôlmeur*) *a poor man,* et le traduit en français par *blistre* et *blistresse.* (Voyez *Belistrien.*)

« *Palmar,* jarg. esp. Donner par force. » Oudin.

PELLÉ, subst. m. Chemin.

> Et gourdement aiguisez le *pellé.*
> Ball. VIII.

> Et s'il advise le *pelé*
> Ou qu'il nous eschappe, quel pars?
> *Mist. de la Passion.*

> S'il advenoit, il me seroit
> Bien tart d'adviser le *pelé.*
> *Mist. de la Résurr.*

« Le *pelé,* le chemin; *pelardier,* pré, et *pelard,* foin. » *Vie gener.*

« Le Coesre. Il faut le *pelé* gaigner le haut. » *Com. des proverbes*, p. 59. — Alaigre. Il faut embier le *pelé*. » *Ibid.* p. 70.

« Aller et venir font le chemin *peler*. » Cotgrave.

Du latin *pilus*, poil ; la figure est exacte : un chemin est de la terre *pelée*.

Peleux, terre en friche. « Demi-arpent de vigne et demi-arpent de *peleux*, ... onquel *peleux* assez tost apres il fist planter vigne. » JJ. 106, p. 259, an 1374. — « Environ ung arpent de vigne et un arpent de *peleux* ou desert assis delez ledit heberge. » Aveu de 1403. — *Pelleure*, même signification. « Item Jehan Gareau pour la *pelleure* feu Berthelot Le Charpentier, tenant à la vigne Blondeau. » Aveu de 1404.

PIARDE, subst. fém. Boisson, chemin, ou pioche.

>Espelicans
>Qui en tous temps
>Avancez dedans le pogoiz
>Gourde *piarde*.
>
>Ball. III.

Gourde piarde ne se trouve que dans Villon, ce qui rend très incertaine la signification de ces deux mots réunis. Les autres textes de Jargon donnent :

1° *Gourd piard*, avec la signification évidente de cabaret, taverne :

>Je m'en brouay au *gourd piart*.
>Vie de sainct Christophe.

2° *Gourde pie*, une fois dans le même sens que *gourd piard* :

> Si le roastres et ses anges
> Nous trouvoient à la *gourde pie*.
>
> *Vie de saint Christophe.*

Mais ordinairement avec le sens pur et simple de bonne boisson et de « dive bouteille ». (Voyez *infrà* aux mots *Pye* et *Pyer*.)

Gourde piarde paraît, dans l'exemple précité de Villon, avoir également le sens de *gourde pie* ou *gourd coys*.

Piolle, taverne, et *pioller*, tavernier, dans le *Jargon de l'argot*, d'Ollivier Chereau, se rapprocheraient de *piard* et de *piarde*, étant écrits *piaule* et *piauller*. Le *piar* est le petit de la *pie* : « La *pie* qui a des petits *piars*, quand elle voit passer aucun près d'elle, tant caquette, que elle enseigne le nid de ses petits. » *Nef des folz*, f° 18. *Piailler* et *piauler*, crier, caqueter comme les petits oiseaux, peut venir de *pipilare*, qui a le même sens que *pipire* et *pipare*; mais nos anciens joueurs de mots ont voulu que *piailler* vînt de *pie*. Pourquoi? Parce qu'ils équivoquent sur le *pie* oiseau et la *pie* tiré du grec πιειν, boire. Aussi Cotgrave traduit-il *piailler* par boire et *piailleur* par buveur.

D'où il suit que le *piard* ou *piarde* serait la maison où l'on *piaille*, sc. où l'on boit.

§ Il faut noter cependant une acception toute différente : une *piarde* est une pioche en français et en poitevin. — « Le suppliant faignist qu'il alast querir une *piarde* et une sarpe de quoy il avoit à besongner. » Tr. des Ch. JJ. 191, p. 71, an 1454. La *gourde piarde* serait une lourde pioche, propre à enfoncer les volets et à forcer les barreaux. Cependant je maintiens l'interprétation la plus simple, parce que, à ce qu'il me semble, les *espelicans*,

qui attendent en buvant que la nuit leur livre les « nyois »,
ne sont pas les voleurs, mais ceux qui les arrêtent.

§ Le lang. *biarda*, cheminer, qui a fait en français *bier*
et *biarder*, fournit une troisième traduction possible, que
je me borne à indiquer :

> Un gons qui ruffabo le nas
> Qui me faguet *biarda* de fori.
>
> Goudouli.

> Pis *s'embiarder* comme une leuriere.
>
> Muse norm. p. 142.

> . . . Je m'en *bieray* devant
> Tant que piez pourront soustenir.
>
> Mist. du V. Test.

Cette forme, d'origine et de valeur toute différente,
vient du latin *via*, prononcé *bia* à l'espagnole.

Bier et *embier* signifient s'en aller dans le *Jargon réformé*. — « ALAIGRE. Il faut *embier* le pelé. » *La Comédie des proverbes*, p. 70. — « *Ambier*, c'est aller. Et ils demanderont où *ambie* le courrier ? Il respondra : j'*ambie* au taudis, c'est-à-dire à la maison. » Bouchet, III, 130.

PICONS, subst. pl. Pics, crochets.

> Plantez aux hurmes vos *picons*.
>
> Ball. I.

> Plantez *picquons* sur ces beaulx sires dieux.
>
> Ball. VII.

> *Picquons* au veau ! Saint Jacques, je m'espince.
>
> Ball. IX.

> Ils ont pourpoins, estendards et *picons*.
>
> Eust. Deschamps.

« Il nuisoit comme le porc espic qui darde ses *picons* à ceux qui lui veulent nuire. » Brantôme, *Cap. fr.*

Pico esp., *picone* ital., pic, bâton de fer. — *Arpicone* et *herpicone*, ital., crochet, crampon, d'où *arpione* et *arpion*, qui signifie le pied en argot moderne. Se rappeler qu'en vénerie la pince ou espince désigne le pied de certains animaux. — *Picaroon*, voleur en *slang*.

Pour comprendre ce que veut dire *planter picquons*, force nous est de raisonner sur le premier des exemples allégués ci-dessus. *Plantez vos picons aux hurmes* signifie littéralement « plantez vos crochets aux logettes du gibet ». Comme un pareil conseil est exactement le contraire de celui que Villon entendait donner aux Gueux qu'il morigène, j'en conclus que l'expression elle-même doit être prise en sens contraire; et, par ainsi, que *planter picons* ne signifie pas s'accrocher, mais « abandonner ses crochets », les planter pour les laisser là. Tel est également le sens du second exemple : « abandonnez vos crocs sur ces écus d'or », renoncez à les prendre. En se reportant au texte, on verra, je crois, qu'il n'y a pas à s'y méprendre.

Le sens clair et net de *planter picons* se retrouve, avec commentaire, dans ce passage curieux d'un opuscule du XVIIᵉ siècle : « Laissez plus tost à la pluie toutes sortes d'engins, ciseaux, couteaux, tenailles, sur peine d'estre eslevés sur une busche de quinze pieds de haut. » *Reigles, etc. de la Caballe des Filous.*

Citons encore un morceau singulier de cette littérature sinistre :

« J'avise mon cagou, qui tire de sa bezasse quatre tirefons et une grande boeste, et nous meine au pied du gibet, et moy, estonné, les cheveux me levoient en la teste de frayeur. Il pose l'un de ces tirefons contre un des pilliers, qui estoit de bois (ceci se passe à la veille d'une foire de Niort en Poitou), appelle ce nepveu et luy dist : Tiens, monte jusque là hault. Ce qu'il fit promptement. » *Vie genereuse.* Il s'agissait de couper le bras d'un pendu, que le neveu se mit en écharpe pour inspirer la compassion. — Autre expédition du même genre non moins hideuse : « Peu de temps après, nostre regiment estoit près de Beaufort en Vallée, (c'est, je crois, Beaufort, chef-lieu de canton de l'arrondissement de Baugé, département de Maine-et-Loire), nostre cagou veid un pendu à une potence, qui n'y estoit que du jour ; commande à son nepveu de demeurer derrière... et luy commenda que quand la nuict seroit venue, il coupast... » *Ibid.* Je ne pousse pas la citation plus loin ; elle suffit, avec la précédente, pour montrer que les Gueux savaient monter au gibet autrement qu'avec l'aide du bourreau ; les *picons* de notre ballade et les tirefons du cagou sont un seul et même instrument.

Quant au troisième exemple, où je conjecture que « au veau » est mis pour « à val », il est possible que *picquons* soit l'impératif de *picquer*. Mais, verbe ou substantif, la signification du mot reste la même : « Picquons à val », c'est-à-dire allons-nous-en, ou bien « crochets à bas », c'est tout un.

Piquer à val, pour se retirer, s'enfuir, trouve sa confirmation dans ce passage des *Cent Nouvelles nouvelles* : « L'autre se taisoit et *picquoit* son chemin. » Nouvelle LXXXIV.

Un renseignement curieux, que je rencontre dans les *Souvenirs de la langue d'Auvergne,* de M. Francisque

Mége, achève de fixer le sens intime du substantif *picon* et du verbe *piquer*. Un *piqueur*, dans le langage du canton de Saint-Dier, arrondissement de Clermont-Ferrand, c'est un mendiant de profession, un homme qui *va à la pique*, et *aller à la pique*, c'est « parcourir la France soit en mendiant ou en pèlerin, soit avec une balle de colporteur, soit en se faisant, à l'aide de faux certificats, passer pour incendié, inondé, etc. » La définition de M. Mége s'applique avec une rigoureuse exactitude aux procédés des Gueux pour qui furent écrites les ballades du Jargon.

Eustache Deschamps connaissait cette nuance du verbe *piquer* :

> Chascun qui puet prent, hape et *pique*
> Pour avoir grant estat et mise.
>
> Ms. f° 337.

Pique assiette appartient au même sens.

Picke, to run away, en *slang*.

« *Pico*, esp. bec. — *Picon*, esp. Un trait que l'on fait en seignant quelque chose, un trait piquant. En jargon, un *pouil*. » Oudin.

Le *pico* et le *picon* ont fourni à l'espagnol *picaro*, gueux, mendiant, voleur, etc.

PIÉTONNER, verbe n. Courir, marcher.

> Et *pietonnez* au large sur les champs.
>
> Ball. I.

> Je *pietonnay* toute la nuit.
>
> *Vie de sainct Christophe.*

> Et moy tantost de *piétonner*.
>
> *Franc archer de Baignolet.*

*PIMPRES, ad. pl. Pimpants.

> Mareux, arvés, *pimpres,* dorlotz et fars.
> Ball. XI.

Encore un vieux mot d'exemple unique, mais qui n'a rien de jargonnesque, non plus que *fars* qui le suit.

Le français du xvie siècle avait le verbe *pimper,* dont *pimpant* est le participe présent ; et le français du xiiie siècle, plus voisin des origines, avait *pinpernele,* qui dérive de *pinpre* ou *pimpre :*

> Quant l'accointa la jovincelle
> Qui estoit jone *pinpernele.*
> Du Cange. *Pipennella.*

« Nous marions la douceur des yeux des coquettes avec les affetteries des *pimpreneaux.* » *Les Jeux de l'inconnu,* p. 357-8. Les *pimpreneaux* du sieur de Vaux (Adrien de Montluc), masculin des *pinprenelles* citées par Du Cange, signifient ici les jeunes galants, les muguets, c'est-à-dire les *pimpres* du Jargon.

Une plante aromatique a retenu ce nom, la *pimprenelle.*

Pimpar, prov., *pimpa* langued., atifer, orner. Le mot *pinpernele* subsiste en rouchi au sens du vieux français, jeune fille éveillée et coquette.

L'autorité de Littré ne suffit pas à me faire admettre l'étymologie de *pipe* ou *pipeau,* qui ne me semblent avoir nul rapport avec le sens du radical français *pimpre,* d'où *pimprenelle* ou *pimpernelle.* Le même savant en suggère une autre plus acceptable, qui dérive *pimprenelle* de *pampinus* et de *pampre.* Celle-ci donne du moins la raison de l'r de *pimpre,* et pourrait expliquer la *jovin-*

celle pimprenele. Mais la plante de ce nom ne ressemble guère au *pampre*, tandis que sa saveur peut faire penser au poivre, *piper;* je ne sais exactement à quelle plante les Latins donnaient le nom de *piperitis* ou *piperidis*, qui pourrait être devenu en français la *piprette* ou *piprelle*. Enfin, un seul mot latin convient à l'étymologie de *pimpre*, c'est *piper*. L'adjectif *pimpre* aurait ainsi le sens primitif de piquant, relevé, excitant; et je crois que c'est le vrai.

A ajouter que le mot *pimpernaux* est ancien comme nom d'un petit poisson qui devait avoir des piquants, sous trois formes : 1° *pippreniau*, « quatre cens de *pippreniaux* ». Reg. de Corbie, *Ézéchiel*, f° 98, an 1221. — 2° *Piperneau*, « Icellui Jacquiet prit cent et demi d'anguilles et quatre ou cinq cents *piperneaux*. » Tr. des Ch. JJ. 154, p. 15, an 1398. — 3° *Pinperneau*, « Lesquelles anguilles ou *pimperneaux* pouvoient valoir en tout quinze frans. » *Ibid.* 154, p. 15, même année. Le dict. de Trévoux, d'après Borel, identifie le *pimpernau* avec le *sparus* ou *catholicum parvum*.

PIPERIE, s. f. Tromperie.

> Gaillieurs faitz en *piperie*.
> Ball. II.

Béroalde de Verville, comparant les femmes aux filles, et déclarant les premières plus parfaites que les secondes, ajoute : « Ainsi est-il du monde de *piperie*, plus accort, plus joli, plus parfait, plus délicat, et mieux sentant son bien que le premier. » — « Ils peussent joyr de toutes franchises de tous cas par eulx commis, comme de meurdre, furt, larrecin, *piperies*. » *Chr. scand.* an 1467. — « Ceste *piperie* qu'ils appellent médecine. » *Dial.* de Tahur, f° 90.

Béroalde se sert de l'adjectif *pipeux*, qui n'est que la prononciation écrite de *pipeur*, comme *joncheux* de *joncheur* (v. *Joncheur*). « L'exercice a causé merveilles au progrès infini de l'univers *pipeux*. » *Moyen de parvenir*, p. 110.

Du substantif *pipée*, artifice par lequel on trompe les oiseaux et aussi les hommes, et du verbe *piper* : « Les sens sont *pipez* par l'entendement. » Charron, p. 79; de *pipe* et *pipeau*, au sens de tuyau, spécialisé pour désigner le sifflet au moyen duquel le chasseur au *pipeau* imite le cri de la chouette, du latin *pipa*, chalumeau pour aspirer les liquides. — « Par la vertu Dieu nous sommes icy bien *pippez* à plaines *pippes*. » Rab. III, 36. Corneille s'est servi du verbe *piper* deux fois de suite dans l'acte III du *Menteur* :

En matière de fourbe, il est maître, il y *pipe*.
Sc. III.

Qu'elle pût un moment vous *piper* en votre art.
Sc. IV.

Pipeur, trompeur : « En ce tems fut faitte justice de plusieurs povres et indigentes creatures, comme de larrons, sacrileges, *pipeurs* et crocheteurs. » *Chr. Scand.* an 1460.

J'avois un jour un valet de Gascogne,
Pipeur, larron, jureur, blasphémateur.
Cl. Marot.

Pipeusement, adv. avec tromperie. Cotgrave. — *Pippable*, qu'on peut tromper. « Je suis très *pippable*. » Montaigne. *Essais*, t. II, p. 110.

Pipon, subst. trompeur.

> Moult a en lui cruel *pipon*,
> Et traistre est...
>
> Ph. Mouskes, v. 19902-3.

La Bibliothèque nationale conserve (L^b 62, in-8º) un petit livre intitulé « *Advertissement antidot et remede contre les* piperies *des* pipeurs, *auquel sont deduicts les traictz de finesse de un nommé Anthoine d'Anthenay, lequel outrepassa les finesses de Villon, Pathelin, Ragot et autres infinits affronteurs, a (sans bourse deslier) emporté de plusieurs ecclesiastiques, bourgeois et marchans de la ville de Paris cent mil escus et plus.* » — MDLXXXIIII.

* PIRENALLE, s. f.

> Et si hurcque la *pirenalle*
> Au saillir des coffres massis.
>
> Ball. IV.

Nous avons fait sur le mot *hirenalle*, qui rime avec *pirenalle*, certaines observations qui leur sont communes et qu'il est inutile de répéter ici. Le radical devrait être *piren*. Nous avons en latin *pyren*, pierre précieuse qui, d'après Pline, ressemble à un noyau d'olive, *Pyrene*, nom ancien de Saint-Sébastien au pied des *Pyrénées*, et *Pirene*, fontaine dédiée aux Muses, au pied de la forteresse de Corinthe. L'allemand donne *birn* ou *birne*, poire, qui nous ramène au latin *pira* ou *pirum*. Aucun des mots précités ne me suggère la moindre application.

Je signale encore, en abandonnant l'*n* du radical : 1º l'adjectif *pire*, 2º le latin, espagnol et italien *pyra* et *pira*, bûcher, pile de bois ; 3º *birnen*, brûler, all. du moyen âge ; 4º le *piré* ou *pire*, chemin ferré (moderne *perré*), *pirius, pirgus;* 5° *pirer* ou *birer,* s'amuser, se réjouir, Lacombe ; 6° le poitevin *pire,* vie; 7° le zincaló *piri,* pot de terre.

J'ai réservé, pour les discuter en dernier lieu, quelques étymologies moins éloignées de mon sujet.

1° Le zincaló donne *piro,* le pied, et *pirar,* promener, aller, qui n'est pas sans rapport avec l'italien *pirone,* qui, dans la langue ordinaire, signifie cheville et, en argot, dent ; ni avec l'espagnol *pernear,* qui veut dire gambiller, branler des jambes, et *pernada,* gambade (Oudin). Rapprochée du verbe *hurcquer* qui la précède dans le même vers du Jargon, la *pirenalle* pourrait trouver place dans une traduction comme celle-ci : « Et ainsi la cheville vous fourche, vous accroche au sortir des cachots épais », ou bien : « Et ainsi vous vous trouvez fourché à la gambillade », etc.

A cet ordre d'idées se rattache le mot « *bironne,* s. f., un treuil, qu'on appelle en Poitou et en Languedoc *gibelet,* de *birer,* tourner. Voyez Ménage. *Bironnerius,* lang., ouvrier qui fait des tarières. Du C. v° *Bironnerius.*

On cite quelquefois une phrase de Rabelais « Mau de terre vous *bire* ». Le texte original porte « vous *vire* » (I. 218), mais *virer* ou *birer,* tourner, c'est tout un.

2° L'espagnol *perro,* le chien, donne *perreria,* le chenil; on supposerait facilement une forme *perrenaille,* qui équivaudrait à *chiennaille,* c'est-à-dire *canaille.* « Et ainsi la *canaille* est fourchée », etc.

3° L'italien a les substantifs *birro,* l'archer, le sergent, pris dans un sens de mépris, et *birraria* (très proche de l'espagnol *perreria*), la troupe des archers ou sergents. N. Duez. Par une duplicité de sens que j'ai constatée à *Beroars,* la même désignation confond les hommes de police avec les malfaiteurs qu'ils poursuivent. Le *birro*, comme le *beroard*, est tantôt un sergent et tantôt un filou. Cette dernière acception s'est spécialisée en italien dans *birrone*, filou, trompeur, pipeur, et *bironeggiare*, tromper, piper. N. Duez. *Birrone*, en quelque sens qu'on le prenne, a pu inspirer au jargon *birrenaille* ou *birenaille*; d'où une double traduction, suivant qu'on prend le *birro* pour un archer ou pour un voleur : « Et ainsi la fourche attend la troupe des Gueux » ou bien : « Et ainsi, la police vous conduit au gibet. »

Cette dernière interprétation me paraît la plus exacte; mais je laisse au lecteur instruit le soin de décider.

Pour ne rien omettre, je dois enregistrer l'adjectif espagnol *perenal*, éternel, perpétuel, qui pourrait ouvrir un autre horizon. « Ainsi vous êtes fourché pour jamais. »

Malheureusement nous avons ici une surabondance de conjectures et une disette de certitude, que j'ai rarement rencontrées à ce degré dans mes arides recherches.

* PISANS, subst. pl. (V. *Bisans*.)

De paour dès *pisans* si tres durs.
Ball. I.

Sous ce mot le dict. ms. de La Curne de Sainte-Palaye renvoie à *Pizaines*. Colerettes *pizaines*, de jazeron d'acier. — V. sous *Armatura*, dans Du Cange, un inventaire d'armures.

Pisantes. Jarg. esp. Les souliers et les pieds.

PLACQUER, v. a. Aplatir, abattre. C'est le sens ancien et primitif.

> Pour rifler
> Et *placquer*
> Les angelz de mal tous rons.
>
> Ball. III.

1° Coller, aplatir comme une plaque.

> Englois par lor orgueil et par oultrecuidier
> Se vont dessus le pré asseoir et *plaquier*.
>
> GUESCL. 22250.

C'est en ce sens que le rouchi dit *plaquer* pour salir avec de la boue.

> Rouget, qui m'entendoit appeler dieu bigorne,
> M'enléve et me *plaquit* tout dret dans ma mezon.
>
> *Muse norm.* p. 83.

Plagier en français, *plagar* en esp. : navrer, blesser, n'a pas la même origine, mais conviendrait parfaitement à l'exemple ci-dessus.

> Et la chair vaincre et plagier.
>
> LE ROUX DE LINCY. *Chansons*, I, 109.

Se plaquer, v. r. tomber à plat. Jean Richepin.
2° Apaiser. *Placquer son ire*. Eust. Deschamps.

> ... S'en devez estre apaisiez,
> Mes je dist que vous *placquiez*.
>
> Ms. Vatican 1522, f° 159 r°, c. 1.

Placable, contraire d'*implacable* dans *la Marg. des Marg.* « Mais tous dépendent du même principe, de l'idée d'un dieu *placable.* » Voltaire, dans Laveaux. — Je cite cette seconde acception pour avoir lieu de constater qu'elle serait contraire au sens bien établi par le verbe *rifler*, qui indique l'intention de blesser les sergents, bien loin de les vouloir apaiser.

PLAIN. C'est le mot de la langue ancienne, dans le sens actuel de *plaine*.

> Que stat *plain* en gaudie ne se mauve...
> Loing de son *plain*, de ses flos curieulx.
> Ball. X.

> Quant on cuide en ferme joie estre
> En un *plain* laissier le convient.
> Jean de Condé, II, 56, 227.

Le premier exemple signifie : « que celui qui se tient en joie sans alarmes ne se meuve. » Et le second : « loin du *plain*, c'est-à-dire de la terre, en l'air, pendu. »

« Le bois acquiert le *plain*. » Loysel, 257. En termes de marine, la haute mer.

« — Au *plain*, au *plain*, ne nous entrebatons point au cymetiere. » Tr. des Ch. JJ. 147, p. 266, an 1395. — « Ils se meirent en chemin, et tenant toujours les *plains* de la forest, faisoient joyeuse chere. » *Percef.* IV, 22. — « Li monne orent si grand paour que ils laissierent tout en un *plain* et s'en alerent. » Froissart, II, 70.

> Iouste un bois, lez un *plain*,
> Encontrai un vilain.
> Ms. 7218, f° 249.

> Je crie par bois et par *plains*.
> Marg. de la Marg.

PLANT, subst. m. 1. Confrérie des Gueux. 2. Signification actuelle d'être en *plant* et non en *plan*, comme on l'écrit d'ordinaire.

Marques de *plant*, damés et audinas.
>Ball. XI.

Qui est *plant* en ce coffre joyeulx.
>Ball. X.

Le premier exemple signifie « filles affiliées aux voleurs »; le second exemple s'explique de soi-même, « qui est en *plant* dans cette prison joyeuse ». De là le *plan* pour la prison :

>Sans tracquer de tomber au *plan*.
>>Chanson d'argot. VIDOCQ, t. Ier, p. xxij.

« *Plan*, s. m. zincaló. Brother, hermano. English *Pal*. Cant expression, in use amongst thieves, which signifie a comrade or brother in villany. » Borrow.

« *Plani*, s. f. zinc. Sister. » Borrow.
Signification obscène. Voir *Planter*, ci-après.

PLANTER, verbe a. C'est le verbe de la langue usuelle, appliqué aux besoins particuliers du Jargon.

>*Plantez* aux hurmes voz picons.
>>Ball. I.

>Mais *plantez* ilz sont comme joncz.
>>Ball. III.

>Allez ailleurs *planter* vos marques.
>>Ball. IV.

>*Plantes* ailleurs, contre, assegier.
>>Ball. V.

>Qui aux sires *plante* du gris...
>*Plantez* tost de la mouargie.
>>Ball. VI.

> *Plantez* picquons sur ces beaulx sires dieux...
> Antonnez poix et marques six à six,
> Et les *plantez* au bien en paillardie...
> *Plantez* vos histz jusques ellé rappasse.
>
> Ball. VII.

On trouvera les diverses acceptions des exemples ci-dessus en consultant le présent vocabulaire sur les substantifs que *planter* gouverne comme régime : *Picons, Marques, Gris, Mouargie, Histz,* etc.

L'emploi de *planter* dans les deux exemples suivants se rapproche des sens jargonnesques :

> Et qui vouldra *planter* si *plante*.
>
> Villon. *Petit Test.*

> Souventeffois s'esbat et rit
> A *planter* une gente bourde.
>
> Ch. d'Orléans, rondeau 29.

En italien, *piantar carote*.

> Egli, che ben conobbe al primo tratto
> Ch'era in un campo da *piantar* carote.
>
> Lalli. *En. trav.* II, st. 21.

« *Piantar canne o carotte;* en bailler à garder, en faire accroire. » N. Duez.

Plantar, jarg. esp. enterrer ; fr. *planter,* mettre en terre. *To plant,* enterrer, cacher, en *slang.*

« *Planter* le dé, c'est-à-dire le jeter avec adresse et ramener ce que l'on veut. » Oudin.

Planter, obsc. « Vous recouvrerez vostre fille... Ce bon gentilhomme l'a si bien *plantée* qu'elle viendra bientôt. — Voilà le goust de la noix, ce *plantement* là. » Com. *des proverbes,* p. 75. Cette dernière acception du verbe *planter* est encore d'usage courant dans l'argot contemporain, et je l'ai entendue tout récemment dans la bouche d'un des principaux fonctionnaires du service actif de la préfecture de police. Elle s'applique aux vers précités du Jargon :

> Allez ailleurs *planter* vos marques...
> Et les *plantez* au bien en paillardie.

Et à un vers du *Petit Testament* de François Villon :

> Et qui voudra *planter* si *plante*.

On lit dans les *Reigles de la Caballe des filous*, p. 154 : « Que si par copulation, conjonction féminine, *plantation* d'homme, quelque pauvre diable va au païs de Suede. »

PLANTEUR, subst. m. Fourbe; c'est le sens italien dans *piantar canne o carotte*, tromper. V. ci-dessus *Planter*.

> Prince *planteur*, dire verté vous veulx.
> Ball. VII.

> Prince *planteur* et bailleur de saffirs.
> Ball. VIII.

> Cornette court nul *planteur* ne se joue.
> Ball. X.

Planteur, sign. obscène. V. ci-dessus *Planter* :

> Prince *planteur*, quant vous sauldrez la hye.
> Ball. IX.

« *Plantador*, jarg. esp. Fossoyeur. » Oudin.

PLOMMEURS, subst. pl. Forme ancienne de *plombeurs*.

Croqueurs de pain et *plommeurs* affectez.
Ball. VIII.

Plomme, subst. f. Sonde. Joinville, « gicte ta *plomme* », 283. — *Plommer,* v. a. Plomber. — *Plommée,* subst. f.

> Aussi ces fols en mainte guise,
> Qui d'amors portent la devise,
> Vivent sans regle et sans *plommée.*
> Bl. des f. amours.

« Lesquelz moines getterent *plommées* d'acier et de plonc. » Du Cange. *Plumbata.* — « La siste chose con doit apenre les batilleurs, est ferir de maches *plomées* pendues à chaînes de fer à un baston gros, et cele plomée donne très grant cop... » Du C. sous *Plumbata.* — « Là furent abattus vilainement et mortellement l'un sur l'autre et ferus de haches et de *plommées.* » Froissart, II, III, 30.

Plomet, subs. m. Niveau de plomb. — *Plomerie,* subst. f. rouchi. Plomberie. — *Plomier,* subst. m. Plombier. — *Plomiere,* subst. f. Plaque de plomb. — *Plom,* provençal. — Plomb. *Plomo,* esp. — *Plomero,* esp. Plombier. Oudin.

Plommeur, subst. m., traduit par Palsgrave. « Plommar, a craftesman », p. 256. Il est vrai que le même Palsgrave traduit *craftisman* par *mecanique;* mais il donne *crafte sleyght,* malengin, regnardie; *crafte science,* art, artifice; *crafte subtylte,* astuce; *craftie felowe,* regnart; *craftie dealyng,* trafficque, p. 210. — Le vrai sens de *craft'sman* est *artifex; craft* signifie ruse et *crafty* rusé.

> . . . Je croy qu'il repose;
> Il est ung petit *aplommé.*
> Pathelin, v. 418-9.

PLONGIS, p. passé sing. D'une des formes alternatives *plonger* et *plongier*, qui donne *plongir*, en wallon *plonkir*, verbe de la langue ordinaire, au sens jargonnesque de faire le *plongeon*, c'est-à-dire un mauvais coup.

> Berart s'en va chez les joncheurs
> Et babigne qu'il a *plongis*.
> Ball. IV.

> Quant veneit que li jucs ert en la nuit *plungiez*.
> Thom. de Canterb. 102.

« *Item*, avec ce doivent estre garnis de certains hommes duitz et appris de *plongier* en l'eau. » *Le Jouvencel*.

Plongeur, argot. Misérable.

> Aussi rupin qu'un *plongeur*.
> Chanson d'argot. Vidocq, t. Ier, p. xxj.

PLUC, subst. m. Forme ancienne de *peluche*. En Jargon, pitance, ration, c'est-à-dire ce qui s'*épluche*. C'est le butin en denrées comestibles, par opposition au butin en argent.

> Et n'eussiez vous denier ne *pluc*.
> Ball. II.

> S'il n'y a gaing, du moins il y a *pluc*.
> Chasse d'amour.

> . . . J'eus longuement le *pluc*
> De pain et d'eau, tenant aux gectz.
> Vie de saint Christ.

> . . . Foison de *pluc* et d'aubert.
> Verger d'honneur

> Ne te laisse point vendenger,
> Si tu as pain, aubert et *pluc*...

> Puisqu'il n'y a ne gain ne *pluc*,
> Les duppes demeurent en cruc.
>
> Mist. de la Passion.

> Sus ! tost t'habille, il y a *pluc*.
>
> Inc. et nat. de N.-S.

> Il y a heur, honneur et *pluc*.
>
> La résolution d'Amours.

> Il n'y a ne *pluc* ne pasture,
> Allons ailleurs fourrer nos bouges.
>
> Hist. de l'Evangile en vers.

Le point de départ étymologique est le latin *pilus*, poil ; qui a donné *pelu* et *peluche*, revêtement de poils velus. *Pluc* est la forme ancienne.

> Mauldis l'açointance
> Qu'as fait pour le *pluc*
> D'avoir à oultrance
> Enfraint l'alliance
> Dudit arceduc.
>
> Petit Traictié du malheur de France.

Par allusion aux armes de Bretagne, qui portent de *pluc*, c'est-à-dire d'hermine. Vocab. de *la Dance aux aveugles*, éd. Panckoucke.

Éplucher, c'est *épiler*, arracher le *pluc* ; par extension, dépouiller les aliments végétaux de leurs parties inutiles, d'où, par métonymie, le *pluc*, c'est-à-dire la partie épluchée, devient l'aliment lui-même.

De *pluc* le Jargon a fait encore *plucaille*, qui est à *plucher* ce que *mangeaille* est à *manger* :

> Mais myeulx la moitié au butin,
> Je ne quiers rien que la *pluquaille*.
>
> Mist. de la Conception.

Marot s'est servi d'*emplucher* au sens de *piller :*

> Prebstres, clers, bourgeois et marchans
> Sont *empluchez* par gens meschans.
>> *Dictié à Mgr de Nassau.*

Pluquer, rouchi, béqueter. — *Plucséner,* rouchi, ramasser les miettes.

To pluck, cueillir et déchirer, en *slang.*

* PLUMBIS, subst. m. Poids de plomb.

> Farciz d'un lourd *plumbis* à coing.
>> Ball. II.

Le mot, d'exemple unique, ne présente pas de sens particulièrement jargonnesque.

> Sa manche sera enfermée
> En deux poingnets de *plomb* pesant.
>> *Rec. de farces,* p. 427.

Plomber, assommer avec une plombée.

> Par coups de ping soient meurdris et *plombez.*
>> Marot, IV, p. 146.

POE et POUE, subst. f. Patte.

> Eschec qu'accollez ne soiez
> Par la *poe* du marieux.
>> Ball. V.

> Ruez par les fondes la *poe.*
>> Ball. VI.

> Et desbousé de son cuer ou sa *poue.*
>> Ball. X.

> Si dessus eussiez mis la *poue.*
>> *Mist. du V. Test.*

Hé gueux ! advance moi la *poue*.

Vie de saint Christophe.

En sa goule boute sa *poue*.

J. DE BOVES, *Fable du lou et de l'oue*.

Royne d'enfer, c'est ce qui vous renomme,
L'on coucheroit en vostre gueule une oe.
Vous n'avez doit qui ne semble une *poe*.

EUST. DESCH. ms. f° 211, c. 3.

Car gentil est, et n'a pas longue *poe*.

Ibid. f° 229, c. 2.

Maistre Hervé de Crocque *Poue*.

COQUILLART. I, 61.

Quelle que soit l'étymologie de *patte*, qui n'apparaît en français que vers le xv° siècle, celle de *poe* ou *poue* n'est pas douteuse ; elle procède du grec πούς, ποδός, pied, base, qui a donné le *podium* de labasse latinité. La vieille forme d'appuyer est *appoier*, qui subsiste dans le picard *apoier* et dans le poitevin *appouer* où le radical *poue* s'aperçoit clairement. *Poue* suppose une forme intermédiaire *poda* ou *pota*, qui pourrait également donner *patte* ; mais les exemples de la filiation manquent.

POIS, subst. pl. C'est un des sens anciens du mot de la langue ordinaire ; ce qui cause oppression, chagrin, dommage, la cause de l'oppression.

Et pour soustenir voz *pois*
Les duppes sont privez de caire.

Ball. III.

Normendie prendront et tendront sur leur *poiz*.

Roman de Rou.

> Sor le *pois* mes ennemis.
>> Gautier d'Argies. *Ibid.*

> L'amor ne la haine ne pris je pas un pois;
> Et se ge l'ai prisiée, ça esté sor mon *pois.*
>> Ms. *de S. G.* dans La Curne.

> Qué je ne soie de ceus
> Qui aiment de sor lor *pois.*
>> Anc. po. fr. Ibid.

« *Peso,* jarg. esp. Saisie, arrêt. » Oudin.

POIX, subst. m. voleur.

> Antonnez *poix* et marques six à six.
>> Ball. VII.

L'argot moderne a *poisse,* voleur, et *poisser,* voler. L'ancien français disait *poissard.*

> Ce sont *poissars,* pipereaulx mal mondains.
>> R. de Collerye.

« *Poix* dont vient *poissard* pour un larron. » Rob. Estienne. *Gramm. fr.* p. 108. — « *Poissard* : a filcher, nimmer, parloyner, pilferer; one whose fingers are as good as so many lyme-twigs. » Cotgrave.

Ainsi le *poissard* (le sens de *poissard,* dérivé de *poisson,* est plus moderne) est le larron dont les doigts, comme s'ils étaient enduits de *poix,* ne se séparent plus des objets qu'ils ont touchés. Les Latins connaissaient cette figure :

> . . . Nihil est furacius illo :
> Non fuit Antolyci tam *piccata* manus.
>> Martial. Epigr. *in furem fuscum.*

Le Jargon a dit *poix* pour le voleur lui-même.

Je renvoie pour le développement de ce sujet aux articles *Poissard* de Littré et *Poisser* de Francisque Michel. Je suggérerai seulement une remarque subsidiaire que je crois nouvelle. La *poix*, en latin *pix*, a donné par l'accusatif *picem*, le berrichon *pège*, le genevois *pège* et *pègue*; le verbe *poisser* vient du latin *picare*, d'où l'espagnol *pegar* et le berrichon *péger*. Or *pège*, étant synonyme de *poix*, qui en Jargon signifie voleur, me paraît être la forme primitive de l'argot moderne *pègre*, qu'on avait tiré jusqu'ici de l'adjectif latin *piger*. Cette filiation paraîtra corroborée par cet autre fait étymologique que *péger* est devenu *piger*, v. act., qui signifie prendre et voler, et qui n'a plus de rapport avec le latin *piger*.

J'ai traduit au mot *Antonner* le vers de la ballade VII :

> Antonnez poix et marques six à six,

par « mariez à l'église voleurs et filles ». Quoique cette traduction m'ait été suggérée par l'interprétation régulière des mots *antonner*, *poix* et *marques*, elle pourrait sembler invraisemblable; c'est pourquoi j'ajoute ici que la *Vie genereuse* donne les formules argotiques pour qualifier « le mariage des gueuz et gueuzes quand ils vont epouzer à la messe », plus deux couplets de vers obscènes qui complètent la célébration.

POLLICEUR, subst. m. Celui qui *pollit*, c'est-à-dire qui vole. (Voyez infrà *Pollir*.)

> Pour avancer au *polliceur* de pye.
> Ball. IX.

c'est-à-dire au voleur de boisson.

Du latin *polire*, polir, rendre luisant. *Polio*, gén. *polionis*, a été employé par Julius Firmicus en sens d'armurier, fourbisseur.

Le *polisso* du Hainaut, ce qui unit, ce qui polit (spécialement le fer à repasser), indique le trait d'union entre *polliceur* et *pollisson*; *pollisson* a signifié d'abord voleur, comme *polliceur*, celui qui *pollit*, c'est-à-dire par un calembour gallo-latin, qui joue du *pouce*. On va voir, au mot *pollir*, par quel autre jeu de mots *pollir* et *voler* deviennent synonymes. Le *Jargon de l'argot réformé* indique les *polissons* comme une classe de Gueux, les plus gueux de tous, ceux qui vont presque nus.

Pollir, farder, déguiser. « Sans rien *pollir* ne celer. » *Instructions du chev. de la Tour*, f° 48.

Polido, jarg. esp. Rusé. Oudin. — *Polidor*, jarg. esp. Le larron qui vend ce que les autres dérobent. Oudin. Littéralement *polisseur*.

Polisher, prisonnier, en *slang*.

« Lycurgues le *policeur* de Sparte. » La Boétie. *Serv. volontaire.* — « Législateurs et *policeurs* d'estats. » Charron, *Sag.* 223.

Pol, pouce, doigt.

En un trou de tarere li boutent erranment
Ses deus *pols*...
Berte, XCIV.

« Une bombarde merveilleusement grande, laquelle avoit cinquante-trois *pols* de bec. » Froissart, X, p. 60.

POLLIR et POLIR, v. a. Au propre *polir*, au figuré, en Jargon; voler.

> Pour mieulx *polir* et desbouser musars...
> Là ot ung gueulx son endosse *polye*.
>
> Ball. XI.

Le premier vers signifie : « pour mieux voler et dévaliser les niais ». Le second : « Là un gueulx se laissa voler son pourpoint. » L'argot moderne dirait, au même sens: « on lui *nettoya* son habit ». Locution qui se justifie par l'usage de la langue courante et même de la langue littéraire : « *Nettoyer* une personne, i. luy gagner tout son argent. » Oudin. *Cur. fr.* — « Le Prevost. Ils ont mis au *net* un pauvre prestre. » *La Com. des prov.* p. 86.

> *Nettoyer* le gousset et plier la toilette.
>
> Claveret. *l'Escuyer ou les faux Nobles.*

> . . . Et c'est un passe-temps
> De leur voir *nettoyer* un monceau de pistoles.
>
> La Fontaine, *Fables*, VIII, vii.

La relation de *nettoyer* à *polir* est évidente, l'une et l'autre signifiant *rendre net* en parlant des objets matériels.

Pollir avec deux *ll* rappelle le radical *pollex*; *pollir*, c'est donc aussi « jouer du pouce »; enfin, dernier rapprochement, bien fait pour charmer les philologues raffinés qui écrivaient le Jargon du xve siècle, *polir* est le synonyme de *fourbir*, et *fourbir* peut être compris pour « agir en fourbe », c'est-à-dire voler. Or *fourbir* dérive du haut-allemand *furban*, qui signifie *nettoyer*. Donc *nettoyer, fourbir, pollir* sont trois parfaits équivalents qui se résument en un quatrième verbe : voler. (V. plus loin *Sorniller*, au sens de *brunir*.) Diez regarde *furbo* comme ayant le même radical que *fourbir*, nettoyer, et par suite dépouiller. « C'est d'une façon analogue », ajoute Littré, « que *polir* a donné *polisson*. » J'ai donc la satisfaction d'appuyer mon interprétation sur l'autorité de deux maîtres en philologie, qui, cependant, ne connaissaient pas l'emploi que les ballades jargonnesques, que je mets au jour pour la première fois, donnaient aux mots *polliceur* et *pollir*.

Polir, farder. En parlant de la chaste Suzanne :

> Que sa char *polir* et corrompre.
> Eust. Desch. fº 520.

Le verbe *polir* se trouve encore dans deux autres vers du Jargon inédit, mais, à ce que je crois, au sens propre :

> Et le macquin, qui se *polyt* et coinsse...
> L'autre *pollist* martins et dollequins.
> Ball. IX.

« *Polido,* Jarg. esp., rusé. — *Polidor,* Receleur, celui qui vend ce que les autres volent. *Polinche,* id. Receleur. » Oudin.

« M. Langlois, pour nous servir d'une expression soldatesque, a donné très clairement à entendre qu'il se faisait un *fourbi* abusif, surtout en matière de rations de fourrage. » *Constitutionnel* du 10 mai 1876.

Rabelais nomme le *fourby* parmi les jeux de Gargantua, I, 80.

* POLUER, v. a. C'est, je crois, un latinisme, de *polluere,* corrompre, et l'un des sens de *polir* (v. ci-dessus au dernier exemple).

> Pour mieulx polir et desbouser musars,
> On *polua* des luans bas et hault.
> Ball. XI.

Étant donné que les *luans* (v. ce mot) fussent des dés, dont on se servait pour dépouiller les « musars », *poluer des luans* signifierait assez naturellement « corrompre les dés », c'est-à-dire jouer avec des dés pipés.

« Male pense ki la polie bealteit del anme rende laide et *pollue*. » Job, p. 483.

Polluer, dans son acception simple et primitive, signifie mouiller, du latin *luere*; si les filous se servaient de cartes, *poluer des luans* voudrait dire salir des cartes ou mouiller des cartes, suivant l'habitude si connue des gens du peuple qui mouillent leurs pouces pour distribuer les jeux, et nous retomberons ici, par le voisinage de *pollex*, dans l'ambiguïté caractéristique du Jargon.

* POUGOIS, subst. Bouges, logis obscurs, peut-être corps de garde.

>   Espelicans
>   Qui en tous temps
>   Avancez dedans le *pogoiz*
>   Gourde piarde,
>   Et sur la tarde
>   Desboursez les pouvres nyois...
>   Ball. III.

Ce mot unique, qui ne se rencontre que dans le Jargon de Villon et en ce seul passage, rime avec *nyois*, c'est-à-dire *niais* et en conséquence se doit prononcer *pogais* ou *pogeais*, ce qui, en tenant compte de la variante *pougois* de quelques anciennes éditions, nous conduit à *pougeais*. Cette prononciation fait apparaître le vieux mot *poujet, pouget* ou *puget*, en langued. *poujé*, forme romane de *podium* par *podge*. *Podium* signifiait tertre, monticule, et aussi les rangées de sièges d'un théâtre ou d'un cirque; nous y trouvons difficilement notre affaire. Mais si l'on admet, avec Diez et Littré, l'existence d'un bas-latin *bodium,* qui ne diffère de *podium* que par l'adoucissement de la labiale initiale, on arrive à *bougets,* c'est-à-dire petits bouges, cabarets, repaires; et notre sens s'éclaircit : « Gens de cavernes (les sergens et non pas les voleurs), qui, en tout temps, buvez dans vos repaires et, la nuit, détroussez les pauvres niais... » Littré (v° *Bouge*) a établi le passage du sens de *bourse* à celui de logis. Il reste à établir la permutation du *b* en *p,* ce qui m'est justement fourni par la *pougeoise,* petite monnaie du temps de saint Louis, que son exiguïté rendait commode à mettre en bourse, c'est-à-dire *bougeoise.* Le mot subsiste dans le *slang,* qui dit *pouch* pour bourse et poche.

« *Poyo,* esp. un siège de pierre long, qui est ordinairement devant les maisons, au pied de la muraille; il y en a aussi au dedans de la maison, en la cuisine et autres lieux, qui servent de banc pour s'asseoir. *Item* un perron. » Oudin.

* POURLUER, v. a. Éclairer, allumer, observer (voyez *Luer),* mot d'exemple unique.

<blockquote>
Puis, dist un gueux qui *pourluoit* en hault.
Ball. IX.
</blockquote>

C'est le superlatif de *luer,* comme *pourchasser* de *chasser, pourlécher* de *lécher, pourpenser* de *penser,* etc. Il se réfère à la forme latine *perlucere* ou *pellucere,* comme *luer* à *lucere.*

POURQUARRE, pour *pourquerre,* mot ordinaire de la langue ancienne; chercher, essayer, poursuivre.

Maint coquillart...
Pourquarre bien, affin que on ne le noe.
Ball. X.

Moisès li hermites le *porquiert* et porcache.
Aiol, v. 85.

« *Pourquerre*, chercher de tous côtés, faire de grandes perquisitions pour découvrir quelque chose. » Lacombe. — « *Pourquerés* messages hastéement qui bien saeent cet message furnir. » H. de Valenc. XIX. — *Pourquerre*, to search. Cotgrave. — « Il avoit assez à *pourquerir*, ainçois qu'il m'eust trouvé. » *Perceforest*, t. III, f° 108 r°, c. 1. — « Et avec ce *pourquerrez* et faites *pourquerir* diligemment par chacune maison nefs, graniers, recez, etc. » Ord. du 25 décembre 1315. I, 607, c. 2.

§ « Se *quarrer* », dit Monet, « piaffer, marcher en brave, faisant de ses bras deux anses sur ses flancs, pour faire montre de la quarrure de son corps », et, par conséquent « pour empêcher qu'on ne l'attache », ce qui traduirait assez exactement l'exemple du Jargon ci-dessus, *pourquarre* étant alors considéré comme le superlatif de *quarrer*. Voyez plus loin v° *Querez*.

PROYE, subst. C'est le mot de la langue vulgaire.

Rebecquez vous de la montjoye
Qui desvoye
Vostre *proye*.

Ball. III.

Il n'y a pas de raison d'affirmer que *proye* ne soit pas employé ici dans son sens naturel, qui est butin, produit du pillage. Cependant il faut noter que, dans la *Vie genereuse* et dans la langue du *Jargon réformé*, on trouve que *proais* ou *proye* avait la signification de *c.l.* « Sur peine d'estre bouilly en bran et plongé en lance jusqu'au *proye*. » — « On frotte à seziere tant son *proye* qu'il ne .... morinie d'un mois après. » — *Quige-proye*, testicule. *Vie genereuse.* — Forest du *proys*, même signification dans Richepin. — Haut-de-chausses. *Ibid.* — Filler du *proye*, cacare. *Ibid.* — Un *garde proye* est un jupon de femme et une garde-robe dans Ollivier Chereau.

Auquel cas l'exemple ci-dessus signifierait : « Défiez-vous du gibet qui vous donne la colique. »

Proye, drogue, poudre de magicienne : « Elle tira de son aulmonière ne scay quelle *proye* et la gecta dessus Lyonnel. » *Perceforest*, t. II, p. 79.

PUIST, 3ᵉ personne sing. de l'indicatif présent de pouvoir pris impersonnellement, s'il vous *puist*, c'est-à-dire si vous pouvez.

> Berard, se vous *puist*, renversez.
> Ball. V.

> Chose que on ne *puist* a nul blasme atorner.
> *Berte*, III.

« Et c'est bien resons que cil a esté à mon conseil un avocat en ma querele, ne *puist* puis estre contre moi en celle meisme querele. » Beaumanoir, V, 4.

Voici comment Palsgrave s'exprime sur la conjugaison du verbe *pouvoir* à l'imparfait du subjonctif : « The indiffinite shulde make, *je péusse*, and so Alayn Chartier and Frossart useth theym : but I fynde more in use *je puysse, tu puysses, il puist* ou *puysse*, etc. », p. 105. Il donne ensuite, p. 547, l'infinitif *puyr* pour *puer*, du lat. *putire*.

> . . . Li fumiers
> Qui de *puir* est coustumiers.
>
> *Rose*, 9223.

On pourrait traduire, en ce sens, l'exemple du Jargon :

> Berard, s'il vous *puist*, renversez.

par : renversez ou chassez Berard, s'il vous incommode, s'il vous pue au nez.

PYE, subst. fém. Boisson, vin. — Gourde *pye*, bonne boisson.

> Pour avancer au polliceur de *pye*.
>
> Ball. IX.

> Berger qui a sa touppie
> De sa bouteille coppie
> Plaine de gourde *pie*.
>
> *Nativité de N. S. J.-C.*

> Ma bouteille n'est point remplie
> De gourde *pie* à ce matin.
>
> Mist. du V. Test.

> Crians rois bois, j'avallions, gourde *pie*...
> Dans le chelier estet le gourde *pie*.
>
> *Muse normande.*

> Pier de la plus gourde *pie*.
>
> Coquillart. Gend. cassé, I, 150.

> Baillez môy. — Quoÿ? — la gourde *pie*.
>
> *Farce du munyer.*

> Si le roastres et ses anges
> Nous trouvoient à la *gourde pie*.
>
> *Vie de sainct Christophe.*

Il semble qu'en ce dernier exemple *gourde pie* signifie le

cabaret plutôt que la boisson. (Voyez plus haut v° *Piard.*)

Pie, pier, pion, la boisson, boire, buveur, dérivent évidemment du grec πιειν, boire. Mais il faut toujours, en français, compter avec le jeu de mots, qui tient une grande place dans nos étymologies populaires. *Pie,* la boisson, a fait équivoque avec *pie,* l'oiseau, probablement par comparaison entre le corps noir de la *pie* et le pot noir de faïence dans lequel on sert encore le vin en quelques villages.

>   Et y boit on du vieil et du nouveau,
>   On l'appelle le desduit de la *pie.*
>
>   CH. D'ORL. rondeau.

>   Gendarmes auront la coppie
>   De sainct Piat et saincte *Pie.*
>
>   *Le Calendrier* de MOLINET. p. 197.

Croquer la pie, c'est boire; cf. avec l'expression argotique moderne : *étouffer un perroquet,* pour boire un verre d'absinthe.

« De ce fut ditc en proverbe commun, boire d'autant et à grandz traictz, estre pour vray crocquer la *pie* », dit Rabelais, dans l'ancien prologue de son quatrième livre, où il développe facétieusement l'étymologie de cette locution. III, 188.

>   Or, va, n'arreste point, beau sire;
>   Si irons crocquer ceste *pie.*
>
>   *Mist. du V. Test.*

>   Tiens, prendz cela legierement;
>   C'est argent, pour crocquer la *pie.*
>
>   *Vie de S. Christophe.*

Palsgrave traduit *I wete my whistell, as good drinker*

do (c'est-à-dire littéralement *j'humecte mon sifflet comme font les bons buveurs*), par *je crocque la pie*, p. 780.

Enfin, lorsque le buveur est complet, lorsqu'il ne peut plus croquer la *pie*, c'est que la *pie* est juchée, c'est qu'elle est au perchoir et qu'il est temps que l'homme fasse comme elle, en s'allant mettre au lit :

    Eschecquer fault quant la *pye* est juchie.
                              Ball. IX.

    Come home beu, qui chancelle et trepigne,
    L'ay veu souvent, quand il s'alloit coucher,
    Et une foys il se feit une bigne,
    Bien m'en souvient, pour la *pie* juchier...
                              Villon. *Gr. Test.*

On trouve encore *pience* pour boisson :

    Vecy bon fons pour la *pience*.
                             Mist. du V. Test.

Et *piot* pour vin. « Celle nectarique, delicieuse, precieuse, celeste, joyeuse et deificque liqueur, qu'on nomme le *piot*. » Rabelais, I, 220.

Le mot *pion*, buveur, est fréquent dans la langue du moyen âge.

    Pions y feront mathe chere.
                        Villon. *Gr. Test.*

    . . . Hoé ! franc *pion*,
    Je crois que nous entrequeron...
                           Mist. de la Passion.

    Trois chevaliers par fantasie,
    S'en vont, estant un peu *pions*...
                           Muse normande, p. 480.

> Ces *pyons* en avalleront
> Mainte chopine pour le halle.
>
> *Vie de S. Christophe.*

Et *pionner,* refait sur *pion,* signifie boire :

> Come il *pionne* gros et dru!
>
> *Le plaisant quinquet.*

Pivois, du vin. Jargon de Bouchet, *Pivois de rougement,* vin rouge ; *pivois de blanchement,* vin blanc. III, 129. De même dans le *Jargon réformé.* — *Pivo,* russe, boisson, breuvage. Dict. russe-français de Ch. S. Reiff. Saint-Pétersbourg, 1835. — *Piwo* est le nom de la bière en polonais et en tchèque. — *Piti,* russe, boire (sanscrit *pî,* d'où *pivâ,* eau. Rapprocher le grec πιειν, boire, latin *bibere*), au présent *piou,* je bois. — *Piti,* tchèque, boire. *Piva otsia. Langue des Boh.* Baudrimont. — *Piar.* Id.

Pyement, s. m. « C'est a savoir vin claret, vermaille et blanc, Item de vins doucetes, comme de vin de Grece, Ipocras, Montrose, Runney, Vernage, Malvoisin, Osey, clarrey et *pyement.* » M. Paul Meyer traduit ce dernier mot par « vin épicé ». *La maniere de langage,* etc. *Revue critique,* 1870, p. 392.

PYER, v. a. Boire.

> Babille en gier en *pyant* à la fye.
>
> Ball. IX.

> Nous *pierons* en ceste grant mathe
> Gourdement...
>
> *Mist. du V. Test.*

> Et gre je y ay de ma part cave et queux
> Espouseray pour riffler et *pyer.*
>
> CRETIN, p. 230.

Pier de la plus gourde pie.

COQUILLART. *Gend. cassé*, I, 150.

Je vous pry que j'aie à *pyer*
Un coup de quelque bon vin vieux.

T. *de Pathelin.*

Toudis *piant* du meilleur...
Dont me rapporte à Petiot,
Fors aux *pians* et aux crupaux.

TAINGUI.

« Il a *pié* un corpault de *pivois*, c'est-à-dire il a bu un pot de vin. » Bouchet, III, 129.

Pier de lance, boire de l'eau.

Πιειν, grec. — *Pié*, polonais. — *Piar*, jarg. esp. Boire. *Pïanstwo*, pol. Ivrognerie.

QUANQUES, pronom. Tout ce que. Ce mot n'est pas du Jargon; mais Villon ne l'a pas employé dans ses œuvres.

Quanques vous aurez desbousés.

Ball. V.

« — Quand je fus prins sur l'eau, alors je perdis *quanque* ce que j'avois. » Joinville.

Il n'est pas or *quanque* reluit.

Proverbe.

Noter que je l'ai restitué ici d'après l'édition Trepperel, mais qu'il n'existe pas dans l'édition *princeps*, où le vers est altéré et incomplet.

QUEREZ, impér. pl. de *querre* ou *quérir*.

Prince, benardz en esterie
Querez, couplans pour l'emboureux.

Ball. V.

Je soupçonne que *querez* est un latinisme d'après le verbe *queri* et signifie, non pas « cherchez », mais « plaignez, déplorez ».

Cette acception se retrouve dans *querelle*, du latin *querela*, plainte ; et avec *querimonie*, plainte en justice ; dans *querine*, sujet de plainte ; dans *queriné*, plaint.

Il faut cependant considérer une autre acception, purement jargonnesque, comme une hypothèse digne de quelque intérêt. On a lu, sous le mot *Pourquarre*, ce passage de la ballade X :

> Maint coquillart...
> *Pourquarre* bien affin que on ne le noe.

Ce qui se peut traduire « maint coquillart... se débat pour empêcher qu'on ne l'attache ». On entrevoit par là que « *querez* couplans » reproduirait la même idée ; il faudrait alors transcrire et interpréter comme suit les vers de la ballade V :

> Prince, benardz en esterie,
> *Querez* couplans pour l'emboureux.

« Princes, nigauds qui vous laissez prendre par justice, débattez-vous contre les liens du bourreau. »

QUILLE, subst. fém. Jambe.

> Poussez de la *quille* et brouez.
> Ball. V.

> Sans plus dire despesche toy,
> Incontinent trousse tes *quilles*...
> Mendolle, sus à la justice !
> Troussez vostre sac et vos *quilles*...
> *Mist. du V. Test.*

Je ne suis pas si aveuglé
Que je ne jouasse des *quilles*.

Mist. de la Résurr.

. . . Tirerent leurs *quilles*.

Vig. du roi Ch. VII.

L'un va sottement de travers,
L'austre estourdy tombe à l'envers,
Quilles à mont sur la pelouse.

Saint-Amant. Rome ridicule.

Messire Jehan trousse ses *quilles*
Et s'en va droict devant le roy.

Georges Chastelain. Chron. des ducs
de Bourg. III, 185.

« *Quilles*, jambes. » *Vie genereuse*. — « Il faut... gagner le haut et mettre ses *quilles* à son col. » *Com. de proverbes*, p. 59. — « — La madame du pavillon qui met ses bas. — Plus que ça de *quilles!* » Gavarni, cité par L. Larchey.

RAIZ, sing. fém. Racine.

Et tirez tout de *raiz* au temple.
Ball. II.

Le vieux texte donne *droit*, avec le vers trop court. La prononciation *dret* m'a conduit à *de raiz* qui remplit la mesure et le sens : de la racine au temple, c'est-à-dire de la plante des pieds à la tête.

De la *raïs* jusquen la cime.
Guill. Guiart, II, v. 146.

« *De rayz*, esp. : du tout, de fond en comble, dès la racine. » Oudin.

On lit dans les *Reigles, statutz et ordonnances de la caballe des filous reformez depuis huit jours dans Paris :* « Se feront conduire dans quelque cabaret, là detrousseront leurs conducteurs... Seront courtois : et feront la courtoisie entiere, c'est-à-dire osteront le chapeau et manteau tout ensemble. » P. 12. C'est précisément l'opération indiquée par le vers ci-dessus du Jargon.

* RAMBOUREUX, subst. m. Celui qui *rembourre*, le bourreau. Voyez *Lamboureux* et *Emboureux*.

> Prince, benardz en esterie
> Querez, couplans pour *ramboureux*.
> Ball. V.

Rembourer, garnir de *bourre.* « Refaire et *rembourer* plusieurs de sielles des officyers de la ville. » Caffiaux. Abattus de maisons, p. 18, *apud* La Curne.

Rembourreur, ouvrier qui rembourre. Cotgrave.

RAPASSER, v. n. Ancienne forme de *repasser*.

> Plantez vos histz jusques elle *rappasse*.
> Ball. VII.

> Il commande à son serviteur
> Qu'il die au marinier loial
> Que il les passe outre sans mal
> Et *rapasse* à leur revenir.
> Bl. et Jeh. v. 5076.

> Princes qui l'appellerent
> En passant, beau Cousin,
> *Rapassant* luy baillerent
> A muser d'ung coussin.
> Molinet, p. 182.

> En une heure fut *rapassée*
> En icel liu que moult ot chier.
> S. Mar. l'Eg. Sorb. LXI, c. 31.

> Ont li troi la mer *rapassée*.
> G. Guiart, f° 108.

> Prince, ne m'en puis aller,
> Sans doubte de *rapasser*
> En ces montaignes cruels.
> Eust. Desch. f° 273.

« Et *rappasserent* toutes les montagnes de Roncevaux, et tout au long du pays des Basques. » Froissart, II, III, 87. Voyez aussi Mantellier, II, 192.

RASUREZ, impér. de *rasurer*, pour *rassurer*.

> *Rasurez* vous en droguerie
> Et faierie.
> Ball. III.

Je n'ai pas rencontré d'autre exemple où *rasurer* fut employé pour *rassurer*; mais on a écrit *asurer* pour *assurer*, ce qui suffit au cas présent.

> Li quens Rollanz mie ne s'*asoüret*.
> Roland, CVIII.

> Quant la saison du douz temps s'*aseüre*.
> Couci, p. 125.

Rasurer signifie raturer dans le Gr. Cout. de F. IV, 548.

RAVAULT, subst. m. Perche, bâton; c'est le mot usuel de l'ancienne langue, employé ici au sens de ligne à pêcher le poisson.

> Truye maris sans avancer *ravault*.
> Ball. XI.

c'est-à-dire qu'on mangea du poisson de mer sans avoir eu la peine de le prendre à la ligne. Cf. dans les *Franches repues*, « la maniere dont ils eurent du poisson ».

> Bellot a ses deux filles grosses :
> Quel descharger d'une massue
> Et d'ung *ravault* sur leurs endosses ?
> Coq. I. 151.

> Mais du *ravault* du grand rouart.
> *Vie de S. Christ.*

Raveau, t. de chasse. Grandes perches garnies de branches pour battre les oiseaux dans la chasse aux flambeaux. — *Ravel* ou *raveau,* perche. « Qui veult prendre les « coulons *raviers* à ceste raiz, le tems est en yver, quand « ils descendent à terre pour mangier la fayne et comment « elle cueille contre le trait, pour mettre au *ravel* de la « fainne. » *Mod.* f° 83.

« *Ravaio,* it. Sorte d'arme à long fust. » N. Duez.

Rave, s. f. Terme de pêche : se dit des œufs de morue. Rave de poissons ; appât pour les sardines et maquereaux. Syn. de rogue. Littré. On pourrait admettre que le *ravault* du Jargon dérivât de *rave* pour appât, sans modifier le sens de l'exemple fourni par la ballade XI.

REBECQUER (se), réfl. Détourner le bec, éviter, se défier (v° *Bec* ci-dessus).

> *Rebecquez* vous de la montjoye.
> Ball. III.

Signifie dans le langage ordinaire « se défendre du bec », en italien *ribeccare, rimbeccare.* Littré signale l'acception genevoise « être antipathique, dégoûter », qui se rapproche du sens employé dans le Jargon.

Rebecquer (se), répliquer, résister. Nicot. — *Rebequeur.* Qui rebecque, riposte. Monet.

REBIGNER et REBINER, v. a. (Le second est la prononciation réelle du premier.) 1° Examiner, 2° admonester, 3° repousser rudement.

> Se gruppez estes descarieux,
> *Rebignez* tost ces enterveux.
>
> Ball. I.

> Joncheurs jonchans en joncherie,
> *Rebignez* bien où joncherez.
>
> Ball. V.

> Je veulx *rebigner* le gaultier
> Et par signes admonester
> De mignonnement le traicter.
>
> *Mir. des enfans ingratz.*

Les trois sens distincts qui correspondent aux trois exemples ci-dessus se déduisent du sens propre de *rebiner*, itératif de *bigner* ou *biner* (voyez ce mot), qui est faire un *rebinage*, c'est-à-dire de donner un troisième labour, une troisième façon à la terre. « On fouit la vigne devant le premier jour de may, on *bine* devant la Magdeleine, et on *rebine* devant vendange. » Cout. gén. t. Ier, p. 884. Au figuré, *rebiner* c'est refaire, reprendre, corriger. « Donner tel poids à vos mœurs qu'il ny ait rien à elles à *rebiner*. » *Lettres* de Pasquier, t. III, p. 252.

Rebiner, poitevin. 1° Repousser de la même souche, et, au figuré, recommencer la même chose; 2° se regimber, se révolter.

Rebiner a signifié « se rétracter devant le juge ». Lacombe, Nicot.

Rebinée, reprise.

> Par trois *rebinées* me prist
> Et a chacune fois m'assist.
>
> Ms. 7218, f° 212.

REBOURCER, v. n. Forme ancienne et régulière de *rebrousser*.

> *Rebourcez* tous quoy que l'on vous en dye.
>
> Ball. VII.

> Que du col jusqu'au haterel
> Li a *reboisée* la pel.
>
> R. de Renart, 4482.

> Faictes vostre broche endurcir
> Que ne *rebourse* en nostre ouvraige.
>
> Anc. th. fr. t. II, p. 95.

« Il *rebroussa* la riviere du Tybre dedans la galere capitainesse du roy Perseus. » Amyot. P. Æmile, 50. — « Entre autres y fut tué ung nommé Jacques de Metz, homme très hardi et vaillant gentilhomme, qui ne voulut oncques tourner le dos à ses ennemis, ne *rebourser*. » Bibl. de l'Éc. des chartes, IV° série, t. II, p. 559.

Rebours, adj., hérissé, reproduit purement et simplement le bas-latin *rebursus*. « Ma femme sera preude... non mie armée, *rebousse* ne ecervelée ». Rab. II, 62.

Boileau écrivait à Brossette le 2 décembre 1706 : « Je me suis ressouvenu que vous seriés peut-estre bien aise de sçavoir le sujet de la dispute que j'eus avec Sa M^{té}. Je vous dirai donc que c'estoit à propos du mot de *rebrousser* chemin, que le Roy pretendoit mauvais, et que je maintenois bon par l'autorité de tous nos meilleurs auteurs qui s'en estoient servis, et entre autres Vaugelas et d'Ablancourt. Tous les courtisans qui estoient là m'abandonnèrent, et M. Racine tout le premier. Cependant, je demeure encore dans mon sentiment, et je le soutiendrai encore hardiment contre vous, qui avés la mine de n'estre pas de mon avis, et de m'abandonner comme tous les autres. » De quoi Brossette se défendait, avouant que le mot était autorisé par un usage général et que *quem penès arbitrium est et vis et norma loquendi*. On voit, par les exemples que j'ai cités, auxquels on eût pu ajouter, d'après Montaigne, la Satire Ménippée et Pélisson, que le mot avait, dans la langue, d'autres garants encore que Vaugelas et Perrot d'Ablancourt.

RESPONS, part. pl. Cachés. Mot de l'ancienne langue.

. . . Que lors faisons
La fée aux arques *respons*.
Ball. III.

« Fut crié de par le roy à son de trompe que tout homme ou femme qui sçauroient aucuns tenans la partie du comte d'Erminacq, *respons* ou muchiez, le nunchassent au prevost. » Lefebvre de Saint-Remy. *Hist. de Ch. VI.*

De *reponere, repoindre*. La Curne.

L'ancien texte gothique donne :

La fée les arques vous *respons*.

Le vers, dans cette leçon, est trop long de deux syllabes. L'imprimeur a probablement ajouté *vous* parce qu'il ne comprenait pas. Si *respons* appartenait au verbe répondre, *reponere*, il serait gouverné par *la fée* et l'*s* serait inexplicable comme la phrase elle-même.

> Nis pitié s'est *reponse* pour mi.
> Poës. avant 1300, ap. La Curne.

« *Reponte*, maladie », dans la Chron. de Saint-Denis. Dom Bouquet, III, 225. *Repontement*, secrètement. Ibid. 199. Et *reposement*. Monstrelet, I, 250. — *Reponnu*, caché. Eust. Deschamps, f° 132. — *Repos*, caché. Eust. Desch. f° 382.

> En tel trou preniez-vous *repos*.

La vraie leçon est *repost*, participe passé de *reponre*.

« Quand Solehadins vit que sa premiere eschiele desconfisoit, manda son agaist que il avoit repost. » *Men. de Reims*, § 43. — « Comme le suppliant eust par maniere furtive et en *repost* pris et emporté. » Tr. des Ch. JJ. 161, p. 285, an 1407. — Ou enterré.

> Li *ocis* devalent les ondes
> Dessaisis de commun *respons*.
> G. Guiart, f° 101.

Reponniaus, jeu de cache-cache.

> Juiens nous au Roy qui ne ment...
> Et aussi aux adeviniaus,
> A l'avainne et aux *reponniaus*.
> Froissart. L'*Esp. am.* v. 226.

*RETRALLER, v. réf. Se retirer, rétrograder.

> Et *retralleʒ* se le bizouart saince.
> Ball. IX.

Voici un mot très intéressant.

On pourrait croire, d'après le sens, qu'il présenterait une formation hybride de *retro* avec *aller*.

Mais le poitevin conserve le verbe *se traler*, qui paraît identique avec *se retraller*, sauf l'apocope de *re*, et qui a le sens de se mettre de côté, se retirer à l'écart ; *retrahere*. Nous avons aussi le substantif *traille*, lang. *tralio*, latin *tragula*, dont l'ancienne orthographe est nécessairement *tralle*, et le verbe *trailler*, anc. orthographe *traller*, dont *retraller* est l'inverse. Une *traille* est un filet abandonné au cours de l'eau, un bac, ou la corde du bac, ou le câble d'un puits à roue. *Trailler*, c'est tirer le filet, mettre en mouvement le bac ou la traille. *Retrailler*, c'est faire rétrograder ces divers engins.

Traille vient de *tragula* (lat. et ital.), qui lui-même tire son origine de *trahere*. Je ne puis souscrire à l'opinion de Littré qu'il y faille voir une contraction de *tiraille* et de *tirailler*, *traille* est plus près du radical que *tiraille* ; ensuite, *tiraille*, subst., n'existe pas, et Littré lui-même n'en allègue pas un seul exemple.

Tralles, jambes. Le vieux français *traller*, aller, courir.

<blockquote>Raison a suivre c'est traller.

Tristun, v. 1488.</blockquote>

Tragula pour *traha*, herse, Varron. « C'est tout à fait, comme forme, le français *traille*, pont volant. » Diez. *Intr. à la gramm. des langues rom.* p. 30.

Trawling, trawler, pêche et pêcheur au filet. Discours du professeur Huxley à la Société des arts de Londres, le 10 mai 1882, sur le système des pêches anglaises.

RIFFAULT, subst. m. Le pot-au-feu ; tout mets cuit et brûlant.

> Où gitrement on macquilloit *riffault*.
> Ball. IX.

Les anciens livres de Jargon donnent *riffe* et *ruffe* pour feu (*rifle* est une faute), *riffer* et *riffoder* ou *riffauder*, pour cuire ou brûler. Par conséquent, le *riffault* est la chose *riffée*, c'est-à-dire cuite, comme le *briffault* est la chose *briffée*, le *giffault* la chose *giffée*, etc..

Un paragraphe du *Jargon* d'Oll. Chereau spécifie les *ruffez* ou *riffodez* « feignant avoir eu de la peine à sauver leurs mions (enfants) du *riffe* qui *ruffoit* leur creux (maison) ». C'étaient les faux incendiés.

« *Rufe,* le feu. — *Abbaye rufante,* un four. » *Vie genereuse.*

> Mettons le *riffle*, ami, dans toutes leurs maisons.
> *Chanson socialiste de mai 1851.*

Bouchet explique *riffe*, du feu, *riffauder*, se chauffer. I, 130.

« Les marquises du grand Coesre et des cagoux ont soin d'allumer le *riffe* et de faire *rifoder* la criole. » *Jargon réformé.* — « Le marmouset *riffode*, le pot bout. *Ibid.* — *Rifoder*, cuire ou brûler. » *Ibid.*

Le fourbesque *ruffo*, rouge, d'où *arrufare*, chauffer, brûler et cuire, est entièrement latin, puisque *ruffo* et *arrufare* reproduisent purement et simplement le latin *rufus* et *rufare* du latin.

Il ne faut pas confondre *riffe* et *riffer* avec *rifle* et *rifler* (v. infrà *Rifler*), de sens et d'origine tout à fait différents.

Cependant, d'après Littré, on donnerait dans quelques provinces le nom de *rafle* à une maladie éruptive de la vache, qui se nomme aussi échauboulure, rave ou feu.

Malgré son apparence jargonnesque, le mot *rifaut* appartient à la langue générale; le poitevin nomme le radis *rifaut*, c'est-à-dire brûlant, âcre à la bouche; dans le centre de la France, *riffage* signifie âpreté; cette comparaison explique la synonymie, fournie par Littré, de *rave* avec échauboulure et feu. *Riffort*, aujourd'hui raifort : « *Riffort*, qu'on appelle au meme païs rave. » *Triomphes de la noble dame*, f° 117.

RIFLER, v. actif. Au propre, limer; par extension écorcher; au figuré piller, voler.

> Pour *rifler*
> Et placquer
> Les angelz de mal tous rons.
> Ball. III.

> Comment avez-vous tout *rifflé*
> Sans mettre un lopin en réserve?
> *Act. des Apôtres.*

> Ces deux feront bien leurs devoirs
> De bien *riffler* quoy qui aveingne.
> Eust. Deschamps.

> Espouseray pour *riffler* et pyer.
> Cretin, p. 230.

« Si se trenchièrent, si cume fud lur usages de cultels et *riflerent* la charn jesque il furent sanglenz. » *Rois*, p. 317. — « Les deux chevaliers de leurs glaives se vont tourner et les coups s'en vont à neant en *riflant* parmy les escus. »

Perceforest. — « Le plat païs fut tout *riflé*, couru et mangé. » Froissart, l. III.

> A tout propos (les femmes)
> Sans nul repos
> Sont demandantes...
> Mais ravissantes,
> *Rifflantes*.
>
> Guill. Alexis. *Bl. des f. amours.*

Rifler, qui signifie limer, raboter avec le *riflard* ou le *rifloir*, subsiste en ce sens dans le langage des tonneliers; en anglais, *to rifle* a précisé sa signification technologique au sens de *rayer* un outil; *rifled guns* sont des canons rayés; le corps des *riflemen* est armé de *rifles* ou carabines rayées.

Au moyen âge, *rifle* était chez nous tour à tour substantif et adjectif, au sens de pilleur et de pillerie par écorchure :

> Un *rifle* qu'on nomme sergent.
>
> Eust. Deschamps.

> Maistre Mathieu de Hocheprune,
> Recepveur de *riffle* pecune.
>
> Coquillart, I, 62.

Rifle, dans l'opinion des étymologistes, est une forme de *rafle* qui aurait son radical dans le *rapere* du latin.

Rifle a donné *riflis* dans Froissart (*Panth. litt.* I, p. 457), et *Riflart* est un nom de sergent comique dans les Mystères, comme *rifle* dans le texte précité d'Eustache Deschamps.

Riflart, sergent. « Vint incontinent à la notice du suppliant, qu'il y avoit deux *riflars* en l'ostel de Bonnet qui avoient un mandement pour les prendre au corps. » Tr. des Ch. JJ. 187, p. 295, an 1457.

Trois choses sont de quoy je ne faiz compte...
Un *rifle* que l'on nomme bon sergent,
Qui jusqu'au lit va tout executant.

EUST. DESCH. f° 231.

* RIFLERIE, subst. f. Volerie, pillerie.

Mestant à jus la *rifflerie*
Des angelz et leurs assosez.

Ball. V.

ROASTRE ou ROUASTRE, subst. m. *aliàs roart, rouard, rouart, rouhart, rohastre, rouastre, rouhastre.* — Le bourreau, celui qui roue, et par extension les archers et gens de police, ou leur chef, probablement le prévôt des maréchaux.

Luez au bec, que *roastre* ne passe.

Ball. VII.

Anges bossus, *rouastres* et staricles.

Ball. VIII

Le *roastres* et ses subjectz
Me mirent aux coffres massis...
Si le *rouastres* et ses anges
Nous trovoit à la gourde pie...
Prends toi bien garde du *roastre*
Et des anges...
Mais du ravaut du grand *rouart*
Fusse ta effle facit fouillouse.

Vie de S. Christophe.

Rouards, archers des prévôts des maréchaux. *Miroir des François,* 5ᵉ partie, p. 539. — *Roüas,* les archers. Jarg. réf.; *rouïn,* le prévôt de la maréchaussée. — *Rouartz,* bourreau, *carnifex,* Lacombe. — *Rouartier,* le prévôt des maréchaussées de France qui fait pendre et rouer les scélérats, *ibid.;* prévôt des maréchaux. Nicot et Monet; prevost de campagne. Oudin. — « *Rouhard,* qui a l'habitude de rouer ». Cotgrave.

« 'Aultres avons ouy sus l'instant que Atropos leurs couppoit le fillet de vie, soy griefvement complaignans et lamentans de ce que Pantagruel les tenoit à la guorge. Mais (las) ce n'estoit mie Pantagruel. Il ne feut oncques *rouart;* c'estoit Pantagruelion faisant office de hart. » Rabelais, II, 235.

« Comme les escholiers à Thoulouse qui à la survenue du *rouard* se mettent tous sur luy, combien que auparavant ils s'entrebatissent. » Eutrapel, p. 217.

Un texte législatif définit avec une précision féroce la besogne que le *rouastre* ou *rouart* devait accomplir sur les patients :

« Les bras leur seront brisez et rompuz en deux endroicts tant hault que bas, avec les reins, jambes et cuisses, et mis sur une *roue* haulte, plantée et enlevée, le visage tourné vers le ciel, où ils demeureront vivans pour y faire penitence tant et si longuement qu'il plaira à nostre seigneur les y laisser, et mors jusques à ce qu'il en soit ordonné par justice. » Ord. de François Ier, de Paris, janvier 1534-5.

Sur la *roue* de torture ou *garuche,* voy. plus haut *Jarte.*

« *Rotario,* it. Soldat armé légèrement. » N. Duez.

Ce sont sacres et *rouaulx*...
Si ce n'étoient les *rouïns.*
Chans. argot, du XVIe siècle.

RONT, subst. m. C'est le mot de la langue ordinaire,

dans l'acception ancienne de *ronde,* en *rond,* c'est-à-dire en compagnie.

<blockquote>Quidant au *ront* faire aux gremes la moue.

Ball. X.</blockquote>

C'est-à-dire pensant ou craignant de faire la moue au gibet dans la ronde des pendus.

<blockquote>Soissante ans vesquit touz entiers,
Et vint filz ot de vint molliers,
Et trente filles en *roont.*

Rom. de Brut, v. 1577.</blockquote>

« Je suis tout saoul ; je danserois bien un *rond.* » Cotgrave.

Cela n'aurait pas besoin d'explication s'il me fallait prévenir le lecteur qu'il n'y a pas à s'occuper ici du sens de *ront* dans certains exemples de Jargon fournis par d'autres textes que celui de Villon, par exemple les suivants :

<blockquote>Et entonne ce *ront* au creux.

Mist. du V. Test.

Le *ront* est pelé et tondu.

Vie de S. Christophe.</blockquote>

Ront signifie un sol ou une pièce de *douze sols* dans ce premier exemple, dans Bouchet, III, 130, et dans le *Jargon réformé,* et *chapeau* dans le second.

ROUGE, adj. Malin, traître, artificieux.

<blockquote>Benards, vous estes *rouges* gueux.

Ball. IV.</blockquote>

Rouges goujons, fargez, embabillez.
Ball. VIII.

Les plus *rouges* y sont gruppez.
Franches repues.

Bref les plus *rouges* y sont pris.
Bl. des faulces amours.

Les plus *rouges* y sont prins.
L'Amant rendu cordelier.

V. aussi *l'Ainsné fils de la fortune.* Mém. de l'Ac. des inscript. t. VIII.

Au pas d'armes de 1449, Louis de Beauvau portait un heaume orné d'un panache *rouge,* son cheval harnaché de *rouge,* un écu *rouge,* et en lettres d'or « les plus *rouges* y sont pris ».

Car souvent les plus *rouges* gueux
Y sont surprins...
G. Paris. CXXVII^e chanson.

ROUPIEUX, adjectif. Qui a la roupie au nez.

Poussez de la quille et brouez,
Car tost vous serie: *roupieux...*
Voz ans nen soient *rouppieux.*
Ball. V.

Car qui est grup il est tout *roupieulx.*
Ball. VII.

Il devient sec et froit, baveux et *roupieux.*
Cod. de J. de Meung, v. 181.

Et quant il le vit si breneux,
Il s'en alla tout *roupieux.*
Rep. franches.

Pour ce qu'ils sont en yver *roupieux*.

Eust. Desch. f° 249.

Paix ! *roupieux*. Paix ! paresseux.

Farce de la pipée.

Cet adjectif vient de la *roupie* qui pend au nez :

> Meuz vaut *rubye* par b
> Ke ne feet *rupie* par p ;
> Se bourse eust taunt de *rubies*
> Cume le nees ad de *rupies*,
> Riche seroy.

Walter de Bibelesworth. *Ms. Br. Mus.*

Roupieux est pris dans le Jargon au sens du nez qui s'allonge comme à ceux qui ont la roupie. J'y entrevois un jeu de mot sur la *roue*, c'est-à-dire le dernier supplice ; si vous êtes pris, vous serez *roupieux*, c'est-à-dire mis à la roue.

Bas-latin *ropida*, roupie. *Ropidus*, roupious. Du Cange. On connaît les *Grandes et recreatives prognostications...* par M. Astrophile le *roupieux*. Paris, Martin, in-8° (XVI° siècle).

*RUBIEUX, adjectif.

> Voz ans nen soient *rubieux*.

Ball. V.

Quatre hypothèses pour ce seul mot : 1° il est peut-être identique à *roupieux* qui précède ; 2° il peut dériver du latin *ruber* ; *rubieux* voudrait dire rougissant, couleur de *rubis* ; 3° on le peut dériver du languedocien *roub*, un tronc d'arbre ; *rubieux* serait alors la qualification propre de ceux qui meurent branchés, c'est-à-dire accrochés à une potence ; 4° *rubieux* peut avoir été écrit pour *ruvieux*, forme de l'adjectif *rouvieux*, qui signifie, en termes de vétérinaire, atteint de la gale à la naissance de l'encolure ; autre figure qui convient aux pendus. L'adjectif est ancien ; on le trouve employé, pour galeux, dans un texte du xive siècle : « Il (mon cheval) a les quatre piez *rouviaus*. » Machault, p. 80.

Cinquième hypothèse : cf. *ruba et rubare*, ital. pillage et piller. N. Duez. *Rubare* est synonyme de *robare*, voler, du bas-latin. Du Cange.

Rubye pour *roupie*.

RUER, v. actif. Jeter, frapper, lancer, pousser, abattre, etc., du latin *ruere*, pousser, lancer, renverser ; tous ces sens se trouvent dans un passage de Térence : « Ceteros *ruerem, agerem, raperem, tunderem, prosternerem*. » *Adelphes*, III, 2, 21. C'est un des vieux mots de la langue.

> Gaillieurs faitz en piperie
> Pour *ruer* les ninars au foing.
>> Ball. II.

> Pour *ruer*
> Et enterver.
>> Ball. III.

> *Ruez* des feuilles cinq ou six.
>> Ball. VI.

> Et *ruez* deux coups ou trois
> Aux gallois.
>> Ball. III.

> Nous *ruons*, batons, rebatons.
>> *Vie de S. Christophe.*

« Pois *ruerent* Absalon en une grant fosse de cele lande, et jeterent pierres sur lui. » *Rois,* p. 187.

> Et li vilains qui vint apres
> Leva la hache quant vint près,
> Son coup *rua* de grant aïr.
>
> *Renart,* v. 2073.

RUFFLE, subst. m. Vent d'orage.

> Ou vous aurez o le *ruffle* en la joue.
>
> Ball. X.

Le sens indique que le *ruffle,* c'est le vent, la rafale; si vous êtes pendu, vous aurez le vent sur la joue. L'examen philologique vérifie cet aperçu *à priori*. Le mot *ruffle* est anglais; Palsgrave donne le verbe *to ruffle* dans le sens de plier (du linge ou des étoffes), froncer, froisser, ce qui est identiquement le verbe languedocien *rufa,* froncer, rider.

« Un gons que *rufabo* lou naz », cité par Lacombe, c'est-à-dire un chien qui fronçait le nez.

Les dictionnaires modernes dédoublent cette signification : 1° *to ruffle,* v. actif, froncer, froisser, chiffonner, déranger, inquiéter, etc. » 2° *to ruffle,* v. n. s'agiter, devenir orageux. Le substantif *ruffle* conserve le double sens : 1° chose plissée, spécialement manchette; 2° désordre, tumulte. En combinant le sens du verbe anglais avec son substantif, on conclut que le *ruffle* c'est le plissement de l'air, qui se trouble, se ride, et produit le vent d'orage.

L'allemand a *rüffel,* qui nous renvoie à *riffel,* et nous retombons dans les origines et le sens primitif de *riffler* (voyez ce mot), qui signifie plisser et rayer.

RUMATIN, subst. m. Romarin?

> Adraguerent de guoble maint crupault,
> De *rumatin* et puis mol sucre gras.
>
> Ball. XI.

Infiniment probable qu'il faut lire *rumarin* pour *romarin*. Cet aromate, que les Italiens emploient encore comme condiment du riz, et dont l'infusion est très excitante, passait chez nos ancêtres pour aphrodisiaque.

D'autre part, *reumaticus* signifie humide dans le texte bas-latin, « qui locus valde *reumaticus* fuit ». S. Apollin. ap. Du Cange. — « Laquelle église qui est très froide, *rumatique* et malseine. » Tr. des Ch. JJ. 189, p. 412, an 1460. Le *rumatin* serait simplement un liquide, ce qui convient d'ailleurs au passage ci-dessus.

Enfin, on trouve çà et là *rumat,* brûlé ; *ruman,* brûlé ; *rumat,* julienne, herbe de Sainte-Barbe, plante vulnéraire.

* RURIE, subst. Coup, atteinte.

> La giffle gardez de *rurie*.
>
> Ball. VI.

Mot unique ; pas d'autre exemple connu.

Rurie paraît formé de *ruer* (v. ci-dessus) comme lurie de luer, comme tuerie de tuer, sûrie de suer, etc.

Notons toutefois le verbe *rurer,* éloigner. « Je vous prie, faites *rurer* le mary d'icelle femme et je vous prometz en bone foy la vous baillier... *Rurez* vous d'ici. » Tr. des Ch. JJ. 191, p. 68, an 1454.

SAINCE, subst. f. Torchon, guenille.

> Quant de gaing n'ay plus vaillant une *saince*.
>
> Ball. IX.

Le mot est tellement rare qu'on ne saurait pas qu'il a existé si Cotgrave ne nous l'eût conservé en cet article de son dictionnaire : « *Since* f. A dish clowt, shoe cloet, to wipe down tables, or to rub the house. » Le poitevin l'a conservé sous cette forme : « *Sinse,* s. m. torchon qui sert à essuyer le four avant de mettre la fournée », et de *cince,* long bâton à l'extrémité duquel sont attachés des chiffons pour nettoyer le four. Il est probable que ces deux explications données par M. L. Favre n'en font qu'une en réalité.

Saince est le même que l'italien *cencio,* qui signifie également haillon, chiffon, et qui fait *cenci* au pluriel. Nous avons à Rouen la rue des Chinchers, qui est précisément la rue des Fripiers, comme l'a très bien établi Génin. *Récr. phil.* II, 404. Des *chinchers* supposent des *chinches,* c'est-à-dire des chiffons; mais Génin lui-même n'en saurait citer un exemple. Heureusement, si *chinche* nous manque, nous retrouvons *chincheux* pour déguenillé, c'est le *cencioso* italien.

> Si li convint sa reube vendre
> Et canger, coi que nus en die,
> A une povre hiraudie
> Qui molt estoit povre et *chincheuse.*
>
> *Le Chevalier au barisel.*

Cheincerie existe aussi, au sens de lingerie : « *Cheincerie* une fois par an 2 deniers ». Coutume de la vicomté des eaux de Rouen, citée par Génin.

Saince, sinse et *chinche* tiennent de près à *chainse,* qui signifiait autrefois vêtement de lin, casaquin de femme, peut-être chemise. Quant à l'identité que Génin veut établir entre *chainse* et *camisia*, voyez la note de Littré (v° *Chemise*) où ces étymologies sont discutées d'après Diez. Le plus clair est qu'on n'en sait rien, et que l'étymologie de la chemise elle-même est inconnue.

Le *slang* a le mot *chink* qui signifie argent.

SAINCER, v. a. Deux sens, qui expriment ici la même image dégoûtante : 1° nettoyer comme avec la *saince*; 2° saigner.

> Et retrallez se le bizouart *saince*.
>
> Ball. IX.

1° « *Sincer*, v. To whipe, to rub, to make clean with a clowt. » Cotgrave. — *Cincer*, v. a. poit. Nettoyer le four avec la *cince*.

2° *Sainc*, sang. « Boudins de *sainc*. » *Livre des mestiers*. *Sangler*. « Le suppliant regarda sa dague qu'il trouva plaiée et *sanglée*. » Tr. des Ch. JJ. 190, p. 161, an 1460. *Sans*. sang. « Se li *sans* qui descendi de mon visage. » *Men. de Reims*, § 270.

SARPES, subst. pl. (voyez à *Arpes* la variante que j'ai adoptée, le vers ci-dessous n'offrant aucune construction saisissable).

> Prince des gayeulx les *sarpes*.
>
> Ball. IV.

> Sa *sarpe* et sa coignie prist
> Dont aguisié avoit son pieus.
>
> *Ren.* v. 16424.

Sarpe, s. f. ancienne forme de *serpe*. — « En cas de résistance, mettez la main à la *sarpe* et frappez comme des sours. » *La Comédie des proverbes*, p. 12. — « Voire mais (dis-je) vous vous dampnez comme une *sarpe*, et estes larron et sacrilege. » Rabelais, I, 302.

Sarper, v. a. Terme de marine. « Le vent fut doux et la mer tranquille tant que l'armée des François et de Gennes firent ancres *sarper* et voiler tendre. » J. d'Auton, p. 271.

SAULDREZ. Deuxième personne pluriel du futur de *sauldre*, v. a., ancienne forme française intermédiaire entre *saillir* et *saulter*, dont elle comporte les deux significations. Il signifie, je crois, *saillir* dans l'exemple suivant :

> Prince planteur, quant vous *sauldrez* la hye.
> Ball. IX.

« Pourtant qu'il soit suffisant à *sauldre* les vaches. » *Anc. cout. de Bret.* f° 157 r°, dans La Curne. — « *Sauldra* en la rue tout prest et ira à cheval devant le logis du chief. » W. de la Colombière. *Théâtre d'honneur*, I, p. 71.

> Et adonc quant les Anglois voient
> Que nulz de Paris ne *sauldroit*,
> Ils se partent le chemin droit.
> Eust. Desch. ms. f° 575, c. 3.

Sauldroit au même sens dans le *Petit Jehan de Saintré*, p. 285. On conjuguait : *je saul, tu saus, il saut ; je sauldray*, etc.

Saudre, payer.

> Se sainte yglise excommenie,
> Li frere pueent bien assaudre
> S'escommeniez a que *saudre*.
> Ms. 7218, f° 327, ap. La Curne.

SAULVE, subst. f. Forêt, sûreté.

> Brouez, benards, eschequez à la *saulve*.
> Ball. X.

Le latin *sylva* a donné en français *silve, selve, sauve* et *seauve* (v. Cocheris, Noms de lieu, p. 27), et l'adjectif *sauvage*, littéralement qui vit dans les bois.

Cependant il est possible d'interpréter *à la saulve* en ce sens : « Fuyez pour votre salut, allez-vous en *à la saulve* ». — « En ce cas laditte ordonnance sera gardée jusques à la *saulve* de la légitime. » Cout. gén. II, 384.

> François costoiant mainte *selve*
> Se vont logier sous Monz en Pelve.
> G. Guiart, f° 351.

« *Sauver* à la fuite », s'enfuir. — « Eussions poursuivy jusques en Ast, auquel lieu eussions trouvé le marquis du Guast *se sauvant à la fuitte*, auquel, y estant arrivé, les portes furent refusées. » Du Bellay, p. 536. Mich. et Pouj. — « Et fict Solehadins par sa courtoisie renvoier la dame, li disme des crestiens, et des damoiselles en Acre; et là elle fu *a sauvetée*. » Men. de Reims, § 211. — « Et sitost qu'ele pot, elle se mist hors de son pooir pour estre *à sauveté*. » Beaum. XXX, p. 95.

SAUPICQUETS, subst. m. pl. Gens éveillés, subtils.

> *Saupicquez* frouans des gours arques.
> Ball. IV.

Le *saupicquet*, c'est-à-dire *sauce piquante*, est ainsi défini par le dictionnaire de Trévoux : « mets assaisonné avec du sel et des épices pour irriter l'appétit. Il se dit de toutes sortes de sauces qui sont de haut goût. »

> Pour leur faire leur *saupicquet*,
> Il ne vous faut point d'autre espice.
> *Vie de S. Christophe.*

> Ou que l'autre, qui fist en vers un *sopiquet*.
> REGNIER, sat. VI.

« C'est Virgile dans son poème intitulé *Moretum*, ragoût composé de ces huit ingrédiens : coriandre, ail, oignon, persil, rue, fromage, huile, et vinaigre. Il faut écrire *Saupiquet*. Joachim du Bellay a traduit en vers françois le *Moretum* de Virgile. » Note sur la satire VI de Regnier, dans l'éd. de Londres, 1729, in-4°, t. Ier, p. 88. — « Le *saupicquet* pour connin et pour oiseau de riviere. » *Menagier*, t. II, p. 5.

> Eveillé comme ung *saupiquet*.
> COQUILLART, I, 195.

Il y avait en 1401, à Melun, une prison dite *saupicquet*. *Mat. du sgr. de Cholieres*, p. 68.

Salpicon, esp., viande froide hachée et assaisonnée.

« Je prie les honnestes dames qui liront dans ce chapitre aucuns contes... me pardonner s'ils sont un peu gras en *saupicquets*. » Brantôme. *Dames gal.* t. Ier, p. 296.

L'exemple tiré de la *Vie de saint Christophe* compare au *saupicquet* les préparatifs du supplice réservé aux brigands. *Saulce* était anciennement usité en ce sens.

> Ces serments vains et peu dignes de foi
> Meriteroient qu'on vous fist vostre *sauce*.
> LA FONTAINE. *La Confidente.*

> Un poi devant noue l'autrier
> En aloie par un sentier
> Qui estoit bien près del essart
> A un vilain punès Lietart
> Qui m'a ceste *sauce* mëue.
>
> Renart, II, 367, v. 16847.

> Que fais tu là ? — Je plume ongnons
> Pour faire *saulce* de gibet.
>
> Mist. de la Passion.

Oudin traduit *saulse* par réprimande et punition. Il est encore usité en ce sens dans la langue du peuple.

SAUVE, s. f. Sève; pour moelle épinière.

> Maint coquillart, escorné de sa *sauve*.
>
> Ball. X.

« *Sabe* de coing, liqueur faite avec du jus de coïng. » Cotgrave. — *Sabe*, poitev.; *sabo*, langued.; *saba*, prov. et esp., sève. — *Sapa*, lat. suc, jus.

Voyez *Saulve* ci-dessus.

SAUVE, adj. fém., pris adverbialement pour *sauf*.

> C'est mon advis, tout autre conseil *sauve*.
>
> Ball. X.

Il est clair que le poète veut dire « sauf tout autre conseil », et non pas que tout autre conseil peut sauver ceux qu'il admoneste. Il restait à trouver un exemple justificatif de *sauve* pour *sauf*, accompagnant un substantif masculin; Rabelais me le fournit : « Les truyes en leur gesine (*saulve* l'honneur de toute la compaignie). » II, 292.

SEYME, adject. Septième. Patrouille du guet ou des sergents, composée de six hommes et un capitaine.

>Se *seyme* oyez, soyez beaucoup broueulx;
>Plantez vos histz jusques elle rappasse.
>
>Ball. VII.

« *Sime*, s. f. Patrouille grise; désignait autrefois le guet. » Vidocq.

Les formes anciennes de septième sont *sedme* et *seme*, tirées directement de *septimus*. Littré.

>Et Tabors ert li sistes et Nustrans ert li *semes*.
>
>Aiol, 4974.

Une *seme* signifiait aussi un service de sept jours pour les morts. Lacombe.

Sayme, filet de pêche, aujourd'hui *seine*. — « Au travers des filets et de la *seine*. » Mont. II, p. 181.

>Je suis avec les orgueilleus...
>Qui mondaines honneurs convoitent...
>Et la povreté ilz vouz preschent,
>Et les grandes richesses peschent
>As *saymes* et as trainiaus.
>
>Rose, v. 11548-70.

SEYE, 3ᵉ personne du présent du subjonctif de *seoir*, pris au sens de convenir, *decere*.

>Qu'enastez ne *seye* en sûrie
>Blanchir vos cuirs et essurger.
>
>Ball. V.

« Je veulx que l'esprit s'y *seye*, non qu'il s'y couche. » Montaigne, IV, 295. « — Ja Dieu ne plaise que je *seye* jamais en chaire. » Amyot, *Lyc.* 43.

Je cite ces deux exemples de la conjugaison du mot *seoir*, quoique le sens y soit au propre : *sedere*.

Les textes anciens portent :

> Quen astes ne *soies* en suerie
> Blanchir vos cuirs et essurger.

Le premier vers écrit ainsi contient dix pieds au lieu de huit. On a vu au mot *enaster* la raison de ma première correction. La réduction de *suerie* à la forme contracte *sürie* ne fait pas difficulté. Reste *soies* dont l'*s* était manifestement surabondante. Cependant s'il fallait lire, à l'impératif, « *soiez* en surie », on ne saurait la retrancher. *Ne* resterait nécessaire, car le poëte ne peut conseiller aux Gueux de se faire brancher au soleil. Heureusement, la difficulté du second vers m'a permis de vaincre celle du premier. Il fallait trouver le verbe dont les infinitifs *blanchir* et *essurger* sont le régime; or ce verbe ne pouvait être que *soies*. C'est encore l'homophonie qui m'a guidé. Supposé que *soies* ne soit pas un impératif, l'*s* devient muette, le mot sonne comme *saie* ou *seye*, et ce dernier mot fournit un sens qui explique toute la période. « Qu'il ne *seye* pas que votre peau soit exposée à reluire au soleil (voyez *Blanchir*) et que vous soyez hissé au sommet d'une potence. »

SIEURS, subst. pl. Seigneurs; les pendus. Voyez *Sire* ci-après.

> Que vueille ou non ne soit fait des *sieurs*.
>
> Ball. VII.

> Car des *sieurs* pourriez bien devenir
> Se vous estiez happez en tels bouticles.
>
> Ball. VIII.

Ces deux exemples sont fort clairs quant au sens. Être fait des *sieurs* ou devenir des *sieurs*, c'est être pendu. On dirait qu'il s'agit d'être élevé non à une potence, mais à une dignité. C'est peut-être dans cette idée d'élévation qu'il faut chercher le sel de la plaisanterie et l'origine de la locution.

A remarquer que *sieurs* est de deux syllabes et se prononce *si-eux*, rimant dans la ballade VII avec délicieux; *si-eurs* dissyllabique reproduit d'ailleurs fort exactement *se-nior* dont il dérive.

« Je suis *sieur* de la maison. » *Les Quinze joyes*, p. 132. — « C'est folie d'abandonner son cœur à homme du monde, car ils ne font conte des pauvres femmes, quand ils sont *sieurs* d'elles. » *Ibid.* p. 73.

SIRE, subst. masc. Seigneur (v. aussi *Sieurs*).

> Et babignez tousjours aux ys
> Des *sires* pour les desbouser...
> Prince froart, dis des arques petis,
> L'un des *sires* si ne soie endormis.
>
> Ball. I.

> Mais plantez ilz sont comme joncz
> Pour les *sires* qui sont si longs.
>
> Ball. III.

> Et vous gardez bien de la roe
> Qui aux *sires* plante du gris
> En leur faisant faire la moe...
> Danger de grup en arderie
> Fait aux *sires* faire la moe.
>
> Ball. VI.

> Sur la sorne, que *sires* sont rassis.
>
> Ball. VII.

> . . . A mon beau pourpier !
> Trouveray je point quelque *sire*
> Pour en acheter pour confire ?
>
> Les Cris de Paris.

Dans le même sens *sirois* et *syrois* :

> Embuschons nous sous la feullée
> Pour attendre quelque *syrois*.
>
> Vie de S. Christ.

> S'il venoit quelque gourt *sirois*
> De qui nous fuissions estrenez.
>
> Mir. des Enfans ingratz.

Beau sire et *beau sire Dieux* :

> Saupicquetz frouans des gours arques
> Pour desbouser *beaussire dieux*.
>
> Ball. IV.

> Et frappez en la hurterie
> Sur les *beaulx sires* bas assis.
>
> Ball. VI.

> Couplez vous trois à ces *beaulx sires dieux*.
>
> Ball. X.

Dans le langage ordinaire :

> Pardonne moy, *beau sire Dieu !*
>
> PIERRE DE NESSON, ms. de l'Ars.

> Et sont à genoux ou à terre
> Comme devant *beaux sires dieux*.
>
> Debat des deux sœurs.

Beau sire dieux était aussi un juron.

§ Sur *beaux sires bas assis* : « Nous feirent sus une selette asseoir. Panurge disoit, gallefretiers mes amis, je ne suis que trop bien ainsi debout : aussi bien elle est trop

basse pour homme qui a chausses neufves et court pour-
poinct. » Rabelais, III, 48.

Sirois est une forme de *siret*, diminutif de *sire*. Du
Cange, JJ. 133, p. 106, an 1388. — « Ung *beau sire*
est autant comme de l'appeler *coux*. » JJ. 143, p. 143,
an 1450.

SONGEARS, adj. pl. Songeurs, rêveurs, endormis.

Songears ne soiez pour dorer.
Ball. I.

C'est le mot picard qui s'écrit en orthographe moderne
songeard, en français *songeur*.

Tout endormy, *songeard*, melancolique.
Faifeu, 14.

Songears mauldiz plains de melancolye.
Ibid. 1.

Voire, mais il est si songeart
Que a peine se peult remuer.
Coquillart, I, 194.

Mais pour l'adieu je fus taciturne et *songeart*.
Cap. Lasphrise.

« Mais tout le monde souppoit, exceptez quelques
resveurs *songears*. » Rabel. II, 79. — « Telle humeur
active plaisoit fort à François Ier, en ses enfans et aux
gentilshommes françois, ne les estimant point s'ils restoient
songeards et lourdauds et endormis. » Brant. III, p. 108.

SORNE, subst. f. La nuit, la brune.

Sur la *sorne* que sires sont rassis.
Ball. VII.

> Quant Abrouart sur la *sorne* a brouez.
>> Ball. VIII.

> Ou brouent ilz present sur la *sorne* ?
>> Mist. de la Passion.

« Lorsque sur la *sorne* ils prenoient sobrement leur pain et vin. » Pasquier. *Recherches*, VIII, p. 703.

Le languedocien a *sour*, noir, obscur ; le provençal *sorn*. Franc. Michel. L'argot allemand ancien *sorna*.

Le *Jargon réformé* donne *sorgne*, qui nécessairement, au moyen âge, se prononçait *sorne*.

Le mot était ou avait été du langage usuel. Nicot le traduit par *brune*, substantif ; Cotgrave par *the evening*, le soir, mais remarque qu'il est vieux et peu usité. Oudin le traduit par *principio della note*. L'aube ou le matin, c'est la blanche ; la *sorne* ou le soir, c'est la brune.

Chose curieuse, tandis que la *sorne* était du français pour Estienne Pasquier, Bouchet signalait la *brune* comme un mot de Jargon (III, 130) ; en quoi Bouchet avait tort, car « sur la *brune* » se rencontre déjà dans Monstrelet :
« Et sur la *brune* rencontroient en leur chemin. » T. II, fº 96 rº.

L'ancien français avait, et nous avons conservé en certains cas l'adjectif *saur*, qui signifie une couleur jaune tirant sur le brun et sur le roux ; cheval *saure*, hareng *saure* ou *soret*, oiseau *saure* (t. de fauconn.). Je n'en citerai qu'un exemple, qui nous met sur la voie des origines :
« Le visage est de belle forme en toutes façons, sur le clair brun, assez coloré, et bien barbu, et de poil brun sur le sor. » Bouciquaut, IV, I.

Rufa est traduit par *sora* dans le Gloss. de Reichenau.

Sur le *sor* nous conduit à entendre cette expression tirée des trois exemples du Jargon ci-dessus : sur la *sorne*. Celle-ci semble être le féminin de celle-là ; du moins, on aperçoit que *saur*, tiré, comme le dit Littré, du bas-latin *saurus* et *sorius*, a dû aboutir à *sorne* par une forme intermédiaire, telle que *saurinus, saurina, saurinia*.

Sournois et le verbe poitevin *sorgner*, se retirer à l'écart, faire le *sournois*, se rapportent évidemment aux origines de *sorne*.

Le latin avait le subst. *serum*, le soir ; l'adverbe *sero*, c'est-à-dire au soir ou tard ; l'adjectif *serus*, c'est-à-dire du soir ou tardif ; l'ital. dit *sera*, le soir ; et la forme *seretino*, qui, dans la même langue, signifie sournois, achève d'établir le rapport étymologique entre le soir et la *sorne*.

> Sur personnes *brunes* et *sores*,
> Fist Diex mainz biaus miracles lores.
> GUILL. GUIART, f° 245 r°.

* SORNILLER, v. a. Brunir, au figuré voler.

> *Sornillez* moy ces georgetz si farciz.
> Ball. VII.

Sorniller paraît être un verbe tiré du substantif *sorne* sous forme de fréquentatif et ne peut vouloir dire que *brunir*, au sens de faire disparaître, voler.

Le mot *sorner*, dont *sorniller* pourrait être le diminutif, a existé dans la langue, au sens de dire des *sornes* ou *sornettes* ; mais il a une toute autre origine. V. Littré v° *Sornette* et Du Cange v° *Subsannatio*.

Brunir, dans son acception primitive, la plus usitée au

moyen âge, signifie essentiellement polir, rendre brillant ; voilà pourquoi *sorniller* (brunir), *polir* et *fourbir* sont, avec *nettoyer* en argot moderne, les synonymes de voler. On reconnaît ici la persévérante logique des créateurs du Jargon (v. suprà *Pollir*).

« *Sornar*, jarg. esp. dormir. » Oudin.

Dreites ces hanstes, luisanz ces espiez *bruns*.
Ch. de Rol. LXXXVI.

SOUE, subs. f. Étable à porcs.

Prince, cil qui n'a bauderie
Pour soi eschever de la *soue*.
Ball. VI.

Soue, en auvergnat, et quelquefois en français, s'écrit pour *sou* ou *seu*, avec la même signification d'étable à porcs, tirée du bas-latin *sudis*. Du Cange.

Le fils du roy passa,
Il m'a tant regardée,
Dans la *soue* aux cochons
Il m'a tant bousculée...
Chanson du Maine, citée par Ch. Nisard.

Soue est identique à *souille*, lieu bourbeux, dans les deux sens indiqués au mot *Sou*, ci-après : « Le sanglier vient de mangier, si vient au *seulg*. » *Modus*, f° XXXII. — « A plusieurs mariniers qui ont amené ladicte galleace de la *soulle* en place près la tour dudit Havre. » *Despence faicte*, dans Jal. C'est le substantif du verbe *souiller*.

Le mot s'adapterait donc très bien au passage ci-dessus de la ballade VI, qui signifierait « pour éviter la *souille* », c'est-à-dire le cachot humide, et je l'adopterais s'il résolvait la difficulté de sa position dans le vers. Mais il est visible que le fil de la phrase est rompu ; il se renoue, au contraire, en divisant *la soue* en *las oue*. (V. *Las* et *Oue* ci-dessus.)

SOUS, subst. pl., littéralement : étable à pourceaux.

> Levez les *sous* et si tastez lesquelz.
> Ball. VIII.

Tel est le vers fourni par le ms. Stockholm. J'y propose une triple correction, qui lui donnerait cette forme :

> Luez les *sous* et si tastez les coys.

Le sens deviendrait ainsi parfaitement clair : « Surveillez (litt. éclairez) les repaires et sondez les cabarets », ce qui se relie parfaitement à la suite du couplet : « De peur qu'il ne s'y trouve des sergents munis de poucettes, en cette vergne (ville ou foire) où vous vous proposez d'exercer votre industrie. »

« *Sou* ou *seu*, étable à pourceaux. » Trévoux. Bourguignon *sô*. De *sus*, lat. et *sudis*, bas-l.; *sow*, angl. Truie. *Sueja*, niçois, latrine, fosse à ordures. Ancienne forme *seulg*, lieu bourbeux.

En espagnol *porqueron* (fr. porcheron), conducteur de porcs, est « un archer ou sergent chargé d'arrêter les malfaiteurs. » Oudin. Les *sous* pourraient se dire ici des lieux où s'embusquent les « anges » de la ballade VIII.

« *Sou*, t. de marine. La terre qui est au fond de l'eau. » Trévoux. On traduirait alors : « sondez les fonds », c'est-à-dire « éclairez le terrain », ce qui reviendrait au même.

*STARICLES, subs. m. pl. Prévot, lieutenant criminels, bailli; juges en général, peut-être geôliers, gardiens de prison.

> Anges bossus, rouastres et *staricles*.
> Ball. VIII.

Les langues slaves nous offrent *starik*, vieux; *starike*, vieillesse en russe; *stary*, vieux, *starosc*, vieillesse en polonais, d'où, dans l'une et l'autre langue, *staroste* : en russe, ancien du village, bailli, préposé ou prévôt, inspecteur; en polonais, préfet, etc.

Le sens de *senior* pour *starik* et *stary* est de la même valeur en dignité que *staroste* et *starosta*.

La provenance de *starike* ne peut être douteuse, aucune langue romane ou germanique ne nous fournissant l'ombre d'une étymologie ni d'une explication. La ballade donne plusieurs rimes telles que *manicles, bouticles, veronicles*, qui se ramènent naturellement à *maniques, boutiques* et *veroniques*. Semblablement *staricles* se ramène à *stariques*, qui est précisément le mot slave au moyen duquel le sens du vers est complété de la manière la plus naturelle : « sergens maudits, bourreaux et juges ».

Les significations du *starosta* polonais vont, par dégradations successives, depuis souverain jusqu'à intendant, régisseur, surveillant et garde.

Le zincaló donne les mots *estarica*, s. f.; ark, cheste (coffre), arca. — *Estardo*, subs. et adj. Prisoner, captive. — « *Estaripel*, s. m. Prison. » Borrow. — M. Francisque Michel donne *ostariben* comme variante d'*estaripel*.

Ces divers vocables fournissent les éléments d'une variante, qui, au lieu de juge ou prévôt, selon les sens slaves, ramènerait les *staricles* aux simples fonctions de gardiens de prisons.

STAT, c'est la 3ᵉ pers. de l'ind. présent du latin *stare*, avec sa signification usuelle.

> Qui *stat* plain en gaudie ne se mauve.
> Ball. X.

« Que celui qui se tient en joie. »
Villon en fournit un autre exemple dans la ballade de la grosse Margot :

> S'ilz jouent bien, je leur dis que bien *stat*.

Et Rabelais s'est servi de la même expression à la seconde personne :

> Puisque bien *stas* (grace au souverain Jove).
> *Espitre du Lymosin.* III, 278.

SURIE, subs. f., action de suer.

> A l'assault ! tost, sans *suerie*.
> Ball. II.

> Qu'enastez ne seye en *sûrie*
> Blanchir vos cuirs et essurger.
> Ball. V.

> Mais bien qu'il soit hors de *surie*,
> Que cette gale soit guérie,
> Cela ne se peut nullement.
> *Parodie* de Berthelot *sur les stance de Malherbe.*

> Nous iiij tous montés es chevax de *Surie*.
> *Brun de la Mont.* v. 1234.

Le calembour sur le pays de *Surie* et de *Syrie* est vieux comme la langue française.

« Celluy n'est pas réputé vaillant champion, qui n'a fait cinq ou six voyages en *suerie*. » *Apol. pour Hérodote,* p. 97. — « Vous faites *suer* le bonhomme, tel est votre dire quand vous le pillez. » *Harangue du capitaine la Carbonade aux soldats de M. le Prince en 1615,* p. 189. — « J'ai achevé aujourd'hui ma douche et ma *suerie*. » Mme de Sévigné, 4 juin 1676.

TALLE, subs. fém. Queue.

> Plus n'y vault que tost ne happez
> La baudrouse de quatte *talle*.
>
> Ball. IV.

Je n'hésite pas à traduire : « Le fouet à *queue* de chat. » Ceci demande une explication assez longue, car le couplet entier de la ballade était à restituer, et l'on va voir que l'explication comme la restitution tiennent à un seul *s*.

Voici le texte fourni par l'édition de 1489, sauf la ponctuation que j'ajoute pour ne pas épaissir inutilement l'obscurité.

> Niaiz qui seront attrappez
> Bien tost sen brouent au halle ;
> Plus ny vault que tost ne happez
> La baudrouse de quatre *talle*.
> Des tires fait la hirenalle
> Quant le gosier est assegis,
> Et si hurcque la pirenalle
> Au saillir des coffres massis.

La mesure des vers est régulière, sauf le second qui se redresse aisément en mettant *broueront* au lieu de *brouent;*

d'ailleurs, cette correction s'imposait par l'accord du temps avec *seront* qui précède. Lorsque nous aurons substitué *destirer* à *des tires* au cinquième vers, nous n'aurons plus rien à changer. Il ne restera qu'à élucider et à comprendre. Il subsiste cependant une difficulté : elle semble minime et elle est majeure. L'adjectif numéral *quatre* qui précède *talle* voudrait que ce dernier mot portât l'*s,* marque du pluriel, *talles;* mais alors *talles* ne rimerait plus avec *halle* ni avec *hirenalle* et *pirenalle* qui sont au singulier. Des éditeurs anciens ont écrit *halles* un peu au hasard ; on a vu, sous ce mot, que je n'adopte pas leur conjecture; il ne s'agit pas des *halles,* mais du *hâle,* c'est-à-dire de l'air du gibet ou de l'échelle patibulaire elle-même (*scala*). *Halles* rimant avec *talles* ne mènerait à rien, sinon à marquer la disparité des rimes plurielles du premier quatrain avec les rimes singulières du second. Il y a lieu, d'ailleurs, de se montrer ici fort circonspect, puisque nous avons affaire à une portion de texte exceptionnellement saine.

Ne pouvant raisonnablement toucher au mot *talle,* mon attention s'est portée sur le mot *quatre* qui devait renfermer le nœud du problème.

Commençons cependant par la discussion du mot *talle.*

On a vu v° *Baudrose* qu'il faut vraisemblablement traduire ce mot par fouet ; maintenant que signifie *talle?*

Talle, considéré étymologiquement et abstraction faite de sa valeur expressive, est la figure ancienne du mot *taille.* Le substantif grec θαλλός, branche, et le verbe grec θάλλειν, pousser du feuillage, sont représentés en latin par *thallus,* avec le même sens, et par *talea,* branche d'arbre coupée par les deux bouts pour être plantée. Pline.

De *talea* sont venus, en bas-latin, *taleare* ou *taliare,* inter-

taliare, taliatura, tailler des arbres, taille des arbres.

Talea a passé dans les langues romanes sous les formes *taglia,* ital.; *taja, tala* et *talla,* esp.; *talla,* cat.; *talha,* provençal et portugais; *talle* et *taille* en français; *teie,* en wallon. Cette dernière forme donne le passage aux langues germaniques : *tail* en anglais; *theil* en allemand.

Le français moderne garde les deux orthographes *talle* et *taille* en leur assignant des acceptions différentes; *talle* est une branche enracinée qu'un arbre pousse à son pied; it. *tallo;* il s'accompagne du substantif *tallement* et du verbe *taller.* En poitevin, *tale* est une feuille de légumes. *Talle,* dans le même dialecte, est le nom du châtaignier. La *taille* comporte bien des acceptions diverses, dont la plus ancienne et la plus proche de l'origine est la *taille* de bois sur laquelle certains marchands, tels que boulangers et charbonniers, marquent leurs fournitures journalières.

Ainsi, rigoureusement parlant, la *taille* est un tronçon, une certaine longueur prise à part. Le *theil* allemand, partie, division, signifie aussi organe, membre, c'est-à-dire partie du corps prise à part.

Cette partie du corps prise à part, les Anglais l'ont spécialisée pour désigner la queue d'un animal, *tail.* Palsgrave donne *tayle of a beast,* queue, en même temps que *tayle of wodde,* taille de bois. La preuve que le *tail* anglais, anciennement écrit *tayle,* n'est autre que la *talle* ou *taille* française, c'est que les origines germaniques lui auraient fourni *schwanz* ou *schweif* pour désigner la queue de l'animal.

Ceci exposé, retournons à notre exemple. La *talle* dont il s'agit dans le Jargon pourrait être : 1° une branche; 2° une *taille,* pour indiquer une longueur quelconque, la taille d'un homme par exemple ; 3° une queue, en prenant *talle* dans le sens spécial de la langue anglaise.

Ce serait alors, en négligeant pour un moment la difficulté du pluriel : 1° la lanière ou la corde à quatre branches, soit la potence avec ses quatre piliers fondamentaux ; 2° la corde de quatre *tailles* d'hommes ; 3° la lanière ou corde à quatre *queues*.

Maintenant, il faut en revenir à ce pluriel si nécessaire et si impossible, au cas où l'on persisterait à lire *quatre* avant *talle*. La première supposition ne nous conduit à rien de tangible. Il n'en est pas de même des deux autres. Et ici je demande au lecteur la permission de le faire repasser par la filière d'inductions qui m'a conduit moi-même de la deuxième hypothèse à la troisième, qui me paraît la vraie.

La correction d'une seule lettre dans le mot *quatre*, qui deviendrait *quatte*, m'ouvrit un horizon nouveau.

Le verbe moderne *cacher* est représenté dans les anciens idiomes romans et français : par le provençal *quait*, tapi, caché ; par l'italien *quatto*, même sens, *quattare*, cacher ; *quattamente*, d'une manière cachée ; espagnol *cacho*, serré ; vieux français *quaicher ;* dauphinois *se quaisié*, se taire ; bourguignon, *queichai ;* normand et poitevin, *catir*, cacher ; enfin, en picard, *quatir*.

Ajoutons que *cacher* se confond anciennement avec chasser, de *cacciare*.

D'où il suit que *quatte talle* pourrait signifier *cache* ou *chasse talle*, soit la lanière de cuir qui *chasse* ou *cache* la *taille* du supplicié en s'enroulant autour de son corps. La difficulté du pluriel exigé par l'adjectif numéral *quatre* disparaît, et nous n'avons rien à changer au texte.

Arrivé là, je ne pus pas n'être pas frappé de la ressemblance de *quatte talle* avec l'anglais *cat tail,* queue de chat. *Cat o' nine tails,* le chat à neuf queues, est le nom bien connu du fouet dont se sert la justice anglaise. Observez que l'*o* de *o' nine tails* est l'ancienne conjonction française *od* ou *o,* avec. J'adopte donc définitivement la traduction de *baudrouse de quatte talle* par le fouet à queue de chat. Que le copiste ait pu prendre *quatte* pour *quatre,* on me le passerait aisément. Mais pourquoi *quatte* pour chat? Parce que c'est l'orthographe ancienne : « *Catte a beest,* chat », nous enseigne Palsgrave. Et cette orthographe est fort congrue, s'il est vrai, comme le dit Isidore, que le latin *cattus* vienne de *cattare,* voir, guetter, sc. *captare;* esp., *catar.* Consulter sur cette curieuse étymologie Vossius, v° *Felis.*

Il n'y aurait pas non plus à s'étonner qu'une expression anglaise se trouvât dans le Jargon (v. *Gauldouse*), si l'on se souvient que dix ans à peine séparent l'époque approximative où furent composées nos ballades et l'évacuation des provinces de Normandie et de Guyenne par les Anglais qui les occupaient depuis si longtemps.

§ *Tales,* au sens de dé à jouer, n'a pas d'application ici; j'en recueille cependant quelques exemples : « Ce que des dez, ie vous ay dict, je diz semblablement des *tales*... Et ne m'alleguez au contraire le fortuné gect des *tales* que feit Tibere dedans la fontaine de Apone à l'oracle de Gerion. » Rabel. II, 58. — « Es membres plus inférieurs de ces animaulx divins, ce sont les piedz, y a un os, c'est le talon, l'astragale.... duquel.... l'on jouyoit antiquement au royal jeu des *tales*... » *Ibid.* 293.

*TARDE, adj. f. La *tarde* pour l'heure *tarde,* la nuit.

> Et sur la *tarde*
> Desboursez les pouvres nyois.
> Ball. III.

Le mot est d'exemple unique, dans le Jargon comme dans la langue usuelle, à laquelle il semblerait appartenir; je ne l'ai rencontré dans aucun texte ni dans aucun dictionnaire.

Cependant « sur le *tard* » est français; on le trouve dès le xive siècle. « Et quant vient sur le *tard*. » *Modus,* f° XLVIII; encore dans Comines au xve siècle : « Il estoit jà sur le *tard*. » II, 1. Parallèlement on disait : « l'heure *tarde* ». — « Et, pour l'heure *tarde,* aurions continué et remis ladite assemblée à deux heures de relevée. » *Coutum. gen.* I, f° 709. — « Alors elle, pour l'heure *tarde,* le baisa et puis luy dist. » *Jehan de Saintré,* 18.

Il était aussi naturel de prendre substantivement le féminin que le masculin de l'adjectif *tard;* la *tarde* semble donc légitime au même titre que le *tard;* cependant l'Académie française n'enregistre que celui-ci. Elle est dans son droit; son dictionnaire, ne recueillant que l'usage, devait rester fermé à une locution absolument exceptionnelle, enfouie dans une ballade du xve siècle. Cet isolement donnerait à penser que la *tarde* serait jargonnesque, si je n'en avais découvert la source dans une des langues du midi, la seule qui l'ait adoptée, je veux dire l'espagnol. Oudin (*Tresor des deux langues*) nous fournit l'article suivant : « *tarde,* le soir, l'apres-disnée, la vesprée ».

§ Je ne cherche pas à compliquer les énigmes suffisamment embrouillées que nous propose le Jargon; cependant je crois utile d'indiquer une variante possible de la *tarde*. On verra, sous l'article *targer*, qui suit, que ce verbe n'est qu'une forme ancienne, et très répandue, de *tarder*. Puisqu'on a dit couramment *targer* pour *tarder*, même dans le Jargon, n'aurait-on pas, par hasard ou pour le besoin de la rime, opéré la mutation contraire, en écrivant *tarde* pour *targe*?

Targe signifie, en général, toute espèce de bouclier, et, par une appropriation spéciale, rempart ou protection quelconque :

. . . Une petite riviere
Dont faisoient leur apuy et *targe*.

Vig. de Ch. VII, p. 87.

« Deux mil archiers de pied, *targez* d'une haye, de bois et de vignes. » *Hist. de la Toison d'or*, f° 109. Or voici la phrase entière du Jargon où je recueille le mot *tarde* :

Espelicans
Qui en tous temps
Avancez dedans le pogoiz
Gourde piarde,
Et sur la *tarde*
Desboursez les pouvres nyois...

Cette portion du premier couplet de la ballade III comporte une première équivoque, assez difficile à résoudre, sur les mots *gourde piarde* qui, d'après certaines analogies précédemment déduites sous les mots *Gourd* et *Piarde*, peuvent se traduire par « bonne boisson », mais qui, cependant, pris à la lettre, signifient en langue usuelle « lourde pioche ». Si l'on admettait ce second sens, « sur la *tarde* » se traduirait alors « sur le rempart », c'est-à-dire sur les établis des marchés où les truands cherchaient un refuge nocturne, témoin ce passage du *Petit Testament* de Villon :

> Et aux pietons qui vont daguet
> Tastonnant par ces establys...

Lequel désigne les archers cherchant à tâtons les malfaiteurs dans l'ombre. Cf. ce passage de l'*Histoire de Bertrand du Guesclin* (485) : « Pionniers bien *targiez* lesquels portoient picques et houes. »

TARGER, v. n. Forme ancienne de *tarder*.

> Bignez la mathe sans *targer*.
> Ball. V.

> Lors s'en part que plus ne se *targe*.
> Cité par Lacombe.

> Que perte que g'en doie encourre,
> Ne *targerai* de vous secourre.
> G. Guiart, f° 109.

Targer et *targier*, norm.; *targer*, rémois et poitevin. Du bas-latin *tardiare, tardjare*.

TEMPLE, subst. m.

> Changez vos andosses souvent
> Et tirez tout de raiz au *temple*.
> Ball. II.

> Il n'a [ne] tirandes ne endosse,
> Aubert, *temple*, ne pain ne poulce.
> Mist. de la Passion.

On disait autrefois *temple* pour *tempe* :

> J'ay de leurs bontez mille exemples
> Voire par Dieu plaines mes *temples*.
> Eust. Deschamps.

Et le mot était masculin :

> De sun cervel li *temple* en est rumpant.
> *Rol.* CLVI.

Au XVIe siècle le genre devient indécis. Ambr. Paré le fait tantôt masculin et tantôt féminin : « Je luy conseille de se faire ouvrir l'artère du *temple*. » XV, 4. — « Si un malade a les yeux cavés, les *temples* abatues... » Introd. 23.

Au XVIIe siècle l'Académie confirme *temple*, condamne *tempe*, et fait *temple* du féminin. *Obs. sur Vaugelas*, p. 180, dans Pougens.

Étym. lat. *tempora*, pl. n. de *tempus*, d'où *tempra* ou *templa* par permutation des liquides.

> Que le coup brisât l'os et fît pleuvoir le sang
> De la *temple*, du dos, de l'épaule et du flanc.
> Chapelain, *la Pucelle*.

> Portez en (des mouches) à l'œil, à la *temple*,
> Ayez en le front chamarré.
> Chans. dans Tall. *Histor.* t. II, p. 335.

Temple, bas-ventre.

Temple, au sens de manteau, donné par M. Franc. Michel, est inapplicable à notre Jargon, cette signification toute moderne dérivant du marché du Temple à Paris. J'ignore ce que c'est que le *temple* du *Mystère de la Passion*, placé entre l'argent (aubert) et le pain ; ce qu'il y a de certain, c'est qu'au temps de Bouchet (III, 129), on disait *volant* pour manteau, que remplaça le vieux mot français *tabar*, lequel persistait au temps de Grandval (1778), qui ne connaît pas encore le mot *temple*.

Templette, bandeau qui va d'une *tempe* à l'autre. Du Bellay, 242.

TERRANT, subst. m. Terrain, c.-à-d. pays, spécialement ici pays habité.

Par le *terrant* pour le franc ront querir.
Ball. VIII.

Terrant est le participe présent du verbe *terrer,* habiter. Eust. Desch. ms. f° 317. — *Terran, terrane,* qui se loge dans la terre. Littré. Il est employé ici substantivement. De même l'adjectif *terrien,* qui se prononçait *terrian* (Palsgrave, p. 63), de *terenus,* est devenu le substantif *terrain,* qui n'apparaît qu'au XVIᵉ siècle.

Italien *terragno,* terroir. N. Duez.

TREMPLE pour TREMBLE, subst. m. Tremblement.

Et y jargonnast il le *tremple.*
Ball. II.

« Sans que la femme en patist qui demeura longtemps en *tremble* et aux alertes. » Brantôme. *Dames galantes,* t. Iᵉʳ, p. 15.

La permutation des deux labiales *b* et *p* fait d'autant moins de difficulté qu'elles étaient muettes l'une et l'autre, ainsi que le prouve la rime de *branle* avec *tremble* dans Villon, *Grant Testament.* On prononçait *tranle.* Beaumanoir écrit *sanle* pour *semble :* « Ce nous *sanle* grans profis. » LXIV, 10.

TROIS, prononcez *très.* Je crois qu'il faut lire tout

simplement dans le premier exemple qui suit : les *traicts*, c.-à-d. les cordes.

> Et leur monstrez des *trois* le bris.
> Ball. I.

> Couplez vous *trois* à ces beaulx sires dieux.
> Ball. X.

« Tendoit le vele, montoit au matz par les *traictz*. » Rabel. I, 90.

> Et si faut un cordier des *très*.
> Desch. f° 500.

Très. Tente d'armée. « Li très ert toz de soie fine. » Partonop. f° 126.

> Et ceus qui n'avoient hostez
> Faire loger et tendre *très*.
> Roman d'Artus.

Il signifie aussi poutre ou perche fort longue. Lacombe. Sans doute du latin *trabs*.

> De deux *tres* qu'ils taillent égaux
> Ils font aussi des mangonneaux.
> Froissart.

Du Cange donne les sens suivants : 1. Tente, pavillon. Gl. *Treffa*. — 2. Voile de navire, *id*. — 3. Proche, auprès, gl. *Tres*. — 4. Dès, depuis :

> Je ne manjai *tres* avant hier.
> Renart, v. 23348.

TROYS. Quelque chose comme *turlututu* ou le *zut* des gamins de Paris.

Chantez leur *troys* sans point songer.
Ball. V.

N'as tu rien apporté? — *Troys! troys!*
Par nos dieux, j'ai tout oublié.
Vie de S. Christophe.

S'ils veulent servir, oui dea *troys*,
Marotte les met à l'office.
Mor. des Enf. de Maint.

Troupt! troupt! vivons hardiement...
Tproupt! tproupt! où que soit passé Diex.
Li Jus de saint Nicholai.

Truc! avant! ce n'est que redicte.
Mor. des Enf. de Maint.

Trut! trut! povre homme n'a que honte.
Conv. de S. Paul, Jub. I, p. 52.

Trout! au gibet! ne nous boujons.
Mart. de S. Denis, Ib. 152.

Trout! je n'y donne un brin de bourre.
Mir. de sainte Genev. Ib. 231.

Trut! trut! baille ça!...
Ibid. 243.

Nous baillez vous de vos *trudaines?*...
Trut! à qui parlé je.
Pathelin, v. 568 et 608.

« *Trut* avant. Nostre feal, estes vous marié? » Rabelais, II, 174. — « Le seigneur Basché jouoit aux *troys cens troys* avecques sa femme. » Rabelais, II, 321.

On voit par ce nombre d'exemples que *trut* n'était pas si rare que l'a cru Génin. *Pathelin,* p. 284.

Trut. « And some be interjections of indignation : *trut!* as *trut* avant, *trut!* » Palsgrave, p. 889.

« *Trut,* tour, ruse, finesse. Gl. *Trufa.* » Du C.

L'identité de *troys* et de *trut* ou *truc* résulte de ce passage des *Jeux de l'Inconnu*, p. 128 : « Contente-toy de manger ton lard en repos, joue au *truc* avec ta femme. » C'est le jeu du Sgr Basché.

TRUYE, subst. f. *Truye maris*, la truie de mer; c'est un poisson.

> *Truye maris*, sans avancer ravault.
> Ball. XI.

On ne devine pas pourquoi l'auteur n'a pas écrit *truia* ou *troga maris* ou *truye de mer*, qui entraient également dans la mesure du vers.

Dans la classification des ichtyologues modernes, *truie de mer* est le nom vulgaire de la scorpène scrofa ou truie (Lacépède), famille des acanthoptérygiens de Cuvier. Mais comme on donne encore, dans nos ports de Normandie, le nom de *truie* à la morue verte de basse qualité, il est permis de supposer que la *truye maris* du Jargon était tout simplement de la morue, que mangeaient les convives de la « vergne cygault » pour s'exciter à boire, et qu'ils avaient pêchée sans ravault, ligne ni hameçon, c'est-à-dire volée; cf. avec cette locution « vendenger sans couteau » sous *Vendengeurs*.

« *Porc de mer*, marsouin, pourpris est tout un. » *Menagier*, II, 198.

TURQUIE, subst. f.

> Ou qu'elle soit de l'assault de *turquie*
> Pour les duppes faire brouer au mynsse.
> Ball. IX.

Le ms. Stockholm porte bien lisiblement *turquie*. En étudiant les significations possibles de ce mot, je crois prudent de laisser de côté la *Turquie* géographique, c'est-à-dire le pays des Turcs. Les Ballades du Jargon sont à peu près contemporaines de la prise de Constantinople. Villon, en son *Grant Testament,* ne connaît encore que l'empereur d'Orient. Je n'ai rencontré aucun emploi du mot *Turquie* au xve siècle.

Revenons aux sources françaises. L'ancienne langue avait un verbe *turker,* dont voici deux exemples :

> Espagner voel un mien ami
> Ki ier soir se *turka* à mi.
>
> Poës. av. 1300, IV, 1346.

> Mais Valencenois s'ont *turkié*.
>
> Ph. Mouskes, v. 25015.

La traduction de *turker* donnée par La Curne, se faire *turc,* est évidemment sans valeur. Le premier exemple doit se rattacher à *torcher,* au sens latin de *torquere;* c'est-à-dire « se *tordit* à moi », s'est attaché à moi, ne m'a pas quitté.

On pourrait expliquer d'une manière analogue le vers de Philippe Mouskes, dont le sens visible est « mais les Valenciennois sont incertains, ou trahissent ». Le savant éditeur de Ph. Mouskes, M. le baron de Reiffenberg, pense qu'il faut identifier ici *turkiés* avec *truchiés* pour *trucheurs,* trompeurs ou traîtres, de l'allemand *trug*.

C'est précisément à cette interprétation que je me suis arrêté pour le vers du Jargon qui m'occupe ici. Je crois qu'il faudrait lire :

> Ou qu'elle soit de l'assault de *truchie,*

c'est-à-dire « à moins qu'elle ne soit occupée à quelque entreprise fructueuse contre la bourse des dupes ».

Cependant, peut-être n'est-ce que la continuation du sens obscène des vers précédents, et faudrait-il lire *torchie*. Il me suffit d'indiquer cette hypothèse sans insister.

Le Jargon espagnol donnerait, d'après Oudin, *turquia*, une pistolle; et *turco*, du vin. Mais rien d'analogue dans les Jargons français, anciens ou modernes, ne permet de s'arrêter à ces deux vocables.

§ Une expression proverbiale « prendre le *turc* » mérite cependant qu'on s'y arrête. Je donne la parole à Brantôme :

« Un gentilhomme rencontrant M. de Bussy au lever du roi (Henry III) lui dit : « Vous estes tost endormi à ce matin, Bussy; vous avés la mine d'avoir couché cette nuit avec une dame. » Bussy répondit : « Vous pourriez bien dire vrai, et possible encore mieux, si vous disiés que ce fut avec une de vos parentes. » L'autre, sans s'étonner, lui répliqua : « Ah! mon Dieu! je ne prendrai pas le *turc*, non plus que vous, car il n'y a pas deux nuits que j'ai couché avec une des vôtres qui me plaisoit fort. » C'estoit un petit quolibet qui se disoit de jadis, que qui n'avoit aucune femme galante en sa race pourroit prendre le *turc*; de sorte qu'il est encore en proverbe. » Brantôme. *Qu'il ne faut parler mal des dames.* Disc. VII. Ainsi rapporté en marge de la page 557, t. II, dans mon exemplaire du *Dict. comique* de Leroux, Pampelune, 1786, préparé avec des notes manuscrites pour une nouvelle édition.

TURTERIE, subst. f. Le gibet.

> Et que point à la *turterie*
> En la hurme soies assis...

VOCABULAIRE ANALYTIQUE.

    Aller fault à la *torterie*
    C'est à dire au jolly gibet.
Mist. du Vieux Test.

Ces deux exemples d'un mot qui ne se rencontre pas dans nos ballades, mais qui s'y rattache par d'étroites affinités, montrent que, comme la plupart des mots de Jargon, il offre deux sens figurés, indépendamment de sa signification effective :

1° La *turterie*, c'est le pigeonnier, le gibet où les pendus sont accrochés, chacun dans sa *hurme* ou cage (v° *Hurme*). *Tourtre*, c'est la *tourterelle*, latin *turtur*; la *turterie* est donc le pigeonnier, le haut perchoir, soit prison, soit gibet :

    Et tous les jours plain pot de Seine
    Aux *pigons* qui sont en essoine
    Enfermez sous *trappe voliere*.
Villon. Petit Test.

    La *tourtre*, désolée et plaignant son veuvage,
    Remplissoit tous les bois d'un long gemissement.
Perr.

2° La *torterie*, c'est le même lieu envisagé au point de vue de la corde, c'est la corderie. *Torta* en arg. it. c'est la corde. *Tourtouse* est la corde du gibet (*Jarg. réf.*) et le gibet lui-même. « *Hard*, ce mot signifie les cordes dont on étrangle une personne; mais ces cordes ne s'appellent pas aujourd'hui de la sorte par le bourreau de Paris. Il les nomme *tourtouse* et les cordiers les appellent *mariage*. » Richelet. Voyez *suprà* v° *Mariage*.

    Que pleust aux dieux que le taulard
    Vous eust branchés en la *tourtouse*.
Vie de S. Christ.

> Ils m'ont mis la *tortouse*.
>> Chanson d'argot du xviiie siècle. Vidocq, t. Ier, xxv.

Tourtouser, argot. Attacher avec des cordes.

VENDENGEUR, subst. m. Récolteurs, c'est-à-dire voleurs.

> Car *vendengeurs* des ances circuncis.
>> Ball. I.

> Et *vendengeurs* des ances circoncis.
>> Ball. VII.

> Gaigneurs aussi, *vendengeurs* de costé.
>> Ball. VIII.

> Le *vendengeur*, beffleur comme une choue.
>> Ball. X.

Vendengeurs de costé signifie, à ce qu'il me semble, coupeurs de bourses, lesquelles se portaient suspendues au côté.

Vendenge, subst. f. Récolte, butin.

> As-tu de l'or, teste estourdie?
> — Nous en aurons assez *vendange*.
>> Vie de S. Christ.

Le mot est de la langue ancienne dans l'acception ci-dessus :

> Li bon paulmiers fait grant *vendenge*
> De Sarrazins...
>> Hist. des trois Maries, dans La C.

Rabelais décrit la perception des impôts et revenus dans l'île des Apedeftes sous l'allégorie d'un pressoir de *vendange*. III, 212.

Vendenger, verbe actif. Récolter, butiner, arrêter, pendre.

>Nous y allons luer au bec
>Pour le *vendenger* à l'effray...
>Ne te laisse point *vendenger*
>Si tu as pain, aubert ne pluc.
>
>*Mist. de la Passion.*

>Si une fois vous puis reveoir,
>Je ne vous garderay qu'ung peu;
>Vous serez raisin de vismeu :
>*Vendengez* serez à l'eschelle.
>
>*Act. des Apôtres.*

>Bouriaus fu, n'ot autre mestier.
>Oreilles aprint à trenchier
>Par son pechié, par son anui;
>En la fin en ot tel loïer
>Qu'ainsi li covint *vendengier*
>Ses oreilles comme les otrui.
>
>*Renart.*

>Tout est *vendengié* et grapé.
>
>*Br. de roy. lign.*

>Je l'ay pris en ceste boteille.
>— Tu as *vendengé* sans cousteau.
>
>*Vie de S. Christ.*

>Lorsque le fils de Dieu, vengeur de son mespris,
>Viendra pour *vendanger* de ces rois les esprits.
>
>D'Aubigné. *Tragiques.* éd. Lalanne, p. 126.

Vendengier les oreilles, ms. 7218 f° 78. — « M. de Montluc et tous les Siennois estoient *vendangés* ou bien fricassés. » Brantôme.

Racimo, grappe de raisin, pour *pendu* en argot espagnol et allemand.

Toutes les acceptions ci-dessus dérivent l'une de l'autre par extension.

VENT (*mis au*). Expression figurée et proverbiale pour pendu.

> Là sont blefﬂeurs au plus hault bout assis
> Pour le havage, et bien hault *mis au vent*.
> Ball. I.

> S'esciliez ers de la terre
> Ou se ge cre *mis au vent*.
> *Renart*, v. 17684.

On disait également *metire à la bise*.

> Gel féisse *metre à la bise*.
> Ibid. v. 17792.

V. ci-dessus, v° *Bisac*.

> *Vent* au visage
> Rend l'homme sage,
> COTGRAVE.

« Estre mis au *vent*. D'Auton. *Annales de Louis XII*, p. 179 », dans La Curne.

VERGNE, subst. f. Ville ou lieu de réunion habité par les Gueux.

> En ceste *vergne* où vostre an veult loirrir.
> Ball. VIII.

> Un gier coys de la *vergne* cygault.
> Ball. IX.

> Par la *vergne*, tout au long de la broue.
> Ball. X.

> Veiz abrouer à la *vergne* cygault...
> Qui, par usaige, à la *vergne* jolye.
> Ball. XI.

Vergne (verne, vernay, vernois, vernay) signifie au propre un aulne et un lieu planté d'aulnes ; dans cette seconde acception, il est exactement synonyme d'*aulnaye*. Du Cange. En argot du xvie au xixe siècle, il signifie ville. Il semble que dans le Jargon il possède un sens mixte et s'applique à un lieu champêtre, mais habité, comme le pourrait être un champ de foire ou le campement des Gueux (voyez *Cygault*).

« Philippin. Il faut commencer à tourner vers la *vergne*. » *La Comédie des proverbes*, p. 70. — « Nous approchons de la *vergne*. » *Ibid*.

Vergne, une ville. *Vie gener.* — « Iceux argotiers ordonnerent tenir par chaque an des Estats generaux pour aviser aux affaires de l'Estat ; et estoient tenus anciennement juxte en la *vergne* de Fontenay le Compte. » *Jargon réf.* — « Pour venir en ceste fameuse *vergne* de Paris, au lieu qu'on appelle le Port au Foin. » *Response et complainte du grand Coesre*, éd. Techener, *Joyeusetés*, p. 24. Le Port au Foin était le quartier général des filous de Paris.

Vergne. Aune, verne. « Il a les yeulx rouges com un jadeau de *vergne*. » Rab. I, 146. C'est-à-dire comme une jatte de bois d'aune, qui rougit en vieillissant.

Vergner. Garnir une rive de *vergnes*. Du Cange sous *Guerinagium*.

S'il fallait absolument trouver une étymologie à la *vergne* jargonnesque, j'irais la chercher au plus près, dans la pure latinité. *Verna* désigne l'esclave ou l'animal domestique né dans la maison de son maître : « *Vernæ*, qui in *villis* vere nati... » Festus. Les latinistes de la corporation des Gueux auraient tout simplement transporté le sens du contenu au contenant. De plus, l'adjectif *vernaculus* signifie qui est du pays, de la maison ou de la ville, d'où l'idée toute simple d'appliquer au pays ou à la ville elle-même le mot *verna*, traduit par *verne*, qui est la vraie prononciation de *vergne*, où le *g* est muet.

VERNAS, subst. m. Printemps.

> Ce devers coys, par un temps du *vernas*.
> Ball. XI.

Ver, lat. le printemps. *Vernalus*, latin, printanier ; français *vernal*.

> Le rameau protecteur qui semble l'ombrager
> Donne un nouvel éclat à sa grâce *vernale*.
> Masson. *Helvét.* II.

Vernant, printanier : « Qui esmeut les oysillons des champs à si melodieusement chanter, fors la *vernante* saison et le vert gay delectable. » Sicile. *Blason des couleurs*, p. 12.

VERONICLE, subst. f. Ancienne forme de *véronique*, qui signifiait « portrait du Christ ».

> Belistriens, porteurs de *veronicles*.
> Ball. VIII.

Les porteurs de *véroniques*, comme les « pardonneurs » ou vendeurs d'indulgences, parcouraient les campagnes en exhibant des portraits du Sauveur, d'après l'image de sueur et de sang que la face de Jésus-Christ laissa sur les trois plis du voile de sainte Véronique.

Vera icon ou *vericona*, la vraie image ; telle est l'étymologie communément reçue, que M. Alfred Maury a discutée et critiquée dans ses *Croyances et légendes de l'antiquité*, p. 334. Voyez aussi sur ce sujet un curieux article du *Quarterly Review*, traduit dans la *Revue britannique* du mois d'avril 1874.

Au XVIe siècle, *véronique* se prenait pour un portrait en général : « Et disoit qu'il (Charles VIII) avoit le visage
« beau, doux et agreable, et l'accomparoit à un gentil-
« homme près de nostre maison ; et disoit que c'estoit sa
« vraye semblance, en l'appellant souvent par ce mesme
« mot la *veronique* du petit roy Charles VIII. » Brantôme. *Capit. françois.*

VOLANT, s. m. Manteau.

> J'en suis mieulx prins que *vollant* à la foyre.
> Ball. IX.

La signification précise de *volant* est attestée par les anciens vocabulaires de Jargon, par Bouchet (XVe serée), et quelques exemples authentiques :

« Laissons nos *volans* et le reste de nos habits à ces pauvres diables. » *La Comédie des Proverbes*, p. 60. — « Voicy du monde sous ces arbres, qui joue à la ronfle (qui dort), qui ont quitté leurs *volans* avec leurs habits, de peur d'avoir trop chaud. » *Ibid.*

Voici le titre d'un opuscule publié à Paris, en 1727, in-12 : « *Satire sur les cerceaux, paniers, criardes et manteaux* volants *des femmes.* » — « Deux hommes dont l'un vêtu d'un *volant* cannelle. » *Pièces du procès de Damiens*, t. Ier, p. 62 et 63.

Les deux derniers exemples, bien qu'ils ne datent que du dernier siècle, sont très voisins des anciennes dictions qui qualifiaient *volants* et *volantes* toutes pièces légères et mobiles de l'habillement des hommes et des femmes. « Cottes d'armes armoyez au duc, les deux justes et les autres *volans*. » *État des officiers de la maison des ducs de Bourgogne*, xve siècle, p. 238. Oudin nomme la visière d'un casque le « *volant* » d'une salade. De nos jours, on nomme *volants* la garniture flottante des robes de dames, qu'aux xviie et xviiie siècle on appelait *falbalas*, de l'espagnol *falda*, pli.

Volantin, même signification :

> La coverture fut moult chiere,
> D'un riche paile *volantine*
> Jusques à la terre il traîne.
>
> Fabl. S. G. f° 195.

Bien que la signification de *volant* pour manteau soit certaine, elle me fournit l'occasion d'une dissertation entièrement neuve sur les mots *vol, voler, voleur,* au sens actuel. Le mot *voleur*, spécialement, est un mot nouveau qui ne remonte pas au delà du xvie siècle. Voici ce qu'en dit Étienne Pasquier (*Rech. de la France,* éd. de 1645, p. 719) : « Quant au mot de *voleur*, l'ordonnance du roi François Ier faite contre eux, nous enseigne l'origine, quand elle dit, qu'il y avoit des meschans hommes, lesquels faisans semblant de *voler* l'oiseau, aguettoient les marchands sur les chemins. Si cela n'est vray, il est bien trouvé. » Pasquier a négligé de nous fournir un renseignement que, en sa qualité de magistrat, il devait avoir sous la main, c'est la date de l'ordonnance. Cette date, je l'ai

découverte; c'est le 15 janvier 1536-7; quant à l'ordonnance elle-même, c'est autre chose : nos dépôts publics ne la possèdent pas. Je la trouve seulement citée dans un édit de Henri II, donné à Fontainebleau le 5 février 1549-50 « contre les *volleurs* ou *voleurs,* et les *volle-*
« *ries* commises tant es chemins publicqs que es maisons de
« nos subjectz. » Galiot du Pré, in-8°, 1554. L'édit de Henri II ne répète pas la définition que Pasquier avait lue du mot *voleur* dans l'ordonnance, c'est-à-dire dans les lettres patentes de François Ier. Maintenant que j'en ai fixé la date, il est probable qu'on en retrouvera quelque exemplaire, et qu'on pourra vérifier l'allégation de Pasquier. Celle-ci ne présente rien d'inacceptable en soi. Le mot *voleur* peut avoir désigné d'abord les gens qui faisaient semblant de *voler* (l'oiseau) et qui *volaient* réellement, avec ou sans faucons et éperviers.

C'est sans doute en ce sens qu'il faut comprendre les vers suivants de Coquillart :

> Danceurs, mignons, fringans et gentz,
> Chasseurs, *volleurs,* tous telles gens.
>
> *Mon. de la botte de foing,* I, 190.

Cet exemple, qui avait échappé jusqu'ici à tous les lexicologues, recule d'un siècle et demi la date du mot *volleur,* que Littré cite d'après Pasquier seulement. L'étonnant, c'est que le mot soit né si tard, comme aussi l'assimilation de *vol* et *voler* en chasse, avec *larcin* et *dérober.*

Ainsi *vol,* d'après les plus anciens textes, signifie uniquement chasse à l'oiseau, c'est-à-dire au *vol* de l'oiseau de proie. De même pour *volerie* et *voller* (Eustache Deschamps, Comynes, Rabelais). D'une pièce, telle que perdrix, caille, colombe, etc., prise au *vol*, on disait qu'elle avait été *volée*. Comment l'équivoque ne s'est-elle pas établie entre la chasse et le larcin? Je ne sais; ce qu'il y a de certain, c'est qu'elle apparaît pour la première fois au xvie siècle, authentiquement d'abord avec l'édit de Henri II du 5 février 1550, puis bientôt après dans Brantôme : « Pour l'enormité du fait il s'enfuit à Venize, où, estant retiré, il fut tué par deux determinez soldats de *vollerias* (c.-à-d. des pillards), où il y en a tous jours de bons. » *Capit. estr.* II, 23. Enfin, le verbe moderne acquiert son droit de cité dans la langue vers la fin de ce même xvie siècle : « VOLER, peculatum facere ». *Trésor des mots françois*, Rouen, 1597.

Il est donc bien établi que le Gueux du xve siècle qui se lamente d'être mieux pris par sa maîtresse que « *vollant* à la foire », n'entend pas par là qu'il est mieux pris que s'il eût été arrêté à la foire en flagrant délit de *vol*, mais qu'il est mieux pris « qu'un manteau en foire ». Ceci rappelle, d'ailleurs, l'amusante plaisanterie d'un vaudeville du théâtre des Variétés, *les Trois épiciers :* « le silence était complet, on aurait entendu *voler*... un foulard. » Le xve siècle ne disait pas *voler* au sens de prendre.

Et cependant, le latin et le bas-latin avaient formé les mots *involare*, voler, et *involator*, voleur, sur *vola*, paume de la main. Les exemples classiques abondent : « Remitte « pallium mihi meum quod *involasti*. » Catulle, 25, 6. — « Hereditatem accepit, ex qua plus *involavit*, quam illi relictum est. » Pétrone. *Sat*. 43. — « Anuli, quos amicæ tuæ *involasti*. » Frag. trag. 56. Burm. apud Forcell. Nous retrouvons *involare* synonyme de *furari*, à presque toutes les pages des capitulaires mérovingiens et carlovingiens :

« Si quis alicujus amissarium *involaverit*... Et si ille talem equum *involaverit* quem Alamanni marach dicunt... De eo qui alterius caballum *involaverit*. » Bal. I. 77 et *passim*. Les écoliers du moyen âge apprenaient encore dans le Donet, c'est-à-dire dans la grammaire latine d'Ælius Donatus, composée au ive siècle, que « *vola* dicitur media pars manus... unde et *involare* dicimus, quum aliquid furtim *vola* manus subtrahitur ». Du Cange cite encore des exemples d'*involare*, et même de *volare*, dans la latinité du moyen âge : « Si per furtum illum *involaverit* ». Canones S. Patricii, cap. 32. — *Volare*, gallicè *voler*, anc. charte citée par Du Chesne. *Ann. Massil.* 1266.

Il est certainement fort curieux et même extraordinaire que les verbes *involare* ou *volare*, conservés par le bas-latin du xiiie siècle, n'aient pas été recueillis par la langue française. Ce phénomène appelle une explication, et elle m'apparaît plausible, parce qu'elle est simple. Du Cange traduit *involare* par empaulmer, mettre en paulme. Rien de plus exact ; la *paume* de la main est synonyme de la *vole*. Ce dernier mot a laissé quelque trace dans notre littérature :

> Et d'un sierf à *vole* puant,
> Boisteux, fauz hermite et truant.
>
> Ph. Mouskes, p. 685.

Mais il faut aller ensuite jusqu'à Rabelais pour en trouver un nouvel exemple : « De la main dextre, il frappa du doigt milieu contre le muscle de la *vole*. » I, 315. Il est visible que la *vole* a été remplacée par la *paume* dans la langue courante ; d'où cette conséquence naturelle que *voler* et *envoler*, dont le radical s'oubliait, cédassent la place à *paulmer* et *empaulmer*, ce qui eut lieu ; comme on le peut voir sous ces deux mots au présent vocabulaire. Quant à la suggestion de Littré, que *envoler* aurait fait double emploi avec *embler*, qu'il en dérive, je ne la repousse pas; je la réserve seulement, d'abord parce que l'étymologie d'*embler* par *involare* n'est pas prouvée, et, que faute de textes qui permissent d'établir les transitions, on en pourrait essayer d'autres, par exemple d'*ablatio* et d'*ablatus*, le verbe *auferre* possédant par lui-même le sens de *voler*, auquel l'a employé Tite-Live (Forcellini sous *Aufero*, p. 285, col. 3), comme synonyme de *furari*, lequel, d'ailleurs, s'explique communément « clam alienum *auferre* »; ensuite parce qu'*envoler* coexistait dans la vieille langue, Littré lui-même en cite des exemples du XIIIe siècle, avec *embler*; et cette coexistence permet de présumer pour ces deux mots une origine différente.

Ce n'en est pas moins un cas philologique fort singulier que de voir un groupe de mots latins et bas-latins perdre pendant cinq ou six siècles leur droit de bourgeoisie ou du moins leur signification primordiale, pour les recouvrer ensuite en vertu d'un concept nouveau, aboutissant au même sens.

WALCQUERINS, subst. pl. Mot d'origine germanique qui reproduit le français *pélerins*, au sens étymologique de *peregrinus*, voyageur, étranger, coureur.

> Brouant au bay à tous deux *walcquerins*.
>
> Ball. IX.
>
> Travellié somes et pené,
> Et moult avons par mer *walcré*.
>
> Parton. 3429
>
> Mais ades *waukrent* et cancelent
> Car trois jours dura li orès.
>
> Roi Guill. p. 133.

Ainsi *vaucrant* alla Lyonnel par la forest.
Percef. II, f° 82.

Le chevalier *vaucrant* parmy la praerie.
Ibid. f° 126.

Vaucrer, errer. « L'armée qui toute l'année s'estoit tenue sur mer, *vaucrant* et frontenant le païs de Bretagne. » Froissart, III, f° 357. — « Il print deux vaisseaux de mer... et commença à *vaucrer* et errer sur la mer. » *Modus*, f° 329. — « Ala tant par mer *waucrant* qu'elle arriva au castel de Biaucaire. » Ms. 7989, f° 79.

Du Cange enregistre les verbes *walkrer, waucrer, vaukrer, vaxare*, qui rappellent le verbe latin *vagare*.

En allemand du moyen âge, *walch* et *waller*, pèlerin; *walcken*, être ballotté sur les flots; *wallen*, voyager, aller en pèlerinage. Scherz.

En all. moderne, *walken*, fouler aux pieds; *wallen*, aller en pèlerinage; *waller*, pèlerin.

En anglais anc. et moderne, *walk*, promenade; *to walk*, marcher, se promener.

En italien, *valchera*, lieu où l'on foule (les draps). N. Duez.

YS, huis, porte, cordons ou cordes.

> Et babignez toujours aux *ys*
> Des sires, pour les desbouser.
Ball. I.

> Men *ys* vous chante que gardez
> Que n'y laissez et corps et pel.
Ball. II.

> Et autour de vos *ys* lurie
> Pour la poe du marieux.
Ball. V.

Voici quelques exemples d'*us* pour *huys*, forme intermédiaire entre *huys* et *ys* :

> Et vint courant jusques à l'*us*.
> *Fabl. ms. S. G.* f° iv, c. 1.

> Pus a tres bien les *us* fermés.
> *Ibid.* f° 2 r°, c. 1.

> En l'*us* ot de fer une barre.
> *Perceval.*

L'orthographe ancienne est *uis* :

> Mais li *uis* de la chambre li fu mult defenduz.
> *Th. le Mart.* 128.

> Mais cil qui garda l'*uis* ne li laissa entrer.
> *Ibid.* 49.

> Quar vous oez dire à la gent :
> A l'*uis*, à l'*uis* qui n'a argent.
> Rut. II, 41.

J'inclinerais cependant à identifier *ys* et *hist҇* (v. ce mot) au sens de cordes (*issas*), cordages, cordons. Il s'agirait, dans le premier exemple, des cordons qui soutiennent les escarcelles des seigneurs qu'on se propose de « débourser » ; dans le second, « autour de vos *ys* » se traduirait par autour des cordages qui soutiennent vos tentes, c'est-à-dire autour de vos repaires ; enfin, dans le troisième, *men ys* signifierait au propre *ma corde;* prenez-y garde de peur d'y laisser le corps et la peau.

LISTE

DES

PRINCIPAUX OUVRAGES CITÉS

DANS

LE VOCABULAIRE ANALYTIQUE DU JARGON

Cette liste ne comprend que les ouvrages contenus dans la bibliothèque de l'auteur et sur lesquels ses citations ont été vérifiées et collationnées.

Aventures (les) du chevalier de la Gaillardise, par le sieur de Préfontaine (Ant.-César OUDIN). Paris, 1662.

Aiol (le roman d'). Ed. Jacques Normand et Gaston Raynaud. Coll. de la Société des Anciens textes. Paris, Firmin-Didot, 1877.

BÉRONIE (l'abbé). *Dictionnaire du patois bas-limousin.*

Berte aus grans piés, par Adenès. Ed. Scheler. Bruxelles, 1876.

Blasons, poésies anciennes recueillies par D. M(éon). Paris, 1807.

BOREL (P.). *Trésor des recherches et antiquités gauloises et françoises.* Paris, Courbé, 1655.

BOUCHET (*Les serées de* GUILLAUME). Ed. Roybet. Paris, Lemerre, 1873.

Brun de la Montaigne. Ed. Paul Meyer. Coll. de la Société des Anciens textes. Paris, Firmin-Didot, 1875.

CAÑES (FRANCISCO). *Diccionario espanol, latino, arabico,* etc. Madrid, 1787.

Cartouche ou le Vice puni, poème par GRANDVAL le père. Paris, Laurent Prault, 1778.

Cent (les) Nouvelles nouvelles. Ed. Le Roux de Lincy. Paris, Paulin, 1841.

Chanson de Roland (la). Éd. Léon Gautier. Tours, Alfred Mame, 1875.

CHEREAU (OLLIVIER). V. *Jargon.*

Chronique (la) de Rains. Éd. Louis Paris. Paris, Techener, 1837.

Comédie des proverbes (la). Paris, N. Pepingue, 1675.

COQUILLART (œuvres de GUILLAUME). Éd. Tarbé. Reims et Paris, Brissart-Binet et Techener, 1847.

CORBLET (l'abbé JULES). Glossaire étymologique et comparatif du patois picard. Paris, Dumoulin, 1851.

Cris de Paris (les). Paris, Vᵉ Jean Bonfons, 1545.

DEVIC (L. MARCEL). Dictionnaire étymologique des mots français d'origine arabe. Paris, Imp. Nat., 1876.

DIEZ (FRÉDÉRIC). Introduction à la grammaire des langues romanes. Trad. de M. Gaston Paris. Paris, Franck, 1863.

DUEZ (NATHANIEL). *Dittionario italiano e frantese.* Leide, Jean Elsevier, 1660.

DUMÉRIL (EDÉLESTANG ET ALFRED). Dictionnaire du patois normand. Caen, Maurel, 1829.

FABRI (P.). *Le grand et vray art de plaine rethoricque.* Paris, Denys Janot, 1539.

FAVRE (L.). *Glossaire du Poitou, de la Saintonge et de l'Aunis.* Niort, 1868.

FORCELLINI. *Totius latinitatis lexicon.* Leipzig, 1839.

FOURNIVAL (RICHARD). *Le Bestiaire d'Amour.* Éd. Hippeau. Paris, Aubry, 1860.

GIRART DE ROSSILLON (*Le roman en vers de*). Éd. Mignard. Paris, Techener, 1858.

Jargon (le) ou langage de l'argot réformé, par OLLIVIER CHEREAU. Seconde édition. Paris, chez la Vᵉ Du Caurroy, 1617 ou 1626.

JUBINAL (ACHILLE). *Mystères inédits du* XVᵉ *siècle.* Paris, Techener, 1837.

LACOMBE. *Dictionnaire du vieux langage français.* Paris, 1776.

Languedocien-français (Dictionnaire). Montpellier, 1820.

LISTE DES PRINCIPAUX OUVRAGES CITÉS. 541

LARCHEY (LORÉDAN). *Les Excentricités de la langue française en* 1860. Paris, Dentu. — *Dictionnaire historique d'argot.* Paris, Dentu, 1880.

LASPHRISE (*Les premières œuvres poétiques du capitaine*), par MARC DE PAPILLON. Paris, Jean Gosselin, 1597.

LEROUX. *Dictionnaire comique, satyrique, critique, burlesque, libre et proverbial.* Pampelune, MDCLXXXVI.

MANTELLIER (le président). Glossaire de la communauté des marchands fréquentant la rivière de Loire. Paris, Durand, 1869.

MARIE DE FRANCE (Poésies de). Éd. Roquefort. Paris, Chasseriau, 1820.

MAROT (JEAN). Œuvres. Paris, Coustelier, 1723.

MICHEL (FRANCISQUE). *Études de philologie comparée sur l'argot et les idiomes analogues parlés en Europe et en Asie.* Paris, Firmin-Didot, 1856.

Mirouer (le) *et exemple moralle des Enfans ingratz.* Réimp. de Pontier. Aix, 1836.

MOLINET (JEHAN). Poésies diverses. Paris, Coustelier, 1723.

MONET (PHILIBERT) *Abrégé du parallèle des langues françoise et latine.* Paris, 1635.

MOUSKES (*Chronique rimée de* PHILIPPE). Éd. Reiffenberg, Bruxelles, Hayez, 1838.

Moyen (le) *de parvenir,* par BÉROALDE DE VERVILLE. Paris, Gosselin, 1841.

Niçois (*Rapport d'une conversation sur le dialecte*), par le chevalier TOSELLI. Nice, Charles Cauvin, 1864.

Ogier de Dannemarche (*la chevalerie*). Éd. Barrois. Paris, Techener, 1842.

OUDIN. *Trésor des deux langues espagnolle et françoise.* Paris, Sommaville et Courbé, 1645. — *Dialogues fort recreatifs composés en espagnol, et nouvellement mis en italien, alleman et françois.* Paris, Sommaville, 1650.

PALSGRAVE (JEAN). L'eclaircissement de la langue françoise. Éd. Génin. Coll. des Doc. in. de l'Hist. de France. Paris, Imp. Nat. 1852.

Pathelin (*la Farce de*). Éd. Génin. Paris, Chamerot, 1854.

PECHON DE RUBY. Voyez *Vie genereuse.*

Proverbes italiens. Le titre exact est : *Bonne response à tous propos.* Paris, à l'enseigne de l'Éléphant, 1555.

RABELAIS (*Les œuvres de maistre* FRANÇOIS). Éd. Marty-Laveaux. Paris, Lemerre, 1870.

Reigles, statuts et ordonnances de la caballe des filous reformés depuis huit jours dans Paris. Paris, s. d. Réimp. Techener, 1831.

Responce et complainte du grand Coesre sur le Jargon de l'argot réformé. Paris, Jean Martin, 1630.

Rois (Les quatre livres des). Éd. Le Roux de Lincy. Coll. des Doc. in. Paris, Imp. royale, 1841.

Romano-castraise (Dictionnaire de la langue), par l'abbé Couzinié. Castres, Imp. Contié et Rey, 1850.

Rose (Roman de la). Éd. Lenglet-Dufresnoy et Lantin de Damerey. Paris, Fournier et Didot, an VII.

Rouchi-français (Dictionnaire), par G.-A.-J. Hécart. Paris et Valenciennes, 1826.

Sainct Didier (Vie et passion de monseigneur). Éd. Carnaudet. Paris, Techener, 1855.

Saintré (Histoire du petit Jehan de). Paris, D. Mouchet, 1724.

SCHERZ (JEAN-GEORGES). *Glossarium germanicum medii œvi.* Éd. J.-J. Oberlin. Strasbourg, 1787.

Souvenirs de la langue d'Auvergne, par FRANCISQUE MÈGE. Paris, 1861.

THIBAUT, *roi de Navarre (Les poésies de).* Paris, Guérin, 1742.

VIDOCQ. *Les Voleurs.* Paris. 1837.

Vie genereuse (la) des mercelots, gueux et boesmiens, par PECHON DE RUBY. Lyon, Jean Jullieron, 1596.

Vigilles (les) du roi Charles VII, par MARTIAL D'AUVERGNE. Paris, Vᵉ Jehan Trepperel et Jehan Jehannot. s. d.

Vocabulaire du bas langage rèmois, par E. SAUBINET aîné. Reims, 1845.

VOSSIUS (GÉRARD-JEAN). *Etymologicon linguæ latinæ.* Amsterdam, Louis et Daniel Elzevier, 1662.

ERRATA

Page 1, ligne 12, après *implicites*, supprimez le point (.)

Page 2, lignes 16 et 17, au lieu de *cent seize années de guerre exterminatrice*, lisez *de la guerre*.

Page 65, ligne 8 en remontant, au lieu de *du synoyme*, lisez *des synonymes*.

Page 80, ligne 10 en remontant, au lieu de *erga*, lisez *gerga*.

Page 81, dernière ligne de la note, au lieu de *Duménil*, lisez *Duméril*.

Page 88, ligne 12, au lieu de *desgruppez*, lisez *desgrappez*.

Page 89, ligne 14, au lieu de *besistes*, lisez *besisses*.

Page 90, ligne 18, au lieu de *desgruppez*, lisez *desgrappez*.

Page 138, vers 345, au lieu de *aubeflorye*, lisez *aube florye*.

Page 141, ligne 4, au lieu de *uniques*, lisez *unique*.

TABLE DES MATIÈRES

	Pages
Discours préliminaire.	1

Le Jargon et Jobelin dudit Villon.

Ballade I.	105
Ballade II	109
Ballade III.	112
Ballade IV.	115
Ballade V	118
Ballade VI.	121
Ballade VII, inédite.	124
Ballade VIII, id.	127
Ballade IX, id.	130
Ballade X, id.	133
Ballade XI, id.	137
Vocabulaire analytique du Jargon du XVᵉ siècle.	141
Liste des principaux ouvrages cités.	539
Errata.	543

Achevé d'imprimer

LE XXXI DÉCEMBRE MDCCCLXXXIII

par

A. QUANTIN, IMPRIMEUR-ÉDITEUR

A PARIS

www.ingramcontent.com/pod-product-compliance
Lightning Source LLC
Chambersburg PA
CBHW071401230426
43669CB00010B/1412